교육심리학

김종미 · 박영태 · 박호철 ·
정영혜 · 문승한 · 이정희 공저

학지사

머. 리. 말.

이 책은 장차 교사가 되고자 준비하고 있는 예비교사나 현직교사를 위하여 구성되었다. 최근 사회와 교육환경의 급변은 학교와 교사가 이에 부응하여 변화하기를 요구하고 있다. 특히, 교사의 전문성 확보는 한국의 공교육 경쟁력의 제고라는 측면에서 매우 시급한 과제다. 따라서 이 책에서는 교사로서 반드시 이해해야 할 교육심리학의 이론과 연구 결과를 소개하고, 학교교육 현장에서 발생하는 실제 문제를 해결하는 데 필요한 다양한 이론과 연구 결과를 수록하여 교사와 예비교사에게 도움이 될 수 있도록 내용을 구성하였다. 교육심리학의 학문적 범위는 대단히 넓고 깊으며, 교육현장의 문제 또한 다양하고 역동적이다. 이 책의 제한된 지면 안에서 우리는 교육심리학의 핵심적인 논의를 균형 있게 추려 내고자 노력하였다.

이 책은 모두 11장으로 구성되어 있다. 제1장에서는 교육심리학과 교사, 교육심리학의 성격, 교육심리학의 연구방법을 다룸으로써 교육심리학을 왜 공부해야 하는지를 이해할 수 있도록 돕고자 하였다. 제2장에서는 Piaget 인지이론과 Vygotsky의 사회문화적 이론을 살펴보고, 이들 이론의 교육적 적용을 논의하였다. 제3장은 성격발달, 사회성 발달 및 도덕성 발달을 다루고, 그 교육적 적용을 탐색하였다. 제4장은 학습자에 대한 이해를 돕기 위해 지능, 창의성 및 인지양식에 대해 고찰하고, 개인차에 따른 교육적 지도를 논의하였다. 그리고 제5장은 학습 영역으로서 고전적 조건형성, 조작적 조건형성, 사회학습이론 및 정보처리적 관점 등을 다루었다. 제6장에서는 사고와 문제해결에 관한 개념과 추론, 문제해결 및 전이 등을 다루었으며, 제7장은 동기의 의미 및 기능, 내적 동기를 유발하는 방법에 대해 다루었다. 제8장에서는 학생의 상담과 생활지도는 누가, 어떤 내용을, 어떻게 수행하는가에 대한 구체적인 답을 제시하면서 교사가 상담 및 생활지도를 어떻게 준비해야 할 것인지를 다루었고, 제9장에서는 학습 환경의 관리, 교실 및 학생관리 등 학급관리에 대한 내용을 다루었다. 제10장에서는 수업의 개념을 분석하고 Carroll, Gagné, Bruner, Bloom, Ausubel 등의 수업이론을 다양하게 다루었으며, 수업의 과정과 수업 유형을 살펴봄으로써 효과적인 수업에 대해 탐색하였다. 마지막으로 제11장에서는 교육목표 달성을 위한 활동인 교육평가의 목적 · 기능, 교육평가의 관점 · 유형, 그리고 최근 교육평가의 새로운 패러다임인 수행평가에 대해 살펴보았다.

이 책은 교사와 학교현장을 염두에 두고 내용을 전개하였다. 그리고 이 책을 읽는 독자의 이해를 돕기 위하여 전문용어를 가급적 쉽게 풀어 쓰고자 노력하였으며, 가능한 많은 예화를 제시하고자 하였다. 유능한 교사가 되고자 준비하고 있는 학생에게는 교육심리학적 기초 배양을, 현직교사에게는 전문성의 향상에 이 책이 도움이 되길 바라면서, 이 책을 출판해 주신 학지사 김진환 사장님과 직원 여러분께 깊은 감사를 드린다.

2010년 2월

저자 일동

차. 례.

03 성격발달, 사회성 발달 및 도덕성 발달 • 55

04 학습자의 개인차 • 83

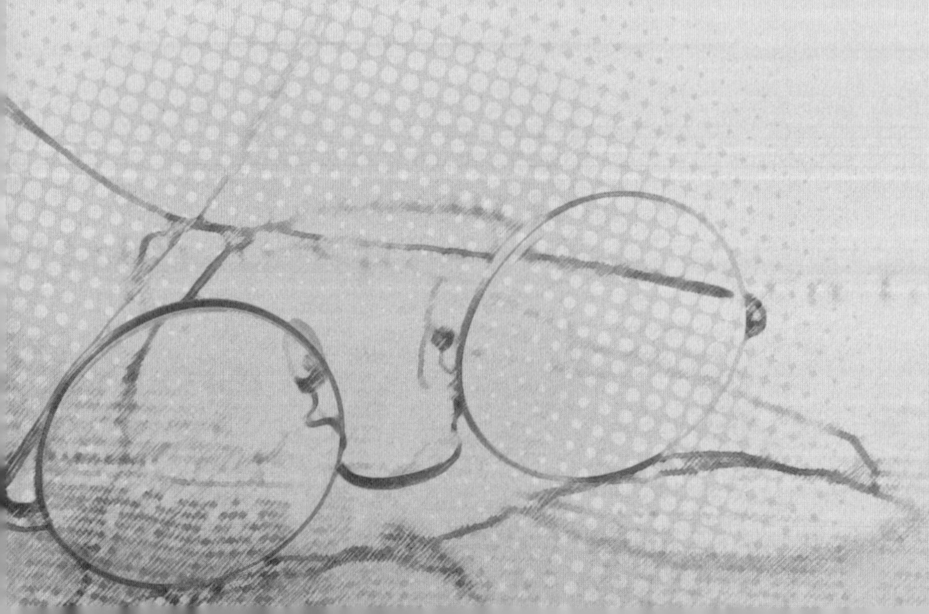

01 교육심리학의 기초

교육심리학은 교사, 학생과 분리하여 다룰 수 없기 때문에 이 장에서는 먼저 교사와 학생이 교육현장에서 직면하는 문제와 교육심리학의 관계를 살펴볼 것이다. 즉, 교사의 역할이 무엇인지, 유능한 교사가 지녀야 할 특성은 무엇인지를 교육심리학과 관련지어 알아볼 것이다. 그리고 교육심리학이 어떤 학문인지, 교육심리학에서 사용하는 연구 방법에는 어떤 유형이 있는지 등에 대해 살펴본다. 이로써 장차 유능한 교사가 되고자 하는 예비교사나 현직교사가 교육심리학을 공부해야 하는 이유를 이해하도록 돕고자 한다.

1. 교육심리학과 교사

1) 교육심리학과 교사의 역할

흔히 교육의 질은 교사의 질을 능가할 수 없다고 한다. 이 말은 교육에서 교사가 차지하는 비중을 잘 드러내는 말이다. 교육행위 자체가 복잡한 만큼 그 일을 수행하고 있는 교사의 역할은 매우 다양하고 복잡하다. 교사는 개개 학생의 학습과 발달을 돕기 위해 교과에 대한 전문적인 지식과 교실관리, 다양한 수업방법과 평가에 대한 지식을 가져야 하고, 학생들의 개인차를 인정하고, 이들의 다양한 요구를 적절하게 다루어야 한다. 그리고 학생들의 동기유발과 자존감을 증진시킴은 물론 정서적인 요구를 관리해야 하는 등 수많은 역할을 하고 있다. 교사의 다양한 역할 중 가장 중요한 것으로서 Ormrod(2003), Snowman과 Biehler(2003)는 의사결정 요인을 들고 있다.

교사는 수업 전이나 수업 중, 또는 수업 후에도 계속해서 의사결정을 한다. 예를 들어, 수업 중에 자기 자리를 이탈하여 마음대로 돌아다니는 학생을 교사가 모른 척하는 것이 현명한 것인지, 아니면 그 행동을 즉시 중단시키는 것이 바람직한 것인지를 결정해야 한다. 또 그 행동을 멈추게 하려면 어떤 방법으로 접근할 것인가, 즉 제자리에 앉아서 공부하도록 지시할 것인가, 아니면 수업에서 격리시킬 것인가, 그 학생의 휴식시간을 빼앗을 것이라고 통보할 것인가 등을 결정해야 한다. 다시 말해, 여러 가지 전략 중 어떤 방법을 선택하는 것이 문제행동을 보이는 학생이나 정상적으로 수업에 임하고 있는 다른 학생이 수업 중에 지켜야 할 규칙을 잘 준수하도록 지도할 수 있는가를 결정해야 하는 것이다. Clark와 Peterson(1986)에 의하면, 실제로 교사는 대략 2분마다 한 번

씩 의사결정을 한다고 한다.

이처럼 교사가 학생을 지도하는 상황에서 요구되는 여러 가지 판단과 결정을 자율적으로 행사하는 의사결정자의 역할은 교직이 전문직으로 인정되는 중요한 근거이기도 하다. 교육심리학은 교사에게 현명하고 타당하게 의사결정을 할 수 있는 발판을 제공함으로써 유능한 교사가 될 수 있도록 돕는 학문이다. 그러나 교육심리학에서 제공하는 일반적인 원리나 이론 또는 연구 결과가 교육현장에서 발생하는 모든 문제를 해결해 줄 수 있는 것은 아니다.

교실 장면에서 초등학교 읽기 수업 시간에 모든 아동을 효과적으로 참여시키려고 한다면, 일반적으로는 무작위 지명방법을 적용해야 한다고 본다. 그러나 Ogden, Brophy와 Evertson(1977)의 연구에 의하면, 1학년 읽기 수업시간에 아동을 무작위로 지명하여 읽기를 시킨 경우에 비해 아동을 차례대로 지명하여 모든 아동에게 읽기 기회를 제공한 경우가 학업성적이 더 우수한 것으로 나타났다. 이러한 결과는 무작위 지명방법을 무조건 모든 수업에 도입하지 말아야 하는지, 아니면 특수한 교실 조건을 고려하여 적합하게 적용해야 하는지를 올바르게 판단해서 교사가 자기 학급에 독창적으로 적용해야 할 것을 요구하고 있는 것이다. 즉, 아동의 연령이나 학년은 동일하다고 할지라도 학급규모가 대그룹인지 소그룹인지, 각 학생이 모두 읽기활동에 동등하게 참여하고 피드백을 받는지, 학급 아동의 기초학력 수준 및 학급분위기는 어떠한지, 기타 학교가 속한 지역의 사회경제적 여건 등은 어떠한지를 확인해서 결정해야 한다.

결국, 교육심리학의 이론이나 연구는 교사가 가지는 모든 의문에 답할 수 없기 때문에, 교사가 교육심리학에서 받을 수 있는 도움에는 한계가 있다. 따라서 교육현장에서 제기되는 특수한 문제들을 효과적으로 다루기 위해서는 교육심리학에서 제공되는 지식을 바탕으로 교사가 자신의 경험, 신념 및 가치관 등에 의해 현명하게 의사결정을 하는 것이 매우 중요하다.

2) 교육심리학과 유능한 교사

교육심리학을 공부하는 사람은 장차 교사가 되고자 준비하고 있는 예비교사들이거나 현직교사다. 이들의 목표는 유능한 교사 또는 숙련된 교사가 되는 것이다. 초임교사가 학교현장에서 겪고 있는 상황을 'reality shock', 'transition shock'(Veenman, 1984)로, 'sink or swim'(Varah, Theune, & Parker, 1986) 등으로 표현하는 것은 교직수행의 어려움을 잘 나타내 주는 것이다. 유능한 교사가 되기 위해서는 치밀하고 끈기 있는 노력이 필요하다.

최근 교육심리학에서는 어떤 교사가 유능한 교사인지에 대해 많은 관심을 가지고 있다. 유능한 교사가 되기 위해서는 유능한 교사가 지니고 있는 특성에 대해 알아야 한다. 유능한 교사의 특성에 대해 구체적으로 살펴보면 다음과 같다.

(1) 전문지식

20세기 중엽에 교육심리학에서는 주요한 변화가 나타났다. 즉, 학습을 구체적이며 관찰할 수 있는 행동의 습득으로 보던 견해에서 벗어나 내적이고 정신적인 과정으로 보는 입장으로 바뀐 것이다. 인지혁명으로 묘사되는 일련의 변화로 말미암아 학습과정에서 교사의 지식과 사고를 훨씬 더 강조하게 되었다(Eggen & Kauchak, 2001).

유능한 교사가 되기 위해서는 무엇보다 특정한 분야에 대한 지식을 많이 획득하여야 한다(Alexander, 1992). 다시 말해, 유능한 교사는 수업을 효과적으로 계획하고 실행하기 위해 교과내용에 대한 지식, 일반

교육학적 지식, 교과교육에 대한 지식, 학습자와 학습에 대한 지식 등을 갖춰야 한다(Eggen & Kauchak, 2001; Shulman, 1987; Sternberg & Horvath, 1995; Sternberg & Williams, 2002).

교과내용에 대한 지식은 가르치는 교과에 대한 지식으로서, 교사 자신이 이해할 수 없는 내용을 학생에게 가르칠 수 없으므로 교사는 자신이 가르치는 교과에 대한 지식을 충분히 습득하여야 한다. 교과에 대해 많은 지식을 지닌 교사는 학생들이 수업에서 만나는 어려운 사태에 잘 대처할 수 있으며, 이러한 교사의 수업내용은 학생들이 잘 이해할 수 있을 것이다. Berliner(1985)에 의하면, 교사의 교과내용에 대한 지식과 학생의 학업성취 간에는 긍정적인 상관이 있다고 한다.

일반 교육학적 지식은 수업전략과 교실관리에 대한 지식이다. 따라서 학생의 동기를 향상시키는 방법, 학생의 이해를 확인하는 기법과 수업을 자연스럽게 이끌어 가는 전략을 알아야 한다. 그리고 학생이 학습활동에 능동적으로 집중할 수 있도록 규칙과 절차를 제정하고 이행하며, 확인하고, 집단을 조직하고, 잘못된 행동에 대처하는 등의 교실에서 학생을 관리하는 방법과 평가를 계획하고 시행하는 방법 등이 포함된다. Veenman(1984)에 의하면, 특히 학급관리는 교사 모두가 가장 관심을 많이 보이면서 힘들어 하는 부분이다.

교과교육학적 지식은 교과내용 지식과 일반 교육학적 지식이 혼합된 형태로서 특정 내용을 어떻게 가르칠 것인가에 대한 지식이다. 이는 특정 교과의 수업목표, 수업내용의 선정 및 조직에 대한 지식, 교과내용에 대한 학생의 이해나 오해에 대한 지식, 특정 교과를 가르치는 수업전략과 표상에 대한 지식 등이 포함된다. 특히 교과교육학적 지식은 교수활동에서 중요한 지식이며, 교사를 특정 학문의 전문가와 구별하는 지식으로 보고 있다.

학습자와 학습에 대한 지식은 교사에게 가장 필요한 지식 중의 하나다. 학습자에 대한 지식은 교사가 학생을 가르치는 방법은 물론 이들과 상호작용하는 방식에 중요한 시사점을 준다. 아울러 교사는 학생의 학습방식을 잘 이해할수록 더 효과적으로 가르칠 수 있다. 예컨대, 교사가 학생이 특정한 주제에 대해 가지고 있는 선행지식을 파악하고, 지식이 조직화되고, 구조화되는 방법을 알게 된다면 개개 학생에게 적합한 지도나 다양한 수업방법을 적용할 수 있을 것이다. Harmachek(1985)에 의하면, 학생에 대해서 많은 정보를 가지고 있는 교사에게 배우는 학생은 그렇지 않은 교사에게 배우는 학생보다 학업성취 정도가 더 향상되었다고 한다.

(2) 능률적

유능한 교사는 초보교사에 비해 능률적이다. 즉, 유능한 교사는 신속하게 적은 노력으로 많은 문제를 합당하게 해결할 수 있다.

이들은 자동화된 인지적 기제를 사용함으로써 에너지와 정신적 자원을 절약하여, 더욱 수준 높은 계획을 세우고, 과정을 점검하며, 그 성과를 평가하는 데 그들의 인지적 자원을 재투자한다(Sternberg & Horvath, 1995; Sternberg & Williams, 2002). 예를 들어, 테니스 선수가 기초적인 테니스 동작 하나하나에 대해 생각하지 않아도 테니스를 잘 할 수 있는 것처럼 유능한 교사는 수업시간에 특정 학생이 문제를 일으키는 찰나에 이를 즉시 인지하고 그 학생의 주의를 환기시켜 다시 수업에 집중하도록 이끌 수 있다. 따라서 이들은 문제가 더 커지기 전에 이를 즉각 판단하고 해결함으로써 시간과 에너지를 분산시키지 않고 능률적으로 수업을 진행할 수 있는 것이다.

또한 유능한 교사는 자신의 교과에 대한 지식이 풍부하므로 즉석에서 설명이나 예를 생각할 수 있다. 이들은 짧은 시간 내에 더욱 효과적인 수업계획을 세우되, 이 계획에 묶이지 않고 학생의 필요나 상황에 따라 수업을 융통성 있게 이끌어 나갈 수 있다(Borko & Livingston, 1989; Livingston & Borko, 1989; Westerman, 1991).

(3) 창의적인 통찰력

유능한 교사는 교육현장의 문제를 해결하고자 할 때 새롭고 유용한 해결방안을 창출해 낼 수 있다. 즉, 유능한 교사는 복잡하고 특수한 학급상황을 직관적으로 분석하고 창의적인 해결책을 찾아내어 적절하게 대처할 수 있는 능력이 있어야 한다.

통찰력은 문제를 재조직하거나 재개념화함으로써 문제를 명료하게 해 주고 가능한 해결방안을 제시해 준다. Sternberg와 Williams(2002)에 따르면, 유능한 교사는 초보자에 비해 문제에 직면하면 문제를 재정의함으로써 더 정교하고 통찰력 있는 해결책을 강구한다.

Davidson과 Sternberg(1984, 1998)에 의하면, 유능한 교사는 문제해결에 필요한 정보와 관련 없는 정보를 잘 구분하여 무엇이 더 중요하고 덜 중요한지를 판별할 수 있으며, 관련이 없어 보이는 두 가지 정보를 문제해결에 유용하게 결합할 수 있다. 또한 이들은 자신이 가지고 있는 기존의 정보를 새로운 과제를 해결하는 데 적용할 수 있는 능력이 있으므로 문제해결 시 통찰력 있는 해결방안을 강구할 수 있다.

결국, 교육심리학 연구는 교수활동에 필요한 정보를 제공하지만, 이것을 교육 실제에 유용하게 적용하는가의 여부는 교사의 창의적인 통찰력에 달려 있다.

(4) 교사효능감

교사효능감은 교수-학습에서 매우 영향력 있는 변인이다. 교사효능감은 학생관리에 대한 믿음(Woolfolk, Rosoff, & Hoy, 1990), 학생의 성취(Ross, 1992), 교사 자신의 교실에서의 행동(Ashton & Webb, 1986),

학생의 자기효능감(Anderson, Green, & Loewen, 1988) 등과 밀접한 관련이 있다. Ashton과 Webb(1986)은 교사효능감을 학생의 성취와 관련된 교사의 개인적 특성 중의 하나로서 문제가 있는 학생도 학습하도록 도울 수 있다는 교사의 신념으로 정의한다. 그리고 Tschannen-Moran, Woolfolk-Hoy와 Hoy(1998)는 이를 특정 맥락에서 특정한 교수과제를 성공적으로 수행하기 위해 요구되는 행동을 실행하고 조직하는 능력에 대한 교사의 신념으로 정의한다.

자기효능감이 높은 교사는 자신이 학생의 학습에 긍정적인 영향력을 미친다고 확신하며, 학생의 학습에 개인적인 책임감을 가지고 이들에게 도움이 되는 방식으로 자신의 교수법을 검토한다. 그뿐 아니라 목표를 설정할 때와 목표를 성취하기 위한 전략을 세울 때 이들을 고려하여 의사결정을 하며, 교사 자신과 학생에 대해 긍정적으로 생각한다(Ashton, 1984). 또한 효능감이 높은 교사는 학생을 가르치는 데 계획적이고 조직적인 방법을 더 많이 적용하고(Allinder, 1994), 교사효능감을 높게 지각한 교사일수록 추론과 적용 수준의 질문을 보다 많이 사용하며, 학생의 추가 질문과 정 · 오답 처리 및 피드백을 제공하기 위하여 많은 시간을 투입하는 것으로 나타났다(진선미, 1997). 이처럼 교사효능감은 교사 스스로 자신의 효율성을 평가한 결과이므로 유능한 교사로서 자신의 역할을 효율적으로 수행하는 데 있어서 매우 중요한 요인이다.

(5) 비판적 사고

교사는 학생의 학습이나 발달을 도울 수 있도록 현명한 선택을 하기 위해 사태를 파악하고 문제를 확인하여 가능한 해결방안을 탐색해야 한다. Sabers, Cushing과 Berliner(1991)에 의하면, 유능한 교사는 항상 자신의 교수법을 실제로 실험하고 분석하여 개선하고자 노력한다. 즉, 새로운 아이디어를 얻기 위해 독서하고, 회합에 참석하며, 자신의 수업에 필요한 내용을 결정하기 위해 학생의 반응을 면밀히 관찰한다. 결과적으로 새로운 아이디어를 얻기 위해 개방적이고 자신의 교수법을 비판적으로 탐색하는 교사는 자신의 직무를 효율적으로 수행할 수 있다.

또한 유능한 교사는 교육심리학의 연구 결과를 교수-학습에 적용할 때 비판적인 태도를 가진다. 즉, 교사 자신의 학급 상황과 연구 상황을 비교해서 적합하게 적용해야 한다는 것이다. 연구 결과는 교사에게 필요한 지식을 제공해 주지만, 실제 교육 상황은 매우 복잡하고 다양하여 이것을 교육현장에 어떻게 적용할 것인가는 교사의 몫이다.

요컨대, 유능한 교사가 되기 위해서는 전문지식을 갖추어야 하고, 능률적이며, 창의적인 통찰력이 있어야 한다. 또한 자기효능감을 높이고 비판적으로 사고할 수 있어야 한다. 교육심리학은 유능한 교사가 되고자 하는 사람이 이러한 능력을 가능한 빨리 갖출 수 있도록 기여하는 학문이다.

2. 교육심리학의 성격

교육심리학이 무엇이냐에 대해 그동안 많은 논란이 있어 왔다. 어떤 사람은 교육심리학을 단순히 심리학에서 얻은 지식을 교실활동에 응용하는 학문으로 보기도 하고, 어떤 사람은 학교현장을 연구하기 위해 심리학의 연구방법을 응용하는 학문으로 생각하기도 하였다. 물론, 연구대상이 인간이고 교육현장에 심리학적 현상이 내재해 있기 때문에 이러한 견해는 당연한 것으로 생각될 수도 있다. 그러나 이성진(1996)에 의하면, 일반심리학은 교육 내 고유한 심리적 현상을 체계적으로 탐구하지 않았기 때문에 심리학적 지식을 교육에 응용하는 데는 상당한 무리가 있다고 보았다. 그는 이것이 교육과 심리학의 학문적인 목적의 차이에 기인한다고 보고 다음과 같이 그 차이를 지적하고 있다.

첫째, 일반심리학은 인간 행동에 관한 보편적 원리와 법칙을 확립하는 데 주 목적이 있는 반면, 교육은 특수한 상황에서 개개 학습자의 특성을 변화시키는 데 목적이 있다.

둘째, 보편적 법칙을 확립하고자 하는 현대의 일반심리학은 방법론적으로 정밀성과 경제성을 지향하고 있기 때문에 일관성만 있다면 행동의 작은 변화와 차이도 중요한 고려의 대상으로 하고 있지만, 교육은 크고 의의 있는 변화와 차이에만 관심이 있다.

셋째, 일반심리학은 특수한 영역을 제외하면 가치중립적이고 기술적인 반면, 가치지향적이라는 점에서 심리학적 지식을 교육에 응용하는 것은 무리가 따른다.

넷째, 과거에 심리학의 원리나 법칙이 주로 통제된 실험실에서 확립된 반면, 교육은 자연상태에 가까운 교실에서 일어나는 과정이기 때문에 심리학의 지식을 교육의 장에 적용하는 데는 한계가 있다.

교육과 심리학의 이러한 차이는 교육심리학이 단순히 일반심리학에서 얻은 지식을 교육현장에 응용하는 학문이 아니라 독립된 학문의 성격을 지녀야 함을 보여 주는 것이다.

교육심리학은 19세기에 유럽에서 싹트기 시작하여, 20세기에 들어 미국 심리학자를 중심으로 독자적인 학문의 체제를 갖추기 시작하였다. 1913년과 1914년에 걸쳐 『교육심리학(Educational Psychology)』이란 세 권의 저서를 출판한 Thorndike는 교육심리학의 학문적 체계를 정립함으로써 교육심리학이 독립된 학문으로 자리매김하는 데 크게 기여하였다. Ausubel(1969)은 교육심리학이 학교에서의 학습에 초점을 맞추어야 함을 강조하면서 교육심리학 자체로서 하나의 독립된 학문이라고 하였다. Wittrock(1967, 1992)도 교육심리학은 심리학 원리를 단순히 교육에 응용하는 수준을 넘어 교육에 내재하고 있는 심리학적 현상을 과학적으로 연구하는 학문임을 주장하였다. 그리하여 오늘날에는 교육심리학이 그 자체의 이론과 연구방법, 연구문제를 두루 갖춘 독자적인 학문으로 인정되고 있다. 즉, Snowman과 Biehler(2003)는 학생이 교실 장면에서 형식적 수업을 통해 다양한 능력을 어떻게 습득하는지를 이해하고 개선하는 것에 관심을 가지는 과학적 학문으로 교육심리학을 정의하고 있다. Eggen과 Kauchak(2001)도 교육심리학은 학습과 교수, 그리고 이러한 학습과 교수에 영향을 미치는 요인에 초점을 둔다고 강조하고 있다. Goetz, Alexander와 Ash(1992)는 교육심리학이 학생의 심리적 발달에 대한 이해와 학습과정, 학생이 습득해야 할 지식과 기술의 본질을 이해하는 데 도움을 주고 학생의 수행에 대한 평가와 측정에 관한 내용을 연구하는 학문이라고 주장하였다. 또한 Gage와 Berliner(1992)는 교육심리학을 "특별히 학교 상황에서 어떻게 가르치고 배우는가에 관한 생각과 행동에 관한 연구"라고 정의하는가 하면, Slavin(2000)도 '교육심리학자들은 교사가 직무에 관해 비판적으로 사고하고 의사결정을 효율적으로 할 수 있도록 이들에게 필요한 정보를 제공하기 위해 학습자의 성격, 학습의 원리 및 수업방법에 관한 연구를 수행한다.'고 보았다.

따라서 교육심리학은 그 자체의 이론과 연구방법을 갖추고 과학적인 연구를 통하여 교육현상을 이해하고 교육현장의 문제를 해결하는 데 유용한 독립된 학문이며, 교육의 여러 분야 중에서 특히 교육현장 지향적인 학문이라 할 수 있다.

교육심리학

자체의 이론과 연구방법으로 과학적인 연구를 통하여 교육현상에 대해 이해하고 교육현장의 문제를 해결할 수 있는 독자적이고 교육현장 지향적인 학문

3. 교육심리학의 연구방법

교육심리학이 교육의 과정을 이해하고 개선하는 것에 관심을 가지는 과학적인 학문이므로 교육심리학 연구는 학습, 수업, 발달 등 교육과 관련된 제반 문제에 대한 최선의 해답을 과학적으로 밝히고자 한다. 연구방법을 분류하는 기준은 여러 가지가 있겠지만, 교육심리학에서 주로 사용하는 연구방법의 유형에는 기술적 연구, 상관연구, 실험연구 등이 있다.

1) 기술적 연구

기술적 연구(descriptive study)는 관심이 있는 어떤 현상이나 사건에 대해 인위적으로 아무런 조작을 가하지 않고 사실 그대로를 정확하게 관찰하여 기술하는 연구다. 기술적 연구에는 조사연구, 사례연구, 문화기술적 연구 등이 있다.

(1) 조사연구

조사연구

특수한 상황에 대한 정보를 주로 질문지법이나 면접법을 통해 수집하는 연구방법

조사연구(survey research)는 관심 영역에 대해 무엇이 어떻게 존재하고 있는가를 주로 질문지법이나 면접법을 통해 파악하여 사실 그대로를 기술하고 해석하는 연구방법이다. 예를 들어, 사교육비 경감을 위해 방과 후 학교를 실시하는 문제가 제기되었을 때 교사, 학부모, 교육전문가는 이 문제에 대해 어떤 견해를 가지고 있는지를 조사하는 것이 이 연구에 속한다. 여기서 나타난 반응은 정책을 결정하는 데 반영할 수 있다. 조사연구는 일반적으로 연구문제를 선정하여 가설을 설정하고, 조사계획을 수립하여 자료를 수집한 다음, 이 자료를 분석하여 조사보고

서를 작성하는 것으로 진행된다.

조사연구에서 많이 사용되는 질문지법은 연구에 필요한 문제에 관한 사항을 사전에 질문지로 작성한다. 그리고 그에 대한 연구대상자의 반응을 자기보고 형식으로 얻어 분석하는 방법이다. 질문지는 특정 문제에 관한 사항을 알아보기 위해 관련된 일련의 문항을 체계적으로 조직하여 작성한 도구로써 주로 연구대상자의 가치관, 태도, 사고, 지식 등을 조사할 때 사용한다. 질문지는 반응 형태에 따라 구조적 질문지와 비구조적 질문지로 분류한다.

면접법은 연구자와 연구대상자가 일대일로 직접 만나서 연구자가 질문을 하고 이에 대해 연구대상자가 반응하는 방법이다. 이 방법에는 연구대상자에게서 자료를 수집하기 위한 목적으로 하는 조사면접과 면접과정에서 문제진단과 치료를 목적으로 하는 상담면접이 있다. 특히 상담면접에서는 면접자와 피면접자 사이에 자유롭게 의사를 표현할 수 있는 친밀한 관계, 즉 라포(rapport)를 형성하는 것이 중요하다.

(2) 사례연구

사례연구

특정 개인이나 집단에 대해 심층적으로 연구하는 방법

사례연구(case study)는 특정 개인이나 소수집단을 대상으로 각종 자료를 다양한 방법으로 수집하고 체계적으로 분석하여, 이들이 가지고 있는 문제나 특성을 심층적으로 연구하는 방법이다. 사례연구는 정상아동을 대상으로 연구하기도 하지만, 주로 문제가 있는 특정한 아동을 대상으로 이들이 지니고 있는 문제의 본질과 발생 원인을 규명하고 진단하여 지도방법 또는 치료방법을 강구하며, 그 문제행동을 해결하기 위한 목적으로 사용하는 연구방법이다. Piaget가 자신의 세 자녀를 대상으로 연구하여 인지발달이론의 체계를 확립한 것이나, Freud가 자신이 치료하고 있는 환자를 대상으로 하여 아동기의 초기 경험이 성인기의 행동과 의미 있게 관련되어 있음을 밝혀낸 연구들은 대표적인 사례연구다.

학교현장에서 학습부진아나 정서적인 문제를 가진 아동을 대상으로 사례연구법이 많이 사용된다. 사례연구는 특정 개인의 발달과정을 이해하는 데는 도움이 되지만, 극히 제한된 소수의 사람을 대상으로 이루어지므로 연구 결과를 일반화하는 데는 한계가 있다.

(3) 문화기술적 연구

> **문화기술적 연구**
> 한 문화공동체 내의 독특한 가치와 전통이 그 구성원에게 어떠한 의미를 부여하는지를 이해하기 위한 연구방법

문화기술적 연구(ethnography)는 한 문화공동체 내의 독특한 가치와 전통이 그 집단 구성원에게 어떠한 의미를 부여하는지를 이해하기 위해 사용하는 연구방법이다. 연구자는 특정집단을 연구하기 위해 수개월 또는 수년 동안 연구 대상이 되는 문화공동체 내에서 그 구성원과 함께 생활하면서 주로 관찰과 면담을 통해 다양한 자료를 수집한다.

공동체 구성원과의 지속적인 접촉을 통해 수집한 자료는 제한된 관찰이나 방문을 통해 수집한 자료보다 공동체의 전통과 가치를 더 잘 이해할 수 있게 한다. 따라서 다양한 복합문화 사회 내에서 소수민족의 아동과 청소년이 직면한 문화적 갈등과 발달적 도전을 이해하고자 하는 연구자에게 특히 유용하다(Shaffer, 1999). 문화기술적 연구는 특정 지역에서 생활하고 있는 집단 구성원의 문화에 중점을 두고 연구할 수도 있고, 특정 학급에서 일어나는 사건에 초점을 맞추어서 연구할 수도 있다.

2) 상관연구

> **상관연구**
> 측정 가능한 변인 간의 상호관계를 밝히기 위한 연구

상관연구(correlational study)는 측정 가능한 여러 변인 간의 상호관계를 밝히기 위한 연구다. 상관연구에서는 상관계수(correlation coefficient)를 사용하여 변인 간 관계의 정도와 방향을 동시에 나타낸다. 상관계수는 −1.00에서 +1.00의 값으로 표시한다. 그 크기는 관계의 정도

를 나타내는데, −1.00이나 +1.00에 가까운 값을 가질수록 변인 간의 상관관계가 강하고, 0에 가까울수록 변인 간의 상관관계가 약하다. 예를 들어, IQ와 학업성취도 간에 상관계수가 +.60으로 산출되었다면 두 변인 간에 비교적 강한 관계가 있음을 나타내고, IQ와 체중 간에 상관계수가 .00이면 두 변인 간에는 아무런 관계가 없음을 의미한다.

상관계수 앞에 붙는 부호는 정적 또는 부적 관계의 방향을 가리킨다. 즉, + 부호는 정적 상관관계를 나타내는 것으로 두 변인의 값이 동시에 증가하거나 감소하는 것을 의미한다. IQ와 학업성취도는 정적으로 상관되어 있어서 IQ가 높으면 학업성취도도 높은 것으로 나타난다. 또한 − 부호는 부적 상관관계를 나타내는 것으로 한 변인의 값이 증가하면 다른 변인의 값은 감소한다는 것을 뜻한다. 학교 결석일수와 학업성취도 간에 부적 상관이 있다면, 이는 학생이 학교에 결석을 많이 할수록 학업성취도는 낮아진다는 것을 의미한다.

상관연구는 변인 간의 관계만 보여 줄 뿐이지 인과관계를 밝혀 주는 것은 아니다. 즉, 두 변인 간의 상관관계에만 근거해서는 A라는 변인이 B라는 변인을 유발하는지, 변인 B가 변인 A를 유발하는지, 또는 제3의 변인이 A와 B 변인 모두를 유발하는지를 설명할 수 없다. 예컨대, TV에서 방영되는 폭력물을 많이 시청하는 아동은 공격적인 행동을 많이 한다는 상관연구 결과를 얻었다면, 이것에 대해 TV 폭력물 시청이 아동의 공격성을 증가시키는 원인이라고 해석해서는 안 된다. TV의 폭력물이 공격적인 행동을 유발하는 원인이 될 수도 있지만, 반대로 공격적인 행동을 많이 하는 아동이 TV에서 방영되는 폭력물을 더 선호할 수도 있는 것이다. 또는 자녀교육 방법이 TV의 폭력물 시청을 좋아하게 하고 공격적 행동을 증가시킬 수도 있다. 이처럼 상관연구는 변인 간의 관계를 확인하는 데는 유용한 방법이지만 인과관계를 밝혀내지 못하는 한계점이 있다.

3) 실험연구

실험연구
변인이 조작되고 그 효과를 확인하는 연구방법

독립변인
연구에서 임의로 조작되는 변인

종속변인
독립변인으로 인해 유발되는 반응이나 결과

실험연구(experimental study)는 연구자가 관심을 가지고 있는 변인을 조작하고 그 결과를 확인하여 변인 간의 인과관계를 밝히기 위한 연구방법이다. 실험연구에서는 두 개 이상의 변인을 다루게 되는데, 연구자가 임의로 조작하는 변인을 독립변인이라 하고, 이 독립변인으로 인해 유발되는 반응이나 결과를 종속변인이라 한다. 실험연구에서는 독립변인과 종속변인 간의 관계를 통해 행동의 인과성을 밝히는 데 목적이 있으므로 이 두 변인의 설정은 매우 중요하다. 예를 들어, 새 수학 교수법이 학생의 수학 학업성취도에 미치는 효과를 밝히고자 하는 실험연구에서 새 수학 교수법은 독립변인이고 학생의 학업성취도는 종속변인이다.

실험연구에서는 독립변인이 종속변인에 미치는 영향을 정확하게 확인하기 위해 실험집단과 통제집단을 구성하여 연구를 수행한다. 독립변인을 처치한 집단을 실험집단이라 하고, 독립변인을 처치하지 않고 실험집단과 어떠한 차이가 나는지를 비교하기 위한 집단을 통제집단 또는 비교집단이라 한다. 새 수학 교수법이 학생의 수학 학업성취도에 미치는 효과를 밝히고자 하는 예에서, 실험집단에게는 새 수학 교수법을 적용하고 비교집단에게는 전통적으로 실시해 오던 교수법을 그대로 적용한다. 일정 기간의 실험 처치가 끝난 후 통계적 검증을 통해 비교집단보다 실험집단 학생의 수학 학업성취도가 의미 있게 높은 것으로 나타났다면, 새 수학 교수법은 수학 학업성취도에 긍정적인 영향을 미친 것으로 확인된다. 이처럼 실험연구는 새 수학 교수법이라는 독립변인이 학생의 수학 학업성취도라는 종속변인에 미치는 영향을 실험적인 처치를 통해 밝히고 있다. 그러나 실험집단에는 수학 과목을 좋아하는 학생이 더 많이 있고, 또 비교집단의 학습 분위기가 실험집단에 비해 좋지 않다면 이 결과를 독립변인의 영향으로만 보기에는 무리가 있다. 이 실험의 경우에 학습동기나 학습 분위기는 학업성취도에 영향을 미치는 주요한 가외변인이기 때문이다. 따라서 실험연구에서 연구자가 관심을 가지고 조작한 독립변인만의 효과를 정확하게 밝히기 위해서는 종속변인에 영향을 미치는 독립변인 이외의 가외변인을 철저하게 통제하여야 한다.

실험연구는 독립변인과 종속변인 간의 인과관계를 정확하게 밝힐 수 있다는 점이 가장 큰 장점이지만, 윤리적인 면을 고려해야 하므로 연구자가 관심을 가지고 있는 모든 변인을 조작할 수 없는 제한점이 있다. 그리고 실험이 인위적으로 통제된 실험조건에서 이루어지기 때문에 실험 상황에서는 연구자가 기대하는 아동의 반응이 나타나지 않을 수도 있고, 또 반응이 나타났더라도 자연적인 상황에서는 그와 다른 반응을 보일 가능성이 있는 것도 문제가 된다. 즉, 자기표현 훈련을 받은 아동이 실험실 장면에서는 자기표현을 잘 할 수 있겠지만 일상생활에서는 그 행동이 잘 나타나지 않을 수도 있다.

02
인지발달

발달 영역은 교육심리학의 중요한 영역 중 하나다. 교육에서 학습자의 발달 특성을 정확하게 이해하는 것은 효과적인 교수-학습 과정에 필수적인 요소이기 때문이다.

인지이론가는 인간의 의식적인 사고발달과정에 관심을 가지고 있다. 따라서 인지발달에서는 인간이 어떻게 사고하고, 그 사고가 연령과 함께 어떤 변화의 과정을 거치게 되는지에 초점을 두고 있다.

이 장에서는 발달에 대한 이해를 돕기 위하여 발달의 정의와 일반적 원리를 살펴보고, 인지발달 영역에서 대단히 비중 있게 다루어지고 있는 Piaget의 인지발달이론과 Vygotsky의 사회문화적 이론에 대해 살펴보고자 한다.

1. 발달의 이해

> **발달**
> 인간이 수정에서 죽음에 이르기까지 겪게 되는 모든 변화를 의미한다. 다만, 약물 복용이나 질병 등에 의해 일시적으로 나타나는 변화는 제외

발달(development)은 수정에서 죽음에 이르기까지 개인에게 일어나는 모든 변화를 의미한다. 이때의 변화는 약물 복용이나 질병 등에 의해 일시적으로 나타나는 변화가 아니라 질서정연하게 나타나서 상당 기간 동안 지속되는 행동 또는 특성상의 변화를 말한다.

발달에 어떤 내용이 포함되고, 그것이 어떻게 진행되는지에 대해서는 다양한 입장이 있겠지만, 예측 가능한 기본적인 경향이나 일반적인 원리가 있다.

첫째, 발달에는 일정한 순서가 있다. 아동은 앉을 수 있게 된 다음에 일어설 수 있고, 서게 된 다음에 비로소 걸을 수 있다. 언어발달에도 순서가 있어서 옹알이를 한 다음에 말을 하게 되고, 간단한 문장을 사용한 다음에 복잡한 문장으로 나아갈 수 있게 된다.

둘째, 발달의 진행 방향은 일정한 경향이 있다. 상부에서 하부, 즉 머리에서 발의 방향으로 발달이 진행된다. 따라서 아동의 머리가 몸통과 사지보다 먼저 발달한다. 그리고 중심에서 말초 방향으로 발달하므로 신체 중심에 가까운 팔을 먼저 움직이게 되고, 그다음으로 손목, 손가락을 움직일 수 있게 된다.

셋째, 발달은 분화의 과정이며, 동시에 통합의 과정이다. 발달은 전체적이고 일반적인 미분화된 활동에서 부분적이고 정교한 활동으로 분화되고, 그 분화된 각각의 활동 또는 기능은 새로운 기능으로 통합되는 과정을 밟는다. 예를 들어, 각각의 분화된 기능인 달리는 능력, 공을 던지는 능력과 받는 능력 등이 통합되어 핸드볼을 할 수 있게 된다.

넷째, 발달에는 개인차가 있다. 인간은 많은 공통점을 지니고 있고 보편적인 순서에 의해 발달하지만, 유전적 요인과 환경적 요인의 차이 때문에 개인은 신체적 조건, 성격 그리고 각종 능력에서 제각기 다르다. 이러한 개인차는 교육에서 개별지도의 타당성을 뒷받침해 준다.

다섯째, 발달은 계속적인 과정이며, 그 속도는 항상 일정하지 않다. 발달은 연속적이고 점진적으로 일어난다. 또한 어떤 발달 내용은 특정한 시기에 급격한 변화를 보이다가 완만하게 진행된다. 예를 들어, 출생 후 1세까지와 사춘기에는 신장과 체중이 급격히 변화한다. 어휘력은 유아기에 급속하게 진행되고, 논리적 사고력은 서서히 발달하여 청년기에 완숙된다. 어떤 신체기관이나 기능의 발달이 급격하게 진행되는 시기를 결정적 시기(critical period)라고 한다.

여섯째, 발달의 각 영역은 상호 밀접하게 관련되어 있다. 개인의 신체발달, 인지발달, 성격발달 및 사회성 발달 간에 밀접한 관련이 있다. 즉, 신체발달이 우수하면 인지발달도 우수하고, 이러한 경향은 다른 영역의 발달에 긍정적인 영향을 미친다. 역으로 말해 특정 영역의 발달이 지체되면 다른 발달 영역에 부정적인 영향을 미치게 되므로, 각 영역의 발달이 조화롭게 이루어져야 전인발달이 가능하다.

2. Piaget의 인지발달이론

Piaget(1896~1980)는 스위스의 뉴샤텔에서 태어나 아동의 인지발달에 관해 방대한 연구를 수행하였다. 10세에 공원에서 본 알비노 참새에 관한 논문을 발표하였는데, 유기체가 환경에 적응하는 방식에 대한 그의 관심은 1918년 연체동물에 관한 박사학위 논문으로 이어졌다. 그는 생물학에 대한 집중적인 연구를 통해 생물학적 발달은 성숙이나 유전뿐 아니라 환경에 의해서도 영향을 받는다고 결론지었다.

박사학위 취득 후 Piaget의 관심은 심리학으로 옮겨갔다. 1920년에 그는 파리에 있는 Binet 연구소에서 표준화된 아동용 지능검사를 제작하는 일에 관여하면서, 아동이 지능검사 문항에 대해 올바르게 대답한 것보다는 오답을 하게 되는 이유에 관해 더 많은 관심을 가지게 되었다. 그는 같은 나이의 아동은 거의 같은 종류의 오답을 한다는 것을 알았으며, 임상적 면접법을 사용하여 아동의 오답에 대한 생각을 확인하였다. 그 결과, 일반적으로 나이가 많은 아동이 나이가 어린 아동보다 더 많은 정답을 하는 것은 연령에 따라 사고체계가 질적으로 다르기 때문에 나타나는 현상이라고 보았다. 따라서 Piaget는 아동의 사고가 어른의 사고와 질적으로 다르다는 사실을 밝혔으며, 이 발견은 아동 사고의 독특성과 질적 변화를 기본 전제로 하는 인지발달 단계이론을 체계화하는 계기가 되었다. 또한 그는 세 자녀의 성장과정을 임상적 방법을 통하여 관찰함으로써 초기의 감각운동과 후기의 인지능력 발달의 관계를 파악하였을 뿐만 아니라 인지발달이론을 수립하는 자료를 얻게 되었다.

1) 주요 개념

(1) 도식

도식(schema)은 유기체가 새로운 사물이나 사건을 인지할 때 사용하는 이해의 틀로서 인지구조 또는 정신구조다. 도식은 유기체와 환경의 상호작용을 통하여 형성되며, 반사행동 수준에서 분류하기, 복잡한 아이디어까지 포함한다. 아동은 스스로 도식을 형성해 가지만, 이들의 첫 도식은 생득적인 반사행동으로부터 구성된다. 즉, 환경과의 상호작용을 통해 빨기반사나 파악반사와 같은 생득적인 반사를 수정하여 빨기도식이나 파악도식 등을 형성한다. 그리고 이러한 도식은 점차 분화되고 통합되어 결과적으로 성인은 아동에 비해 수많은 도식과 고차적인 도식을 가지게 된다.

> 도식
> 유기체가 새로운 사물이나 사건을 인지할 때 사용하는 이해의 틀

(2) 조직화

조직화란 분리되어 있는 도식들을 새롭고 효율적인 구조로 통합시키는 과정이다. 유기체는 선천적으로 주어지는 개개의 반사도식을 필요에 따라 두 개 이상 조직하여 보다 안정되고 광범위한 능력을 행사할 수 있는 구조를 형성한다. 예를 들어, 아동은 조직화에 의해 개개의 보기도식, 파악도식 및 빨기도식을 통합하여 눈앞에 있는 물건을 보고 손으로 잡아 입으로 가져가서 빨 수 있는 위계적 행동체계를 형성하게 된다. 이때 단편적인 기능보다 더욱 효율적인 구조가 만들어지게 된다. 이러한 조직화 능력은 개인이 환경에 보다 잘 적응할 수 있도록 한다.

> 조직화
> 분리된 도식들을 통합하여 조화시키는 경향

(3) 적 응

유기체는 생존을 위해 환경에 적응하려는 경향을 가지고 태어나는데, 적응에는 동화와 조절이라는 두 가지 상보적 과정이 포함된다.

> 동화
> 유기체가 새로운 사물이나 사건을 기존의 도식에 받아들이는 인지적 과정

동화(assimilation)는 유기체가 새로운 사물이나 사건을 기존의 도식 또는 구조에 받아들이는 인지적 과정이다. 다시 말해서, 새로운 자극을 자신이 이미 가지고 있는 어떤 도식을 이용해서 해석하는 과정이다. 예를 들어, 한 아동이 '날개가 4개고 다리가 6개인 것은 매미'라고 하는 자기 나름의 도식을 가지고 있는 경우를 생각해 보자. 이 아동이 어느 날 처음으로 벌을 보게 되고, 교사는 그것을 가리키며 "이게 뭐지?"라고 아동에게 질문한다. 이때 아동은 자신이 가지고 있는 모든 도식을 확인한 후에 '날개가 4개고 다리가 6개인 매미'라는 자신의 이해의 틀에 맞추어서 인지하게 된다. 이처럼 새로운 자극인 '벌'을 기존의 '매미'라는 자신의 도식에 맞추어서 받아들이는 것을 동화라고 한다. 따라서 동화는 새로운 자극을 기존의 도식으로 분류하는 인지과정이다.

동화는 도식의 양을 증가시키는 데는 영향을 미치지만 도식을 질적으로 변화시키지는 않기 때문에 유기체가 인지적으로 환경에 적응하는 과정의 일부분에 지나지 않는다.

조절

새로운 도식을 만들어 새로운 자극에 반응하거나 기존의 도식을 바꾸는 인지적 과정

조절(accommodation)이란 유기체가 새로운 자극을 자신이 가진 기존의 도식을 이용하여 받아들일 수 없을 때, 새로운 도식을 만들거나 새로운 자극에 적합하도록 기존의 도식을 바꾸어 가는 인지적 과정을 말한다. 예를 들어, 아동이 새로운 자극인 '벌'을 보고 '매미'라고 말할 때 교사가 '벌'이라는 것을 알려 주게 되면, 아동은 지금까지 자신이 알고 있었던 매미에 대한 도식을 보다 명확하게 하면서 '벌'이라는 새로운 도식을 생성하게 된다. 이처럼 기존의 도식을 변화시키는 과정을 조절이라 한다. 이러한 과정을 통하여 도식의 형태에는 질적인 변화가 일어난다.

(4) 평형화

인지적 평형(cognitive equilibrium)은 동화와 조절 간의 균형 상태를 뜻한다. 평형화(equilibration)란 인지적 평형을 유지하려는 경향으로써

동화와 조절의 통합과정이다. 인지발달은 이 평형화를 통해 이루어진다. 평형은 유기체가 추구하는 필요조건이고, 불평형은 평형으로 가고자 하는 동기가 된다.

평형화

인지적 평형을 유지하려는 경향으로 동화와 조절의 통합과정

아동이 새로운 자극을 기존의 도식에 성공적으로 동화시킨 경우에는 평형 상태가 유지되지만, 이 자극을 동화시킬 수 없다면 인지갈등(cognitive conflict)이 일어나게 된다. 이 때문에 불평형 상태가 유발되면서 아동은 새로운 평형 상태를 가지기 위해 기존의 도식을 수정하거나 새로운 도식을 형성하는 조절을 시도한다. 다시 말해서, 평형 상태에서 불평형 상태로 이동되었다가 다시 평형 상태에 놓이는 과정을 평형화라 한다.

예를 들어, '4개의 발을 가진 동물은 고양이'라는 도식을 가지고 있는 아동은 '호랑이'를 처음 보게 되면 자신이 가지고 있는 '고양이'라는 도식에 의해 '호랑이'를 '고양이'로 동화시키고자 한다. 그러나 아동은 이 동물의 발 모양, 몸 크기, 색깔, 울음소리 등이 다르다는 것을 알게 되어 동화하는 데 실패하게 됨으로써 인지갈등이 유발되고 불평형 상태에 놓이게 된다. 아동은 평형 상태를 가지기 위해 '4개의 발을 가진 동물은 고양이'라는 기존의 도식을 바꾸어야 하는데, 이 과정이 조절이다. 아동은 이 새로운 동물이 무엇인지를 알기 위해 부모에게 묻거나 책을 통해 '호랑이'라는 것을 알게 되고, 비로소 평형 상태에 도달하게 된다. 이러한 과정을 통해 아동은 보다 새로운 상위의 도식을 가지게 됨으로써 인지발달을 이루게 된다. 불평형화는 성숙과 경험을 통해 개인 내에서 자연스럽게 일어날 수도 있고 부모나 교사에 의해 유발될 수도 있다.

2) 인지발달 단계

Piaget(1969, 1970, 1972)에 의하면 인지발달은 기존의 도식에 새로

운 도식을 단순히 추가하는 것 이상을 말한다. 즉, 평형화를 통해 기존의 도식보다는 질적으로 다른 상위의 도식이나 인지구조를 형성하게 된다. Piaget는 이러한 인지발달을 가져오는 요인으로 성숙, 경험, 사회적 상호작용 및 평형화를 들고 있다. 그는 이 네 가지 요인이 상호작용한 결과 인지구조의 질적인 변화가 일어난다고 보았다. 인지구조의 질적인 변화는 크게 네 단계로 구분하는데, 이것이 인지발달 단계다. 인지발달의 각 단계는 질적으로 서로 다르고 순서가 불변하며, 각기 다른 속도로 통과해 나가고, 그 속도는 유전과 사회 · 문화적 환경에 따라 많은 영향을 받는다. 또 각 단계의 연령 구분은 개략적이고, 모든 사람이 인지발달의 네 단계를 거치는 것은 아니라고 본다.

(1) 감각운동기(sensorimotor stage)

출생에서 2세까지에 해당하는 시기다. 아동의 행동은 자극에 대한 반응으로서 자극은 만지고, 보고, 듣고, 냄새 맡고, 맛보는 등의 감각적 경험이고, 반응은 운동활동이기 때문에 이 단계를 감각운동기라 부른다. 출생 직후부터 생득적인 반사행동을 도식으로 하여 여러 환경자극을 동화한다. 예를 들면, 신생아는 생후 초기부터 빨기반사를 이용하여 입술에 닿는 것은 모두 빨게 된다. 반사사용 단계에서 나타나는 발달은 극히 적으나 이 시기의 감각운동적 기능은 아동이 자신을 둘러싸고 있는 환경을 이해하고 개념을 형성하는 데 중요한 기반이 된다.

> **대상영속성**
> 아동이 자신의 지각 여부와 관계없이 대상물이 영속적으로 존재한다는 것을 아는 것

감각운동기의 주요 특징은 대상영속성(object permanence)과 정신적 표상화다. 대상영속성은 감각운동기의 지적 성취로서 사물이나 사람이 아동 자신의 지각 여부와 관계없이 영속적으로 존재한다는 것을 아는 것이다. 이것을 통해 아동은 우주 내에서 그들 자신이 독립된 개체임을 깨닫게 된다. 대상영속성 개념으로 볼 때, 5개월경에는 대상을 시각적으로만 탐색하므로 창 밖으로 물건이 떨어져 시야에서 대상이 사라지면

그것이 마치 없어진 것처럼 행동한다. 9개월경에는 진정한 의미의 대상영속성 개념이 형성되나 위치 이동은 이해하지 못하다가, 13개월에 가서야 대상영속성 개념에서 일련의 위치 이동을 이해할 수 있게 된다.

감각운동기의 말기에 이르면 정신적 표상화가 이루어지므로 통찰에 의한 새로운 수단의 발견이 가능하고 기억에 의한 지연모방도 가능하다. Piaget는 지연모방이 18~24개월경에 가능하다고 보지만, Bauer와 Wewerka(1995), Meltzoff(1995) 등은 더 어린 시기에 이 능력이 나타난다고 주장한다.

(2) 전조작기(preoperational stage)

2~7세에 해당하는 시기다. Piaget는 논리적인 사고를 통해 수행되는 행위라는 의미로 조작(operation)이란 용어를 사용한다. 따라서 전조작적이라는 말은 전논리적이라는 것과 일맥상통한다. 감각운동기 말기에 아동은 감각운동적 도식에만 얽매이지 않고 표상능력과 같은 조작능력이 나타나기 시작한다. 그러나 논리적으로 사고할 수 있는 인지적 조작을 숙달하지는 못하고 그 과정 중에 있으므로 전조작기라 부른다.

> **조작**
> 논리적인 사고에 의해 수행되는 행위

① 상징적 기능(semiotic function)

상징적 기능은 이 시기의 아동에게서 나타나는 가장 뚜렷한 특징이다. 예를 들어, 자동차라는 단어를 사용해서 실제로는 눈앞에 없는 자동차를 정신적으로 표상할 수 있는 능력을 말한다. 아동이 표출하는 상징의 형태는 가상놀이, 언어, 지연모방, 그림 등이 대표적이다.

> **상징적 기능**
> 언어, 그림 등의 상징을 이용해서 사물을 정신적으로 표상하는 능력

② 자기중심성(egocentrism)

자기중심성은 전조작기의 아동이 자신의 입장에서 세상을 보는 것으로 타인의 감정, 지각 등이 자신의 것과 일치한다고 생각하는 것이다.

예를 들어, 자신이 좋아하는 장난감이나 과자는 다른 사람도 좋아할 것이라고 본다.

자기중심성
타인의 입장을 이해하지 못하고 아동 자신의 입장에서 세상을 보는 경향

자기중심적 사고의 특징은 Piaget와 Inhelder의 세 산모형 실험에서 잘 드러나고 있다. 아동에게 크기, 모양, 색상이 상이한 3개의 산 모습을 보여 주고, 아동이 산을 보는 위치와 다른 위치에 있는 관찰자가 어떤 모습의 산을 볼 수 있을지를 아동에게 질문하면 이 시기의 아동은 타인도 자신이 보고 있는 산 모습과 동일한 모습의 산을 볼 것이라고 응답한다. 이처럼 전조작기 아동은 타인의 입장을 고려할 수 없는 자기중심적 사고의 한계를 보인다는 것이다.

③ 중심화(centration)

중심화
대상물이 갖는 단 하나의 지각적 속성에만 집중하는 경향

중심화란 대상물이 갖는 단 하나의 가장 뚜렷한 속성에만 주목해서 지각하는 지각의 집중화를 말한다. 예를 들어, 5개의 구슬을 일렬로 붙여서 길이를 짧게 구성해 놓은 줄(A)과 A줄의 구슬과 동일한 5개의 구슬을 간격을 두어서 길게 늘어 놓은 줄(B)을 비교하도록 하였을 때, 전조작기의 아동은 B줄의 구슬이 더 많다고 대답한다. 이러한 사고로 인해 이 시기의 아동은 분류 개념이나 보존 개념의 습득이 어렵다.

④ 가역성(reversibility)

가역성
조작을 거꾸로 수행할 수 있는 능력

이 시기의 아동은 정신적으로 행위를 역전시키는 능력인 가역성이 결여되어 있다. 즉, 어떤 변화가 발생하였을 때 그것을 원래 상태로 되돌릴 수 있다는 가역성을 이해하는 능력이 없는 것을 말한다. 예를 들면, 전조작기의 아동은 2+3=5는 이해해도 5−2=3이라는 역관계는 이해할 수 없다.

⑤ 보존 개념(conservation)

전조작기에는 대상물의 외형이 바뀌어도 그 속성은 변하지 않는다는 것을 인식하는 능력인 보존 개념이 획득되지 않는다. 즉, 대상물의 외형이 바뀌더라도 수, 양, 질량, 부피 등과 같은 속성은 변하지 않는다는 보존 개념을 이해하지 못하는 것이다. 양, 질량, 수 및 부피의 보존성 과제의 예를 들면 [그림 2-1]과 같다.

> **보존 개념**
> 대상물의 외형이 바뀌어도 그 속성은 변하지 않는다는 것을 인식하는 능력

과 제	제 시	실험자의 조작	보존 개념 획득
액체 양	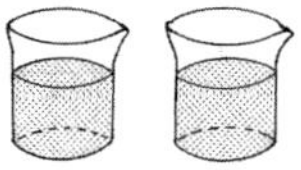 동일한 양의 물이 담긴 똑같은 크기의 비커 두 개. 아동은 물의 양이 똑같은 것에 동의함	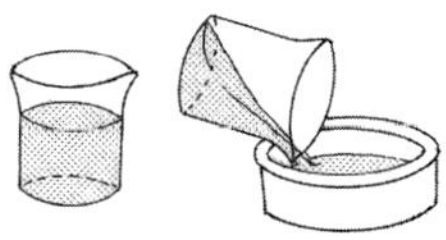 한 비커의 물을 다른 모양의 비커에 부음	두 개의 비커에 있는 물의 양이 동일하다고 인식함
질 량	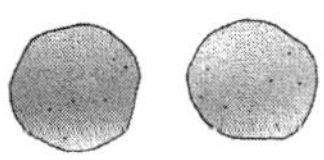 동일한 양의 공모양 점토 두 개. 아동은 이것의 양이 똑같다는 것에 동의함	 한 개의 점토 공을 소시지 모양으로 만듦	각 점토덩이의 앙이 동일하다고 인식함
수	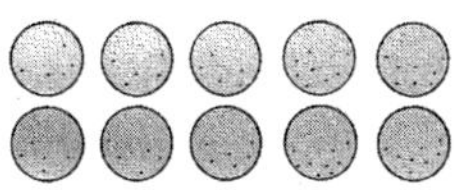 각 줄의 구슬 수가 동일함. 아동은 구슬 수가 똑같다는 것에 동의함	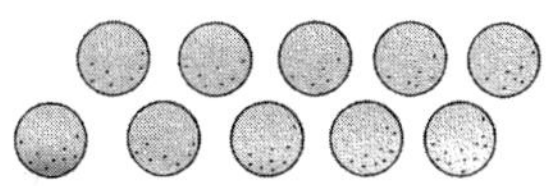 한 줄의 길이를 늘여 놓음	각 줄의 구슬 수가 여전히 동일하다고 인식함
부 피	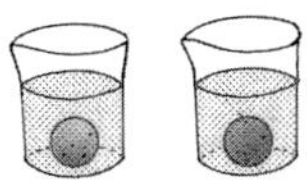 동일한 양의 물이 담겨져 있는 두 개의 비커. 같은 양의 진흙덩이를 넣음. 아동은 물의 높이가 똑같이 올라간 것을 확인함	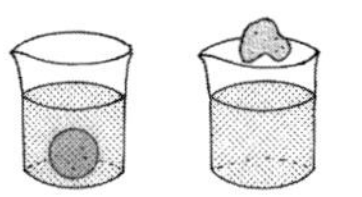 한쪽의 진흙덩이를 꺼내 물의 높이를 변형시킴. 아동에게 물의 높이가 왜 더 높아지거나 낮아지는지, 또는 진흙덩이를 물 속에 다시 넣으면 왜 다른 비커와 똑같아지는지 질문함	진흙덩이의 모양이 변한 것 외에는 아무것도 변하지 않았으므로 물의 높이가 동일하다고 인식함

[그림 2-1] 보존과제

출처: Shaffer, 1999.

(3) 구체적 조작기(concrete operational stage)

구체적 조작기는 7~11세경의 시기를 말한다. 이 단계는 논리적으로 사고할 수는 있지만 아동이 직접 관찰할 수 있는 구체적 사실이나 사물을 다루는 경우에만 한정되기 때문에 구체적 조작기라 한다. 이 시기에는 타인의 감정이나 관점을 고려할 수 있는 조망수용(perspective taking) 능력을 획득함으로써 탈중심화(decentration)가 이루어지고, 가역적 사고가 가능해지며, 수나 양, 질량, 길이, 부피 등에 관한 보존 개념이 획득된다.

또한 이 시기에는 분류 개념이 획득되므로 부분과 전체의 관계, 하위 유목과 상위 유목 간의 위계적 관계를 이해하여, 전체는 부분보다 많고 상위 유목은 하위 유목보다 많다는 것을 알게 된다. 예를 들어, 아동에게 빨간 유리구슬 7개와 노란 유리구슬 5개를 보여 주고 "빨간 유리구슬이 더 많니, 유리구슬이 더 많니?"라고 물어보면, 전조작기의 아동은 빨간 유리구슬이 더 많다고 대답하지만, 구체적 조작기의 아동은 유리구슬이 더 많다고 대답한다.

서열조작
사물의 길이, 부피, 무게 등의 속성에 따라 사물을 순서짓는 능력

구체적 조작기에 획득되는 또 다른 논리적 사고는 길이, 부피, 무게 등 사물의 속성에 따라 순서짓는 서열조작이다. 서열조작은 한 가지 속성에 따라 사물을 순서짓는 단순 서열화와 두 가지 이상의 속성에 따라 순서짓는 다중 서열화가 모두 가능하다.

(4) 형식적 조작기(formal operational stage)

Piaget는 11~12세경에 시작하여 이후의 성인기까지를 인지발달의 마지막 단계인 형식적 조작기로 명명하고 있다. 이 시기에는 구체적이거나 실재적인 것에 얽매이지 않고 추상적으로 사고할 수 있다. 즉, 가설을 세워 체계적으로 검증하여 일반화할 수 있고, 사고 속에서 시행착오를 통하여 과오를 바로잡아 갈 수 있다.

가설연역적 사고

주어진 전제 조건으로부터 가설을 도출하여 논리적으로 연역해 내는 사고

형식적 조작기에는 가설연역적 사고가 가능하다. 즉, 문제를 해결하기 위해 가설을 세울 수 있고 연역적 사고를 할 수 있다. 예를 들어, 전조작기 수준이나 구체적 조작기 수준의 아동에게 "만약 사람이 날아다닐 수 있다면 어떤 일이 일어날까?"라고 묻는다면, "사람은 하늘을 날 수 없어요."라고 대답할 것이다. 그러나 형식적 조작기 수준의 학생이라면 '도로와 집의 모습이 달라진다.' '도시의 모습이 달라진다.' '운동경기의 방식과 규칙이 달라질 것이다.' 등의 다양한 추론을 구사할 수 있다.

조합적 사고

모든 가능한 해결방안을 논리적으로 추론하여 과제를 해결하는 사고

형식적 조작기 수준의 학생은 조합적 사고를 할 수 있다. 이는 하나의 문제에 대해 모든 가능한 해결방안을 논리적으로 추론해 봄으로써 문제를 해결할 수 있는 사고다. 조합적 사고는 형식적 조작기의 특징적인 사고로 Piaget와 Inhelder의 액체용액실험에서 잘 드러난다. 즉, 4개의 병에 각각 1, 2, 3, 4라는 번호를 붙이고, 이 병들에 각각의 무색 투명한 액체를 담는다. 그리고 g라는 이름이 붙은 또 다른 1개의 병에 역시 무색 투명한 액체를 담아서, 5개의 병을 실험 대상에게 모두 제시하고 이 액체를 섞어서 노란색의 액체를 만들도록 지시한다. 이 실험에서 전조작기의 아동은 주어진 5개의 액체를 아무렇게나 섞다가 노란색의 액체를 만들어 내지 못했지만, 구체적 조작기의 아동은 보다 조직적으로 시도하였다. 즉, g병에 있는 액체를 1, 2, 3, 4의 병에 각각 차례로 부어서 혼합해 보는 것이었다. 그러나 노란색이 나오지 않자 더 이상 시도하지 않고 포기하였다. 형식적 조작기의 학생은 모든 가능성을 체계적으로 다루어 봄으로써 결과적으로 노란색을 만들어 냈다.

3) Piaget 이론의 교육적 시사점

Piaget 이론은 수업에 대해 많은 시사점을 제공한다. Piaget에 의하

면, 발달이란 지적인 성숙이나 외적인 교육에 의해 좌우되는 것이 아니라 아동 스스로 능동적인 행동을 통해 보다 분화되고 포괄적인 인지구조를 세워 나가는 구축과정이다. 따라서 학습은 교사에 의해 수동적으로 주입되는 것이 아니라 아동 스스로 능동적인 발견의 과정을 거쳐야 하므로, 아동이 자발적이고 주도적으로 과제를 해결하는 활동과정을 경험해야 한다. 발견학습은 Piaget 이론을 교실수업에 적용한 것이다.

Piaget 이론은 지식의 양을 증대시키기보다는 아동의 사고능력을 길러 주는 데 그 목표를 두고 있다. 따라서 교사는 수업장면에서 아동이 불평형 상태에 놓이도록 질문이나 관찰학습 등을 통해 아동의 인지갈등을 유발해야 한다. 다시 말해서, 아동이 새로운 자극을 기존의 도식에 성공적으로 동화시키지 못한 경우에는 인지갈등이 일어나게 되고, 이로 인해 불평형 상태가 유발되면 평형 상태를 가지기 위해 아동은 기존의 도식을 수정하거나 새로운 도식을 형성하기 위한 조절을 시도하게 될 것이다. 인지갈등을 해소하고 평형 상태에 도달하고자 하는 평형화는 인지발달을 촉진하는 중요한 기제다.

또한 아동이 타인과 사회적 상호작용을 할 수 있는 환경을 제공하여야 한다. Crain(2000)에 의하면, 아동은 타인과의 관계에서 두 가지 이상의 관점을 고려하는 것을 배움으로써 두 차원을 동시에 통합하는 논리적인 사고가 시작된다고 한다. 따라서 아동이 타인과 상호작용할 기회를 가지도록 장려해야 한다. 아동에게 가장 바람직한 사회적 상호작용은 수평적 관계에 있는 또래와 어울리면서 느낄 수 있는 동등성이다. '옳은' 답을 이미 알고 있는 권위자에 의해 지배받는다고 느끼는 한, 아동은 관점의 차이에 제대로 주목하지 못할 것이다. 그러나 또래와 상호작용을 하는 아동은 다른 관점을 자신의 사고에 대한 도전자극으로 받아들여 다양한 관점을 다룰 수 있는 좋은 기회를 얻게 된다. Damon과 Phelps(1991)는 협동학습을 하였던 4학년 아동이 그렇지 않은 아동보다 수학 문제, 공간추론 문제 및 평형저울 문제를 더 성공적으로 해결하였음을 밝혔다.

아동은 성인과 질적으로 다르게 사고하기 때문에 아동의 인지발달 수준 또는 단계를 확인하여 이들의 흥미와 학습양식에 적합한 교육내용을 선정하고 조직하여 가르쳐야 한다. 예를 들어, 구체적 조작기에 속하는 아동의 사고는 구체적인 대상과 활동에 제한되어 있기 때문에 아동에게 수를 가르칠 경우에는 도표를 그리거나 강의를 하는 것이 아니라 구체적 대상물을 이용하여 아동이 수를 헤아려 보거나 더하기와 빼기를 해 보는 등의 활동을 하도록 해야 한다.

Woolfolk(2001)가 아동의 인지발달 단계별로 제시하고 있는 수업지침을 소개하면 다음과 같다.

첫째, 전조작기는 가능한 구체적인 소품과 시각적인 보조자료를 사용한다. 지시는 짧게 하고, 설명할 때는 언어로만 할 것이 아니라 행동으로도 보여 준다. 아동이 타인의 관점에서 일관성 있게 세계를 이해할 수 있을 것이라고 기대해서는 안 된다. 아동이 동일한 단어를 다른 의미로 사용하거나 서로 다른 단어를 같은 의미로 받아들일 수 있다는 점을 잘 인식해야 한다. 또한 자신이 스스로 만들어 낸 단어를 다른 사람도 이해할 수 있을 것으로 기대할 수 있다는 점에 유의해야 한다. 독해력과 같은 복잡한 능력을 학습할 수 있도록 기초학습 능력을 길러 주어야 하며, 개념학습과 언어학습의 기초가 되는 다양한 경험을 제공해야 한다.

둘째, 구체적 조작기는 복잡한 내용을 다룰 때 특별히 구체적 소품과 시각적 보조물을 계속해서 사용한다. 아동이 대상물을 조작하고 검증할 기회를 계속 제공해야 한다. 읽기 과제는 짧고 잘 조직되어야 한다. 복잡한 학습내용을 설명하기 위해 친근한 예를 사용하며, 대상물이나 학습내용을 점점 더 복잡한 수준으로 분류하고 군집화할 수 있는 기회를 제공해야 한다. 또한 논리적이고 분석적인 사고를 요하는 문제를 제시한다.

셋째, 형식적 조작기는 구체적 조작기의 교수전략과 학습자료를 계속해서 사용한다. 학생이 많은 가설적 문제를 탐색할 수 있는 기회와 문제를 해결하고 과학적 추론을 훈련할 기회를 제공하여야 한다. 또한 사실적 지식만이 아니라 학생의 생활과 관련된 학습자료와 내용을 사용하여 보다 포괄적인 개념을 가르쳐야 한다.

3. Vygotsky의 사회문화적 이론

Vygotsky(1896~1934)는 러시아의 심리학자로서 그의 사회문화적 이론의 기초는 『사고와 언어(Thought and language)』(Vygotsky, 1962)에 제시되어 있으며, 1930년과 1935년 사이에 출간된 다양한 연구는 'Mind in Society'(Vygotsky, 1978)라는 제목으로 영어로 출판되어 미국에 소개되었지만 당시에는 주목을 받지 못하였다. 그의 이론은 1980년대에 들어와서 심리학 문헌에 소개되기 시작하였고, 오늘날 아동심리학과 교육에 중요한 영향을 미치고 있다.

Vygotsky(1962, 1978)는 인간의 인지발달이 사회적 · 문화적 요인의 영향을 받는다고 본다. 따라서 그의 이론을 사회문화적 인지이론이라 한다. 그는 지식이란 사회집단의 역사를 통해 누적된 문화적 형태로 존재하며, 이 사회문화적 의미는 학습을 통해 아동에게 내면화(internalization)된다고 본다.

Vygotsky는 내면화를 '외적 조작의 내적 재구성(internal reconstruction of an external operation)'으로 규정하고 있다. 이는 외부의 역사적 축적물인 지식을 아동이 유능한 타인의 도움을 받는 개인 간 상호작용을 통해 개인 내 작용, 즉 내적으로 흡수하여 자발적으로 사용할 수 있는 상태를 말한다. 이러한 내면화의 개념은 Vygotsky 인지발달이론의 근간이 된다. 내면화에서 언어는 외적 활동과 내적 활동을 연결하는 다리 역할을 한다. 즉, Vygotsky는 내면화의 개인 간 상호작용 과정에서 언어적 대화를 가장 중요한 도구로 보고 있으며, 아동의 언어능력을 발달시키는 것은 곧 아동의 사고능력을 발달시키는 것으로 간주한다.

학습과 발달의 관계에서 볼 때, 인지발달의 범위 내에서 학습이 이루어진다는 Piaget의 입장과 달리 Vygotsky는 새로운 정보를 학습하기 위해서는 발달이 전제되는 경우도 있겠지만 학습이 발달을 주도한다고 본다.

아동의 인지발달이 사회문화적 맥락 속에서 유능한 타인과의 상호작용을 통해 이루어진다는 Vygotsky의 사회문화적 이론은 교사나 부모와 같은 성인 또는 보다 유능한 또래가 아동의 인지발달을 적극적으로 도와줄 수 있는 이론적 근거를 제시하였다는 점에서 최근 관심이 모아지고 있다.

1) 근접발달영역

아동의 인지발달, 즉 개인 간 정신기능이 개인 내 정신기능으로 변환되는 과정에서 아동이 현재 수준에서 해결할 수 있는 것보다 더 나은 수준의 문제를 해결하도록 이끌어 주는 것이 목적이라면, Vygotsky는 타인이 도와줌으로써 가능할 것이라 보고 발달과 학습에 관한 새로운 접근방식인 근접발달영역의 개념을 제안하였다.

근접발달영역

실제적 발달 수준과 잠재적 발달 수준의 차이

- **실제적 발달 수준** 아동 자신의 힘으로 과제를 해결할 수 있는 수준
- **잠재적 발달 수준** 주위의 도움이 주어지면 과제를 해결할 수 있는 수준

근접발달영역(zone of proximal development)이란 아동이 혼자 힘으로 과제를 해결할 수 있는 실제적 또는 현재의 발달 수준과 성인이나 보다 유능한 또래의 도움으로 과제를 해결할 수 있는 잠재적 발달 수준의 차이를 말한다. 실제적 발달 수준(actual development level)은 이미 성숙된 기능, 즉 발달의 결과로써 아동이 타인의 도움 없이 독자적으로 수행할 수 있는 수준을 의미한다. 반면, 잠재적 발달 수준(potential development level)은 지식이 보다 풍부한 교사, 부모나 또래의 도움을 받아서 과제를 해결할 수 있는 수준을 의미한다. 따라서 근접발달영역은 현재 성숙되지는 않았지만 성숙과정에 있고 가까운 미래에 성숙될 수 있는 영역으로, 발달의 '열매'가 아닌 '싹'이나 '꽃'의 상태에 있는 것을 말한다. 다시 말해서, 근접발달영역 개념은 학습과 인지발달이 이루어지는 역동적인 영역으로 발달의 내적 과정을 이해할 수 있는 영역이다. 또한 이는 성인의 도움으로 아동의 발달 수준을 향상시킬 수 있다는 점에서 교사에 의한 교육의 중요성을 일깨워 준다.

Vygotsky에 의하면, 근접발달영역은 고정적인 것이 아니라 학습자가 더 높은 수준의 사고와 지식을 획득함에 따라 역동적으로 변화한다는 것이다. 이러한 근접발달영역의 역동성은 [그림 2-2]와 같이 나타낼 수 있다(김억환, 박은혜 역, 1998).

이처럼 실제적 발달 수준과 잠재적 발달 수준 사이의 영역이 계속적으로 연결되어 변화하는 것을 발달로 보기 때문에, 어제의 잠재적 발달 수준이 내일의 실제적 발달 수준이 되고 그에 따라 근접발달영역이 새로운 근접발달영역으로 나아가면서 한 단계 더 높은 수준으로 발달하게 되는 것이다.

Gallimore와 Tharp(1990)에 의하면, 근접발달영역을 통해 발달이 이루어지는 과정은 [그림 2-3]과 같이 4단계를 거치며(김억환, 박은혜 역, 1998; 한순미, 1999), 이 과정은 직선적인 과정이 아닌 순환적인 과정

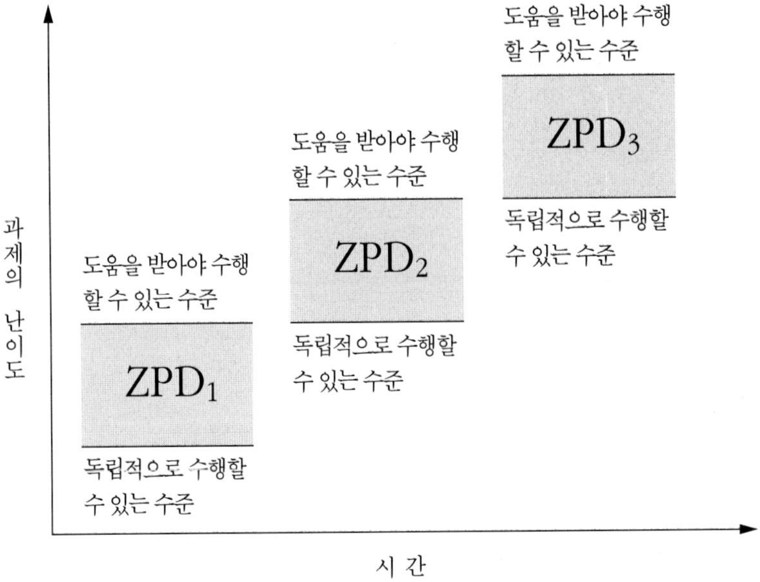

[그림 2-2] 근접발달영역의 역동적인 특성

이다. 각 단계를 설명하면 다음과 같다.

첫째, 1단계로 보다 유능한 타인의 도움을 받아 과제를 수행하는 단계다. 이 단계에서는 아동이 과제를 독립적으로 수행할 수 없기 때문에 성인이나 보다 유능한 또래에게 의존해 있는 순종이나 모방의 단계다. 아동에게 필요한 도움의 양과 종류는 아동의 연령, 현재 수행의 정도, 그리고 과제의 성격에 따라 다르다. 이 단계에서 아동은 무엇을 성취해야 하는지에 대한 이해가 거의 없는 상태에서 시작한다. 그러나 부모나 교사, 유능한 또래의 도움을 받아 과제를 수행하는 과정에서, 질문과 피드백 등이 포함되어 있는 대화를 통해 상호작용을 하게 된다. 이 상호작용을 통해 아동은 점차 수행해야 할 과제에 대하여 이해하게 되고 과제 수행에 대한 책임을 갖게 될 때 1단계는 완성된다.

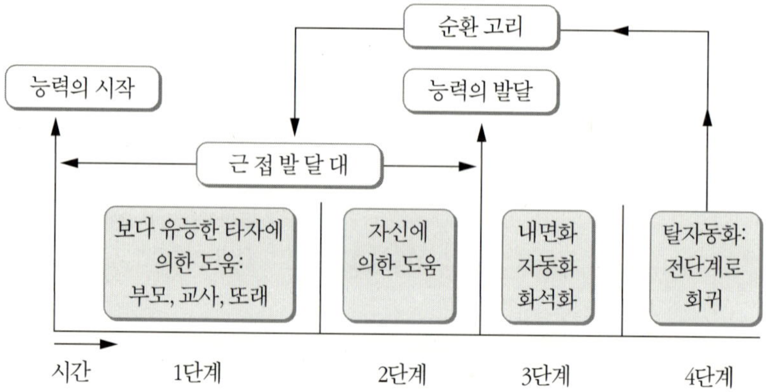

[그림 2-3] 수행능력의 발생: 근접발달대와 이를 넘어선 진전

둘째, 2단계로 자기 자신의 도움으로 과제를 수행하는 단계다. 이 단계의 아동은 이제 개인 내 심리 수준에서 타인의 도움 없이 과제를 수행할 수 있게 된다. 그러나 이는 아동 자신 내에서 완전히 발달되어 자동화 또는 내면화가 된 것을 의미하지는 않는다. 타인에게서 받았던 조절이 아동 자신에게로 넘어와 자기조절을 하게 됨으로써, 아동은 자기안내를 위한 자기지향적인 말, 즉 혼잣말 형태인 외현적인 자기지시적 언어를 통해 행동을 통제하게 된다.

셋째, 3단계로 과제수행능력이 완전히 발달되어 내면화 · 자동화 · 화석화되는 단계다. 이 단계에서 아동은 자기조절이 사라지면서 근접발달영역을 벗어나 과제를 수행하는데, 더 이상 타인이나 자신의 도움 없이 자동적으로 과제를 완전하게 수행할 수 있다. 이때 타인의 도움은 과제를 수행하는 데 오히려 부정적인 영향을 미치게 된다. 이 단계는 자기통제와 사회적 통제를 벗어난 완전한 발달 상태로 Vygotsky는 '발달의 열매'라고 부른다.

넷째, 4단계로 수행이 탈자동화됨으로써 근접발달영역으로 회귀되는 단계다. 아동이 특정 과제를 수행하여 일단 인지전략을 획득하였으나 어떤 이유 때문에 새롭게 학습된 전략이 자동화 상태를 유지하지 못하여 과제가 자연스럽게 수행되지 않을 때, 이들은 수행능력을 회복하기 위해 보다 유능한 타인이나 자신에 의한 도움을 얻어야 한다. 즉, 근접발달대로 회귀해야 하는 것이다. 4단계는 과제 수행을 강화하고 유지하기 위해 필요하다. 따라서 교사는 아동이 과제를 완전히 수행할 수 있다고 판단되더라도 이미 학습한 내용을 반복할 필요가 있다.

2) 비계설정

비계설정
근접발달영역에서 과제수행을 위해 제공되는 도움

Vygotsky의 교육에 대한 견해는 도움을 받는 학습이다. 즉, 근접발달영역에서 아동이 더 높은 수준으로 나아가기 위해서는 보다 유능한 타인의 도움이 필수적이라는 것인데, 근접발달영역에서 아동의 과제 수행을 위해 유능한 타인이 제공하는 도움을 비계설정(scaffolding) 또는 발판화라고 한다.

비계설정이라는 용어는 Vygotsky 자신이 제안한 개념이 아니라 개별화 교수의 주요 요소를 파악하고자 했던 Wood와 Bruner, Ross(1976) 등에 의해 소개된 것이다. 비계설정은 건축용어로, 건물을 지을 때 그 주변에 발판을 설치하여 인부들을 받쳐 주는 것을 말한다. 이와 마찬가지로 근접발달영역에서 아동 혼자의 힘으로는 해결할 수 없는 과제를 교사나 부모 또는 유능한 또래가 도와줌으로써 해결하도록 하는 것을 뜻한다. 모델링, 힌트 제공, 질문하기 등은 비계설정 기법의 예다.

Pratt 등(1992)은 자녀의 수학 숙제를 도와주는 부모의 비계설정 사용 정도를 측정한 결과, 자녀의 근접발달영역에서 도움을 주는 부모는 자녀가 어려움에 직면했을 때 꼭 필요한 도움을 주기 위해 지시의 양을 늘리고, 자녀가 성공하게 되면 지시를 줄이는 것으로 나타났다. 프로젝트 수업에서 교사의 비계설정 적용은 아동의 학업성취 향상에 효과가 있으며(정미진, 2005), 또래 간의 비계설정은 아동의 학업 자아개념과 문제해결력 향상에 효과적인 것으로 나타났다(최수진, 2005). 그리고 또래가 도움을 제공할 때 아동의 문제해결력이 향상되었으며(Gillies & Ashman, 1998), 교사나 또래의 도움을 받아 공동으로 문제를 해결한 아동 역시 문제해결력이 향상되었다(이희주, 2000; 정은영, 2002).

3) 혼잣말

혼잣말
사고와 행동을 조절하는 내면적인 기능을 갖는 언어

Vygotsky에 의하면, 혼잣말(자기 자신에게 말하기)은 자기조절의 수단으로 아동이 자신의 행동을 모니터링 하고 주도하기 위해 자기 자신과 의사소통하는 것이다. 즉, 이는 외현적인 언어가 내적 사고로 전환되는 중간단계의 언어로, 형태는 외현적으로 보이지만 의사소통이 목적이 아니라 자신의 사고와 행동을 조절하는 내면적인 기능을 갖는다. 아동의 인지발달은 혼잣말과 사회적 언어의 영향을 받지만, 특히 혼잣말이 인지발달에 결정적인 역할을 한다고 주장한다.

아동은 흔히 혼자 놀면서 자기 자신에게 말을 하곤 하는데, 이를 두고 Piaget는 자기중심적 언어라고 하고, Vygotsky는 혼잣말이라고 한다. Piaget에 의하면, 자기중심적 언어는 다른 사람의 조망을 고려하지 못하는 미성숙된 자기중심적 사고의 결과로 아동이 성숙함에 따라 사회화된 언어로 발달된다. 그러나 Vygotsky는 혼잣말이 인지적으로 미성숙함을 나타내는 것이 아니라, 아동이 문제해결 상황에서 자신의 사고와 행동을 계획, 점검하고 안내하는 등 자기 자신을 조절하는 도구로 사용되는 언어라고 본다.

아동은 과제가 어렵거나 실수를 하였을 때 도움이 필요하기 때문에 혼잣말을 평소보다 더 많이 사용하는 경향이 있다(Berk, 1992). 이것은 수업에서 아동의 혼잣말을 허용할 뿐 아니라 격려해 줄 필요가 있다는 것을 뜻한다. 만약 아동에게서 중얼거림이 증가한다면 이들이 도움을 원한다는 신호일 수 있다.

4) Vygotsky 이론의 교육적 시사점

인지발달 과정에서 사회적 중재를 강조하는 Vygotsky 이론은 학교교육에서 교수-학습에 대한 구체적인 아이디어를 제공한다. 즉, 근접발달영역과 역동적 평가, 협동학습, 비계설정 등은 아동의 학습이나 발달에서 교사나 부모 역할의 중요성과 학교교육의 중요성을 강조한다.

근접발달영역에서는 교수와 평가가 분리되지 않고 통합되어야 한다. 근접발달영역 개념은 아동 혼자의 힘으로는 과제를 해결할 수 없지만 보다 유능한 타인의 도움으로 해결할 수 있는 영역을 의미하므로, 실제로 교수-학습이 역동적으로 이루어지는 중요한 영역이다. 근접발달영역에서 교수-학습이 효율적으로 이루어지기 위해서는 아동이 독자적으로 과제를 해결할 수 있는 실제적 발달 수준은 물론 타인의 조력으로 해결할 수 있는 잠재적 발달 수준까지 정확하게 평가해야 한다. 이 두 수준 간의 차이가 바로 근접발달영역이므로 이 영역의 폭을 측정하기 위해서는 역동적 평가를 실시해야 한다.

역동적 평가(dynamic assessment)는 학습의 결과보다 과정을 중시하며, 평가 중에 평가자와 아동 간의 역동적인 상호작용이 이루어지는 것이 특징이다. IQ검사나 학업성취도 검사와 같이 이미 획득된 지식을 평가하는 정적 평가방식과는 대조적으로, 역동적 평가는 아동이 이미 학습한 것은 물론 타인의 조력으로 수행할 수 있는 학습 잠재력도 함께 평가한다. 이러한 역동적 평가는 Vygotsky의 근접발달영역의 영향을 받아서 '사전검사-개입-재검사' 과정을 적용하므로 검사 상황에서 교수와 평가가 함께 이루어진다. 결국, 근접발달영역 개념에 기초한 역동적 평가는 아동의 현재 발달 수준의 진단은 물론 아동의 학습과 발달을 촉진하는 수단으로써의 평가이므로 교수와 평가가 구분되지 않고 통합된다.

또한 아동의 인지발달 촉진을 위해 보다 유능한 또래를 조력자로 활용하는 협동학습을 장려해야 한다. Vygotsky는 아동의 인지발달을 촉진하는 조력자로서 교사나 부모와 같은 성인 외에 유능한 또래를 꼽고 있다. 어떤 경우에는 과제를 방금 해결한 또래가 가장 유능한 교사가 될 수도 있다. 이는 또래가 학습자와 유사한 근접발달영역에서 활동하기 때문이다. Forman과 Cazden(1985)에 의하면, 아동은 또래 개별지도 상황에서 대단히 효과적으로 상대방을 가르칠 수 있다는 것이다. 즉, 또래 중 수준이 보다 높은 아동이 교사 역할을 하였으며, 수준이 동일한 또래 아동 간에도 질문자나 시범을 보이는 역할을 교대로 하는 등 상보적인 방식으로 협동적인 활동을 하는 것으로 나타났다. 실제로 학교의 교실 상황은 능력이나 발달 수준에서 개인차를 보이는 혼합집단이라 할 수 있으며, 다인수 학급에서 교사 한 사람이 개개 아동의 수행을 돕는 것은 매우 어려우므로, 보다 유능한 또래를 조력자로 활용하여 아동 간에 대화나 토론 등을 통한 협동학습이 이루어질 수 있는 수업환경을 조성해야 한다.

Vygotsky의 교육에 대한 견해는 도움을 받는 학습이므로 아동이 근접발달영역에서 과제를 최대한 효율적으로 해결할 수 있도록 적절하게 비계설정이 제공되어야 한다. 비계설정이 적절하게 이루어진다는 것은 아동의 발달 수준을 확인하여 그에 적합한 과제를 선정하고, 이들에게 적절한 조절을 제공하는 것을 말한다(한순미, 1999). 발달 수준에 적합한 과제란 아동이 도움을 받아 해결할 수 있는 과제다. 그리고 적절한 조절을 제공한다는 것은 아동이 이해할 수 있도록 문제를 정의해 주는 것, 어려운 과제는 부분적인 해결을 유도하는 것, 쉬운 과제는 어려움을 체계적으로 증가시키는 것, 문제해결에 필요한 지식과 인지전략을 가르쳐 주는 것, 공동활동 과정에서 따뜻하게 반응하는 것 등을 들 수 있다.

03
성격발달, 사회성 발달 및 도덕성 발달

학교교육에서 유능한 학습자가 되도록 도와주기 위해 교사는 학습자의 특성을 정확하게 파악하여야 한다. 즉, 학습자의 인지발달 외에 성격발달, 사회성 발달 및 도덕성 발달 측면에 대해서도 이해하고 있어야 한다.

성격발달은 개개인을 구분하여 주는 특성, 즉 각 개인만이 지니고 있는 지속적이고 독특한 특성을 습득하는 인간발달의 과정을 다룬다. 이에 대해서는 인간의 성격발달에 관해 가장 포괄적으로 다룬 이론가로 알려진 Erikson의 이론을 살펴볼 것이다. 사회성 발달은 개인이 사회적 존재로서 적응해 나가는 과정을 다루는 발달의 또 다른 중요한 측면이다. 사회성 발달에서는 애착과 또래관계에 대하여 살펴볼 것이다. 도덕성 발달은 자신과 타인의 행동을 평가하는 기준이 되는 옳고 그름에 대한 개념을 획득하는 인간발달의 과정이다. 도덕성 발달을 설명하는 대표적인 이론인 Piaget와 Kohlberg의 이론에 대해 살펴보고자 한다.

1. Erikson의 성격발달이론

Erikson(1902~1994) 이론은 인간의 성격발달에 관해 가장 포괄적인 이론으로 알려져 있다. 그의 이론은 Freud의 정신분석학적 접근에 기초하고 있으나, 아동의 사회문화적 환경의 중요성을 강조하여 인간발달을 개인의 내적인 욕구와 외적인 사회의 기대 또는 요구 간의 상호작용의 산물로 보았다. 따라서 Erikson의 성격발달이론을 심리사회적 이론(psychosocial theory)이라 한다. 특히 Erikson은 자아발달에 대해 많은 관심을 가졌는데, 자아는 인간 행동과 기능의 바탕이 되며 현실을 다루어 나가는 자율적인 체제로서 개인의 생애 내내 발달된다고 주장하였다.

1) 주요 개념

Erikson은 『아동기와 사회(Childhood and Society)』(1950)라는 저서에서 생의 8단계를 제시하고, 이 심리사회적 단계들이 어떻게 진행되는지를 보여 주고 있다. Erikson(1968, 1982)의 성격발달이론은 태생학의 점성원리(epigenetic principle)에 기초하고 있다. 점성원리란 '발달하는 모든 유기체는 생물학적으로 타고난 기본적인 계획(ground plan)을 가지고 있고, 이것에 의하여 특정 신체기관이 특정한 시기에 생기고, 이들이 통합되어 완전한 기능을 하는 개체가 형성된다.'는 것이다. 그에 의하면 심리적 발달도 이러한 태아기 신체발달과 유사한 방식으로 진행된다고 한다. 다시 말해서, 태아의 신체 각 기관이 유전적 요인에 의해 상호 관련된 일련의 단계를 거쳐 발달되듯이 개인의 성격도 내적 법칙에 따라 상호 관련된 일련의 단계를 통하여 자아가 일정한 질서와 순서에 의해 점진적으로 발달하면서 형성된다는 것이다.

> **점성원리**
> 유기체는 생물학적으로 타고난 기본적인 계획을 가지고 있으며, 이것에 의해 특정 시기에 특정 신체기관이 생기고, 이들이 통합되어 완전한 기능을 하는 개체가 형성된다는 원리

또한 심리사회적 단계별로 특히 우세하고 지배적인 발달과업인 위기(crisis)가 발생한다. 위기란 개인이 단계별로 나타나는 욕구를 충족시키기 위해 사회문화적 환경과 상호작용하는 과정에서 자아가 경험하는 긴장이나 갈등을 말한다. 예를 들어, 아동은 배고플 때 젖을 먹고자 하는 욕구를 가지지만, 환경은 아동의 이러한 욕구를 충족시키기도 하고 좌절시키기도 한다. 이처럼 욕구가 충족되는 긍정적 경험과 좌절되는 부정적 경험이 충돌하는 과정에서 아동은 일종의 긴장이나 갈등인 위기를 경험하게 된다.

위기

개인이 욕구를 충족시키기 위해 환경과 상호작용하는 과정에서 자아가 경험하는 긴장이나 갈등

Erikson은 단계별로 나타나는 심리적 위기를 긍정적인 측면과 부정적인 측면으로 나누어 제시하고 있다. 그리고 단계별 위기를 성공적으로 해결하기 위해서는 긍정적인 특성과 부정적인 특성의 비율을 중요시하였다. 다시 말해서, 개인은 긍정적이고 부정적인 특성을 모두 지니되, 긍정적 측면이 부정적 측면보다 우세할 경우에 가장 바람직한 성격발달이 이루어진다고 보았다. 그리고 현 단계의 심리적 위기를 어떻게 해결할 것인가는 전 단계의 위기 해결 정도에 따라 크게 좌우된다. 만약 아동이 1단계의 과제인 신뢰감을 성공적으로 해결하지 못하였다면, 초등학교 시기 과제인 근면감을 발달시키기 어려울 것이다. 그러나 Erikson은 생의 초기단계에서 위기극복에 문제가 있더라도 이후 단계에서 복구할 수 있다는 낙관적 견해를 가지고 있다. 이처럼 각 단계에서 나타나는 심리사회적 위기를 어떻게 극복하느냐에 따라 개개인의 독특한 성격이 형성된다고 보았다.

2) 성격발달 단계

(1) 신뢰감 대 불신감(trust vs mistrust: 출생~1세)

아동이 1단계에서 극복해야 할 심리적 위기는 세상에 대한 신뢰감 형

성이다. 이 시기에 양육자를 통해 기본적 욕구인 신체 · 심리적 욕구가 적절하게 충족된 아동은 신뢰감을 형성하여 자신의 주변 환경을 안전하고 기댈 수 있는 곳으로 인식하게 된다. 반대로 욕구 좌절로 인해 부정적인 경험이 많은 아동은 불신감을 가지게 되어 세상을 무섭고 믿을 수 없는 곳으로 생각하게 된다. 이 시기에 형성된 신뢰감 또는 불신감은 이후의 성격발달에 지배적인 영향을 미치게 되므로 1단계의 신뢰감 형성은 개인의 성격발달에 있어 가장 중요하다.

그러나 Erikson은 이 시기에 자신의 욕구가 좌절되는 경험을 하지 않은 아동은 세상을 온전하게 이해할 수 없기 때문에 아동이 원하는 모든 것이 충족되어 긍정적인 경험만 하는 것은 바람직하지 않다고 본다. 따라서 자아가 건전하게 발달하기 위해 아동은 적절한 비율로 긍정적 경험과 부정적 경험을 할 수 있어야 한다.

(2) 자율감 대 수치감과 의심(autonomy vs shame and doubt: 2~3세)

이 단계의 아동은 신체 · 생리적 성숙에 의해 대소변 가리기, 옷 입기 및 음식 먹기와 같은 자기통제가 가능해지고, 지금까지의 의존상태에서 독립적이 되면서 자율성에 대한 표현인 '내가 할 거야' '안 해' 등의 말을 많이 하는 경향이 나타난다. 이러한 자기통제나 독립심을 아동이 자율적으로 탐색해 볼 수 있는 기회가 양육자에 의해 허용되는 과정에서 아동은 성공과 실패의 양극적 경험을 하게 된다. 이때 양육자에 의해 아동의 노력이 인정과 격려를 받게 되고, 자신감을 가지게 되면 자율감이 형성된다. 그러나 아동의 노력이 그 능력을 믿지 못하는 양육자에 의해 좌절되어 과잉보호를 받게 되거나 양육자가 아동의 실수를 참지 못하고 지나치게 간섭하는 경우에 아동은 자신감을 잃게 되어 수치심을 느끼게 된다.

(3) 주도성 대 죄의식(initiative vs guilt: 4~5세)

이 단계의 아동은 자율성을 바탕으로 의도적으로 특정한 과제를 수행하기 위해 목표를 세우고 활동을 계획하며, 이를 달성하고자 노력하는 주도적 행동을 하게 된다. 아동은 인지기술을 이용하여 또래와 경쟁적으로 놀이를 하기도 하고, 각종 상상놀이를 통하여 자신의 소망이나 능력을 탐색하기도 한다. 또한 주변에 대한 호기심으로 끊임없이 질문을 하거나 장난감을 분해하기도 한다. 아동의 이러한 활동이 부모나 교사에 의해 허용되어 마음껏 탐색하고 실험을 할 수 있을 뿐 아니라, 이들이 아동의 흥미 있는 계획이나 활동에 동등한 자격으로 참여하고 도와준다면 아동의 자기주도성은 확립된다. 그러나 부모나 교사가 아동의 주도적 활동을 귀찮아 하거나 제한하고, 아동의 반응에 일관성이 없으며 아동의 행동을 처벌하는 경우에는 이들이 자신감을 잃는 것은 물론 나쁜 짓을 한다는 죄의식을 가지게 된다.

(4) 근면감 대 열등감(industry vs inferiority: 6~11세)

이 단계는 초등학교 시기로서 지적 호기심과 지적 성취가 아동의 행동을 지배한다. 아동은 읽기, 쓰기, 셈하기 등의 인지기술과 대인관계에 필요한 사회적 인지기술을 습득하도록 사회로부터 요구받는다. 근면감이란 이러한 기술을 노력과 인내를 통해 성실하게 습득하는 과정에서 발달하는 것이며, 이 과정에서 아동은 주위 사람에게서 칭찬과 인정을 받을 수 있다는 것을 알게 되고 보람과 성취감 등을 얻게 된다. 따라서 부모나 교사는 아동이 수행할 수 있는 과제를 주고, 이들이 과제를 잘 해낼 수 있도록 격려하고 인내해야 하며, 그 시도나 결과에 대해 인정하고 칭찬해 주어야 한다. 만일 아동의 노력이나 결과가 성공을 거두지 못하여 야단맞거나 조롱당하고 귀찮은 것으로 취급되면 아동은 열등감을 가지게 된다. 열등감을 느끼는 아동은 지적인 과업을 즐기지 못하고 자신에 대해 자부심을 가질 수 없기 때문에 부모나 교사는 이들이 작업을 완성하는 기쁨을 가질 수 있도록 기회를 주고 용기를 북돋아 주어야 한다.

(5) 정체감 대 정체감 혼미(identity vs role confusion: 12~18세)

이 단계는 성인 사회에서 필요한 능력과 역할을 발달시키는 준비기간으로, 주요한 발달과업은 자아정체감의 확립이다. Erikson은 정체감의 개념에 대해 "최적의 정체감은…… 심리사회적인 안녕감(a sense of psychosocial well-being)으로 경험되는 것이다. 이것의 가장 분명한 부수물은 신체적인 안정감 그리고 자신이 어디로 가고 있는지를 안다는 것과 상대방에게 인정받을 수 있다는 내적인 확신이다."(Snowman & Biehler, 2003)라고 하였다.

Erikson은 이 시기의 청년은 '나는 누구인가?'라는 자신의 존재에 대한 의문을 가지게 되고, 이를 풀기 위한 탐색을 통하여 자아정체감의 위기를 극복하고자 시도한다고 하였다. 또한 이들은 자아정체감을 확립하기 위해 과거의 자기와 현재의 자기의 연속성을 바탕으로 미래의 자신의 모습을 탐색하는 과정에서 불변성과 연속성이 있는 자기상에 대한 자신감을 가지게 된다. 또한 다양한 사회적 맥락에서 상호 다르게 판단할 수 있는 자아의 수많은 역할을 통합해야 한다고 하였다. 다시 말해서 이 시기의 청년은 자신에 대해 타인이 생각하는 것과 자기 자신이 느끼는 것의 유사점과 다른 점, 직업 · 성역할 · 종교 · 정치 등의 영역에서 자아가 수행할 역할에 대한 다양한 견해 간의 차이점과 공통점을 통합하여 일관성 있는 하나의 자아정체성을 형성해야 한다. 그뿐 아니라 부모로부터의 독립과 타인에게 인정과 지지를 받기 위한 동조의 필요성을 통합하여 자신의 독특성을 탐색해야 한다. 개인에 따라서는 정체성 탐색과정 중에 자신에 대해 절망하거나 방황하면서 일정 기간 동안 결정을 유보하고, 자신을 찾고자 스스로 노력하는 심리적 유예기(moratorium)를 가지기도 한다.

이러한 통합된 자아 형성과정에서 개인이 실패하게 되면 정체감 혼미가 나타나게 된다. 정체감 혼미 상태에 놓여 있는 청년은 자신의 역할에 대한 혼돈으로 인해 일관성 없는 예측 불허의 행동을 보이거나 불안하고 우유부단해지거나 반항적인 행동을 할 수 있다.

(6) 친밀감 대 고립감(intimacy vs isolation: 성인 초기)

이 단계는 개인이 구혼이나 결혼을 하게 되고, 직업을 선택해서 직장생활을 하는 시기다. 따라서 앞 단계에서 자아정체감을 확립한 사람은 이성이나 배우자와 친밀감을 가지거나, 사회생활에서 인간적인 우정을 나눌 수 있는 사람과 친밀한 관계를 맺게 된다. 따라서 Erikson이 말하는 친밀감은 개인이 가족, 배우자, 친구 등과 공유된 정체감을 가지는 것을 말한다. 이러한 친밀감은 결혼생활과 직장생활을 포함하는 사회생활을 성공적으로 해내는 데 결정적인 역할을 한다. 그러나 자기도취에 빠지거나 타인과의 관계에서 지나치게 걱정하고 불안해함으로써 사회적 상호작용을 원만하게 하지 못하는 사람은 자신을 격리시켜 고립감을 가지게 된다.

(7) 생산성 대 침체감(generativity vs stagnation: 성인 중기)

생산성이란 개인이 성취한 것을 다음 세대를 위해 전수함으로써 인류 사회의 존속과 유지를 위해 노력하는 것을 말한다. Erikson에 의하면, 성인 중기에 가정에서는 자녀를 낳아 기르는 부모의 역할을 통해서, 그리고 직장에서는 자신의 기술을 다음 세대에 전수하거나 창의적인 학문적 성취와 예술적 업적을 계승·발전시키는 역할을 통해서 생산성을 발휘하는 시기다. 그러나 이 시기에 다음 세대에 대해 무관심하고 개인적 욕구나 안위에만 치중하게 되어 자기탐닉에 빠지게 되는 사람은 인간관계가 황폐화되고, 결국 자신은 다음 세대를 위해 한 일이 아무것도 없다는 것을 깨닫게 되어 침체감이 형성된다.

(8) 통합감 대 절망감(integrity vs despair: 노년기)

이 시기는 생의 마지막 단계로서 노인이 지금까지 자신이 살아온 삶을 되돌아보면서 생의 전 단계를 종합하고 평가하는 시기다. 전반적으로 자신의 삶이 보람 있고 가치 있으며, 만족스럽다고 느끼는 노인은 자아통합감을 가지게 되면서 노년기의 지혜가 나타난다. 통합감을 가진 사람은 자신의 과거를 수용하고 현재 상황을 인정하여, 인생의 피할 수 없는 종말로서 죽음을 초연하게 받아들인다. 그러나 절망감을 가지게 되는 노인은 지금까지 살아온 자신의 삶이 무의미하다고 생각되어 후회하고 죽음에 대한 두려움으로 탄식하지만, 새롭게 다시 시작하기에는 너무 늦었다고 느껴져서 괴롭고 우울한 노년기를 보낸다.

3) Erikson 이론의 교육적 시사점

Erikson의 성격발달이론은 개인의 자아발달에서 사회문화적 영향을 강조하고 있다. 그의 성격발달 8단계 중에서 교사가 특히 관심을 가져야 할 단계는 주도성, 근면감 및 자아정체감 형성 단계인데, 이 과업이 형성되는 시기는 각각 유치원, 초등학교 및 중등학교 시기다. 이 시기는 교사가 학생의 긍정적인 성격발달에 관심을 가지고 적극적으로 지도해야 하는 역할 때문에 중요하다.

유치원 아동이 자신의 주도성을 형성하도록 돕기 위해 교사는 아동이 원하는 활동을 스스로 선택하고 능동적으로 계획해서 목표를 달성하도록 격려하고 안내해야 한다. 또한 아동에게 새로운 활동을 시도할 기회를 적극 안내하되, 이 과정에서 일어나는 실수나 실패에 대해 이들을 처벌하지 말아야 한다. 그리고 상상놀이를 통하여 아동이 다양한 역할을 해 볼 수 있도록 각종 소품을 제공해야 한다.

초등학교 시기에 근면감을 발달시키기 위해서 교사는 아동의 능력에 적합한 과제를 주어 이들이 성취감을 갖도록 도와야 한다. 아동이 과제를 수행하기 위해 노력하는 과정을 인정하고 격려함은 물론 작은 성공이라도 아낌없이 칭찬해 주어야 한다. 또한 아동 간의 비교는 이들로 하여금 열등감을 가지게 할 수 있다. 그러므로 개인의 수행 정도를 어제와 오늘 간에 비교하여 그 성취 정도를 격려하고 인정해 주어야 하며 다양한 능력을 개발할 수 있도록 이들에게 다양한 과제를 부과해야 한다.

청년기의 발달과업은 자아정체감을 확립하는 것이다. 교사는 학생에게 역사 속에 등장하는 성인모델은 물론 현재 우리 주변에 있는 성인 모델을 다양하게 제공해야 한다. 또한 학생이 자신의 능력, 성격 특성, 인생의 목표, 가치관 등을 탐색할 수 있도록 다양한 경험을 할 수 있는 기회를 주어야 한다. 이를 바탕으로 이들이 자신에 대한 성역할 정체성 형성과 직업적 정체감을 확립할 수 있도록 도울 수 있어야 한다.

2. 사회성 발달

사회성이란 사회적 상호작용 과정에서 타인과 관계를 맺고 그들의 주의나 인정을 받고자 하는 개인의 자발적인 의지를 말한다. 사회성 발달은 개인과 다른 사람의 관계에 관한 것으로, 개인이 태어나면서부터 사회의 한 구성원으로서 가정과 사회 내에서 타인과 어떻게 효과적으로 상호작용하고 적응할 수 있는지에 관한 과정을 다루는 발달의 또 다른 측면이다. 여기서는 사회성 발달에 관한 내용 중 애착과 또래관계에 대하여 살펴보고자 한다.

1) 애 착

> **애착**
> 개인이 자신과 가장 가까운 사람에 대해 느끼는 강한 정서적 유대관계

애착(attachment)은 개인이 자신과 가장 가까운 사람에 대해 느끼는 강한 정서적 유대관계를 의미하는데, 일반적으로 영아는 양육자인 어머니를 통해 애착을 형성한다(Bowlby, 1969; Ainsworth et al., 1978). 영아는 애착이 형성된 특정인과 가까이 있고 싶은 욕구를 가지며, 애착 대상과 함께 있을 때 즐겁고 편안함을 느낀다.

개인의 사회성 발달은 생의 초기인 출생 후 1년 이내에 영아와 양육자 간에 이루어지는 애착 형성에서 시작된다. 이러한 애착은 아동기는 물론 성인기까지 대인관계와 정서적 안정성에 지속적으로 영향을 미치기 때문에 매우 중요하다. Bowlby(1969)는 애착이 개체의 종족보존과 생존에 중요한 의미를 가지고 있으며, 개체가 주위환경에 적응하는 데 필수적인 요소로 보았다.

(1) 애착 유형

영아의 애착 유형은 양육자와 영아 간의 상호작용 양상에 따라 다르게 나타난다. Ainsworth 등(1978)은 낯선 상황(strange situation) 실험을 통해 세 가지의 애착 유형을 측정하였다. 실험실에서 어머니가 자신의 자녀를 낯선 사람과 함께 두고 사라졌다가 다시 돌아왔을 때, 아동이 어머니에게 보인 반응을 근거로 애착관계의 질을 평가하여 분류한 것이다.

첫째, 안정애착(secure attachment) 유형으로 영아는 낯선 상황에서도 어머니만 있으면 낯선 사람과 잘 지내고, 낯선 장난감을 가지고 잘 놀거나 주변을 탐색하기 위해 어머니와 쉽게 떨어지며, 어머니가 떠났다가 다시 돌아오면 반갑게 맞이하고 매우 즐거워

한다. 낯선 사람과도 잘 지내지만 낯선 사람보다는 어머니를 확실하게 더 좋아한다.

둘째, 불안-회피애착(insecure-avoidant attachment) 유형으로, 영아는 어머니가 방에 있을 때도 별로 관심을 가지지 않고, 어머니가 방을 떠나는 경우에도 동요하지 않으며, 어머니가 다시 돌아와도 무시하거나 회피할 뿐 아니라 안아 주어도 확실하게 안기지 않는다. 낯선 사람에게 다소 사회적이기도 하지만, 때로는 어머니에게 하는 것과 동일하게 무시하거나 회피할 수도 있다.

셋째, 불안-저항애착(insecure-resistant attachment) 유형으로, 어머니와 함께 있어도 불안해하지만 어머니가 떠나면 극심하게 불안해한다. 그러나 어머니가 되돌아오면 회피 유형의 아동과 달리 어머니에게 접촉하기도 하지만, 어머니에게 안겼다가도 안정감을 찾지 못하고 화내고 밀어내는 이중적인 반응을 보인다. 저항애착 유형의 아동은 어머니가 함께 있을 때도 낯선 사람을 매우 경계한다.

넷째, 비조직/비일관적 애착(disorganized/disoriented attachment) 유형으로 최근에 발견된 애착 유형으로 양육자에 의해 학대받았던 경험 때문에 양육자에게 접근해야 할지 회피해야 할지 혼란스러워 하며(Main & Solomon, 1990), 낯선 상황에서 가장 스트레스를 받으며 가장 불안정하다(Hertsgaard et al., 1995). 낯선 상황에서 방을 나갔던 어머니와 다시 만났을 때 이들은 멍하고 얼어붙은 듯이 행동하기도 하고, 어머니에게 접근하다가 어머니가 다가오면 갑자기 멀리 피하기도 한다. 또는 이 두 유형의 행동을 모두 보일 수도 있다(Shaffer, 1999).

Ainsworth의 낯선 상황 실험에서 아동의 애착 유형을 분석한 내용을 국가별로 비교해 본 결과는 〈표 3-1〉과 같다. 한편, 낯선 상황 실험을 통해 우리나라 영아의 애착 유형을 살펴본 결과, 양연숙(2000)의 연구에서는 안정애착 유형이 63%, 회피애착 유형이 22%, 저항애착 유형이 15%로 나타났고, 김은하(2003)의 연구에서는 안정애착 유형이 62.9%, 불안-회피애착 유형이 14.3%, 불안-저항애착 유형과 비조직/비일관적 애착이 각각 11.4%로 나타났다.

〈표 3-1〉 아프리카, 중국, 이스라엘, 일본, 서유럽, 미국의 애착 유형 분포

국가	n	A	B	C	D
아프리카					
Ganda(Ainsworth, 1967)	28	18	57	25	–
Dogon(True, 1994)	26	0	69	8	23
중국					
Beijing(Hu & Meng, 1996)	31	16	68	16	–
이스라엘					
Gommunal kibbutzim					
(Sagi et al., 1985, 1995)	104	7	56	37	–
Family-based kibbutzim					
(Sagi et al., 1995)	25	0	80	20	–
City(Sagi et al., 1985)	36	3	80	17	–
일본					
Tokyo(Durrett et al., 1984)	39	13	61	18	8
Sapporo(Takahashi, 1986)	60	0	68	32	–
서유럽					
9 sample combined					
(van IJzendoorn & Kroonenberg, 1988)	510	28	66	6	–
미국					
21 samples combined					
(van IJzendoorn et al., 1992)	1,584	21	67	12	–

A(Avoidant), B(Secure), C(Resistant), D(Other) (단위: %)

출처: Sagi & van IJzendoorn, 1999.

(2) 애착 유형의 지속성과 영향

1세 이전에 형성된 애착 유형에 따른 행동 특성은 아동의 가족환경이 변하지 않는 경우에는 장기간 지속되는 것으로 나타났다. 1세 때 낯선 상황 실험에서 분류된 영아의 애착 유형은 6세까지 그대로 지속되고 있는 것으로 확인되었다(Main & Cassidy, 1988; Wartner et al., 1994). 또한 출생 후 12개월에 애착 유형을 실험한 30명의 아동을 17세에 다시 확인한 결과, 불안정애착으로 분류된 18명의 아동 중 16명은 여전히 불안정애착으로, 안정애착으로 판명된 11명 중 7명도 그대로 안정애착을 유지하는 것으로 나타났다(Hamilton, 1995). 그뿐 아니라 애착 유형은 세대 간에 전이되기도 한다(정혜승, 김광웅, 2001; 이혜승, 2000; 장미자, 1998; Ainsworth & Eichberg, 1991; Steele & Steele, 1998).

양육자와 긍정적인 애착관계를 형성한 영아는 교사와 또래 간에도 긍정적인 관계를 형성함으로써 애착은 아동기 사회성 발달에 중요한 영향을 미치고 있는 것으로 나타나고 있다. 15개월에 어머니에게 안정적으로 애착된 아동은 3세 반에 유아원에서 자주 놀이활동을 주도하였으며, 전반적으로 다른 아동의 욕구와 감정에 민감하고 또래 간에 인기가 매우 높았다. 반면, 15개월에 어머니에게 불안정하게 애착된 아동은 사회적 · 정서적으로 위축되어 있었고, 놀이활동에서 다른 아동을 끌어들이는 데 망설였다. 아동이 11~12세가 되었을 때도 안정하게 애착된 아동은 불안정하게 애착된 아동보다 더 나은 사회적 기술을 보였고, 더 나은 또래관계를 즐겼으며, 친한 친구를 가질 가능성이 더 높은 것으로 나타났다(Shaffer, 1999). 또한 비조직적이고 혼란애착 유형의 영아는 취학 전 시기와 학령기에 적대적이고 공격적이라서 또래에게서 거부될 가능성이 있다(Lyons-Ruth, Alpern, & Repacholi, 1993; Lyons-Ruth, Easterbrooks, & Cibelli, 1997). 부모와의 애착관계는 성인기의 사회적 적응력과도 밀접한 관련이 있어서, 애착 형성에 실패하거나 안정되지 못한 애착을 형성한 아동은 정서적 안정성은 물론 대인관계에서 실패할 가능성이 클 뿐 아니라 정신병리적 문제까지 초래할 수 있다(장휘숙, 2001; 최정욱, 2000).

내적 작동모델

자신과 타인에 대한 인지적 표상

이처럼 아동 초기에 형성된 애착의 질이 어떻게 해서 성장한 후에도 지속적이며, 또 이후의 사회성 발달에 영향을 미치게 되는가에 대해 내적 작동모델로 설명하고 있다(Bowlby, 1980, 1988; Bretherton, 1985, 1990). 내적 작동모델(internal working model)이란 자신과 타인에 대한 인지적 표상으로, 영아는 이를 통해서 인간관계에 대한 기대를 형성하게 된다. 영아는 양육자와 상호작용하는 중에 이러한 내적 작동모델을 발달시키게 되는데, 양육자가 영아의 요구에 민감하고 적절하게 반응하면 영아는 타인에 대해 긍정적인 작동모델을 발달시킨다. 그러나 양육자가 영아에게 민감하지 못하거나 무시하면 타인에 대해 부정적인 작동모델을 발달시키게 된다. 또한 영아는 자기 자신에 대한 작동모델도 발달시킨다. 양육자가 영아의 요구에 민감하고 적절하게 반응할 때 영아는 자신을 사랑받는 존재로 인식하여 긍정적 작동모델을 발달시킨다. 반면에 영아가 보내는 신호를 양육자가 무시하거나 정확하게 알아차리지 못할 때 자신이 사랑받을 가치가 없는 존재라는 부정적인 작동모델을 발달시킨다. 이러한 두 가지 모델, 즉 타인에 대한 작동모델과 자신에 대한 작동모델이 결합하여 영아가 양육자와 형성하는 애착의 질에 영향을 미치게 되고 생의 초기에 형성된 작동모델은 지속된다.

2) 또래관계

아동은 심리 · 신체적 발달과 더불어 가정의 범위를 넘어 보다 넓은 사회적 접촉을 해 나가게 된다. 아동은 또래와의 상호작용을 통하여 사회적 적응과 밀접한 관련이 있는 사회적 능력과 사회적 행동양식을 습득해 나가므로 또래관계는 특히 아동의 사회성 발달에서 매우 비중 있는 사회적 관계다. 영·유아기에는 부모-자녀 간에 형성되는 애착관계가 가장 중요한 사회적 관계지만, 연령의 증가와 더불어 또래관계는 점차 강조된다.

또래란 연령, 성, 학년, 인지적 수준 등이 동등한 입장에 있는 동년배, 또는 사회적으로 동등한 사람을 말한다. 또래는 사회화의 주요 대행자가 된다. Hartup(1978)에 의하면, 또래관계는 애정, 관심, 흥미 및 정보를 공유할 뿐 아니라 다른 사람과 접촉을 유지하는 이원적이며 독특한 애착관계로, 아동이 사회성 발달에 필요한 특정한 능력을 익히는 데 매우 큰 영향을 미친다. 또한 또래관계는 상호성을 필수적인 요소로 본다. 즉, Mannarino(1980)는 아동이 다른 사람을 향해 표현하는 애정과 존중이 상호적일 때만 또래관계를 가진다고 하였으며, Howes(1983)는 상호작용을 위한 상호 선호, 긍정적인 애착과 공유, 상호 간에 놀이를 하는 데 필요한 능력 등이 또래관계의 필수적인 요소라고 하였다. Cole와 Cole(1993), Parker와 Asher(1993) 등은 아동이 또래와의 상호작용을 통해 애정, 협동, 결속력, 도움 등과 같은 사회적 지지를 경험하기도 하지만 대립, 갈등, 처벌 등과 같은 부정적인 상호 교환도 경험한다고 주장한다.

또래관계
또래 간에 애정, 관심, 흥미 및 정보를 공유하며, 타인과 접촉을 유지하는 이원적이며 독특한 애착관계

(1) 또래관계의 중요성과 역할

아동은 또래와 사회적 집단을 형성하여 자유롭게 상호작용하는 과정에서 사회 구성원으로서 역할을 인식하게 되고, 집단에 소속감을 가지며, 사회적 능력과 사회적 유능감 등을 발달시킬 수 있다. Bukowski와 Hoza(1989)에 따르면, 또래관계는 성공적인 사회적 상호작용을 위해 기본적으로 요구되는 사회적 능력을 개개 아동에게 훈련시킴은 물론 아동에게 사회적 지지와 안전감도 느끼게 한다. 그뿐 아니라 Parker와

Asher(1987, 1993), Crick(1996) 등은 아동의 또래관계 경험은 아동기는 물론 청소년기와 성인기까지 장기간에 걸쳐 지속적으로 개인의 사회적 적응에 영향을 미친다고 주장한다.

또래관계는 사회환경의 변화로 인해 과거보다 오늘날 그 중요성이 더욱 강조되고 있다. 즉, 핵가족화와 취업모의 증가, 그리고 조기교육에 대한 관심의 증가로 아동이 가정에서 부모 · 형제와 접촉하는 시간은 줄어들고, 보다 어린 연령부터 각종 교육기관에서 또래와 접촉하는 시간이 늘어나고 있다. 따라서 아동이 또래에게서 받는 영향이 과거에 비해 더 클 뿐 아니라, 이전에 그들이 가족에게 받을 수 있었던 심리적이고 물리적인 지지에 비해 상대적으로 또래관계의 지지적인 기능은 더 확대되었다.

Alexander와 Harlow(1965), Suomi와 Harlow(1978)에 의하면, 또래와 접촉하지 않고 어미에 의해서만 길러진 원숭이는 사회성 발달이 정상적으로 이루어지지 못하여, 또래와 접촉하는 경우에 공격적인 행동을 심하게 하거나 공포심을 나타내며 잘 협동하지 못한다. 마찬가지로 또래와 조화로운 관계를 가지지 못하는 아동은 사회적 적응에서 문제가 발생하게 된다. Newcomb, Bukowski와 Pattee(1993)에 따르면, 또래에게서 따돌림을 당하는 아동은 언어 · 신체적 공격을 많이 하고, 규칙을 잘 어기며, 학급 분위기를 방해한다. 또한 또래관계에서 생기는 갈등이나 사회적 문제를 적절하게 해결할 수 있는 문제해결력이나 또래의 놀이에 자연스럽게 참여할 수 있는 사회적 능력의 발달 정도가 낮다.

아동이 또래와 상호작용하는 능력은 연령의 증가와 함께 보다 분화되고 복잡해진다(Hartup, 1992). 또래집단의 구성원은 집단의 규칙을 지켜야 하고, 협동심을 발휘해야 하기 때문에 자기중심적 사고는 줄어들고, 성공적인 사회적 상호작용을 위해 필요한 사회적 능력이나 규범을 배우게 된다(Rubin, Bukowski, & Parker, 1998). 그런데 또래 상호작용은 일반적으로 자발적이고 수평적인 관계에서 이루어지므로 아동이 심리적으로 큰 부담 없이 동등한 입장에서 새로운 역할이나 행동을 시도해 볼 수 있는 장점이 있다.

(2) 또래관계의 발달

또래 간 상호작용은 생의 초기부터 나타나는데, 2세경이 되면 아동은 혼자 노는 것보다 또래와 함께 놀기를 좋아하게 된다(Eckerman, Whatley, & Kutz, 1975). 2세 이후의 아동은 또래 상호작용이 급격히 증가하는데, [그림 3-1]과 같이 성인보다 또래와의 접촉을 더 좋아한다. Ellis, Rogoff와 Cromer(1981)에 의하면, 1~12세 아동의 경우 성인과 함께 있는 시간은 평균 15%지만, 또래와 같이 있는 시간은 46%나 되고, 혼자 있는 시간은 26%인 것으로 나타났다(송명자, 1995).

특히, 2~5세 아동 시기는 주로 놀이를 통해 또래 상호작용이 이루어진다. Parten(1932)은 아동의 연령이 증가할수록 혼자놀이와 병행놀이는 줄어들고 연합놀이와 협동놀이가 증가한다고 하였다. 사회극놀이는

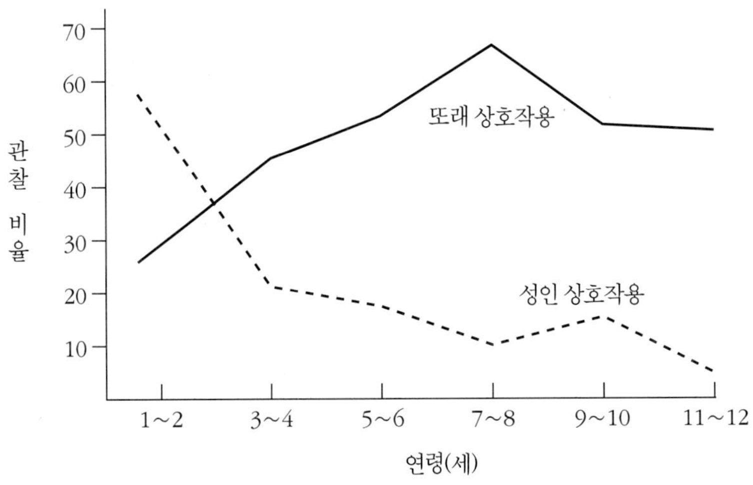

[그림 3-1] 또래와 성인 상호작용의 발달적 변화

협동놀이의 한 형태로, 이 놀이를 통해 또래집단의 공동목표를 성취하면서 동시에 참여 아동 자신이 맡은 역할을 수행한다. 아동은 이 과정에서 사회집단에서 살아가는 데 필요한 사회적 능력을 배운다.

초등학교 시기가 되면 아동은 또래집단의 가치를 알게 된다. 이들은 집단의 고유가치를 공유하고 규칙을 따르며 상호 협조하는 등 사회조직이 어떻게 목표를 추구하는지를 학습할 뿐 아니라(Hartup, 1983), 다른 사람의 기분이나 의도를 잘 파악하게 됨으로써 또래 간 의사소통도 보다 원활해진다.

(3) 또래지위와 행동 특성

또래지위

또래집단 내에서 아동의 사회적 지위

아동이 학교에 입학하게 되면 또래와 함께 보내는 시간이 늘어나게 되면서 또래의 영향도 커지게 된다. 또래관계에서 아동이 가지는 또래지위는 대단히 중요하다. 또래지위는 비슷한 나이의 또래집단에서 개개인이 맺고 있는 일반적이고 광범위한 관계에 기초하며, 그 속에서 나타나는 아동의 사회적 지위를 말한다(Hartup, 1977). 즉, 아동이 속한 집단의 구성원에게 일방적으로 수용 또는 거부되는 정도에 따라 나타나는 집단 내의 위치를 말한다. 또래지위는 아동의 현재 상태와 이후의 사회적 적응상태를 예측해 주는 지표로서 그 의의가 매우 크다.

또래집단 내에서 아동의 또래지위를 측정하는 가장 일반적인 방법은 사회성 측정법이다. 사회성 측정검사 자료를 분석해 보면 또래지위는 인기아동(popular child), 배척아동(rejected child), 무시아동(neglected child), 양면성 아동(controversial child), 보통아동(average child)의 다섯 가지 유형으로 분류된다.

또래지위별 행동 특성을 살펴보면 다음과 같다.

첫째, 인기아동은 많은 아동에게 선호의 대상이 되는 아동이다. 이들은 사교적이고 협동적이며 사회적인 행동을 다양하게 한다(Coie, Dodge, & Coppotelli, 1982). 또한 협동, 자기주장, 공감, 자기조절 등의 사회적 행동을 잘한다(김윤경, 1998).

둘째, 배척아동은 다른 아동에게서 가장 싫어하는 아동으로 지목되는 아동이다. 이들은 부적절한 놀이를 하고 적대적인 언어를 사용하며, 또래를 배척하고 구타하는 등의 공격적인 행동을 취하고, 사회적인 의사소통이 잘 이루어지지 않는다(Coie & Dodge, 1988; Dodge, 1983; Shantz, 1986). 이들은 규율을 어기는 행동을 자주하고(Ladd, 1983), 협동과 자기조절능력이 부족하며(김윤경, 1998), 반항-불신적인 성향이 높다(김은정, 2001). 또한 반사회적이고 상황에 대한 적응력이 낮아서, 다른 아동과 사회적 관계를 원할 때 상대방의 활동을 방해하거나 간섭하며 시선을 끌기 위해 이상한 행동을 한다(Putallag & Wasserman, 1990). 특히 이 유형의 아동은 이후에 일탈행동, 반사회적 행동, 기타 여러 가지 심각한 문제를 초래할 수 있다(Asher & Coie, 1990; Morison & Masten, 1991).

셋째, 무시아동은 다른 아동이 좋아하지도 싫어하지도 않는 아동이다. 무시아동은 배척아동처럼 또래 선호도는 낮으나 공격적인 행동은 하지 않으며, 또래와 상호작용을 적게 하고 주로 혼자 놀이를 한다(Dodge, 1983). 이들은 자기주장과 공감능력이 부족하고 고독감을 많이 느끼며, 비교적 말이 없고 비활동적이다(김윤경, 1998; 최성윤, 2000).

넷째, 양면성 아동은 어떤 아동은 매우 좋아하고, 또 어떤 아동은 매우 싫어하는 아동이다. 이들은 리더십을 발휘하기도 하고 수줍음이 적으며, 활동적이기도 하지만, 공격적 놀이를 하고 적의가 있는 언어를 사용하며 놀이에서 또래를 제외시키는 행동을 하는 등 양면성을 지니고 있다(Coie, Dodge, & Coppotelli, 1982).

다섯째, 보통아동은 중간 정도의 지위에 있는 아동으로서 다른 아동이 보통 정도로 좋아하는(혹은 싫어하는) 아동이다. 이들은 초등학교 학생들 중 약 1/3을 차지한다(Coie, Dodge, & Coppotelli, 1982).

또래지위는 한 번 형성되면 지속되는 경향이 있으며, 특히 또래집단에서 배척된 경우는 상황이나 시간에 따라 달라지지 않는다(Newcomb & Bukowski, 1984). 이러한 현상은 배척아동 자신이 또래관계에서 어려움을 겪을 수밖에 없는 일관된 특성을 가지고 있다. 그러나 일단 또래지위가 결정되고 나면 다른 아동이 이들에 대해 부정적인 지각을 함으로써 고착되어 나타난 것으로 볼 수 있다. 따라서 또래에게 한 번 배척되거나 무시되는 아동은 또래와의 긍정적인 상호작용을 통해서 사회적 능력을 습득하고 실행해 볼 수 있는 기회를 가지기 어려우므로 또래에게 더욱 심하게 거부되거나 고립되는 악순환을 거치게 된다.

또래관계는 가족관계 못지않게 아동에게 중요한 사회적 애착관계다. 학교에서 또래집단에게 무시되거나 거부당하는 아동은 학교생활에 일차적으로 적응하기 어려울 뿐 아니라 이후의 성인기까지 장기적으로 지속될 수 있다.

3. 도덕성 발달

선악을 구별하고 옳고 그른 것을 판단할 수 있으며, 그 판단 기준에 따라 행동하는 것은 인간발달에서 매우 중요한 과업이다.

Turiel(1998)은 도덕성 발달을 자신과 타인의 행동을 평가하는 데 사용하는 옳고 그름을 판별할 수 있는 감각을 획득하는 과정으로 보았다. 도덕성 발달 과정을 설명하는 대표적인 이론은 Piaget와 Kohlberg의 인지발달 단계이론이다. Piaget는 개인의 도덕발달이 타율적 도덕성에서 자율적 도덕성으로 발달한다고 주장하였으며, Kohlberg의 도덕발달이론은 Piaget 이론을 토대로 하여 발전시킨 것으로 도덕발달이 6단계를 거쳐 이루어진다고 하였다.

Piaget와 Kohlberg에 의하면, 도덕성은 도덕적 특성이 관여되는 상황에서 옳고 그름을 판단할 수 있는 인지능력이다. 따라서 특정 행동이 옳으냐 그르냐를 판단할 수 있는 인지능력이 있을 때 비로소 도덕적 행동이 가능하다. 그리고 도덕성 발달이 인지발달에 의존한다고 보기 때문에 개인의 인지능력이 일련의 단계를 거쳐 질적으로 변화함에 따라 도덕성도 발달한다고 본다.

1) Piaget의 도덕성 발달이론

Piaget(1932, 1965)는 스위스 아동의 공기놀이를 관찰하여, 이들이 도덕적 규칙을 인식하고 지키는 양상을 파악함으로써 도덕성 발달에 대한 연구를 시작하였다. 그는 아동에게 '게임의 규칙은 누가 만들었는가' '모든 사람이 이 규칙을 꼭 지켜야 하는가.' '이 규칙은 바꿀 수 있는가.' 등을 질문하였다. 또한 정의에 대한 아동의 생각을 밝혀내기 위해 다음과 같은 도덕적 갈등 상황에 대한 이야기를 들려주고 '누가 더 나쁜가.' '왜 그렇게 생각하는가.' '그 나쁜 아동은 어떤 벌을 받아야 하는가.' 등을 아동에게 질문하여 반응을 분석하였다.

이야기 A: John이라는 소년이 방에 있는데, 어머니께서 저녁을 먹으라고 그를 불렀다. 식당 문 뒤에 의자가 있고 그 의자 위에 컵 15개가 놓여 있는 쟁반이 있었다. John은 문 뒤에 그런 것들이 있는지 몰랐다. 그가 저녁을 먹기 위해 식당 문을 열고 들어가다가 문이 쟁반에 부딪히면서 컵 15개가 모두 깨졌다.

이야기 B: Henry라는 소년이 있었다. 어느 날 어머니께서 외출하신 틈을 타서 그는 찬장에 있는 잼을 몰래 꺼내 먹으려고 하였다. 그는 의자를 놓고 올라가서 팔을 힘껏 뻗어 잼을 꺼내려고 하였지만, 잼이 너무 높은 곳에 있어서 손이 닿지 않았다. 잼을 꺼내려고 애쓰다가 그만 컵 하나를 잘못 건드려 바닥에 떨어져서 깨지고 말았다.

Piaget는 게임의 규칙에 대한 아동의 이해, 도덕적 판단, 정의감 등에서 이들의 반응을 근거로 아동의 도덕성은 타율적 도덕성(heteronomous morality)에서 자율적 도덕성(autonomous morality)으로 발달한다고 밝혔다.

타율적 도덕성 발달 단계에 속하는 5~10세의 아동은 규칙이 신이나 부모와 같은 강력한 권위자에 의해 만들어진 것이므로 반드시 지켜야 하고 절대 바꿀 수 없는 불변의 것으로 생각한다. 이와 같은 절대주의적인 사고를 Piaget는 도덕적 실재론(moral realism)이라 하였다. 또 모든 도덕적 사태에는 옳은 쪽과 나쁜 쪽이 있는데, 규칙을 따르는 행위는 항상 옳은 것이고, 규칙을 위반하는 행위는 나쁜 것으로 보았다.

이 단계의 아동은 개인 행위의 의도나 동기와 관계없이 객관적인 결과만을 가지고 행동의 옳고 그름을 판단한다. 앞서 제시한 도덕적 갈등 상황에서 누가 더 나쁜지를 물으면, 그릇을 깨게 된 동기와는 상관없이 15개의 컵을 깬 아동이 1개의 컵을 깬 아동보다 더 나쁘다고 생각한다.

이처럼 행위의 결과가 어떻게 나타났는지, 또 타인에게 비난을 받을 것인지가 선악의 기준이 된다. 그리고 이 단계의 아동은 규칙의 절대성을 믿기 때문에 사회규칙을 위반하게 되면 반드시 처벌을 받게 된다는 내재적 정의(immanent justice)를 믿는다. 예를 들어, 몰래 과자를 훔쳐 먹은 아동이 길을 가다가 넘어져서 다치게 되면 그것을 자신의 위반행위에 대한 처벌로 생각한다.

내재적 정의

사회규칙을 위반하게 되면 반드시 벌을 받게 되며, 정의는 영원히 존재한다는 개념

10~11세경의 아동은 자율적 도덕성에 도달하게 된다. 이 단계의 아동은 사회규칙이 구성원의 임의적인 합의에 의한 것이고, 구성원이 원하면 언제든 변경할 수 있는 것으로 생각한다. 그리고 경우에 따라 규칙을 지키지 않을 수도 있다는 상황적 요인을 고려할 수 있기 때문에, 예를 들면 위급한 환자를 응급실로 데려가기 위해 과속하는 운전자를 처벌해야 한다고 생각하지 않는다. Piaget는 이와 같은 도덕적 사고를 도덕적 상대론(moral relativism)이라 하였다.

이 단계에서는 단순히 결과가 아닌 행위자의 의도나 동기를 고려하여 행동의 옳고 그름에 대한 판단을 한다. 따라서 앞서의 도덕적 갈등 상황에서 잼을 몰래 훔쳐 먹으려고 하다가 컵 1개를 깬 아동이 저녁을 먹으러 가다가 모르고 컵 15개를 깬 아동보다 더 나쁘다고 판단한다. 자율적 도덕성 단계에 속하는 아동은 사회규칙을 위반해도 항상 처벌을 받는 것은 아님을 경험을 통해 깨닫게 되었기 때문에 내재적 정의를 믿지 않는다.

Piaget는 타율적 도덕성에서 자율적 도덕성으로 발달하기 위해서 인지적 성숙과 사회적 경험이 중요한 역할을 한다고 본다. 아동이 인지적으로 성숙하기 위해서는 자기중심적 사고를 줄여야 하고, 다양한 유형의 도덕적 사태를 다양한 관점에서 조망할 수 있게 해 주는 역할수용능력을 지녀야 한다. 또한 도덕성 발달에 필요한 사회적 경험은 동등한 지위에 있는 또래와 상호작용하는 것이다. 아동은 또래와 접촉하는 중에

협동하여 노는 것과 또래집단의 공동 목표를 달성하기 위하여 타인의 관점을 수용하고 상호 이익이 될 수 있도록 갈등을 해결하는 것을 배우게 된다. 이처럼 대등한 입장에 있는 또래 간의 접촉은 아동이 보다 융통성 있고 자율적인 도덕성에 도달하도록 하는 데 도움이 된다.

아동이 다른 사람의 의도를 판단하는 능력은 8세 이전부터 형성되기 시작하며(Schultz, Wright, & Schleifer, 1986), 아동의 도덕성 발달은 사회환경의 영향을 많이 받는다. 특히 부모나 교사와 같은 성인이 정한 사회규칙이나 자신에 대해 '무조건 시키는 대로 해.'라는 식으로 아동에게 절대복종을 강요한다면, 아동은 규칙이란 절대적이라고 생각하는 타율적 도덕성 단계에서 탈피하기 어렵다.

2) Kohlberg의 도덕성 발달이론

Kohlberg는 10~16세의 아동과 청소년을 대상으로 가상적인 도덕적 갈등을 제시하고, 이에 대한 반응을 분석하여 3수준 6단계로 도덕성 발달 수준을 구분하였다. 그는 연구 대상자의 응답 자체보다 그 뒤에 숨어 있는 도덕적 추론 혹은 사고의 구조나 내용을 분석하는 데 더 관심이 있었다. Kohlberg는 임상면접을 실시한 결과, Piaget가 말하는 것처럼 자율적 도덕성의 단계인 10~11세경에 도덕성 발달이 완성되는 것이 아니라 청년기에서 성인기로 접어들면서 더욱 발전한다고 보았다.

Kohlberg(1963, 1984; Colby & Kohlberg, 1987)는 도덕성 발달이 개인의 인지능력 발달과 더불어 단계적 계열에 따라 1~6단계의 고정적이고 불변적인 순서로 발달한다고 본다. 이러한 발달 양상은 미국, 멕시코, 바하마, 대만, 터키, 온두라스, 인도, 나이지리아, 케냐 등의 여러 문화권에서도 보편적인 것으로 나타났다. 또한 그는 도덕성 발달단계가 인지적 진보와 도덕적 행동에 관련되어 있지만, 도덕 단계의 확인은 반드시 도덕적 추론에 근거해야 한다고 주장한다. 그리고 도덕성 발달의 속도는 개인에 따라 다를 수 있으며, 모든 사람이 최고 수준인 6단계의 도덕적 판단에 도달하는 것은 아니라고 본다.

(1) Kohlberg의 도덕발달단계

Kohlberg는 Heinz의 갈등에 대한 청소년의 반응을 분석하여 개인의 도덕성 발달을 3수준과 6단계로 분류하였다.

Heinz의 딜레마

한 부인이 암으로 죽어 가고 있었다. 그녀를 살릴 수 있는 약이 꼭 하나 있었다. 그 약은 라듐의 일종으로 같은 마을에 사는 약제사가 최근에 발명한 것이었다. 그 약을 제조하는 데 비용이 많이 들기는 했지만, 약제사는 그 약을 만드는 데 든 비용의 10배를 약값으로 매겨 아주 적은 양의 약에 2,000달러나 요구했다. 그 부인의 남편인 Heinz는 자기가 아는 사람을 모두 찾아가서 돈을 빌렸지만, 약값의 절반인 1,000달러밖에 구할 수 없었다. 그는 약제사에게 아내가 죽어 가고 있다고 말하고, 약을 조금 싸게 팔거나 모자라는 돈은 나중에 갚도록 해 달라고 부탁하였다. 그러나 약제사는 "안 됩니다. 내가 이 약을 발명했고 난 이것으로 돈을 벌어야겠습니다."라고 대답했다. Heinz는 절망한 나머지 자신의 부인을 살리기 위해 약국의 문을 부수고 들어가 그 약을 훔쳤다. Heinz는 그렇게 해야만 했을까? 왜 그렇게 생각하는가?

① 수준 1. 전인습적 수준(preconventional level)

인습적이란 말은 사회의 규범, 기대 및 관습에 순응하는 것을 의미한다. 따라서 전인습적 수준에 있는 개인은 사회규범과 관습 등을 아직 제대로 이해하지 못한다. 9세 미만의 아동과 일부 청소년 그리고 성인 범죄자가 이 수준에 속한다. 이는 도덕적 가치가 물리적 욕구에 머무르는 수준이다. 이 수준에 있는 개인은 규칙이 아직 내면화되지 않았고, 어떤 행위의 결과가 가져다주는 보상이나 처벌 때문에 권위자가 결정한 규칙을 따른다. 또한 이 수준에서는 이기적인 성향을 지니며 옳은 것에 판단기준이 처벌을 면할 수 있거나 만족을 얻을 수 있는 것이 된다.

이 수준은 다음 두 단계로 구분된다.

단계 1. **처벌과 복종 지향:** 행위로 인해 발생하는 물리적 손실에 따라 옳고 그름이 결정된다. 처벌을 피하거나 자신보다 힘이 강한 사람에게 복종하는 것이 도덕적 판단기준이 된다. 이 단계의 사람은 행위로 인해 나타나는 결과에 대한 처벌의 정도가 심하고, 피해가 클수록 그 행위를 더 나쁘다고 생각한다.

단계 2. **도구적 상대주의 지향:** 어떤 행위가 자신의 개인적인 욕구를 충족시키는 도구로 작용할 때 옳은 행위로 간주한다. 이 단계에서 개인의 인간관계는 다른 사람의 입장을 배려하기는 해도 '네가 내 등을 긁어 주었으니 나도 네 등을 긁어 준다.'와 같이 결과적으로 자신에게 이익이 돌아오는 경우에만 타인의 욕구에 관심을 가지는 수단적인 호혜성(reciprocity) 수준이다.

② 수준 2. 인습적 수준(conventional level)

이 수준의 사람은 타인의 입장을 잘 이해하고 배려할 수 있으며, 다른 사람의 인정을 받거나 사회질서를 유지하기 위해 규칙을 지키려고 적극적으로 노력한다. 물리적인 보상과 처벌 대신 사회적인 승인을 받거나 비난을 피하고자 하는 것이 도덕적 행동의 동기가 된다. 인습적 수준에서는 즉각적이고 밖으로 드러나는 결과와 상관없이, 가족이나 집단 또는 국가의 기대나 요구에 부응하는 것이 가치 있는 것으로 여겨진다. 대부분의 청소년과 성인이 이 수준에 속하는데, 이는 다음 두 단계를 포함한다.

단계 3. 착한 소년-소녀 지향: 이 단계에서 개인의 도덕적 행동은 다른 사람을 기쁘게 하거나 도와주며, 타인에게 인정받는 것이 된다. 타인의 반응이 개인의 도덕성 판단의 기준이 되지만, 물리적인 힘보다는 사회적인 인정에 더 관심을 가지고, 착한 행동을 함으로써 타인의 인정을 얻고자 한다. 행위자의 의도에 근거하여 행동의 옳고 그름을 판단하기 시작한다.

단계 4. 법과 질서 지향: 이 단계에서는 사회질서를 지키기 위해 권위를 인정하고 자신의 의무를 다하며, 법을 준수하는 것이 도덕적 행동이라고 생각한다. 개인이 법을 따르는 것은 처벌이 두려워서가 아니라 법에 의해 사회질서가 유지될 수 있다는 신념 때문이다. 법을 어기는 것은 죄악이므로 그 두려움 때문에 도덕적 행동을 하게 된다.

③ 수준 3. 후인습적 수준(postconventional level)

사회규범을 이해하고 인정은 하지만, 법이나 권위보다는 타당성 있는 도덕적 가치와 원리에 근거하여 옳고 그름을 판단한다. 이 단계에 속한 사람은 도덕적으로 옳다는 것과 법적으로 합당하다는 것이 항상 일치하는 것은 아니라고 본다. 이 수준도 두 단계를 포함하는데, 일반적으로 20세 이상의 성인들 중 소수만이 이에 속한다.

단계 5. 사회적 계약 지향: 이 단계에 속한 사람은 개인의 권리를 존중하고 사회 전체가 인정하는 법은 사회 구성원이 존중해야 할 의무가 있는 사회적 계약이므로 준수하는 것이 옳은 행동이라고 본다. 사회적 약속은 공익을 위한 것이므로 인간의 권리나 존엄성을 해치는 부당한 법은 언제든지 바꿔야 한다고 생각한다. 이 단계에서는 이전 단계와 달리 법을 유동적인 것으로 본다.

단계 6. 보편적인 윤리적 원리 지향: 이 단계의 개인은 행동의 옳고 그름을 자신이 스스로 선택한 윤리적 원리와 일치되는 양심에 비추어 판단한다. 이 양심의 원리는 구체적인 규칙이 아닌 인간의 존엄성, 정의, 사랑, 공정성에 근거를 둔 추상적이며 보편적인 행동지침이다. 이 단계의 도덕성은 극히 개인적인 것이므로 대다수가 수용하는 사회적 계약이나 법과 갈등을 일으킬 수 있다. 법과 원리가 충돌하는 경우에는 법보다 더 고귀한 도덕성을 존중하기 때문에, 법에 불복하고 원리에 따라 행동하며 처벌을 기꺼이 받아들인다.

이 단계는 이상적인 도덕추론단계다. 이 단계에 도달하는 사람은 매우 드물고 실제로 이 수준에서 일관성 있게 반응할 수 있는 사람도 거의 없기 때문에, Kohlberg는 이 단계를 가설적인 구성 개념으로 보고 있다. 즉, 5단계에 도달한 사람이 추구해 볼 수 있는 단계 정도로 보는 것이다. Kohlberg는 후기에 가서 이 단계의 추론능력을 측정하려고 시도하지 않았다.

Kohlberg와 Piaget에 의하면, 도덕성 발달을 촉진시키는 주된 요인은 인지갈등 또는 인지적 불평형이다. 그러므로 인지갈등을 유발할 수 있도록 학생들이 새로운 견해나 상황을 접하거나 자신과 상이한 관점을 가진 타인과 사회적 상호작용을 할 수 있어야 한다.

04
학습자의 개인차

학교교육의 궁극적 목적은 모든 학생의 학업성취도를 제고하기 위한 것이다. 이에 따라 개별 학생들의 학업성취도 향상을 위해 학교는 많은 노력을 기울이고 있다. 개별 학생의 학업성취도는 교사의 수업방법에만 의존하는 것이 아니다. 거기에는 많은 변인이 관여하고 있다. 학업성취도의 결정변인으로는 크게 학습자 변인, 환경변인, 수업변인의 세 가지가 있고, 이는 다시 여러 개의 하위 변인들로 나눌 수 있다(정범모, 이성진, 1979).

학습자 변인은 지적 측면과 정의적 측면으로 분류된다. 지적 측면에는 학습자의 선수학습 능력, 지능, 적성, 창의성, 인지양식 등이, 정의적 측면에는 학습동기, 성취동기, 포부 수준, 학업적 자아개념, 불안, 성격, 학습방법 등이 있다.

이 장에서는 학습자 변인 중 지능, 창의력, 인지양식에 관하여 알아보고자 한다.

1. 지 능

1) 지능의 의미

지능은 일상생활뿐만 아니라 심리학에서도 널리 활용되고 있는 개념이나 심리학자들 간에 아직도 일치된 정의가 없다. 일반적으로 제시되는 지능의 의미를 보면 다음과 같다.

- Thorndike: 진리나 사실의 관점에 대한 좋은 반응력
- Terman: 추상적 사고능력, 추상적인 개념들로 사고할 수 있는 능력, 추상적인 문제를 해결할 수 있는 능력
- Wagner와 Sternberg: 일상생활에서 자연스럽게 일어나는 불확실하게 정의된 문제를 다양한 방법으로 해결해 나가는 능력
- Wechsler: 유목적적으로 행동하고 합리적으로 사고하며 효과적으로 환경을 다루는 개인의 전체적 또는 총합적 능력
- Binet: 개체가 목표를 지향하고 의도한 행위에 적응하며 도달한 목표를 아는 능력
- Stoddard: 곤란성, 복잡성, 추상성, 절약성, 목표에 대한 적응성, 사회적 가치, 창의성의 발현 등으로 특징짓는 행동능력
- Colvin: 자신을 환경에 적응하도록 학습하는 능력
- Haggerty: 감각, 지각, 연합, 기억, 상상, 변별, 판단, 추리와 같은 전통적으로 정의하는 일군의 복잡한 정신과정

이와 같이 지능은 다양하게 정의하고 있다. 결국 지능은 인간의 모든 행동에서의 마음의 작용과정, 즉 정신활동의 절차를 거치지 않는 본능

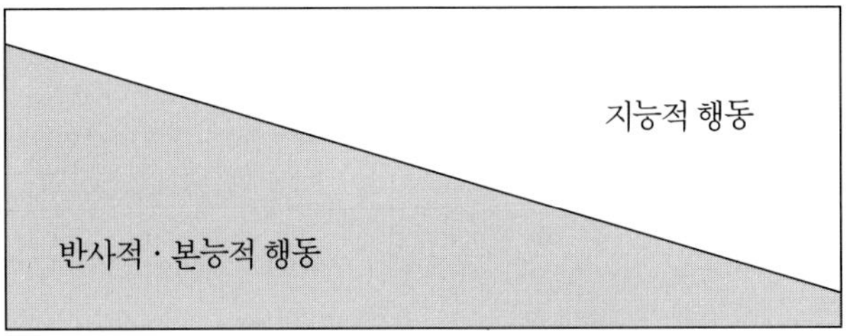

[그림 4-1] 지능적 행동과 반사적 · 본능적 행동

적인 행동이나 동물 본래의 반사적 행동 등을 제외한 모든 행동을 좌우하는 마음의 작용과정이라고 볼 수 있다(손영수 역, 1988).

Piaget의 지능 개념

밖으로는 환경의 여러 변하는 조건과 반응하고, 안으로는 사고와 행위를 구성해 나가는 보편적인 적응행동의 한 특수한 형태

Piaget는 지능의 개념을 다른 차원으로 설명하고 있다. 그는 지능을 밖으로는 환경의 여러 변하는 조건과 반응하고, 안으로는 사고와 행위를 구성해 나가는 보편적인 적응행동의 한 특수한 형태라고 보았다. 생물체는 자체의 생명을 유지해 나가기 위해서 적절한 적응행동이 요구되고, 생물체의 생활과정은 생물체와 환경의 계속적인 창의적 상호 교섭의 과정이라고 할 수 있다. 물체와 환경의 이러한 상호 교섭작용은 상보적 과정인 동화와 조절로 분류된다. 생명체와 환경의 계속적인 상호작용은 지능 면에서도 똑같이 이루어지고 있다. 이에 따라 Piaget는 지능을 기능(function), 구조(structure), 내용(content)의 3차원으로 설명하고 있다. 기능은 조직(organization)과 적응(adaptation)으로 나뉘고, 적응은 다시 동화(assimilation)와 조절(accomodation)로 나뉜다. 내용에는 변화하는 주제, 구조에는 쉐마(schema) 등이 있다. Piaget가 제시하는 지능의 특성은 다음과 같이 정리할 수 있다(Stott & Ball, 1965).

첫째, 지능은 실재물(entity), 양, 잠재 가능성이 아닌 동적인 과정이며 활동이다.

둘째, 지능은 조직화와 적응이라는 두 가지 '불변하는 기능법칙' 의

조작으로 인하여 '변화하는 많은 구조' 가 형성되고, 이것이 동화와 조절을 통해 환경과 상호작용하는 수단이 된다.

이와 같이 심리학자들은 아직도 '지능이란 정확하게 무엇인가?' 라는 질문에 대한 대답의 일치점을 찾지 못하고 있다. 그러나 지능적 행동이라고 해석되는 몇 가지 요소들이 있다(Ormrod, 2003).

첫째, 적응을 돕는 것이다. 지능적인 사람들은 새로운 과제를 성공적으로 수행하기 위해 개인의 행동을 수정하고 조정한다.
둘째, 학습능력과 관련된다. 지능적인 사람들은 덜 지능적인 사람들보다 빠르고 쉽게 정보를 습득한다.
셋째, 사전지식을 활용한다. 지능적인 사람들은 새로운 상황을 효율적으로 분석하고 이해하기 위해서 사전지식을 활용한다.
넷째, 다양하고 상이한 정신적 처리다. 복잡한 상호작용과 조정을 통하여 상이한 정신적 처리를 한다.
다섯째, 활동 상황에서 나타난다. 즉, 학습과제가 사회적 상황에서 나타난다.
여섯째, 문화-특정적이다. 하나의 문화에서 지능적인 어떤 행동이 다른 문화에서도 반드시 지능적인 것은 아니다.

2) 지능이론

지능이론

지금까지의 지능이론을 살펴보면 크게 심리측정적 이론과 체제이론으로 나누어 볼 수 있다.

지금까지의 지능이론을 살펴보면 크게 심리측정적 이론과 체제이론으로 나누어 볼 수 있다. 심리측정적 이론(psychometric theories of intelligence)은 전통적 지능검사의 통계적 분석을 토대로 한다. 여기에는 Spearman의 일반요인이론(general factor theory), Thurstone과

Guilford의 다요인이론(multiple factory theory), Vernon의 위계요인이론(hierarchical factor theory) 등이 있다.

체제이론은 심리측정적 이론보다 지능의 개념을 더 넓게 정의한다. 여기에는 Gardner의 다중지능이론(theory of multiple intelligence), Sternberg의 삼원지능이론(triarchic theory) 등이 있다.

(1) 일반요인이론

Spearman(1904, 1927)은 지능은 일반요인(general factor: g)과 특수요인(specific factor: s)으로 구성된다고 보았다. 일반요인(g)은 다양한 과제에 공통적으로 적용할 수 있는 능력이며, 특수요인(s)은 단지 하나의 검사와 관련되는 능력이다. 이에 일반요인이론을 흔히 2요인이론(two factors theory)이라고도 한다.

Spearman의 두 요인

- **일반요인**: 다양한 과제에 공통적으로 적용할 수 있는 능력
- **특수요인**: 단지 하나의 검사와 관련되는 능력

이러한 두 요인 중에서 특수요인은 단 하나의 검사 수행을 넘어 여러 영역에 일반화할 수 있는 정보를 제공하지 못하기 때문에 지능과 관련이 없고, 모든 검사에 공통적으로 나타나는 일반요인이 지능의 핵심이라고 본다. 일반요인은 유전과 함수 관계에 있으며 모든 지적 과제 수행에 관여하고, 특수요인은 특정한 학습 및 경험에 의한 소산물이라고 본다.

일반요인에 관련된 학자들 중에 Hebb이 있다. Hebb은 인간의 뇌에 관한 신경심리학적 시각에서 지능에는 확실히 구분되는 두 개의 지능 A, B가 존재한다고 하였다. 지능 A는 한 개인의 지적 발달을 지배하는 유전인자에 의해서 결정되는 부분을 말하는 것으로 생물학적 용어의 유전형(genotype)에 해당한다. 지능 A는 이론적인 것으로서 직접적으로 관찰하거나 측정할 수는 없고 다만 추정할 수만 있는 것이다. 지능 B는 한 개인의 지능의 표현형(phenotype)으로, 한 개인이 유전과 환경의 상호작용 과정에서 생활하는 도중 어느 시점에 나타나는 결과로서의 지능을 말한다. 지능 B는 직접 관찰할 수 있고 측정할 수 있는 것이다.

Hebb의 지능요인

유전인자에 의해 결정되는 지능 A와 유전자 환경의 상호작용으로 결정되는 지능 B

(2) 다요인이론

Thurstone의 지능요인

- 언어이해요인
- 언어유창성요인
- 수요인
- 공간시각요인
- 기억요인
- 추리요인
- 지각속도요인

다요인이론으로는 Thurstone과 Guilford의 이론을 들 수 있다. 이 이론은 Spearman이 주장한 일반요인이론의 개념을 비판하고 지능은 하나의 요인으로 구성되었다기보다 상호 관련이 있는 여러 요인으로 구성되었다고 본다.

Thurstone은 지능의 요인으로 다음과 같이 7가지 기본 정신능력(primary mental ability)을 제시하였다.

첫째, 언어이해요인(verbal comprehension factor)이다. 단어의 이해력을 측정하는 요인으로 동의어와 반의어를 포함하는 어휘력 검사와 독해력검사로 측정된다.

둘째, 언어유창성요인(word fluency factor)이다. 이 요인은 단어의 신속한 산출을 요구하는 검사에 의해 측정된다.

셋째, 수요인(numerical factor)이다. 더하기, 곱하기, 더 큰 숫자 찾기 등과 같은 기초적인 산수문제에 의해 측정된다.

넷째, 공간시각요인(spatial visualization factor)이다. 이 능력은 각종 상징이나 기하학적 도형의 정신적인 조작을 필요로 하는 검사에 의해 측정된다.

다섯째, 기억요인(memory factor)이다. 이 요인은 기본적으로 단순한 기억력을 검사한다. 따라서 단어나 문장의 회상-기억검사 등이 주로 사용된다.

여섯째, 추리요인(reasoning factor)이다. 주어진 자료에서 일반 원칙을 알아내어 적용하는 능력을 측정하는 요인이다.

일곱째, 지각속도요인(perceptual speed factor)이다. 이 능력은 상징들의 신속한 재인을 요구하는 검사에 의해 측정된다. 여기에는 같은 숫자 찾기 검사, 얼굴검사, 거울보기검사 등이 포함된다.

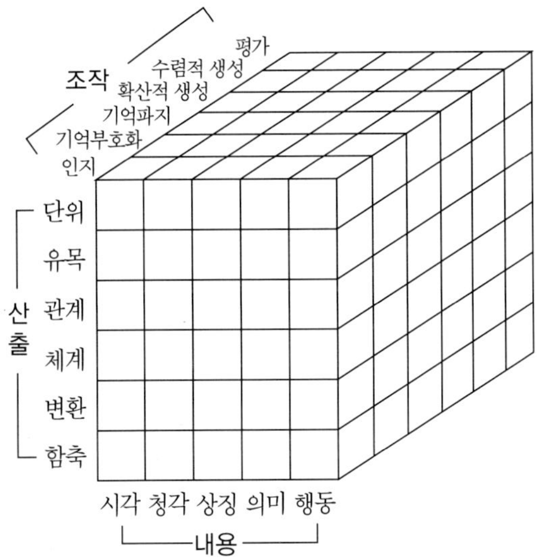

[그림 4-2] Guilford의 지능의 구조 모델

Guilford의 지능차원
- 내용(contents)
- 조작(operations)
- 산출(products)

Guilford(1988)는 지능의 구조 모델(structure of intellect model)을 통해 180개의 요인을 제시하고 있다. 그는 지능을 내용(contents), 조작(operations), 산출(products)의 세 가지 차원으로 나누었다. 여기서 다시 내용은 시각, 청각, 상징, 의미, 행동의 다섯 가지 차원으로 구분하고, 조작은 인지, 기억부호화, 기억파지, 확산적 생성, 수렴적 생성, 평가의 여섯 가지 차원으로 구분하고, 산출은 단위, 유목, 관계, 체계, 변환, 함축의 여섯 가지 차원으로 구분하여 모두 180개(5×6×6=180)의 요인을 제시하였다([그림 4-2] 참조).

(3) 위계요인이론

위계요인이론
Spearman의 일반요인이론과 Thurstone의 다요인이론의 장점을 취하여 결합한 이론

위계요인이론은 Spearman의 일반요인이론과 Thurstone의 다요인이론의 장점을 취하여 결합한 이론이다(Sternberg, & Williams, 2002). 이 이론은 일반요인을 상위 요인으로 하고 집단요인을 하위 요인으로 하였다. 예를 들면, Cattell과 Horn(1966)은 지능의 위계에서 최상위에

일반요인 g를 두었고, 그 아래에 유동적 지능과 결정적 지능이라 부르는 집단요인 두 개를 하위 요인으로 두었다. 유동적 지능(fluid intelligence)은 학습된 능력이 아니면서 비교적 모든 문화권에 보편적인 문제해결력을 뜻한다. 이는 언어적 유추능력, 단순암기능력, 추상적 도형 간 관계 이해능력을 포함한다. 결정적 지능(crystallized in-telligence)은 학교 학습이나 경험을 통해 습득된 능력으로써 어휘이해력, 수리력, 일반적 지식을 의미한다(송명자, 1995).

Vernon(1950)은 지능의 위계적 이론을 제시하였다. 이 이론에 의하면 일반적 능력인 'g'가 가장 높은 위치에 있으며, 다음으로는 2개의 우위집단 요인(major group factor)이 있다. 이들 우위집단 요인들은 각각 언어-수-교육적(v:ed) 영역과 실질적-기계적-공간적-신체적(k:m) 영역을 나타낸다. 이들의 다음 수준에 하위집단 요인(minor group factor)이 있으며, 최하위 수준에는 각 하위 검사들에 독특한 특수요인(specific factor)이 놓여 있다.

Burt는 5단계의 위계모형을 제시하고 있다. 그에 따르면, 제일 높은 위계는 인간정신(human mind) 수준이고, 그 아래는 관계(relations) 수준, 연합(associations) 수준, 지각(perception) 수준의 순이며, 가장 낮은 위계는 감각(sensation) 수준이다.

(4) Gardner의 다중지능이론

Gardner의 다중지능이론

- 언어적 지능
- 논리-수학적 지능
- 공간적 지능
- 음악적 지능
- 신체-동작적 지능
- 대인 간 지능
- 개인적 지능
- 자연적 지능

Gardner(1993, 1999)는 독립적이지만 상호 관련이 있는 8개의 지능을 제시하였다. Gardner는 정상아의 각기 다른 기능의 발달에 대한 관찰, 뇌 상해 환자의 기능장애 관찰 그리고 천재 · 백치 · 자폐아 · 학습장애아 등 특수집단의 관찰을 통하여 지능의 개념을 정립하였다. 다중지능이론은 인간이면 누구나 어떠한 영역에서는 강점을 보일 수 있으나 다른 영역에서는 약점을 보일 수 있다는 관점을 전제로 한다. 이 이론은 학교교육에서 학생 개개인의 다양성과 평등함을 존중하면서, 학교교육이 학생의 특성에 맞는 개별화 교육과 구체적인 방법을 찾을 수 있도록 해 주는 실천적 이론이라 볼 수 있다.

Gardner의 이론은 개인차의 근원이 된다고 여기는 능력의 목록을 말하기 때문에 Thurstone과 같이 다요인으로 볼 수 있다. 그러나 Gardner는 각각의 지능이 단순히 서로 분리되어 있지만 단순히 분리되어 있는 능력을 의미하는 것만은 아니며, 이 각각의 지능들은 서로 다른 상징체계들을 사용한다고 본다. 예를 들면, 언어지능은 단어를 조합하여 사용하고, 논리-수학적 지능은 수와 논리적 상징을 사용하고, 음악적 지능은 다양한 종류의 음악적 부호을 사용한다. 더욱이 Gardner는 각각의 지능이 두뇌의 서로 다른 위치에 존재하는 것으로 보았다(Sternberg & Williams, 2002). Gardner가 제시하는 8가지 지능의 유형과 성격은 〈표 4-1〉과 같다.

Gardner는 이후에 실존적 지능을 추가하여 9가지 지능을 제시하고 있다. 실존적 지능이 높은 사람은 자신의 삶의 의미를 찾기를 원하고 존재론적 질문에 대해 깊이 생각하는 경향이 있다(Sternberg & Willams, 2002).

(5) Sternberg의 삼원지능이론

지능구조의 내용에 대한 연구의 접근방법은 크게 개인차중심 접근방법(differential approach)과 정보처리 접근방법(information-processing approach)으로 대별할 수 있다(임인재, 1989). 개인차중심 접근방법은 지적 능력을 측정해 주는 검사 점수상에서 개인 점수 간의 상관관계와 개인차를 나타내는 양상의 분석을 통해 지능의 본질을 규명하고자 하는 접근방법이다. 정보처리 접근방법은 개인차의 근원이 되는 피험자 대신 일차적으로 지적 과제에 관계되는 요인을 체계적으로 변화시킴으로써,

> **Sternberg의 삼원지능이론**
> • 개인차중심 접근방법
> • 정보처리 접근방법
> →독립적인 과정을 강조
> 삼원지능이론에는 분석적 능력, 창의적 능력, 실제적 능력의 측면이 있음

〈표 4-1〉 Gardner의 8가지 지능의 유형

지능의 유형	관련된 행동에 관한 사례
언어적 지능(linguistic intelligence): 언어를 효율적으로 사용하는 능력	설득력 있는 논쟁하기 시 쓰기 미묘한 뉘앙스를 가진 단어의 의미에 민감하기
논리-수학적 지능(logical-mathematical intelligence): 논리적으로 추론하는 능력, 특히 수학과 과학	수학문제를 빨리 풀기 수학 증명을 하기 관찰된 현상에 대한 가설을 검증하고 공식화하기
공간적 지능(spatial intelligence): 보이는 무엇인가의 세부를 관찰하고, 마음속의 시각적 물체를 조작하거나 상상하는 능력	마음속의 이미지를 그려내기 물체의 시각적 사진을 그려보기 유사한 물체들을 잘 식별하기
음악적 지능(musical intelligence): 음악을 창조하고 이해하고 감상하는 능력	악기를 연주하기 음악을 작곡하기 음악의 기본적인 구조를 예민하게 인식하기
신체-동작적 지능(bodily-kinesthetic intelligence): 자신의 신체를 능숙하게 사용하는 능력	춤추기 배구하기 팬터마임을 연기하기
대인 간 지능(interpersonal intelligence): 사람들의 미묘한 행동 양상을 아는 능력	다른 사람의 마음을 읽기 다른 사람들의 내재된 의도나 욕망을 찾아내기 그들의 사고나 행동에 영향을 주기 위해 다른 지식을 활용하기
개인적 지능(intrapersonal intelligence): 자신의 감정, 동기와 욕망을 인식하는 것	슬픔, 후회와 같은 유사한 감정을 구별하기 자신의 행동을 이끄는 동기를 식별하기 다른 사람들과 함께 관련된 자기 지식을 효율적으로 사용하기
자연적 지능(naturalist intelligence): 자연의 패턴과 자연물과 삶의 형태 간의 차이점을 인식하는 능력	무수히 많은 종을 식별하기 자연물을 분류하기 농장, 풍경, 사냥과 같은 자연에 대한 지식을 적용하기

자료: Ormrod, 2003.

여기에 작용하는 인간의 문제해결 유형을 연구하여 지능의 본질을 밝히고자 하는 접근방법이다. 지능의 본질을 파악하기 위하여 이 두 가지 접근방법을 활용하면서도 주로 정보처리 접근방법으로 지능의 본질을 밝히려는 대표적 연구로 Sternberg의 구성분석(componential analysis)이 있다(임인재, 1989).

Gardner의 다중지능이론은 독립적인 구조를 강조하지만, Sternberg(1985, 1988a, 1988b)의 삼원지능이론(triarchic theory of intelligence)은 상대적으로 독립적인 과정을 강조한다. 삼원지능이론에는 분석적 능력, 창의적 능력, 실제적 능력의 지능의 세 가지 측면이 있다. 이 능력들은 삼원적 지능이론의 세 가지 하위 이론, 즉 구성요소하위이론(componential subtheory), 경험하위이론(experiential subtheory), 상황하위이론(contextual subtheory)을 구성한다(Sternberg & Willams, 2002).

삼원적 지능이론의 하위이론

- 구성요소하위이론
- 경험하위이론
- 상황하위이론

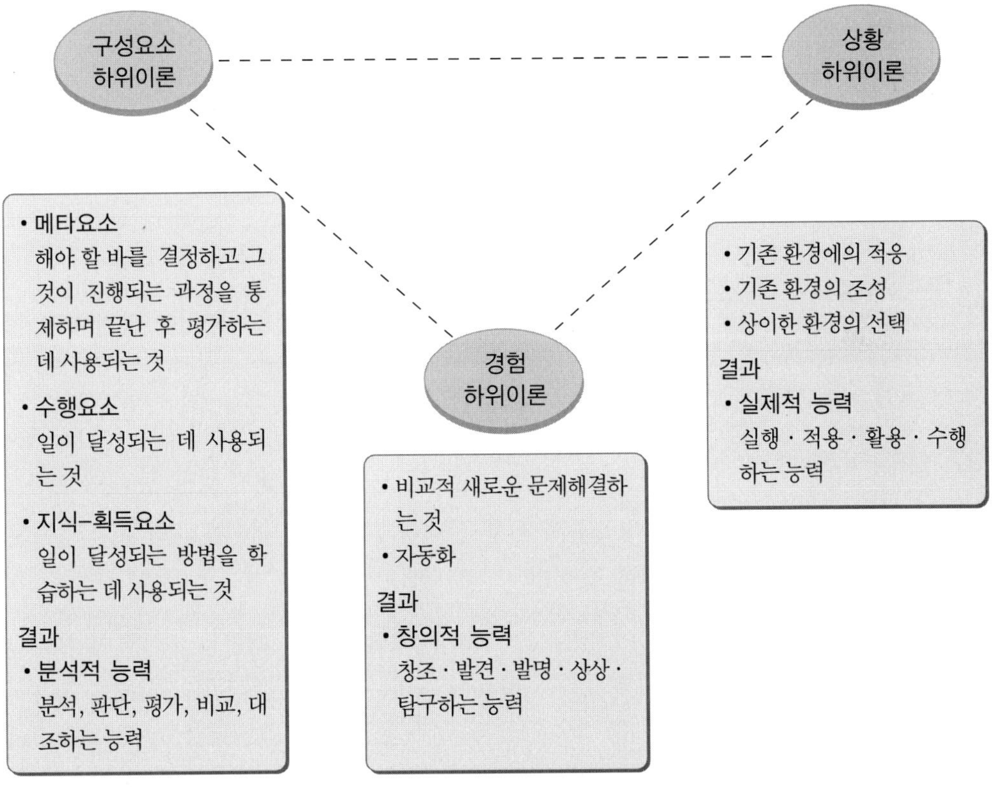

[그림 4-3] 지능의 삼원이론

출처: Sternberg & Williams, 2002.

구성요소하위이론 하위 과정

지능을 수행하는 정보처리 과정과 요인을 다룸
• 메타요소
• 수행요소
• 지식-획득요소

첫째, 구성요소하위이론은 지능을 수행하는 데 기초가 되는 기본적인 정보처리 과정과 요인을 다룬다. 구성요소하위이론에는 다시 다음과 같은 세 가지 하위 과정이 있다.

- **메타요소**(metacomponents): 일을 진행하는 데 있어서 계획 세우기, 일을 하는 동안의 수행 정도 감독하기, 수행 결과 평가하기와 같은 역할을 수행한다.
- **수행요소**(performance components): 메타요소가 계획한 것을 실행하는 것과 관련되는 과정이다.
- **지식-획득요소**(knowledge-acquisition components): 문제해결 방법을 학습하는 것과 관련되는 과정이다.

세 가지 정보처리 요소는 서로 상호작용을 한다. 메타요소는 무엇을 할 것인지를 결정하고, 그다음 수행요소, 지식-획득요소가 활성화된다. 수행요소와 지식-획득요소는 메타요소에 피드백을 제공하고, 이에 따라 메타요소는 정보처리 전략과 정보의 표상을 조절한다. 예를 들어, 실제 문제를 해결하는 데 이 세 가지 정보처리 요소가 어떻게 상호작용하는지를 살펴보면, 학생들이 특정 주제에 대한 중간보고서를 쓸 계획을 세우는 것(메타요소), 주제에 대해 학습하는것(지식-획득요소), 그것을 작성하는 것(수행요소), 선택한 주제가 잘 되지 않을 것 같아(메타요소) 새로운 주제를 선택하기로 결정하는 것(메타요소) 등으로 설명할 수 있다.

경험하위이론

지능을 경험과 관련지음. 정보처리 요소는 과제에 대해 사람들이 가지는 경험 수준에 따라 응용됨

둘째, 경험하위이론은 지능을 경험과 관련짓는다. 정보처리 요소는 과제에 대해 사람들이 가지는 경험 수준에 따라 다르게 응용될 수 있다. 상대적으로 새로운 과제는 친숙하지 않고 그 개인의 경험 밖에 있다. 따라서 새로운 문제를 상대적으로 잘 해결하는 사람은 그렇지 못한 사람보다 더 지능적인 것으로 볼 수 있

다. 자동화(automatization)가 되면 상대적으로 정보를 처리하는 데 적은 노력이 들고 덜 의식적인 방법으로 수행을 하게 된다. Sternberg의 관점에서 지능적인 사람은 더 빠르게 효과적으로 과제를 자동화할 수 있는 사람이다.

셋째, 상황하위이론은 지능이 일상생활에서의 상황이나 장면과 관련이 있다는 것을 말한다. 일상생활 속의 환경과 만나는 과정에는 적응(adaptation), 조성(shaping), 선택(selection)의 세 가지 기본 과정이 있다. 적응은 환경에 자신을 맞추는 것을 말한다. 점차 환경에 익숙해지면 사람들은 환경을 조성하려 한다. 조성은 환경을 자신에게 맞도록 변형하는 것을 말한다. 환경에 적응할 수 없을 뿐만 아니라 자신이 만족할 만큼 환경을 조성할 수 없을 때는 새로운 환경을 선택하게 된다. 일상생활에서의 지능은 환경에 대한 적응, 조성, 선택의 균형을 필요로 한다. 지능적인 사람들은 자신의 장점과 환경 간의 균형을 유지하기 위해 적응, 조성, 선택의 과정을 효과적으로 사용하는 사람이다 (Sternberg & Willams, 2002).

상황하위이론

지능은 일상생활에서의 상황이나 장면과 관련됨

3) 지능의 유형

Gardner의 다중지능이론과 Sternberg의 삼원지능이론의 등장으로 오늘날 탈 IQ를 시도하고 있으며(하대현, 2005), 이에 지능은 더욱 복잡한 체제로 나타나고 그 의미도 더욱 폭넓게 확장시켜 해석하게 되었다. 이에 따라 지능의 종류도 다양하게 나타나고 있다. 여기서 지능의 종류에 관한 이해를 위하여 그 용어를 다시금 정리해 보자.

(1) 결정적 지능과 유동적 지능

유동적 지능

개인의 신체구조와 과정에 기초하여 14세경까지 발달, 22세 이후 급격히 감소하는 선천적 기능

결정적 지능

개인의 문화적 · 교육적 경험에 따라 영향을 받는 지능

Cattell과 Horn은 지능을 유동적 지능(fluid intelligence)과 결정적 지능(crystallzed intelligence)의 2차원으로 구별하였다(Horn, 1968; Horn & Cattell, 1966). 유동적 지능이란 개인의 독특한 신체구조와 과정에 기초하여 14세경까지 계속 발달하지만 22세 이후 급격하게 감소되는 선천적 기능으로, 뇌손상이나 정상적 노령화에 따라 감소되는 지적 능력이다. 반면, 결정적 지능이란 원래 유동적 지능을 바탕으로 하여 개인의 문화적 · 교육적 경험에 따라 영향을 받는 지능으로 40세까지, 환경에 따라서는 그 이후에도 발전될 가능성이 있는 지능을 의미한다.

(2) 지적 지능과 정서지능

지적 지능(IQ)

학문적 지능으로 기억, 언어능력, 수리력, 추리력 등을 재는 일반지능

정서지능

정서적 정보를 정확하고 효과적으로 처리할 수 있는 능력

지적 지능은 일반적으로 IQ(intelligence quotient)라고 불린다. 지적 지능은 사회적 지능, 정서지능 등의 개념이 나타난 후부터 학문적 지능(academic intelligence)이라고 불리며, 주로 기억, 언어능력, 수리력, 추리력 등을 중심으로 전통적인 IQ검사가 측정하고 있는 일반지능이다.

정서지능(emotional intelligence)은 일반적으로 EQ(emotional quotient)라고 불린다. EQ란 『타임』지가 Goleman의 저서를 소개하면서 IQ에 대응하여 정서지능을 설명하기 위해 만들어 낸 개념이지 Goleman 자신이 사용한 개념은 아니다. 『타임』지의 보도 이후에 과학적 검토 없이 대중적으로 사용되고 있으며, 한국에서는 언론이 이를 감성지수로 번역하여 사용하고 있다.

초기에 지능검사에서 정서는 제외되었다. 지능이 정서와 관계가 있다고 하더라도 정서는 지능의 활동을 촉진 또는 방해하는 배경적 역할만 하는 별도의 것일 뿐이라고 파악하였으며, 지능검사는 두려움, 분노, 슬픔과 같은 정서에 영향을 받지 않는 검사여야 한다는 관점에서 배제된 것이다. Nestor-Baker(1999)는 정서적 지능은 능력의 요소라기보

다 성격적 특성이라며 EQ 개념을 비판하였다(Woolfolk, 2001).

그러나 정서는 주의집중, 판단, 발견적 정보처리 과정 등을 촉진하고 유지하는 중요한 작용을 한다. 따라서 정서는 지능의 활동을 촉진 또는 방해하는 배경적 역할만 하는 완전 독립된 영역이 아니다. 감성과 이성은 두뇌 속에서 서로 구분되기도 하지만 많은 부분에서 서로 교차되며 상호 연결된 어느 정도 독립적 능력이다(Goldman, 1995). Salovey와 Mayer는 정서지능을 '자신과 타인의 정서를 인식하고 구성하고 조절하는 등 정서적 정보를 정확하고 효과적으로 처리할 수 있는 능력'이라고 정의하였다.

정서지능의 성격은 다음과 같은 Goleman(1995)의 정리에서 잘 나타나고 있다.

정서지능의 성격

- 자기 정서에 대한 이해
- 정서의 조절
- 자기동기화
- 다른 사람의 감정 인식
- 관계 다루기

첫째, 자기 정서에 대한 이해: 자기 자신에게 일어나는 느낌을 인식하는 능력으로 정서지능의 핵심이다. 자신의 감정을 관찰하는 능력은 자신에 대한 심리적 통찰과 이해에 필수적이다. 이런 능력이 풍부한 사람은 자신의 인생을 보다 적절하게 이끌어 가며, 개인적 결정의 순간에 어떤 감정을 가져야 할지에 대한 정확한 감각을 가지고 있다.

둘째, 정서의 조절: 자기 지각에 기초하여 자신의 느낌을 적절하게 전환하고 조절하는 능력이다. 이런 능력이 풍부한 사람은 분노, 흥분, 우울, 불안을 쉽게 떨쳐버리고 좌절과 혼돈에서 빨리 벗어날 수 있지만 부족한 사람은 늘 괴로운 느낌에 시달린다.

셋째, 자기동기화: 자신의 감정을 생의 목적에 적합하도록 정렬시키는 능력이다. 이는 주의집중, 동기 부여, 자기정복, 창조에 필수적이다. 이런 능력이 많은 사람은 혼란스러운 상황에서도 보다 생산적이고 효율적으로 일을 한다.

넷째, 다른 사람의 감정 인식: 다른 사람이 느끼는 기분을 이해하고 그에 상응하는 정서적 경험(공감)을 하고 이를 표현하는 능력으로 '사랑 기술'이다. 공감적인 사람은 돌보는 직업, 가르치는 일, 판매, 관리와 같은 일에 능력을 발휘한다.

다섯째, 관계 다루기: 다른 사람의 감정을 보다 바람직한 방향으로 변환하도록 하는 능력이다. 이는 인기, 지도력, 대인관계 효율성을 뒷받침하는 능력이다. 이런 능력이 잘 발달된 사람들은 다른 사람과 부드럽게 교류하는 사회적 스타다.

(3) 사회적 지능

> **사회적 지능**
> 자신과 타인을 이해하고 인간관계를 효과적으로 다룰 수 있는 능력

사회적 지능은 정서지능 모형의 모체다. 사회적 지능이란 자신과 타인을 이해하고 인간관계를 효과적으로 다룰 수 있는 능력이다. Thorndike는 사회적 지능을 다른 형태의 지능과 구분하면서, "남자와 여자, 소년과 소녀를 이해하고 인간관계에서 현명하게 행동하는 능력"이라고 정의하였다. 또한 Weinstein은 사회적 지능을 다른 사람의 반응을 다루는 능력이라고 하였다.

사회적 지능은 Gardner가 제시한 8가지 지능 중 인격지능이라 불리는 대인 간 지능과 개인적 지능이 일치한다. Gardner(1999)는 이 두 가지 지능을 다음과 같이 정의하고 있다.

첫째, 대인 간 지능: 사람들 간의 차이를 변별하는 능력, 특히 사람들 간의 기분, 기질, 동기 및 의도의 차이를 변별하는 능력에 의존한다. 더 진보된 형태로 이런 지능을 가진 성인은 다른 사람의 표현되지 않은 욕망과 의도까지도 파악할 수 있다.

둘째, 개인적 지능: 자신의 내적 감정생활을 살피고, 자신의 여러 정서를 서열화하며, 이런 정서들 간의 차이를 변별하여 명명하

고, 여기서 얻은 정보를 자신의 행동을 이해하고 안내하는 수단으로 활용하는 능력이다. 이러한 지능의 의미는 사회적 지능이 감성을 다루는 능력, 곧 정서지능을 내포하고 있음을 시사하고 있다.

(4) 학문적 지능과 실제적 지능

Mercer, Gemez-Palacio와 Padillo(1986)는 지능을 학문적 지능과 실제적 지능으로 분류하였다. 학문적 지능(academic intelligence)이란 개인의 내적 세계를 특징지어 주는 능력이며, 실제적 지능이란 사회적 구조와 상호관계의 외적 관계를 다루는 능력이다. Ford(1986)는 이러한 학문적 지능과 실제적 지능은 상호 배타적이 아니라 상호 중복되고 있다고 지적한다(임인재, 1989).

> 학문적 지능
> 개인의 내적 세계를 특징짓는 능력

Wagner와 Sternberg(1985)는 실제적 지능이란 많은 해결방법이 존재하는 문제 상황에서 한 가지 방법을 선택하여 문제를 해결하는 능력, 즉 일상생활에서 자연스럽게 일어나는 불확실하게 정의된 문제를 푸는 능력이라고 정의한다. 실제적 지능의 의미는 Binet(1905)의 지능의 정의에서도 내재되어 있다. Binet의 정의에서 내포된 실제적 감각(practical sense), 판단, 선도력(initiative), 자신의 주어진 환경에 대한 적응능력 등은 실제 생활에서의 지적 능력을 강조하고 있음을 알 수 있다(임인재, 1989).

> 실제적 지능
> 사회적 구조와 상호관계의 외적 관계를 다루는 능력, 일상생활에서 자연스럽게 일어나는 불확실하게 정의된 문제를 푸는 능력

(5) 명시적 지능과 암시적 지능

> 명시적 지능과 암시적 지능
> 명시적 지능은 지능 전문가가 지닌 지능의 개념. 암시적 지능은 사회·문화적 상황에 내재된 원형 개념으로 지능을 정의

명시적 지능이 지능의 전문가가 지닌 지능의 개념이라면, 암시적 지능은 일반인이 소유한 지능의 개념이다. 암시적 지능이론은 명시적 지능이론을 유도한다는 점에서, 그리고 사회 · 문화적 상황에 내재된 원형개념으로 지능을 정의하여 지능의 조작적 정의를 초월한다는 점에서

중요한 의의를 지닌다(하대현, 2005).

(6) 성공지능

성공지능이론

개인의 성공을 위해 중요시 되는 분석능력, 창의능력, 실제능력으로 구성

성공지능이론(theory of successful intelligence)은 Sternberg(1985)의 삼위일체이론에서 파생된 이론으로, 개인의 성공을 위해 중요하다고 여기는 분석능력, 창의능력, 실제능력의 3가지 능력으로 구성되어 있다. Sternberg는 이 중 분석능력만이 전통적인 지능과 관련되고, 창의능력과 실제능력은 분석능력과 별개로 구분되는 능력으로써 개인의 성공을 위해 분석능력만큼, 혹은 그 이상으로 중요하다고 간주한다(하대현, 2005).

성공지능과 학업성취도의 관계를 보면, Sternberg가 제작한 검사를 우리나라 실정에 맞게 번안해서 고등학생을 대상으로 조사한 연구(강영심, 송연주, 1993)에서는 전통적인 지능보다 성공지능이 학업성취도를 더 많이 설명하며, 성공지능의 3가지 능력 중 실제능력의 설명량이 가장 큰 것으로 나타났다. 문용린과 강민수의 연구에서는 세 능력 중 분석능력이 가장 설명력이 큰 것으로 나타났다.

4) 지능의 발달

지능의 발달

아동의 연령 증가에 따른 지능구조의 발달적 변화에 관해서는 두 가지 가설을 제시

아동의 연령 증가에 따른 지능구조의 발달적 변화에 관해서는 두 가지 가설이 제시되고 있다.

첫째, 낮은 연령에서 아동의 지능은 상대적으로 미분화된 일반적 지능으로 구성되나, 연령이 증가함에 따라 점차로 분화되어 독립적인 여러 특수 능력들이 나타난다는 가정이다.

둘째, 지능을 구성하는 하위 요인의 본질의 변화에 관한 것이다. 영

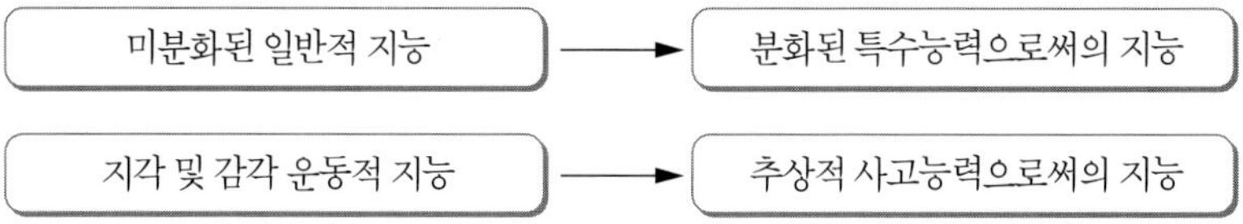

[그림 4-4] 지능구조의 발달적 변화 양상

> 아기 지능은 주로 지각 및 운동 기능으로 구성되나, 연령이 증가함에 따라 점차 상징적이며 언어적인 능력이 나타나게 되어 보다 추상적 사고가 감각운동적 능력에 대치된다.

연령 증가에 따른 지능의 안정성에 대한 명백한 답은 2세 이전의 영아기 지능은 그 후의 아동기나 청년기 지능과 일치하지 않는다는 것이다(송명자, 1995). 이는 영아기 지능의 측정내용인 감각운동적 능력과 아동기 지능의 측정내용인 상징적이며 언어적인 능력이 상이한 데서 기인하는 것으로 설명된다. 그러나 영아기 지적 특성 중 신기성(novelty)에 대한 반응은 이후의 아동기 지능과 높은 관련성이 있는 것으로 보고되고 있다(Colombo & Fagan, 1990). 예를 들어, 영아기에 낯선 물건에 강한 선호를 보이거나 친숙한 자극에 빨리 습관화되는 아기일수록 아동기에 높은 지능을 보인다. 2세 이후부터 지능의 안정성은 크게 증가한다. 〈표 4-2〉에서 보면 3세는 6세, 9세와 높은 상관을 보이고 12세, 18세와는 상대적으로 낮은 상관을 보인다. 그러나 6세, 9세로 나이가

〈표 4-2〉 연령 간 지능의 상관

연 령	3	6	9	12	18
3		.57	.53	.36	.35
6			.80	.74	.61
9				.90	.76
12					.78

출처: Honzik et al., 1948; 송명자, 1995 재인용.

들수록 9세, 12세, 18세와의 상관은 매우 높아진다. 여기서 나이가 들면 지능은 보다 안정적으로 진행됨을 알 수 있다.

쌍둥이의 지능발달

일란성 쌍둥이의 경우에 다른 가정에서 양육되었다 하더라도 이란성 쌍둥이보다는 유사한 IQ를 가지는 경향이 있음

지능발달에서 유전과 환경의 상대적 중요성에 대한 논쟁은 끝이 없다. 가족연구(family studies)는 지능발달의 개인차가 유전적 소인에 기인하고 있음을 보여 준다. 일란성 쌍둥이의 경우에 다른 가정에서 양육되었다 하더라도 이란성 쌍둥이보다는 유사한 IQ를 가지는 경향이 있다. 또한 여러 가지 경우에 아이의 인지발달은 아이가 성장함에 따라 더욱 양부모보다 친부모를 닮게 된다. 부모와 친자녀 간의 IQ 상관계수가 .50인 데 비해 부모와 양자녀 간은 .25라는 사실과 일란성 쌍둥이 간은 .82인 데 비해 이란성 쌍둥이 간은 .59라는 사실은 유전적 요소의 중요성을 보여 주는 한 단면이다(송명자, 1995).

IQ는 환경에 의해서도 영향을 많이 받는다. 예를 들어, 초기 발달과정에서 영양분을 제대로 주지 못할 경우에 IQ점수는 낮아지며, 임신기간 중에 과도한 알코올 섭취도 영향을 준다. 학교에 다니는 것도 꾸준하게 IQ점수에 긍정적인 영향을 준다. 또한 영양 상태를 좋게 하고 질 좋은 학교교육을 받게 하고 환경을 개선해 주면 IQ점수는 느리지만 꾸준하게 증가할 수 있다고 한다. Klineberg(1963)의 누적적 결함가설(cumulative deficit hypothesis)에 의하면, 빈곤한 환경이 아동의 지적 성장을 억제하고, 이러한 억제효과는 시간이 경과함에 따라 누적되어 간다. 따라서 아동이 빈곤한 환경에 오래 있을수록 지능발달은 그만큼 지체되게 된다.

요즈음 대부분의 이론가는 궁극적으로 지능에서 유전과 환경의 영향을 분리한다는 것이 불가능하다고 본다. 인지발달에서 유전과 환경 간의 상호 연관성은 IQ 측정에서 무시될 수 없다. 일반적으로 유전자는 지능에 대해서 상한과 하한, 즉 지적 능력을 확립시켜 주는 것이고 환경은 그 반응범위를 확립시켜 준다.

5) 지능과 학업성취도

오랫 동안 연구를 통해서 학교교육을 제대로 받을 수 있게 하는 학습 능력이 지능에 의해 크게 영향을 받으며 지능이 학교교육을 받는 재능이 된다는 사실을 밝혀냈다. Wellman의 연구에서 고등학교 1학년 학생에게 실시한 Thurstone의 기초 지능검사와 성적의 상관을 보면 국어, 수학, 과학은 각각 r=.69, r=.69, r=.60의 높은 상관을 보이고 있다. Lavin의 보고에 의하면, 지능의 정도와 학업성취 간의 상관은 평균 .40~.60에 이르고 있다. 그리고 Bloom은 지능과 독해력 및 산수 성적의 상관은 약 .50이라고 보고하고 있다(이희도 외, 1981). 이영덕(1966)은 지능과 학업성적 간의 상관을 통하여 지능이 학업성적에 미치는 영향을 살펴본 결과, 지능은 학업성적에 약 50% 정도 영향을 주는 것으로, 나머지 50%는 지능 이외의 다른 변인(선수학습 수준, 학습 장면, 동기 등)이 영향을 주는 것으로 나타났다.

지능과 학업성취에 대한 현재까지의 연구들을 종합해 보면, 대략 그 상관계수의 범위가 r=.40~.70 사이를 상회하는 것으로 나타나고 있다(임인재, 1977). 지능과 학업성취 간의 상관이 r=.40~.70이라면 지능이 학업성취 변량의 약 16~49% 정도를 설명해 준다고 볼 수 있다. 이로써 지능이 학업성취에 큰 영향을 미치는 요인 중 하나라는 사실은 분명하다.

> **지능과 학업성취도**
> 현재까지의 연구를 종합해 보면, 대략 상관계수의 범위가 r=.40~.70 사이를 상회하는 것으로 나타남

그러나 지능과 학업성취 간에 상관이 높다고 하여 학업성취가 지능에 크게 의존한다고 볼 수만은 없다. Woodrow(1954)는 지능과 학업성적 사이에는 높은 상관이 있는데도 매년 성적검사의 증가점수와 지능 사이에는 거의 상관이 존재하지 않는다는 것을 발견했다. 또 지능, 인지양식, 창의력, 성취동기, 학업적 자아개념, 불안, 기대지각, 학습습관, 선행학습 능력 등의 변수를 투입하여 초등학생의 학업성취도에 미치는 영향을 연구한 결과(이미숙, 1995)에 의하면, 학업성취도에 직접적

으로 영향을 주는 유의미한 변인은 선행학습 능력, 창의력, 학업적 자아개념이었다. 이 연구에서 지능과 학업성취도 간의 상관계수 r=.561로 선행학습 능력과 학업성취도 간의 상관계수 r=.831보다는 낮지만, 학업적 자아개념과 학업성취도 간의 상관계수 r=.472와 창의성과 학업성취도 간의 상관계수 r=.478보다는 더 높았다. 그러나 모든 변수를 투입하였을 경우에 지능은 간접효과로써 영향을 주고 선행학습 능력, 창의성, 학업적 자아개념이 더 중요하게 부각되었다. 여기서 학업성취에 영향을 미치는 이러한 지능의 효과는 직접적이기보다 간접적이라고 볼 수 있다. Tilton(1949)은 학업성적검사에서 쉬운 문항을 제외한 나머지 문항으로 된 성적검사와 상관을 내어 보니 아주 높은 상관을 볼 수 있다고 했다. 이 같은 사실은 지능이 학습한 양 자체보다는 학습한 자료의 복잡성과 관계가 깊다는 것을 보여 준다. 여기서 지능은 학업성취도에 간접적으로 영향을 미친다는 사실을 더욱 증명해 준다고 볼 수 있다.

지능과 학업성취의 연구를 잘 요약한 Jensen(1980)의 연구에서는 다음과 같은 사실을 지적하고 있다(구병두, 1989).

첫째, 일반 정신검사(general mental test)와 교육적 성취도 간의 상관은 평균 .50 정도로 나타나는데, 보다 구체적인 상관계수의 중앙치 평균은 초등학생 .60~.70, 중 · 고등학생 .50~.60, 대학생 .40~.50, 그리고 대학원생 .30~.40으로 나타나고 있다. 이런 상관계수는 개인이 성장하고 교육이 진행됨에 따라 두 변인들의 관계가 약화되고 있다는 것을 나타낸다. 이는 아마도 높은 학력에 따라 경험의 분화(differentation)가 증진되며, 연령 증가에 따라 다른 요인이 작용하고 있음을 시사한다.

둘째, 일반지능과 학업성취의 관계에서 학업성취는 아동기에서 청년기에 이르는 연령 증가에 따라 각기 분화되고 있는 것으로 여러 학자들에 의하여 생각되고 있다. 일반지능은 연령의 증가에 따라 점진적으로 정신과업 수행(mental task performance)에 미치는 영향이 적어지면서 특수요인(specific factors)의 변량으로 더 많이 설명된다는 뜻이다.

셋째, Cattell이 제안한 유동적 지능과 결정적 지능에서 일반지능은 특수화되고 분화된 능력보다 인간의 능력을 조직화하는 것과 높은 상관이 있으며, 분명히 중심적인 역할을 하고 있다. 학업성취와 가장 높은 상관을 보인다는 것이 곧 일반적이며 중심적인 능력이라는 것을 말한다.

넷째, 지적 능력과 학업성취 간의 관계에 대한 지금까지의 연구에서 나타난 일반적인 경향은 연구에 따라 심한 차이를 보인다. 이는 사용된 학업성취 척도, 학업성취가 평가된 학교 수준과 피험자, 그리고 표집집단의 이질성뿐만 아니라 표집된 교육환경의 이질성에서도 영향을 받고 있음을 알 수 있다.

이상 지능과 학업성취도 간의 관계를 정리해 보면 지능은 학업성적과 높은 관련이 있다. 평균적으로 IQ가 높은 학생은 학업성적이 높다. 다시 말하면, IQ점수는 어느 정도의 학업성적을 예언해 준다. 그러나 지능검사에서 나타난 IQ와 학업성적 간의 관계를 설명할 때 다음 세 가지를 명심해야 한다(Ormrod, 2003).

첫째, 지능은 반드시 학업성적의 원인이 되는 것이 아니다. 단지 관련이 있을 뿐이다. 비록 지능이 높은 학생들이 일반적으로 학교에서 잘 수행하지만, 그들의 높은 성적이 지능의 결과라고 정확하게 말할 수는 없다. 지능이 아마도 학업성적에 중요한 역할을 하지만, 여기에는 많은 다른 요인, 즉 동기, 구조의 질,

가족경제, 부모의 양육, 동료집단 기준과 같은 요인 역시 포함되어 있다.

둘째, IQ가 높은 몇몇 학생들은 학습을 잘 수행하지 못하며, 어떤 학생들은 IQ점수에서 예상되는 것보다 더 높은 단계의 수행을 한다. 그러므로 우리는 지능검사 점수만으로 학생들의 학업성적에 대한 예상을 해서는 안 된다.

셋째, IQ점수는 단지 특수한 시간의 특수한 검사에서 학생들의 수행능력을 반영하는 것이므로 해가 지나가면서 다소 변할 수 있다는 것을 기억해야 한다.

6) 지능측정도구

지능측정도구
- Binet-Simon 검사
- Stanford-Binet 검사
- WISC-R
- K-ABC
- 유아발달검사

새로운 지능 이론과 측정방법론의 발달로 인해 외국에서는 전통적인 IQ 중심의 지능검사(예: Stanford-Binet 검사나 Wechsler 검사)를 탈피하고자 하는 새로운 지능검사들이 개발되었다. 허혜경(2001)은 그러한 새로운 검사들 중 대표적인 것을 WJ-R(Woodcock-Johnson Psycho-Educational Battery-Revised Tests of Cognitive Ability), KAIT (Kaufman Adolescent and Adult Intelligence Test), STAT(Sternberg Triarchic Ability Test), DNCAS(Das Naglieri Cognitive Assessment System)의 4가지로 간주하였다. 새로운 검사들의 특징은 종래의 심리측정학적 이론에 인지과정 이론과 생리적 이론을 더하여 다양한 요인으로 지능을 측정하고자 한다(하대현, 2005).

지능측정도구 중에서 몇 가지를 소개하면 다음과 같다.

첫째, Binet-Simon 검사는 1905년에 Binet와 Simon이 개발한 최초의 지능검사도구다. 이들은 형태 맞추기, 사물의 이름대기, 낱

말의 의미 구분하기 등과 같이 성공적인 학교학습의 기초가 되는 지각, 주의, 기억, 추론, 언어이해력 등을 진단할 수 있는 문항들을 개발하고, 이들 문항을 난이도에 따라 배열하였다. 각 연령집단의 아동 중 50~75%가 맞출 수 있는 문항에 해당 연령을 부여하였다. 예를 들어, 생활연령(chronological age: CA)이 4세인 아동이 4세 6개월 문항까지 풀었다면 이 아동의 지능은 정신연령(mental age: MA) 4세 6개월 수준으로 한다(송명자, 1995).

둘째, Stanford-Binet 검사는 Binet-Simon 검사를 기초로 스탠포드 대학교의 Terman이 개발하였다. 이 도구는 3~13세의 아동을 대상으로 제작되었으며 언어, 수리능력 등 학교학습의 기초능력을 진단하였다. Terman은 정신연령 대신에 지능지수(Intelligence Quotient: IQ)의 개념을 사용하였다. IQ=MA/CA×100으로 계산하였다(송명자, 1995).

셋째, WISC-R은 Wechsler가 6~16세 아동을 대상으로 하는 웩슬러 아동용 지능검사(Wechsler Intelligence Scale for Children: WISC)를 개정한 것이다. 이 척도는 언어성 척도와 동작성 척도를 분리하여 사용한다.

넷째, K-ABC는 유동적 지능과 결정적 지능 이론, 신경심리학과 인지심리학의 영역에 이론적 기초를 두고 Kaufman이 제작한 검사도구다. K-ABC는 정신처리척도(mental processing scale)와 습득도척도(achievement scale)로 구성되어 있다. 그리고 정신처리척도는 다시 동시처리척도(simultaneous processing scale)와 순차처리척도(sequential processing scale)로 구분된다. 순차처리는 문제해결에서 정보를 한 번에 하나씩 시간적인 순서로 연속적으로 분석·처리하는 과정이고, 동시처리는 효과적으로 문제를 해결하기 위해 전체적인 통합능력이 필요하다. 그러므로 유동적 지능에 해당되는 K-ABC의 정신처리척도는 아동의 현재 지적 능력 수준을 측정한다. 반면, 결정적 지능에 해당되는 K-ABC의 습득도척도는 아동의 정신처리 능력이 과거의 경험과 결합하여 생겨난 능력이라고 해석할 수 있다(Kaufman & Kaufman, 1983). 종래의 일반 지능검사나 언어성척도를 구성하는 내용은 아동이 문화적 환경과 학교환경에서 정보를 찾아내고 필요한 요소를 통합하는 일련의 과정이다. 종래의 지능에 대한 정의와 지능의 측정방법과 달리, K-ABC는 문제해결 능력과 사실에 대한 지식을 명확하게 구별해서 측정한다.

다섯째, 유아발달검사는 다른 심리검사에 비해 뒤늦게 개발되었다. 이는 Binet 지능검사의 개발 이래로 측정문제가 인간 행동을 연구하는 심리학의 중요한 과제가 되어 왔으나, 지적 능력에 대한 초기의 개념이 과제 수행능력에 국한되었기 때문이다. 즉, 신체적 · 정신적으로 미성숙 단계에 있는 유아는 일정한 과제를 수행해 내기 어려워 측정 대상에서 제외되었던 것이다. 이후 지능의 개념에 변화가 와서 지능검사는 양적 변화가 아닌 질적 변화를 측정하는 것으로 받아들였다. Gesell은 지능의 성장을 변화의 과정으로 보았고, Piaget는 지능을 질적인 것도 양적인 것도 아닌 역동적인 과정, 곧 활동이라 하여 조직화와 적응의 과정으로 규명하였다(Stott & Ball, 1965). 이와 더불어 지능의 구조에 대한 견해도 변하였다. 초기단계에서 지능은 개개인의 능력이나 과정의 집합체로 구성된다고 생각하였으나, 차츰 일반적 적응능력 및 다요인적 지적 능력들로 이루어졌다고 생각하게 되었다. Gesell과 Griffiths에 의해 고안된 영 · 유아 발달검사들은 인지, 사회, 운동의 세 영역을 통합하여 다루고 있고, Bayley 유아발달검사는 지적 능력과 사회적 행동을 운동발달과는 분리하였으며, Cattell의 유아지능검사에서는 사회적 행동과 대근육 운동을 제외하였다. 그러나 이러한 영·유아를 대상으로 한 검사들은 성장 후의 지능을 예견하지 못한다고 보고 있다. 그 이유는 영아검사의 내용이 이후의 지능검사의 내용과 상당히 다르기 때문이고, 또 영아기에는 지능 자체가 매우 유동적이서 이후의 지능과 상관이 없다고 주장하는 학자들도 있기 때문이다(Hunt, 1961).

여섯째, 오늘날 인지과학과 신경과학의 발전에 따라 지능을 신경분자학, 신경생리학, 신경화학 수준에서 뇌기능의 개인차를 이해하려는 생리적 지능 연구들이 그 어느 때보다 활발하게 수행되고 있다. 생리적 지능 연구자들은 반응시간(reaction time)을 비롯해 신경전도속도, 평균유발전위, 대뇌 글루코스 신진대사율 등과 같은 측정치들을 새로운 측정치로 제안하고 있다(하대현, 2005).

지능검사의 결과를 활용하는 데 유의해야 할 제한점은 다음과 같다(Ormrod, 2003).

첫째, 지능검사의 종류마다 종종 다른 결과가 나오기도 한다.

둘째, 검사에서 학생들의 수행 결과는 불가피하게 검사시간에 나타나는 다양한 일시적인 요인(예를 들면, 건강, 분위기, 피로, 낮시간, 산만한 분위기 등)에 의해 영향을 받는다.

셋째, 검사항목들이 서구문화에서 필요한 한정된 기술에 초점이 맞춰져 있다.

넷째, 어떤 학생들은 검사항목에 포함된 문항이나 유형에 익숙하지 못해서 결과가 형편없이 나오기도 한다.

다섯째, 영어 숙달에 한계를 가진 학생은 영어로 주어진 지능검사를 할 때 분명히 불리하다.

여섯째, 어떤 학생은 검사 자체에 흥미가 없을 수도 있다. 그래서 능력이 과소평가된 점수를 얻을지도 모른다.

일곱째, 어떤 학생들은 질문–답(question-answer) 형식에 익숙하지 않을 수도 있다.

2. 창의성

1) 창의성의 의미와 구성요소

(1) 창의성의 의미

창의성은 1950년대 말부터 그 개념 정의가 시도되고 있으나 아직까지 합의된 정의는 존재하지 않는다(Hill, 1992). 창의성의 개념이 다양한 것에 대해 Goldman(1964; 임선하, 1996 재인용)은 창의성이란 용어는 우산과 같아서 그 밑에 모든 것이 들어올 수 있으나 정작 그 밑에는 아무것도 없다고 요약하고 있다. 창의성의 의미가 이렇게 다양함은 창의성을 구성하는 요인들의 다양성과 관련이 있다고 볼 수 있다. 이는 오늘날 창의성의 개념 정의보다 그 구성요소의 연구에 더 중점을 두고 있는 경향과 관련된다. 이전에는 창의성이란 단지 독창적이고 가치 있는 작품이나 아이디어를 생성하는 능력이라고 정의(Guilford, 1967)하는 데 관심을 기울였다. 그러나 오늘날은 창의성을 다원적 · 복합적 접근을 통하여 개인의 동기, 성격, 인지능력, 환경 등의 복합적 요소들에 의해 이루어지는 것으로 파악하고 있다(Amabile, 1983; Csikszentmihalyi, 1988; 김원경, 우남희, 2002 재인용). 그러므로 창의성의 의미를 정립하기 위해서는 기존의 의미와 구성요소를 동시에 고려하는 것이 필요하다.

다양한 창의성의 의미는 결국 다음 두 가지로 정리해 볼 수 있다.

창의성의 의미

기존의 것과 같지 않은 독창적인 아이디어를 만드는 것, 문제해결의 과정으로서 주어진 문제를 해결하는 것

첫째, 창의성이란 기존의 것과 같지 않은 독창적인 아이디어를 만들어 내는 것이다. 이는 비동조성과 같은 단순한 것이 아니라 생산적 사고와 창조적 사고를 포괄하며, 질적으로 다른 여러 사고 전체를 뜻하는 극히 복잡한 것(Taylor, 1988), 희귀한 반응이나 사고(MacKinnon, 1962), 새로운 것을 낳는 힘이다(Guilford, 1967). 그리고 인간 모두가 갖고 있는 보편적 능력이자 특성으로, 일상생활에서 당면하는 제반 사태나 문제거리를 개인 나름의 새롭고 특유한 방법으로 해결해 나가는 것이다(Osborn, 1963). 이와 같은 정의들은 바로 창의성이 새로운 아이디어의 생성에 있음을 말해 준다.

둘째, 창의성이란 문제해결의 과정으로서 주어진 문제를 해결하는 것이다. 기존의 지식들을 조합시켜 가능한 해답을 만들어 내며, 해답들을 통해 실제로 적응해 나가는 정신적 과정이다(Torrance, 1962). 그리고 지능이 아니며, 독창성만이 아니라 이미 알고 있거나 인지된 요소의 새로운 결합으로, 이 결합이 특정한 목적에 적합하고 동시에 유용성이 있는 것이다(Mednick, 1962). 이와 같은 정의는 창의성이 문제해결에 있음을 말해 준다. 특히, 최근의 창의성 연구에서는 창의적 사고의 핵심 요소를 창의적인 인지과정에 두고 개인의 일상적 문제해결 능력 혹은 문제해결 양식에 많은 관심을 기울이고 있다(Smith, Ward, & Finke, 1995).

이러한 두 방향의 의미는 결국 창의성이란 단순히 독창적 아이디어를 생성하는 데 있는 것만이 아니라 주어진 문제를 새로운 방향에서 해결하는 것이며, 새로운 아이디어의 생성은 이를 위한 하나의 과정이라는 것을 알 수 있다. 이를 정리하면 창의성이란 독창적이고 새로운 아이디어의 생성을 통하여 주어진 문제를 새로운 방향으로 해결하는 능력이라고 볼 수 있다.

(2) 창의성의 구성요소

창의성의 원천

초기에는 신의 영감을 중시하였으나 점차 인성, 동기, 환경, 지식 등을 중시하는 추세

창의성의 원천에 대한 학자들의 관점은 다양하다. 창의성의 원천에 대한 가장 초기의 설명인 신비주의적 입장은 신의 개입, 즉 신의 영감이 창의성을 낳는다고 주장했다. 그러나 심리학은 창의성에 대해 다음과 같은 인간중심적이거나 환경중심적인 설명을 더 추구해 왔다.

Freud의 정신분석학적 입장에서 출발하여 최근에는 인지심리학의 영향을 받고 있는 심리역동적 접근은 의식적인 실재와 무의식적 충동 사이의 갈등에서 의식적 실재와 무의식 사이에 위치한 전의식(preconsciousness)에서, 혹은 적응적 퇴행(adaptive regression)과 정교화(elaboration)라는 1, 2차 과정 모두에서 창의성이 비롯된다고 본다(Kaha, 1983; Suler, 1983). 인지적 접근은 사고능력과 지식을 강조한다(Guilford, 1950, 1956; Runco, 1992; Torrance, 1966, 1972, 1976, 1987, 1990).

인지적 접근과 함께 발달해 온 사회심리적 전통에서는 창의성의 원천으로 인성, 동기, 사회문화적 환경변인 등에 초점을 두고 있다(Barron & Harrington, 1981; Gough, 1979; Harrington, Block, & Block, 1987; Lubart & Sterngerg, 1995). 정신건강 및 심리적응적 접근은 자아실현과 개인적 성장과 실현을 강조한다.

이처럼 창의성의 원천에 대한 입장은 다양한데, 창의성에 관한 최근의 많은 이론과 연구들은 이전의 연구들을 부분적으로 통합하면서, 창

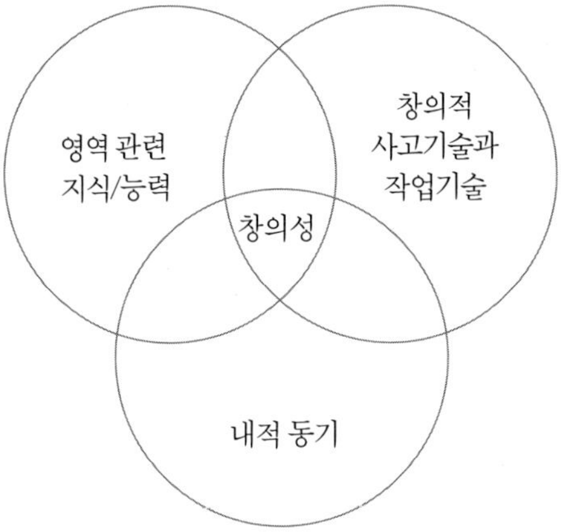

[그림 4-5] Amabile의 창의성 모델

의성이 발현되기 위해서는 많은 요소가 모아져야 한다고 가정하고 있다(Amabile, 1983; Gardner, 1993; Mumford & Gustafson, 1988; Perkin, 1987; Sternberg, 1985; Sternberg & Lubart, 1991). 즉, 통합적 혹은 융합적 접근에 관심을 두고 있다.

[그림 4-5]에서 보듯이 Amabile(1983, 1988, 1989)은 창의성이란 내적 동기, 영역과 관련된 지식과 능력, 창의적 사고기술과 작업기술이 함께 적용된 결과라고 주장하고 있다. Amabile은 자신의 모델에서 내적 동기를 가장 중요시하고 있다. 연구 결과, 내적으로 동기화된 아동이 외적으로 동기화된 아동보다 더 창의적이었기 때문이다.

Sternberg와 Lubart(1991)도 창의성을 위해 지능, 지식, 사고 스타일, 인성, 동기 그리고 환경의 측면을 고려하는 투자이론(investment theory)을 제안하고 있다.

Martindale(1989)은 창의성 관련 문헌에 대해 고찰한 후, 어떤 사람이 창의적이려면 인지적 요인, 특수재능요인, 동기요인, 상황요인이 함께 주어져야 하며, 이런 이유로 위대한 창의성이 드물게 나타난다고 결론 내렸다.

Munford와 Gustafson(1988)은 창의적 잠재력을 다양한 인지적 특성과 인성적 특성을 포함하는 다변인적(multivariate) 현상으로 보았다.

두뇌 생리심리학의 연구 결과(Levy, 1982)에 따른 사고양식으로는 우뇌반구 사고 선호형, 좌뇌반구 사고형, 그리고 좌우뇌반구 통합형이 있다(Torrance, Reynolds, Riegel, & Ball, 1977).

이와 관련된 초기의 연구들은 창의성이 우뇌반구에서 비롯되므로 우뇌반구 사고형인 사람이 창의성이 높다고 주장했다(Harpaz, 1990; Hendren, 1989). 그러나 근래에는 좌우뇌반구 사고의 통합이 창의성을 낳는다고 주장하는 연구자들(Gilbert, 1986; 김종안, 1987, 1989, 1992)과 보다 통합적인 입장으로 좌우뇌반구 간의 통합, 두뇌 상하(신피질과 전연계) 간의 통합, 두뇌 앞뒤(전두엽, 측두엽, 후두엽) 간의 통합 모두가 창의성 발현에 필요하다는 주장이 대두되었다(Elliott & Dweck, 1988).

이러한 창의성의 원천을 박영태(2002)는 지식, 사고, 인성, 환경의 4요소로 정리하면서 4요소 간의 관계를 [그림 4-6]과 같이 설명하고 있다.

창의성의 바탕은 지식과 사고며, 창의성을 발휘하게 하는 것은 인성과 환경이다. 지식은 사고의 자료로 창의성의 근본 자료다. 따라서 지식이 부족하면 창의성을 나타내기 어려우므로 지식의 양이 많으면 많을수록 좋다. 그러나 지식의 양이 많다고 하여 반드시 그 지식이 모두 활용되는 것은 아니다. 때로 지식은 마음갖춤새로 사고를 획일화시킨다. 또한 도식적으로 문제를 해결하고 확산적 사고를 저해하기도 한다. 이는 지식을 학습하는 데 형성된 정서에 크게 의존한다. 지식은 정보와 정서로 이루어져 있다. 정보는 사물에 대한 앎 자체고 정서는 그 정보가 자신의 생존가치와 연결된 가치다. 따라서 창의성 교육은 지식을 증대시키되 그 유용성을 크게 강조하여야 한다. 사고는 지식을 활용하여 새로운 아이디어를 생성하는 과정이다. 따라서 사고기술이 부족하거나 경직되어 있으면 창의성이 나타나기 어렵다.

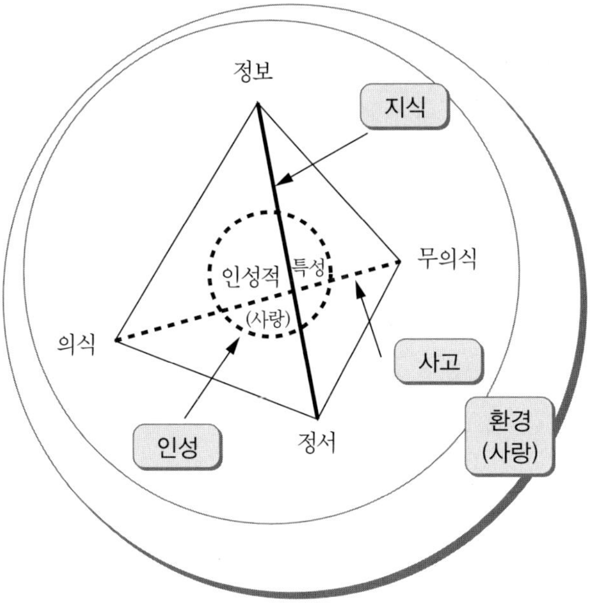

[그림 4-6] 창의성의 4요소

사고는 의식적 또는 무의식적으로 이루어진다. 의식은 주의집중이 집중됨으로써 활성화되는 정보의 양이 매우 적다. 따라서 사고를 하기 위해서는 정보와 정보 간의 순서적 이동이 필요하다. 여기서 의식적 사고는 순차적 사고다. 의식적 사고는 문제의식을 야기하고 문제가 무엇인지를 정의하고 해결책을 탐구하여 그에 따라 새로운 아이디어를 정교화시켜 준다. 따라서 의식적 사고는 창의성을 불러일으키는 근본 주체다. 이에 비해 무의식은 주의집중이 확산되는 사고다. 여기서 말하는 무의식은 Freud가 말하는 전의식을 의미한다. 주의집중이 확산되는 과정에서는 활성화되는 정보의 양이 많아진다. 따라서 사고는 동시에 시각적으로 이루어진다. 여기서 무의식적 사고는 비순차적, 병렬적, 공간적, 심상적, 우뇌적 사고다. 무의식적 사고는 정보의 동시적 도출로 정보 간의 상관을 야기한다. 따라서 무의식적 사고는 창의성의 바탕인 정보 간의 상관을 자연스럽게 만들어 주며 이것이 통찰로 나타난다. 그러므로 창의성은 의식적 사고활동과 무의식적 사고활동의 긴밀한 상호협력으로 이루어진다고 볼 수 있다.

인성은 이 사고활동을 하도록 만드는 내적 힘이므로 건전한 인성은 바로 창의성의 바탕이 된다. Frankl의 영적 자유정신, Fromm의 생산적 성격, Maslow의 자아실현성 등은 바로 창의성을 발휘하도록 하는 인성의 근본이다.

환경은 이 사고활동을 하도록 만드는 외적 힘이다. 환경은 창의적 사고를 유발하는 자극으로, 스스로 창의성을 발휘하도록 하는 창의적 인성을 길러 주는 분위기로 기능한다.

지식, 사고, 인성, 환경을 종합적으로 말하면 지식에서 정보와 사고에서의 의식은 창의성 발현을 위한 표현적 에너지며, 지식에서 감정과 사고에서의 무의식은 창의성 발현을 위한 잠재적 에너지다. 창의성은 이 두 에너지에 의해 도출된다. 인성은 두 에너지를 적절히 조화하도록 만드는 내적 힘이며, 환경은 그것을 발휘하도록 만드는 외적 힘이다.

2) 창의성 교육방법

창의적 사고훈련의 두 방향
- 사고의 흐름을 조정하는 훈련
- 아이디어 산출에 중점을 두는 훈련

창의성 교육은 창의성을 계발하는 것이므로 창의성의 의미와 연관된다. 새로운 아이디어의 생성은 창의성 교육에서도 아이디어를 생성하는 사고와 관련되고, 문제해결은 문제해결적 사고와 관련된다. 지금까지 이루어지고 있는 창의성 교육은 바로 두 방향에서 이루어지고 있다. 즉, 박영태(2002)는 지금까지 이루어지고 있는 창의적 사고훈련을 크게 사고의 흐름을 조정하는 훈련과 아이디어 산출에 중점을 두는 훈련으로 구분하고 있다. 사고의 흐름을 조정하는 훈련은 문제해결 과정으로써의 사고를 의미하고, 아이디어 산출에 중점을 두는 훈련은 새로운 아이

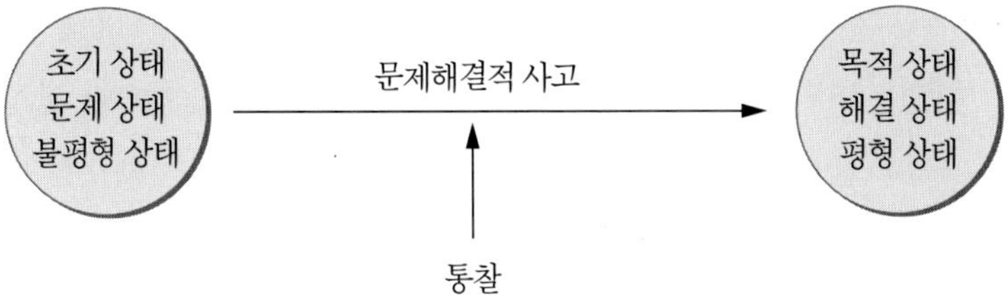

[그림 4-7] 창의적 사고의 구성

디어를 생성하는 사고를 의미한다([그림 4-7] 참조).

사고의 흐름, 곧 문제해결적 사고는 Osborn의 7단계, Stein의 3단계, Rossman의 7단계, Wallas의 4단계, Fabun의 7단계, Dewey의 반성적 사고 등이 있다. 이러한 사고방법 간의 관계를 정리해 보면 〈표 4-3〉과 같다(하수연, 2002).

문제해결 과정의 창의성은 창의성이 목적지향적이고 조건적임을 의

> **문제해결 과정의 창의성**
> 창의성이 목적지향적이고 조건적임. 문제해결과정을 거쳐 독창적인 아이디어가 나타남

〈표 4-3〉 창의적 사고방법 비교

<table>
<tr><th>Osborn</th><th>Stein</th><th>Rossman</th><th>Wallas</th><th>Fabun</th><th>Dewey</th><th>박영태</th></tr>
<tr><td rowspan="2">전망</td><td rowspan="4">가설형성 단계</td><td>요구 또는 난관 봉착</td><td rowspan="4">준비단계</td><td>욕망</td><td>어려움 지각</td><td rowspan="2">질문생성</td></tr>
<tr><td>문제 정의</td><td rowspan="2">준비단계</td><td>문제 정의</td></tr>
<tr><td>준비기</td><td>정보 탐색</td><td rowspan="2">가능한 해결책 제안</td><td rowspan="2">정보생성</td></tr>
<tr><td>분석기</td><td>가능한 해결책 형성</td><td>조작단계</td></tr>
<tr><td>착상기</td><td rowspan="2">가설검증 단계</td><td rowspan="2">제안된 해결책의 비판적 평가</td><td rowspan="2">부화단계</td><td>부화단계</td><td rowspan="2">추리를 통해 해결책 분석</td><td rowspan="2">정보연상</td></tr>
<tr><td>부화기</td><td>암시단계</td></tr>
<tr><td>통합기</td><td>결과에 대해 의사소통하는 단계</td><td>새로운 아이디어, 고안, 해결방안 등 형성</td><td>발현단계</td><td>조명단계</td><td rowspan="2">추측적 해결책을 경험적으로 확증</td><td>정보정교화</td></tr>
<tr><td>평가기</td><td></td><td>유망한 해결책 평가와 강화</td><td>검증단계</td><td>검증단계</td><td>정보수용</td></tr>
</table>

출처: 하수연, 2002.

미한다. 문제의 선택, 문제해결을 위한 확장된 노력, 문제해결을 위한 조건 확인 · 변환 · 재구조화, 검증 또는 정교화 등의 문제해결 과정을 거쳐 독창적인 아이디어가 나타난다(박영태, 2002). 문제를 해결하기 위해서는 그 문제에 내포된 조건들을 고려하여야 한다. 조건이란 대상들이 가지고 있는 법칙들이다. 그러므로 조건의 고려란 법칙의 고려를 말한다. 창의성에서 중요한 것은 바로 이러한 조건들, 법칙들을 발견하고 연관짓는 것이다. 즉, 문제의 성격을 규명하고 내포된 조건들을 발견함으로써 새로운 해결방안을 만들어 내는 것이다.

Osborn의 사고단계

- 전망
- 준비기
- 분석기
- 착상기
- 부화기
- 통합기
- 평가기

Osborn(임선하, 1996 재인용)은 창의성을 관계없는 아이디어들을 새로운 방향으로 연결짓는 것이라고 하면서 그 단계로 ① 전망(문제 지적), ② 준비기(적절한 자료수집), ③ 분석기(관련된 소재 분석), ④ 착상기(여러 가지 아이디어에 의한 선택의 축적), ⑤ 부화기(계시를 불러들이기 위한 휴지기), ⑥ 통합기(개개 단편들의 종합), ⑦ 평가기(생성된 아이디어)의 7가지로 제시하고 있다.

Stein(임선하, 1996 재인용)은 ① 가설형성단계, ② 가설검증단계, ③ 결과에 대해 의사소통하는 단계로 구분하고, 이들 단계는 대체로 별개의 성격을 갖지만 한 단계가 특별히 우세하게 되면 서로 겹칠 수도 있다고 한다.

Rossman(Brown, 1989 재인용)은 ① 요구 또는 난관 봉착, ② 문제 정의, ③ 정보 탐색, ④ 가능한 해결책 형성, ⑤ 제안된 해결책의 비판적 평가, ⑥ 새로운 아이디어 고안, 해결방안 등 형성, ⑦ 유망한 해결책 평가와 강화를 제시하고 있다.

Wallas의 사고단계

- 준비단계
- 부화단계
- 발현단계
- 검증단계

Wallas(Brown, 1989 재인용)는 ① 준비단계(문제 진술, 정보 습득, 적절한 해결지향의 태도 형성), ② 부화단계(가능한 해결책의 무의식적 생성), ③ 발현단계(eureka 또는 aha의 느낌, 무의식에서 아이디어 도출), ④ 검증단계(해결책의 평가)를 제시하고 있다.

Basadur와 Head(2001)는 지속적이고 역동적이고 순환적인 4단계의 창의적 문제해결 과정(Creative Problem Solving: CPS) 모델을 제시했다. 4단계는 ① 문제생성(generating, 해결해야 할 문제 발견), ② 개념화(conceptualizing, 문제의 확인), ③ 적절화(optimizing, 새로운 해결책의 개발), ④ 이행(implementing, 해결책을 실행에 옮김)으로 나누었고, 각각의 단계를 다시 작은 8단계로 나누었다. 이 8단계의 각 단계에는 아이디어 생성-평가(ideation-evaluation)라고 불리는 계열적인 분산적 · 수렴적 작은 단위의 사고과정이 있다.

박영태(2002)는 문제해결 과정의 사고 흐름을 ① 질문생성, ② 정보생성, ③ 정보연상, ④ 정보정교화, ⑤ 정보수용의 단계로 제시하고 있다. 그는 각 단계에서의 장애가 바로 창의성을 저해하는 요인이 된다고 보고, 이 장애요소를 배제하면 창의성이 표현된다고 보았다. 여기서 박영태(2004)는 이 5가지 장애를 배제하고 창의적 사고를 활성화하는 의미에서, 각 단계를 의미하는 영어의 첫 글자를 따서 QEPER 창의성 기법을 제시하고 있다.

QEPER 창의성 기법은 질문생성단계(question: Q), 정보생성단계

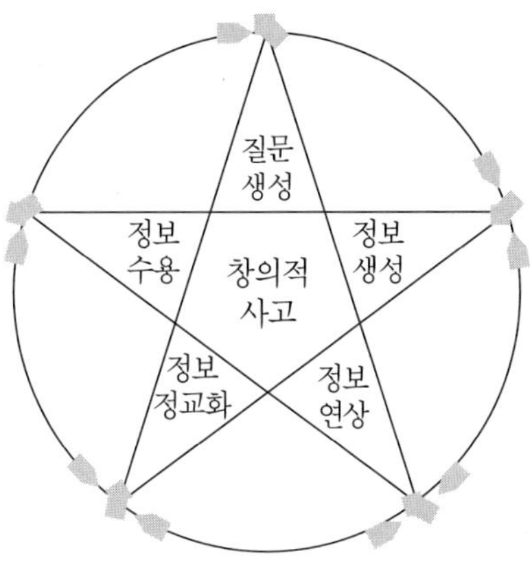

[그림 4-8] 창의적 사고의 단계

(eliciation: E), 정보연상단계(production: P), 정보정교화단계(elaboration: E), 정보수용단계(reinforcement: R)의 5단계로 이루어진다. 질문생성단계는 주어진 대상과의 관계에서 무엇이 문제인지를 확인하여 질문(question)을 만드는 단계다. 정서 상태는 문제와 연결되므로 이 단계에서는 정서를 중심으로 아동의 문제가 무엇인지를 발견해 간다.

정보생성단계는 확인된 문제의 성격이 무엇인지를 구명하기 위하여 다양한 지식을 도출(eliciation)하는 단계다. 이른바 문제와 관련된 다양한 지식을 두뇌 내부는 물론 두뇌 외부에서도 탐색하여 수집한다.

정보연상단계는 문제를 해결하기 위하여 창의적 사고를 활성화하여 새로운 아이디어를 생성(production)하는 단계다. 이 단계에서는 인성적 특성에 자극을 주고 창의적 사고기법을 제시하며 무의식적 사고를 자극한다.

정보정교화단계는 창의적 사고의 결과로 나타난 생각을 다듬어 정교화(elaboration)하는 단계다. 이 단계에서는 행동으로 옮길 수 있도록 사고를 구체화한다.

정보수용단계는 정교화된 생각을 행동으로 옮기는 단계다. 실제 행동으로 표현함으로써 그 대상과의 새로운 관계를 정립하며, 나아가 자신의 변화된 행동을 스스로 점검하면서 자기강화(reinforcement)를 하는 단계다. 정보생성, 정보연상, 정보정교화, 정보수용 단계는 항상 상호 이동하면서 생각을 반복할 수 있다(박영태, 2004).

연상에 의한 아이디어 발생의 원리

- 경험의 원리
- 관련의 원리
- 상관의 원리

아이디어 산출의 핵심은 정보연상에 있다. 연상은 기존의 정보를 연결하는 행위다. 이러한 연상을 통하여 독창적인 아이디어가 나타날 수 있는데, 이것이 바로 창의력이다. Spearman은 연상에 의한 새로운 아이디어의 발생을 다음 3원리에 의해 설명하고 있다(Brown, 1989 재인용).

첫째, 경험(experience)의 원리다. 사람은 자신의 감각, 느낌, 노력함

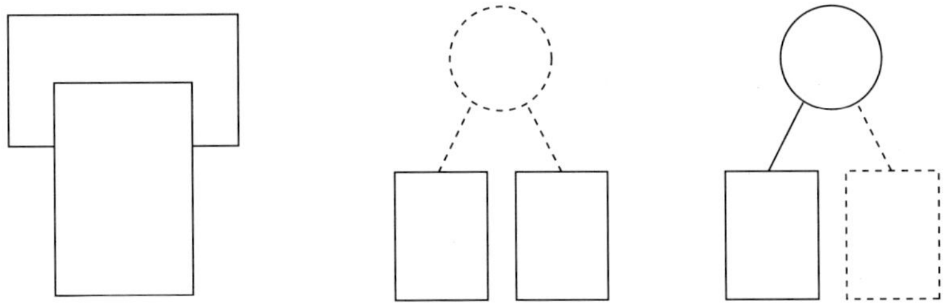

[그림 4-9] Spearman이 제시한 창의성의 3원리

을 알고자 한다.

둘째, 관련(relations)의 원리다. 둘 또는 그 이상의 항목이 주어질 때 사람은 그것들을 다양한 방법으로 관련시켜 지각할 수 있다.

셋째, 상관(correlates)의 원리다. 어떤 항목과 그와 관련된 것이 마음에 나타날 때, 마음은 저절로 다른 관련 항목을 생성할 수 있다. 이때 독창적인 아이디어를 생성할 수 있다.

아이디어 생성에 중점을 두는 훈련으로는 브레인스토밍, Eberle의 SCAMMPER, Busan의 마인드맵, De Bono의 6가지 색깔의 사고모, De Bono의 수직적 사고와 수평적 사고 등을 들 수 있다. 이를 소개하면 다음과 같다.

〈브레인스토밍〉(임선하, 1996 재인용)

- 부정적인 비판을 가하지 않는다.
- 규칙에 얽매이지 않는다.
- 대안 수는 양적으로 많을수록 좋다.
- 대안을 결합하고 그 대안을 이용하여 새로운 대안을 산출한다 등의 규칙에 따라 무조건 많은 아이디어를 산출하도록 하고 있다.

〈SCAMMPER〉(임선하, 1996; Eberle, 1971)

- S 대치하기(substitute): 대치될 수 있는 것은?
- C 결합하기(combine): 결합될 수 있는 것은?
- A 동화시키기(adapt): 다른 것 중에서 이와 비슷한 것은?
- M 수정하기(modify): 새로운 진전은?
- M 확대하기(magnify): 첨가할 수 있는 것은?
- P 다르게 활용하기(put to other uses): 새로운 용도는?
- E 제거하기(eliminate): 축소하기? 무엇을 제거할까?
- R 재배열하기(rearrange): 부품들을 교체하면?

〈6가지 색깔의 사고모〉(박권생, 손기준 역, 1991)

- 백색모: 객관적 사실과 수치 제시
- 적색모: 감정적인 견해 피력
- 흑색모: 부정적인 측면, 왜 그것이 불가능한가에 대한 사고
- 황색모: 낙관적이고 희망적이며 긍정적인 사고
- 청색모: 사고과정의 통제와 조직
- 녹색모: 창의성과 새로운 아이디어 표현

창의성 계발방법은 두 차원으로 나누어 볼 수 있다(박영태, 2002). 한 차원은 사고방법이고, 다른 차원은 창의성 계발 프로그램의 구성방법이다. 이를 구체적으로 설명하면 다음과 같다. 사고방법은 사고훈련과 사고유도로 나뉜다. 사고훈련은 개인에게 정해진 방법으로 사고하도록 연습시키는 것이고, 사고유도는 어떤 정해진 사고방법이 있는 것이 아니라 단순히 생각해 보라고 요구하는 것이다. 이때 각 개인은 자신의 방법대로 생각한다. 창의성 계발 프로그램의 구성방법은 체계적 방법과 일반적 방법으로 나뉜다. 체계적 방법이란 사고 내용이나 방법을 구조화하

여 제시하는 것이고, 일반적 방법은 비구조화하여 제시하는 것이다.

체계적 방법의 사고훈련에는 패키지화된 복합사고 프로그램이 해당된다. 이 방법은 창의성을 함양하기 위한 목적에서 하나의 프로그램으로 만든 것이다. 예를 들면, Purdue Creative Thinking Program, Osborn-Parnes의 창의적 문제해결 프로그램(Creative Problem Solving: CPS), Covington의 생산적 사고 프로그램(Productive Thinking Program: PTP), de Bono의 Cort I 사고교육 프로그램 등이 해당된다. 이 프로그램들은 여러 연구자에 의해 창의성 증진 효과가 있는 것으로 입증되었다.

일반적 방법의 사고훈련에는 개별적 사고기법이 해당된다. 이 방법은 하나의 프로그램이라기보다는 어떠한 아이디어를 산출하기 위한 사고 방법들이다. 예를 들면, 브레인스토밍, 연상(association), SCAMMPER, 시네틱스(synectics), Wallas의 4단계 모형, PMI, 강제결합법, 6가지 색깔의 사고모 훈련 등이 해당된다.

체계적 방법의 사고유도는 패키지화된 도구를 이용하여 생각하도록 만드는 것이다. 예를 들어, 동화를 이용하여 유아의 창의성을 계발하는 방법이다. 동화를 통하여 유아들은 겪어 보지 못한 여러 형태의 삶과 사건, 타인의 삶, 사고들을 접하여 인간의 정서에 대한 통찰력을 갖게 된다. Bronley(1991)는 유아들이 동화를 통해 자신과 타인에 대해 학습할 뿐만 아니라, 자신의 지식을 확대하고 어휘력을 증진시키며 이야기에 대한 감각을 발달시키고 듣는 태도를 기른다고 하였다. 이러한 동화는 이미 유아의 창의성을 계발하는 구조화된 프로그램이라고 볼 수 있다. 일반적 방법의 사고유도는 단순 주제로서 생각하도록 만드는 것이다. 그 주제는 '요즘 어머니가 부엌에서 일하시면서 다리가 아프다고 하신다. 어떻게 하면 좋을까?' 와 같이 일상생활에서 부딪히는 것이나 상상적인 것도 무방하다. 이러한 다양한 창의성 계발 교육방법들은 일반적으로 창의성 향상에 효과가 있는 것으로 나타나고 있다(Meadow & Parnes, 1959; Parnes, 1975; Torrance, 1962).

이상의 창의성 교육방법들을 포괄하여 교실에서 창의성을 촉진시킬 수 있는 방법을 정리해 보면 다음과 같다(Ormrod, 2003).

첫째, 창의성이 가치롭다는 것을 학생들에게 보여 주기
둘째, 외적 강화보다 내적 강화에 더 초점을 맞추기
셋째, 한 분야의 전문성을 촉진시켜 주기
넷째, 사고를 자극시킬 수 있는 질문하기
다섯째, 학생들이 위험을 무릅쓸 수 있도록 자유와 안전감을 주기
여섯째, 창의성이 요구되는 시간을 제공하기

3) 창의성과 학업성취

창의성과 학업성취

창의성이 높은 아동은 지능이 높은 아동과 마찬가지로 학업성취도가 높음

창의성은 발명과 상상의 자질, 즉 새롭고 훌륭한 아이디어를 창출해 내는 능력으로서 지능이나 인지양식과는 구별된다(Wallach & Kogan, 1967). Getzels와 Jackson(1962)은 IQ와 단어연상, 용도, 도형찾기, 이야기 완성, 문제 만들기 등으로 구성된 창의력검사 점수를 근거로 하여 고지능 집단과 고창의력 집단을 추려내었다. 고지능집단은 지능검사에서 상위 20% 이상의 학생을, 고창의력 집단은 창의력검사에서 상위 20% 이상의 학생을 선발하였다. IQ와 창의력이란 두 가지 능력의 의미를 분명히 하기 위하여 IQ와 창의력 점수가 모두 높은 학생은 포함시키지 않았다. 이 연구에서 나타난 결과는 다음과 같다.

첫째, 고지능 집단과 고창의력 집단 간의 IQ 차이는 현저하나 학업성취는 두 집단이 거의 동등하며, 이는 학교 전체 평균에 비하여

월등하게 높았다.

둘째, 고지능 집단과 고창의력 집단은 성취동기에서 차이가 없었다.

셋째, 교사는 창의력이 높은 학생들보다 지능이 높은 학생집단을 더 높이 평가하는 경향이 있었다.

따라서 이들은 연구 결과를 제시하면서 학교교육에서 창의력에 대하여 재평가할 시기가 왔다고 강조하였다. 창의력이 높은 집단은 지능지수만이 높은 집단보다 흥미범위가 넓고 활동적이며 틀에 박힌 행동을 좋아하지 않기 때문에 교사의 평가에서 낮게 취급받는 경우가 있다(정원식 외, 1983).

또한 Torrance(1966)는 초등학교 고학년에서 대학생까지 고지능군과 고창의력군의 학업성적을 비교 · 연구하였는데, 지능지수는 고지능군이 고창의력군보다 유의하게 높았으나 학업성취는 초등학교 2개 군을 제외하고는 차이가 없었다. 한편, 思田章(1971)은 대학생 100명을 대상으로 하여 입학성적과 지능 및 창의성의 상관을 조사한 결과, 입학성적과 지능 간의 상관계수는 .25, 창의력과의 상관계수는 .18이었다고 밝혔다. 그리고 또 다른 100명을 대상으로 고지능군과 고창의력군으로 나누어 심리학 시험성적의 평균점수를 비교하였는데, 고창의력군이 고지능군보다 높은 성적을 보였다고 밝혔다. 이로써 창의력 역시 지능과 같이 학업성취에 중요한 영향을 주는 요인이라고 지적하였다(구병두, 1989).

김정휘(1972)는 서울 시내 남녀(초등학교, 중학교, 고등학교) 학생 각각 30명씩 표집하여 창의성과 학업성적의 상관을 알아보았다. 그중 중학교에서 창의성의 각 요인과 각 과목의 학업성적의 상관관계를 보면 국어성적과 유창성, 융통성만이 $p<.05$ 수준에서 의미 있는 상관관계로 나타났다. 또 전체적인 창의성과 학업성적 간의 상관은 초등학교에서 $r=.41$, 중학교에서 $r=.12$, 고등학교에서 $r=.24$로 초등학교가 중학교와

고등학교보다 높은 상관을 보인다고 보고하였다.

하광백(1989)이 보고한 창의성과 학업성적의 상관을 보면 산수 r=.550, 자연 r=.521, 사회 r=.517, 국어 r=.515의 순으로 모두 중위의 상관을 보였으며, 네 과목 모두 0.1%의 수준에서 의미가 있는 것으로 나타났다.

이상의 선행연구를 종합해 보면 창의력은 학업성적과 정적 상관을 나타내며, 창의력의 각 요인별로 학업성적과의 상관 정도는 다르나 많은 영향을 줄 수 있다고 본다.

4) 창의성과 인성

행동주의자들은 인간을 외부 자극에 대한 수동적인 반응체로 보고 있으며, 정신분석학자들은 생물학적인 힘과 어린 시절 갈등의 희생물로 보고 있다. 성장심리학자들은 인간은 자기 자신을 발전시키고 풍요롭게 하며 개발시키고 실현시킬 수 있는 능력을 가지고 있기 때문에 되고자 하는 어떠한 인간이든 될 수 있다고 믿고 있다. 이들은 인간에게 정상(normality)을 초월하여 성장하고 발달시킬 수 있는 바람직한 수준이 있다는 것을 제안하면서, 그러한 노력이 있을 때 건강한 인성이라고 보았다(이상우, 정종진 역, 1995). 다시 말하면, 신경증적 혹은 정신병적 행동이 없다고 해서 건강한 성격을 가졌다고 볼 수는 없다고 하였다.

건강한 인성을 말하는 학자들은 창의적 요소를 건강한 인성에 포함시키고 있다. Allport는 성격을 건강한 상태로 지속시키기 위해서 기존의 동기들이 불충분하거나 더 이상 적절하지 않은 것으로 밝혀진다면 새롭게 창안할 필요가 있다고 하였다. Fromm(1975)은 건강한 사람은 창조적이고 생산적인 방법으로, 건강하지 못한 사람은 불합리한 방법으로 심리적 욕구를 만족시킨다고 했다. Rogers(1961)도 건강한 인성을 가진 자는 모든 영역에서 창의적인 소산과 창의적인 삶으로 스스로를 표현한다고 하였다. Frankl은 창조성을 동물과 다른 인간이 가진 근본적 특성으로, Maslow는 자아실현을 이룬 사람들에게 기대되는 하나의 특성으로 보았다.

박영태(2002)에 의하면, 건강한 인성을 가진 사람은 과거의 경험, 무의식에 저장된 기억 등을 사고와 판단의 자료로 활용한다. 그리고 의식이 과거의 경험과 무의식적 기억을 통제하고 지배한다. 이에 따라 과거에서 자유로운 의식은 미래를 계획하고 선택하는 자유를 누리게 된다. 또한 이들은 새로운 의미를 창조하고 생산지향적이다. 이를 위해 이들은 사랑의 마음을 바탕으로 모든 사물에 호기심을 가지고 있으며 개방적이다. 나아가 자아실현을 시도하는 성장동기에 충만하다. 반면, 불건강한 인성을 가진 사람은 과거의 경험, 무의식에 저장된 기억 등에 지배를 당한다. 따라서 현재의 의식이란 단순히 무의식 속에 저장된 기억을 인출하는 기능에 그친다. 이에 따라 과거에 매여 있는 의식은 미래와 단절되어 있다. 이들은 목적을 설정하고 새로운 의미를 창조하는 데는 관심이 없으며, 자기방어적이고 모든 사물에 관심이 없다. 또한 주관적 세계에 빠져 있으며, 자아실현보다는 결핍을 보완하는 것에 그치는 결핍동기를 가지고 있다. 여기서 창의성은 바로 건강한 인성의 주요 요소임을 알 수 있다.

창의성은 주어진 상황이 이전 상황과 같지 않음을 인식하고 새로운 상황에 적합한 새로운 아이디어를 생성하려는 마음과 그 능력이다. 그러므로 창의성 자체는 대상과의 원만한 상호작용에는 크게 중점을 두지 않음을 알 수 있다. 이에 비해 인성은 한 개인이 자신을 둘러싸고 있는 대상과의 특정한 형태의 상호작용으로 표출되는 내면적 특성이다. 다시 말하면, 인성은 바로 개인을 둘러싸고 있는 사람, 사건, 사물, 동물 등 다양한 대상과의 상호작용 기술이다. 따라서 인성은 대상과의 상호

창의성
주어진 상황이 이전과 같지 않음을 인식하고 새로운 상황에 적합한 새로운 아이디어를 생성하려는 마음과 능력

인성
개인이 자신을 둘러싸고 있는 대상과 특정한 형태의 상호작용으로 표출되는 내면적 특성

작용에 중점을 두는 개인적 특성이므로 대상과 원만한 상호작용을 이루면 바람직한 인성, 건강한 인성이라고 한다(박영태, 2001).

창의성과 인성은 그 강조점이 상이하다. 창의성은 새로운 아이디어의 생성에, 인성은 대상과의 상호작용에 각각 중점을 둔다. 개인의 삶에서 만나는 대상은 이전과 동일한 경우는 드물고 항상 새로운 의미를 내포하고 있다. 이는 상호작용하는 대상이 변하기 때문이다. Frankl에 따르면, 의미는 특이한 상황에 놓여 있는 특수한 사람과 관계가 있다는 점에서 상관적이므로 사람이면 사람마다, 시간이면 시간마다, 날이면 날마다 실제로 다르다고 할 수 있다(김충선 역, 1984). 그러므로 원만한 상호작용을 하기 위해서는 끊임없이 새로운 아이디어를 생성하여야 한다. 여기서 건강한 인성은 창의성과 연결된다. 즉, 창의적 인성이 된다. 건강한 인성은 미래지향적이며 새로운 환경에 창조적으로 적응하는 자유로운 사람이 가진 인성이기에 창의성과 직결된다. 우리에게 창의성이 필요한 것은 삶의 개선과 관련되므로, 결국 창의성의 발휘는 바람직한 인성을 함양시킬 것이다.

이로써 창의적 인성은 바람직한 삶을 영위하기 위해 인간이 갖추어야 할 인성임을 알 수 있다. 박영태(2002)는 창의적 인성의 특성은 건강한 인성의 특성과 동일하다고 보고, 그 특성으로 자유 추구, 감동 잘함, 인내성, 내성적, 지적 도전성, 상상적, 진지성, 유머감각, 수용적, 다재다능, 허점성 등을 제시하고 있다. 이러한 창의성이 높은 사람의 인성적 특성은 바람직한 대인관계에서 필요한 요소를 모두 갖추고 있다. 따라서 창의성은 인간관계 개선에 큰 도움을 주는 방안이라고 볼 수 있다.

창의성과 사회성은 매우 관련이 깊다. 아동의 기질, 우울감, 자아존중감, 자기효능감, 문제해결 양식 등은 창의성과 관련 있는 변인들로 밝혀졌다. 즉, 아동의 자아존중감이 높을수록, 우울감이 낮을수록, 자기효능감이 높을수록, 그리고 문제해결 양식이 보다 적극적이고 효율적일수록 창의성이 높은 것으로 나타났다(김원경, 우남희, 2002). 또 창의적 인지과정에서 긍정적인 정서 상태가 창의성에 중요한 영향력을 갖는다(Ashby, Isen, & Turken, 1999; Estrada, Isen, & Young, 1997).

아동기 초기는 또래들과의 집단생활 참여나 소속 욕구가 큰 시기로, 이 시기에 아동은 또래와의 상호작용을 통해 유능한 사회 구성원으로 성장하는 데 필요한 사회적 기술을 발달시킨다(Mize & Ladd, 1990; Kramer & Gottman, 1992). 또한 또래와의 관계를 통해 자기중심적 사고방식에서 벗어나 타인의 감정을 이해하고 존중하게 되며 자아개념과 자아존중감을 형성한다. 이러한 자기중심성의 탈피, 자아개념과 자아존중감의 형성은 창의성과 밀접한 관련을 가진다.

원만한 또래관계의 형성에는 타인의 입장이나 감정을 인지하는 사회적 조망능력이 필요하다(Walker, 1989). 사회적 조망능력은 친사회적 또는 공격적 행동의 표출과 억제에 중요한 변인으로 작용하며, 보다 적절한 사회적 기술의 발달을 돕는 데 도움을 준다(Hymel & Rubin, 1985). 그리고 조망능력 가운데 타인의 기분, 감정 상태를 추론하고 평가하는 정서조망능력은 또래 간의 수용 정도를 결정짓는 데 중요한 영향을 미친다(김희태, 1989; Gnepp & Chilamkurti, 1988). 다시 말해서 인기아동은 타인의 생각과 느낌을 추측하는 조망능력이 높으며 학교생활에도 잘 적응한다(Gouley & Spritz, 2001). 이러한 타인의 입장 이해, 조망수용능력의 습득 등은 창의성과 밀접한 관련성을 보여 준다.

5) 창의성 측정도구

김종안(1998)에 의하면 창의성 검사도구 혹은 평가방법들은 그 초점에 따라 확산적 사고검사를 포함한 인지능력검사, 인성검사, 태도와 흥미 검사, 전기적 검사법, 교사나 동료 혹은 감독자 평가법, 산물평가법,

저명도에 의한 평가, 창의적 활동과 성취에 대한 자기보고 등으로 구분된다(Hocevar & Bachelor, 1989; Lubart, 1994).

여기서는 Torrance가 제작한 TTCT(Torrance Tests of Creative Thinking) 검사 중 형상검사 A형을 소개한다(Torrance, 1962).

이 검사는 창의성의 4개 하위 요인인 유창성, 융통성, 독창성, 정교성 요인에 대해 형상검사를 두어 그림구성, 그림완성, 평행선 등 3개의 하위 검사로 구성되어 있다. 또한 각 활동에서 그림구성은 1개 문항으로 까만 달걀 모양의 형태가 그려져 있는데, 이를 이용하여 그림이 재미있게 되도록 그린다. 그림완성은 10개 문항으로 다양한 모양의 선들이 그어져 있는데, 이를 이용하여 그림을 재미있게 되도록 그린다. 그리고 평행선은 30개 문항으로 10분 동안 두 평행선을 이용하여 얼마나 많이 자신만의 독특한 그림을 그릴 수 있는지를 본다. 이 검사의 내용과 채점 방법은 다음과 같다.

첫째, 그림구성검사에서는 독창성과 정교성을, 그림완성검사와 평행선검사에서는 유창성과 융통성, 독창성과 정교성을 측정한다.

둘째, 독창성은 최소한의 기본적 아이디어에 더하여 각 주제에 나타난 아이디어 수를 헤아린다.

셋째, 정교성은 독창적 자극물 형상 자체와 그 경계나 주변 공간에 추가하는 각각에 들어맞는 세부 사항(아이디어)으로 주어진다. 그러나 기본적 반응 자체는 정교화가 어떤 가치를 지니거나 득점할 수 있기 전에 의미 있는 것이라야 한다.

넷째, 유창성은 완성된 형상들의 수를 세어서 얻는다. 최대 점수는 10이다.

다섯째, 융통성은 반응이 일어나는 것으로 서로 다른 범주의 수를 세어 얻는다. 그리기와 제목 둘 다 범주를 결정하는 데 사용된다.

3. 인지양식

1) 인지양식의 의미와 유형

(1) 인지양식의 의미

인지란 용어는 교육에서 매우 많이 활용되고 있으며, 그 의미가 무엇인지에 대해서 모든 사람이 직관적으로 알고 있다. 그러나 인지에 대한 정의는 다음과 같이 다양하게 표현되고 있다.

인지
인간 정신의 활동에서 지적인 과정과 산물

첫째, 개인이 환경에서 정보를 변환한 다음, 환경에 반응할 때 이를 활용하는 과정이다(Pervin, 1970).

둘째, 지식을 학습하는 과정이며 지각, 기억, 사고 및 상상의 과정이다(Kagan, 1971).

셋째, 개인이 새로운 정보를 수용하여 이를 기존 인지구조와 관련지어 환경에 반응하는 내재적인 정보처리의 과정 또는 활동이다(이희도, 1977).

이러한 인지의 의미는 결국 인간정신의 활동에서 '지적'인 과정과 산물을 말한다. 인지에는 지식, 의식, 지능, 사고, 상상력, 창의력, 계획과 책략의 산물, 추리, 추론, 문제해결의 개념화, 범주화와 관계짓기, 연상과 꿈 등과 같은 고등정신과정(higher-mental-processes)에 속하는 유형들의 심리적 본질들이 포함된다(Flavell, 1985). 따라서 인지는 지식을 획득하거나 산출하는 중요한 과정임을 알 수 있다.

개인은 반복적으로 특정한 인지과정을 행하는 동안 습관적인 인지과정을 가지게 된다. 이러한 습관화된 인지과정을 인지양식(cognitive style)이라고 한다. 인지양식의 의미를 좀 더 살펴보면 다음과 같다.

첫째, 개인이 자신의 환경과 상호작용하는 지적 활동에서 보여 주는 특징적이고 일관적인 기능양식이다(Witkin, 1973).

둘째, 정보를 처리하는 일관성 있는 형태다(Messick, 1975).

셋째, 외부 환경을 지각적으로 조직하고 개념적으로 범주화하는 양태에서 개인의 항상적인 기호다(Kanan, Moss, & Siegel, 1963).

넷째, 인지적 조직(cognitive organization)과 기능 수행에서 나타나는 개인의 자기 일관적이고 지속적인 개인차다. 이 개인차는 인성의 차이인 동시에 지적 능력의 차이를 나타내는 것으로서 인지양식은 정서 및 동기와 인지 사이를 매개해 준다(Ausubel, 1968).

인지양식

환경과 상호작용하는 개인의 일관적인 지적 활동으로, 이를 통해 개인의 학습 양과 질을 결정

따라서 인지양식이란 환경과 상호작용하는 개인의 일관적인 지적 활동으로, 이를 통해 개인의 학습의 양과 질이 결정된다고 볼 수 있다. 이러한 인지양식의 특징을 Witkin(1977) 등은 다음과 같이 요약하고 있다.

첫째, 인지양식이라고 하면 인지활동의 내용보다 형태를 말한다. 즉, 지각 · 사고 · 문제해결 · 학습하는 방법에서의 개인차를 말한다.

둘째, 다면성(pervasive demension)이다. 여기서 다면성이란 인지양식이 지적인 면뿐만 아니라 비지적인 면인 성격적 특성과도 관계가 있다는 뜻이다.

셋째, 안정성이다. 특정한 인지양식은 단기간에 변하는 것이 아니라 적어도 수개월, 수년 동안 지속된다.

넷째, 가치판단의 양극성이다. 여기서 가치판단의 양극성이란 인지양식에는 좋고 나쁜 것이 없다는 뜻이다. 즉, 자아개념검사나 성격검사에서는 긍정적인 것과 부정적인 것이 있고 지능검사

와 적성검사에서는 점수가 높을수록 좋지만, 인지양식검사에서는 장독립적이든 장의존적이든 간에 어떤 상황이냐에 따라 그에 맞는 적응적 가치를 가지고 있기 때문에 어느 것이 좋다 나쁘다고 할 수 없다.

(2) 인지양식의 유형

인지양식은 학자에 따라 여러 가지로 분류되고 있다. Kagan(1964)은 분석적-전체적(analytical-global) 인지양식으로, Klein(1963)은 지속성-개변성(leveling-sharpening) 인지양식으로, Gardner(1960)는 집착성-융통성(constricted-flexible) 인지양식으로, Witkin(1974, 1977)은 장의존적-장독립적(field dependent-field indepondent) 인지양식으로 분류하고 있다(전윤식, 1976).

Kagan(1964)은 개념화의 분석적-전체적 인지양식에 대하여, 어떤 복잡한 자극이 주어졌을 때 분석적 인지양식을 가진 사람은 세부적인 것에 주목하는 경향이 있으나, 전체적 인지양식을 가진 사람은 전체적인 형태에 반응한다고 보고했다. 또 이러한 인지양식은 비교적 영속적이며 일반화된 것이라고 주장했다.

Klein(1963)이 제안한 지속성-개변성 인지양식에 의하면, 지속성 인지양식을 가진 사람은 자극의 변화를 부정하거나 자극 간에 일어나는 차이를 인정하지 않고, 되도록이면 과거에 적합하였던 반응을 현재에 적합하지 않아도 지속하려는 경향을 지니고 있다. 이에 반하여 개변성 인지양식을 가진 사람은 자극의 변화에 보다 민감하고 조그만 차이에 대해서도 민감한 변별적인 반응을 나타내며, 과거에 적합하였던 반응을 고수하지 않고 현재의 상황에 적합하도록 수정해 간다.

Gardner(1960)가 제안한 집착성-융통성 인지양식이란 하나의 자극만이 아닌 지각을 방해하는 단서가 동시에 주어졌을 때, 그 지각에 많은 제한을 받는 상태를 집착성 인지양식이라고 하고 반대로 제한을 받지 않는 상태를 융통성 인지양식이라고 한다.

Witkin(1962, 1974)은 주어진 상황에서 정보를 받아들이는 독특한 양식에 따라 개인차가 있음을 확인하고, 이를 장독립적 인지양식과 장의존적 인지양식으로 분류하였다.

2) 장의존적 인지양식과 장독립적 인지양식

(1) 장의존적 인지양식과 장독립적 인지양식의 특성

장의존적 인지양식

일반적으로 지각에서 관찰 사물보다 그 배경을 형성하는 장(field)에 더 의존하는 경향

장독립적 인지양식

관찰 사물의 배경에 관계없이 독립적으로 인지할 뿐만 아니라 보다 분석적인 관찰과 지각을 함

Witkin과 그의 동료들은 주로 Lewin의 분화이론에 기초를 두고 장의존성-장독립성(field dependent-field independent)이라는 인지양식을 제안하였다. Witkin(1962, 1974)에 의하면, 장의존적 인지양식을 지닌 사람은 일반적으로 지각에서 관찰 사물보다 그 배경을 형성하는 장(field)에 더 의존하는 경향이 있다. 이에 비하여 장독립적인 인지양식을 지니는 사람은 관찰 사물의 배경에 관계없이 독립적으로 인지할 뿐만 아니라 보다 분석적인 관찰과 지각을 한다(정원식, 1968). 장의존적 인지양식은 어떤 사물의 지각에서 둘러싸고 있는 장의 전체적인 구조에 강하게 영향을 받는 사람의 인지양식으로 장의 부분을 융합되어 있는 것으로 경험한다. 이에 비해 장독립적 인지양식은 장의 부분들을 구조화된 장에서 분리된 것으로 지각하는 사람의 인지양식이다.

그러나 장의존적 인지양식 또는 장독립적 인지양식으로 이분된다고 해서 장의존의 정도가 명백히 구분된다고 볼 수 없다. 장의존의 검사에서 얻은 점수는 연속적인 분포를 이루므로 장의존적, 장독립적이란 명칭은 '키가 크다, 작다'와 같이 상대적이다.

(2) 장의존적 인지양식과 장독립적 인지양식에 관련된 변인

① 성별과 인지양식

남녀 간의 인지양식의 차이에서는 남아나 남성이 여아나 여성보다 더 장독립적이라는 보고가 미국을 비롯해서 서유럽 국가들, 홍콩, 일본, 이스라엘, 나이지리아 등의 나라에서 발표되었다(Witkin et al., 1971). 국내에서도 전윤식과 장혁균(1981), 강인언(1982) 등의 연구에 의하면 여성이 남성보다 더 장의존적이었다. 이 성적 차이는 문화에 따라 성역할에 대한 기대가 다른 것을 반영한다고 볼 수 있다. 왜냐하면 Witkin과 Berry(1975)의 연구에서 사냥이 주업인 동적 사회에서는 남녀에 따른 차이가 거의 없고, 농업이 주업인 정적인 농경사회에서는 그 차이가 현저하기 때문이다. Hoffman(1972)은 어머니들이 남아는 억세고 활동적인 존재로 기대하고, 여아는 인형으로 생각하여 과보호하고 의존적인 존재로 다루므로 아동의 인지양식에 영향을 미친다고 보았다. 그러나 남녀 간에 인지양식에 차이가 없다는 연구 결과들도 있다(Biglow, 1971; Grandall & Sinkeldam, 1964; Jackson et al., 1964).

② 연령과 인지양식

연령차에서는 8~15세에 비록 연령이 증가할수록 그 변화폭이 줄어들기는 하지만 장독립성이 현저하고 계속적인 증가가 나타난다(Witkin, Goodenough, & Karp, 1967). 15세 이후의 장독립성의 성장곡선은 청년기에는 안정되며 노년기에는 현저하게 장의존성으로 돌아간다(Compalli, 1965; Schwartz & Karp, 1967).

③ 성격과 인지양식

Witkin 등(1977)에 의하면 장독립적인 사람은 자기의 욕구, 감정, 성격 특성 등이 남의 것이 아닌 바로 자기 것이라는 강한 의식을 가지고 있다. 이 자아와 비자아를 구별하는 의식이 인간관계나 여러 가지 사회적 행동에서 내적 준거의 역할을 하게 된다. 반대로 장의존적인 사람은 자아와 비자아를 엄격히 구별하기보다는 하나의 연속으로 간주하는 경향이 있다. 이와 같이 너와 나를 별개로 보는 '분석적 사고 경향'과 너와 나를 뗄 수 없는 하나, 곧 '전체로 보는 사고 경향'이 사회적 행동에서 차이를 나타낸다고 할 수 있다(전윤식, 1981). 그 예로 Oltman 등(1975)의 연구에서 장의존적인 사람은 타인의 감정이나 사고에 민감하고 타인에게 따뜻하고 사려 깊은 태도를 취하는 경향이 높다. 반면, 장독립적인 사람은 개인주의적 경향이 높아 타인에게 무관심하거나 냉담한 것으로 나타났다(Crutchfield et al., 1958). Witkin은 이와 같은 장의존적-장독립적 인지양식이 성격에서 말하는 능동성 · 수동성과도 관계가 있다고 했다. 즉, 장의존성은 보다 수동적인 데 반해 장독립성은 보다 능동적인 면을 성격에서 나타낸다고 보고 있다.

인지양식과 방어성(nature of defenses) 사이의 관계에 대한 연구(Bertini, 1960; Witkin et al., 1962)에 의하면, 장독립적인 인지양식을 가진 사람은 고립과 같은 방어기제를, 장의존적인 인지양식을 가진 사람은 억압과 본능적인 거부와 같은 방어기제를 사용하는 경향이 있었다.

④ 학업성적 및 학습흥미와 인지양식

Witkin(1974)은 장독립적-장의존적 인지양식과 학문적 · 직업적 흥미 및 태도, 그 선택 및 학업성취도 간에 유의한 상관관계가 있다고 하였다. 장독립적인 사람은 인지 재구성을 요하는 지각적 과업을 효과적으로 해결하고, 장의존적인 사람은 인간 상호간의 접촉을 원만하게 잘 이끌어 갈 수 있다. 즉, 장의존적인 사람은 다른 사람과의 정담을 교환하는 데 더 공개적인 경향이 있어서 상호간에 갈등이 생긴 인간관계를 비교적 원만하게 해결할 수 있으며, 대체로 대인관계가 빈번한 직종을

택하는 경향이 높다. 그러나 장독립적인 인지양식을 가진 사람은 비사교적인 면이 있어서 대인관계보다 대물관계가 잦은 직종, 즉 자연과학, 공학과 같은 분야를 선택하여 훌륭한 업적을 수립하게 된다고 한다(Stone, 1979). 이에 일반적으로 장독립적인 사람은 분석적이고 구조적인 인지기술을 요하는 직업, 즉 수학자, 물리학자, 생물학자, 건축가, 엔지니어, 외과의나 치과의 등을, 장의존적인 사람은 밀접한 인간관계를 요하는 직업, 즉 사회사업가, 교사, 상공회의소장, 기업경영자, 행정가 등을 택하는 경향이 많다고 했다(Arbuthnot & Gruenfeld, 1969).

장독립적인 사람과 장의존적인 사람들 간에는 대학에서 전공학과 선택이나 좋아하는 학과목에도 차이가 있다고 한다(Clar, 1971). 장독립적인 사람들은 자연과학, 수학, 미술, 실험심리학, 공학, 건축학 등을, 장의존적인 사람들은 인문과학, 사회학, 사회사업학, 간호학, 임상심리학, 교육학 등을 택하는 경향이 많았다(Davis & Klausmeier, 1970; Dubois & Cohen, 1970; Feij, 1976; Span, 1973; Fitzgibbons, 1965; Galinsky, 1958; Kagan & Zahn, 1975; Satterly, 1976; Schmidt, 1973; Ruble & Nakamura, 1972; Vaidya & Chansky, 1980).

⑤ 인지양식의 형성

Witkin 등(1971)은 아동의 장의존 정도와 아동의 초기 사회화 경험의 관계를 연구한 결과, 장독립적인 아동들은 독립적이고 자율적인 기능이 조장되는 방식으로 부모와 상호작용해 왔다는 것을 밝혀냈다. 김희복(1981), 강인언(1982) 등은 가정의 사회화 유형과 아동의 인지양식의 관계 연구에서, 사회계층에 따라 자녀를 양육하는 방식이나 부모와 자녀 간의 언어적 상호작용의 형태가 다르며, 이는 아동의 정의적 · 지적 발달에도 상이한 영향을 준다고 보고하였다. 상류계층에 속하는 아동의 인지양식은 하류계층에 속하는 아동의 인지양식보다 장독립적이었다. 또 가정의 역할체제와 의사소통 체제가 개방적이거나 인성적 사회통제 방식을 주로 사용하는 가정에서 자란 아동의 인지양식은 다른 집단 아동의 인지양식보다 장독립적이었다.

(3) 인지양식 검사도구

인지양식을 장의존적-장독립적으로 구분하는 측정방법에는 막대-테두리검사(the rod-and-frame test), 몸조정검사(the body adjustment test), 잠입도형검사(the embedded figures test or hidden figures test) 등이 있다(Witkin et al., 1971).

막대-테두리검사

희미한 빛을 발하는 테두리와 막대를 이용한 검사

막대-테두리검사는 희미한 빛을 발하는 테두리와 막대를 이용한 검사다. 이 검사는 캄캄한 방에 희미한 빛을 발하는 테두리와 막대를 각각 회전할 수 있도록 장치해 놓고, 검사자가 테두리의 각도를 조정한 다음 피검사자에게 막대를 지면에 수직이 되도록 세우게 한다. 여기서 검사자가 테두리를 30°쯤 시계 방향 혹은 반대 방향으로 회전시켰을 때, 피검사자가 막대도 그만큼 기울여 테두리와 막대를 수직으로 해 놓고 막대가 지면에서 수직이 되었다고 말하는 경우에는 장의존적이다. 그러나 피검사자가 테두리의 경사 여부와 관계없이 막대를 지면과 수직으로 세우는 경우에는 장독립적이다.

잠입도형검사(EFT)

단순한 기하학적 도형을 제시하고 복잡한 도형 속에서 제시한 도형과 모양, 크기가 같은 것을 찾아내게 하는 검사

잠입도형검사는 단순한 기하학적 도형을 보여 주고 복잡한 도형 속에서 단순 도형과 모양, 크기가 같은 것을 찾아내게 하는 검사다. 이 검사에서 장의존적인 사람은 복잡한 도형 속에서 단순 도형을 못 찾거나 찾는 데 비교적 많은 시간이 소모되지만 장독립적인 사람은 쉽게 빨리 찾는다. 잠입도형검사(EFT)는 9세 이하의 아동에게는 너무 어렵기 때문에 아동에게 실시하기 알맞은 CEFT(Children's Embedded Figures Test)가 Karp와 Konstadt에 의해 개발되었다. CEFT는 복잡한 기하학적 도형 대신에 만화식으로 그려진 아동에게 친숙한 그림들로 구성되어 있다.

3) 개인차와 교육적 지도

남녀공학이 이루어지고 있는 교실현장에서는 남녀의 성차를 고려한 교육지도에 관하여 다양한 방법이 요구되고 있다. Ormrod(2003)는 남녀의 성차를 구분하고 이에 적합한 지도방안을 〈표 4-4〉와 같이 제시하고 있다.

학습자의 개인차를 잘 이해하는 것은 학생의 잠재력을 최대로 발휘할 수 있도록 도와주고, 교사의 교육활동 효과를 극대화할 수 있는 지름길이 된다. 이를 위한 구체적 방안으로 Ormrod(2003)는 학생의 개인차에 부응하는 교육적 지도원리를 〈표 4-5〉와 같이 제시하고 있다.

〈표 4-4〉 성차와 교육적 지도

특 성	유사점과 차이점	교육적 적용
학업능력	일반적으로 소년들과 소녀들은 유사한 지적 능력을 가진다. 소녀들은 종종 언어능력이 조금 더 낫다. 소년들은 다소 공간기술과 관련된 능력에서 더 나을지도 모른다. 최근의 연구에서 소년들과 소녀들은 학업수행에서 유사한 능력을 가진다.	모든 학문 분야에서 소년들과 소녀들은 유사한 태도를 가진다는 것을 기대하라.
신체와 운동기술	사춘기 이전에 소녀들과 소년들은 유사한 신체능력을 가지지만, 소년들이 소녀들보다 더 신체와 운동기술이 발달하는 경향이 있다. 사춘기 이후에 소년들은 절정에 이르며 근육이 강화된다.	그들은 신체나 운동 기술을 개발할 수 있는 유사한 잠재성을 가지고 있다는 것을 당연하게 생각하라. 특히, 초등학교 시절 동안에 더욱 그러하다.
동 기	소년들은 수학, 과학, 기계를 다루는 영역에서 고정관념적으로 '남성다움'에, 소녀들은 독서, 문학, 예술, 음악과 같은 영역에서 고정관념적으로 '여성다움'에 더 열심히 노력한다.	소년들과 소녀들이 모든 교과과정 영역에서 성취할 수 있도록 격려하라.
자아존중감	소년들은 문제해결 능력에 대해 자기만족하기 쉽고, 소녀들은 대인관계 능력에 더 만족하기 쉽다. 일반적으로 두 성 모두가 실제로 같은 수행능력이 있는데도 소년들은 소녀들보다 자신의 수행에 대해 더 긍정적이다.	고정관념을 가지고 있는 영역에서 그들이 성공할 수 있다는 것을 보여 주라. 예를 들어, 소년들처럼 소녀들에게도 수학과 과학 학습을 위한 잠재력이 많음을 보여 주라.

성공과 실패에 대한 의미	소녀들과 소년들은 자신들의 성공과 실패를 다소 다르게 해석한다. 소년들은 성공은 능력으로, 실패는 노력 부족으로 여기는 경향이 있다. 대조적으로 소녀들은 성공은 노력으로, 실패는 능력 부족으로 돌린다.	소녀들에게 그들의 과거나 현재의 성공은 능력에 의한 것이며, 실패는 충분한 노력으로 피하거나 극복할 수 있다는 것을 납득시켜라.
기대와 직업에 대한 소망	소녀들은 대학까지, 소년들은 특히 '남성다운' 영역에서 더 장기간의 기대를 가진다. 직업에 대한 소망은 성에 대한 고정관념과 관련되는 경향이 있다.	학생들에게 다양한 역할과 직업에서 성공적인 남성과 여성 모델을 보여 주라.
대인관계	소년들은 경쟁 상황을 더 편안하게 여기며, 소녀들은 협동적인 환경을 더 좋아한다.	소년들에게는 덜 공격적이고 서로 상호작용하는 방법을 가르쳐라. 소녀들이 학급에서 협동적인 집단활동과 빈번한 상호작용을 할 수 있도록 기회를 제공해 주도록 하라.

출처: Ormrod, 2003.

〈표 4-5〉 학생의 개인차에 부응하는 교육적 지도원리

일반 원리	교육적 적응	사 례
학생들 간의 차이점은 시간이 지남에 따라 변화되기 쉽다. 반드시 영구적인 차이점은 아니다.	학생들의 현재 행동에 근거해서 결코 그들 미래의 성공이나 실패에 대해 예언하지 마라.	학생이 창의성을 거의 보이지 않는다고 하더라도 창의적인 행동이 가능하다는 것을 믿어야 하며, 창의성을 촉진시키기 위한 교육활동을 계획하라.
겉보기에 유사한 학생들 간의 집단 내에서도 많은 다양성이 있다.	단지 유전, 인종, 또는 다른 집단 구성원을 근거로 하여 학생들의 특성이나 능력에 대해 결론을 내리지 않도록 주의하라.	대학에 가려고 노력하는 저소득층 학생들을 격려하고, 성취하려는 그들의 노력을 지지해 주라.
두 집단이 특별한 특성 면에서 평균점에 차이가 날 때, 두 집단 간에 존재하는 공통점을 고려하라.	집단 간의 차이점을 그 집단 내의 구성원들에게 적용해서는 안 된다는 것을 명심하라.	소년들이 소녀들보다 체육능력이 더 발달되었다 하더라도, 두 성 모두에게 체육에 대한 성취를 할 수 있도록 동등한 기회를 제공하라.
개인차나 집단차가 있을 때 학생들은 더 높은 수준의 성취를 한다.	교육활동을 계획할 때 학생들의 특수한 배경과 능력을 고려하라.	학생들의 문화적 배경이 협동과 집단 성취의 가치를 강조할 때 더 빈번하게 협동적인 학습활동을 활용하라.

출처: Ormrod, 2003.

05
학 습

학습이란 과거의 형식적 · 비형식적 경험이나 활동을 통하여 일어나는 행동상의 변화라고 할 수 있다. 이 장에서는 학습이론을 설명하는 여러 관점 중 행동주의적 관점과 인지적 관점으로 크게 나누어 살펴본다. 행동주의적 관점은 자극과 반응의 연합에 의해 학습자의 행동이 변한다고 보는 고전적 조건화와 보상 및 강화에 기초한 조작적 조건화로 설명하고 있다. 사회학습이론에서는 타인의 행동과 그 결과를 관찰함으로써 학습이 일어날 수 있다고 보고 주의집중, 파지과정, 재생과정, 동기화과정으로 관찰학습을 설명한다. 인지적 관점에서는 인간의 인지과정을 컴퓨터에 비유하여 설명하고 있다. 따라서 이러한 정보처리이론에서는 학습을 감각기억, 단기기억, 장기기억이라는 기억에 관한 연구중심으로 접근한다.

1. 학 습

'학습'이라고 하면 대체로 배우고 테스트 받는 공부를 연상한다. 무엇인가를 익히거나 배워서 습득하는 것보다는 학교 공부, 특히 학교의 정규 교과목과 연결지어 생각하는 경향이 강하다. 하지만 자전거를 배워서 잘 타는 것도 좋은 물건을 고르기 위해 자신이 가지고 있는 정보를 활용하는 것도 학습된 행동의 예다. 이러한 인간의 모든 행동이 학습에 의한 것이다.

학습에 대한 개념은 학자에 따라 다양하게 정의된다. 안영진(2001)은 학습에 대한 개념을 일반적으로 크게 세 부분으로 분류하고 있다.

첫째, 학습을 행동의 변용이라고 보는 견해다. Munn, McGeoch, Guilford, Woodworth, Davis 등이 주장한 행동변화설(theory of behavioral modification)이 이에 속한다.

둘째, 학습을 자극과 반응의 결합(S-R bond)이라고 보는 견해다. Thorndike, Hull, Spencer 등이 주장한 자극-반응이론(S-R theory)이 이에 속한다.

셋째, 학습을 장의 재구조화(reorganization of field) 또는 인지과정과 인지구조(cognitive structure)의 체계화라고 보는 견해다. 이 견해는 Lewin, Köhler, Koffka 등이 주장한 인지이론에서 출발하였다.

이처럼 학습을 피교육자인 학습자의 행동변화라고 보는 경우, 주어진 자극에 반응하는 것이라고 보는 경우, 인지구조와 과정이 체계화되는 것이라고 보는 경우 등 학자들의 개념 정의는 다양하다.

일반적으로 말해서 학습이란 과거의 형식적·비형식적인 개인의 경험이나 활동을 통하여 일어나는 행동상의 모든 변화라고 볼 수 있다. 예컨대, 행동주의에 대하여 공부하기 전보다는 공부하고 난 후에 행동주의에 대한 지식이 훨씬 더 많아질 것이다. 즉, 지식 습득의 과정을 통하여 어떤 행동의 변화가 나타나는 것을 의미할 수 있다.

학습은 환경의 변화에 대한 생체의 일반적 적응과 신체적인 피로, 손상, 일시적인 동기 부여 등에서 초래되는 행동의 변화와는 구별된다. 환경과 교류하여 발생하는 모든 행동의 변화가 학습은 아니라는 것이다. 또한 약물중독 등에 의한 행동변화도 마찬가지다. 경험의 결과로 발생하는 변화이기는 하지만 긍정적인 가치를 가지고 있으며, 비교적 영속적이고 지속적으로 변화하는 행동만을 학습이라 할 수 있다.

2. 행동주의적 관점

행동주의자는 볼 수 있고, 측정 가능하고, 기록될 수 있는 행동에 초점을 둔다. 인간은 환경 속에서 보상과 벌, 강화에 반응함으로써 하등동물과 같은 방식으로 세상에 대해 배운다고 믿는다. 행동주의자는 조건 형성이 인간 행동을 결정하는 근본 기제라고 보고 있다(김정희 외, 1998). 이와 같은 행동주의의 기본 가정은 다음과 같다.

> **행동주의**
> Watson이 주장한 이론으로 인간발달을 주로 조건 형성과 학습 과정의 결과라고 보는 이론

첫째, 인간의 행동은 자연법칙의 지배를 받기 때문에 과학적으로 연구되어야 하며, 겉으로 나타나는 행동을 연구의 대상으로 할 수 있다.

둘째, 환경은 행동이 이루어지도록 작용하는 변인이다. 따라서 행동의 변화를 목표로 하는 학습도 환경이 개체에 작용하여 나타난

결과라고 볼 수 있다.

셋째, 환경을 조절하므로 인간의 행동을 변화 또는 수정할 수 있다. 환경을 적절히 조절하면 학습도 의도한 대로 조절이 가능한 것이다(임창재, 1998).

여기서는 고전적 조건 형성과 조작적 조건 형성의 주요 현상과 개념에 대하여 알아보고, 사회학습이론에서 관찰학습과 그 과정에 대하여 살펴본다. 마지막으로 자기조절과 인지적 행동수정의 개념과 내용을 통하여 행동주의적 관점에 대한 전반적인 이해를 돕는다.

1) Pavlov의 고전적 조건 형성

자극과 반응 간의 관계를 최초로 연구한 사람은 러시아의 생리학자인 Ivan Pavlov다. 1904년 포유류의 소화과정을 연구하여 노벨 의학상을 수상한 Pavlov는 개의 타액분비에 관한 실험을 통해 고전적 조건화를 이론화하였다.

조건 형성이란 특정한 행동을 유발하는 조건을 만든다는 의미다. 조건이 만들어지면 그것과 연합된 특정 행동이 기계적으로 출현한다. 그러므로 어떤 환경은 특정 행동을 유발하는 조건이 된다. 여러 번 특정 환경과 행동이 반복되면, 그 환경이 주어졌을 때 그에 상응하는 반응이 기계적으로 출현하게 된다. 즉, 특정 상황과 반응 간의 관계는 반복 경험에 의한 연합의 결과다.

(1) 고전적 조건 형성

고전적 조건 형성

새로운 자극과 자동적 반응의 연합

Pavlov는 개의 소화작용을 연구하던 중, 개가 음식을 입에 넣기도 전에 음식이 담긴 그릇만 보고도 타액을 분비하기 시작한다는 것을 발견하

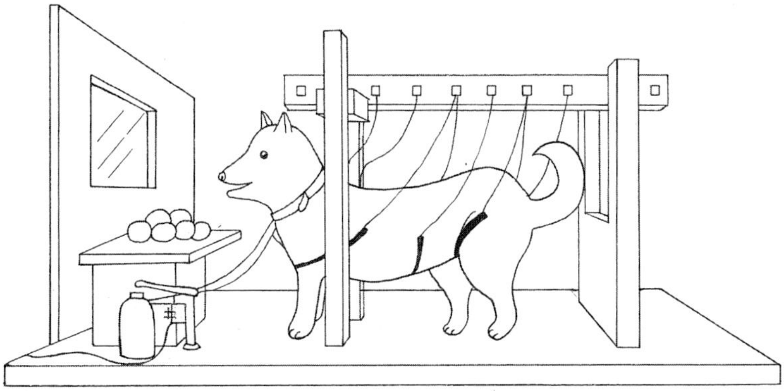

[그림 5-1] Pavlov의 고전적 조건 형성

였다. 이러한 사실을 확인하기 위해 그는 개에게 먹이를 주기 전에 종을 울렸다. 이 과정을 몇 번 반복하였더니 드디어 종소리만 듣고도 개는 침을 흘렸다. Pavlov는 이런 학습과정을 고전적 조건 형성이라고 불렀다. 이때 종소리는 조건 자극(conditioned stimulus: CS)이고, 종소리만으로 타액을 분비하게 되는 것은 조건 반응(conditioned response: CR)이다. 여기에서 음식은 무조건 자극(unconditioned stimulus: UCS)이고, 음식에 반응하여 자연적으로 흘리게 되는 타액은 무조건 반응(unconditioned response: UCR)이 되는 것이다.

Pavlov는 침을 분비하는 것과 무관하던 종소리가 나중에 음식과 연결되어 침을 분비하게 되는 과정을 조건 형성이라고 하였다. 이러한 관찰을 통해 자극(종소리)과 반응(타액의 분비) 사이의 연합은 학습된 것이라는 결론을 내렸다.

조건 반응

조건 자극이 조건 형성을 통해서 유발하게 되는 반응

무조건 자극

학습 없이 특정한 반응을 자동적으로 일으키는 자극

무조건 반응

학습 없이 무조건 자극에 의해 자연적으로 발생되는 반응

(2) 고전적 조건 형성의 주요 현상

고전적 조건 형성은 일련의 과정을 거쳐 새로운 반응을 형성하는 과정이다. 이것을 학습 혹은 획득되었다고 한다. 이렇게 획득된 행동은

더 이상 그 행동이 유용하지 않다고 여길 때 자연스럽게 사라지게 되는데, 이것을 소거라고 한다. 또한 유사한 자극에 대하여 같은 반응을 보이는 것을 일반화라고 하며, 유사하게 보이는 자극에 대해 구별하게 되는 것을 변별이라고 한다(정채기, 2003). 좀 더 구체적으로 살펴보면 다음과 같다.

① 획득 혹은 학습

유기체는 근접해서 여러 번 반복하여 나타나는 사상을 연결하는데, 이 과정을 획득 혹은 학습이라고 한다. Pavlov의 실험에서 개의 타액 분비과정이 바로 이 과정이다.

② 소거(extinction)

소거
학습된 반응이 점차 사라지는 것

조건 형성이 한 번 이루어졌다고 해서 조건 자극이 계속해서 작용하는 것은 아니다. 종소리와 음식을 연합시키면 종소리만 들어도 개가 타액을 분비한다. 그러나 음식은 주지 않고 계속해서 종소리만 들려준다면 개는 더 이상 종소리에 대해서 타액을 분비하지 않는다. 이처럼 조건 자극 후에 무조건 자극이 제시되지 않는 시행이 반복되어 유기체가 더 이상 조건 자극에 대하여 반응하지 않는 것을 소거라고 한다. 즉, 소거는 학습된 반응이 점차적으로 사라지는 것을 말한다. 소거는 단 5~6회의 시행으로도 이루어진다.

③ 일반화(generalization)

일반화
유사한 자극에 같은 방법으로 반응하는 것

일반화는 원래의 자극과 유사한 조건 자극에 대해 조건 반응하는 것을 의미한다. 예를 들면, 어떤 음조의 종소리에 타액을 분비하도록 조건 형성된 개는 유사한 다른 음조의 종소리에도 같은 반응을 하는데, 이것이 일반화다. '자라 보고 놀란 가슴 솥뚜껑 보고 놀란다.'는 속담은 일반화를 보여 주는 예다.

④ **변별**(discrimination)

일반화와 반대되는 개념으로, 비슷하지만 동일하지 않은 자극에 대해서 다른 반응을 보이는 것을 의미한다. 즉, 특정한 종소리에는 음식이 제공되고 그 외의 다른 종소리에는 음식이 제공되지 않는다면, 개는 종소리의 변화에 민감하게 반응하게 되고 결국 특정한 종소리에 대해서만 타액을 분비하게 될 것이다. 이렇게 조건 자극의 변화에 주의를 기울이고 무조건 자극이 제시되는 특정한 자극에 대해서만 반응하는 것을 변별이라고 한다. 예를 들면, 어두운 곳에서 공포를 느끼는 아동이 극장과 같은 어떤 특정한 어두운 장소에서는 공포를 느끼지 않는 것이다.

> 변별
> 동일하지 않은 자극에 대해 다르게 반응하는 것

2) Skinner의 조작적 조건 형성

Skinner는 1905년 미국 펜실베이니아 주의 작은 마을에서 태어났으며, 대학에서 영문학을 전공한 후 심리학으로 박사학위를 받았다. Skinner(1953)에 의하면, 자극과 반응이 연결되는 또 다른 방법은 조작적 조건 형성(operant conditioning)을 통해서라고 한다. 즉, 행동은 그것의 결과에 의해서 결정된다는 것이다. 아동의 어떤 행동이 강화를 받게 되면 그 행동이 다시 발생할 확률이 높아지고, 어떤 행동이 처벌을 받게 되면 그 행동이 다시 발생할 확률이 낮아진다는 것이다. 따라서 조작적 조건 형성에서는 강화와 처벌의 역할이 중요하다.

> 조작적 조건 형성
> 자발적인 행동이 결과나 선행 단서에 의해 강화되거나 약화된 학습

(1) 조작적 조건 형성

Skinner 역시 행동주의자로 환경이 인간의 행동을 통제하는 방식에 관심을 가졌다. 그러나 Skinner는 행동을 유발하는 자극에 관심을 두는

Pavlov의 고전적 조건화 이론과 달리 자극보다는 유발된 행동의 결과에 관심을 둔다.

Skinner는 인간 행동의 대부분이 조작적 행동이라고 보았다. '조작적(operant)' 이라는 말은 라틴어가 그 어원으로 원하는 결과를 얻기 위해 행해지는 노력을 의미한다. 조작적 행동은 어떤 행동이 야기하는 결과에 의해서 통제된다. 일반적으로 긍정적인 결과는 그 행동이 다시 발생할 가능성을 높이고, 부정적인 결과는 그와 반대되는 결과를 초래한다(Skinner, 1953). Skinner는 동물과 사람은 만족한 결과를 가져오는 행동이면 이후에도 계속할 가능성이 높으며, 만족하지 못한 결과를 가져오는 행동은 더 이상 하지 않는다는 자신의 생각을 입증하기 위해 'Skinner 상자' 를 고안하여 실험하였다.

변별학습 훈련과 벌의 효과에 대해 알아보기 위한 장치인 Skinner 상자에는 지렛대와 먹이접시 그리고 빨간불과 녹색불이 있고 바닥에 전기 배선망이 설치되어 있다. 지렛대를 누르면 먹이가 먹이접시에 떨어지도록 고안되어 있는 상자 안에 Skinner는 쥐를 넣어 두었다. 상자에 들

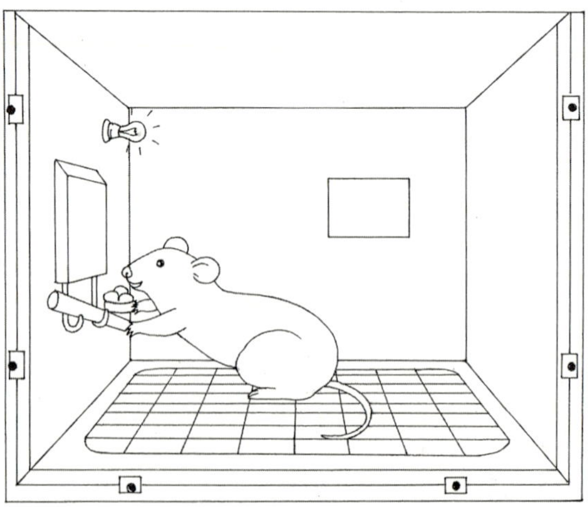

[그림 5-2] Skinner 상자

어 있는 쥐가 처음에는 이리저리 돌아다니다가 우연히 지렛대를 눌러 먹이가 나오게 된다. 그 후 쥐는 지렛대를 누르는 것과 먹이가 떨어지는 것 사이의 연관성을 학습하게 되어 반복적으로 지렛대를 누르게 된다. 이것이 바로 조작적 조건화다. 쥐가 지렛대를 누르는 행동과 이러한 행동의 빈도를 증가시키도록 고안된 먹이와의 관계를 Skinner는 강화로 설명하고 있다.

(2) 강화와 벌

강화(reinforcement)란 특정 행동이나 반응의 확률 또는 빈도를 증가시키거나 강해지도록 하는 것을 의미한다. 이는 조작적 조건화 이론에서 가장 중요한 개념이다(Mazur, 1990). 조작적 조건 형성에서 어떤 행동이 다시 발생하도록 만드는 과정을 '강화'라고 부르며, 어떤 행동이 다시 발생할 가능성을 증가시키는 자극, 즉 강화를 하기 위해 주어지는 자극을 '강화인'이라고 한다(Skinner, 1953). 강화인은 긍정적일 수도 있고 부정적일 수도 있다.

강화
행동을 강하게 만드는 결과를 사용하는 것

강화는 정적 강화(positive reinforcement)와 부적 강화(negative reinforcement)가 있다. 여기서 '긍정적, 부정적'이라는 용어는 '좋거나 나쁘다'라는 가치판단과는 무관한 것이다.

- **정적 강화**: 가치 있는 어떠한 것을 제공함으로써 바람직한 행동의 강도와 빈도를 증가시키는 것을 의미한다. 즉, 음식, 사탕, 칭찬, 돈, 다정한 미소, 새로운 장난감 등과 같이 정적 강화물이 제시되어 행동이나 반응의 빈도를 증가시키는 것을 말한다.
- **부적 강화**: 바라지 않는 어떠한 것, 또는 불쾌한 것을 제거하여 바람직한 행동의 강도와 빈도를 증가시키는 것을 의미한다. 즉, 전기쇼크, 큰 소음 등과 같은 부적 강화물이 제거됨으로써 행동이나 반

정적 강화
행동 후에 바람직한 자극을 제시함으로써 강하게 된 행동

부적 강화
혐오스러운 자극을 제거함으로써 강하게 된 행동

벌
어떠한 행동이 일어날 확률을 줄이거나 억제하는 행동의 결과

응의 빈도를 증가시키는 것을 말한다.

- 벌(punishment): 특정 행동이나 반응의 확률을 감소시키는 데 목적이 있기 때문에 강화와 구분된다. 벌이란 어떤 사람에게 그가 원하는 어떤 것을 빼앗아가거나 원하지 않는 어떤 것을 주는 것을 말한다. 쉽게 말하면 고통이나 혐오상태의 제공이다. 따라서 강화와 벌은 다르다. 흔히 부적 강화와 벌을 동일한 개념으로 기술하는 경우가 있는데, 이것은 잘못된 것이다.

Skinner는 벌을 사용하는 것을 반대한다. 왜냐하면 벌은 단순히 행동을 억압할 뿐이며, 벌의 위험이 제거되면 행동이 일어나는 비율은 원수준으로 되돌아가는 경우도 있기 때문이다. 그러나 보상이 따르는 대안적인 반응이 있을 때에는 처벌이 새로운 방향으로 행동을 유도하는 데 효과적일 수도 있다(이용남 외, 2002).

(3) 강화계획

강화계획(reinforcement schedule)은 소거와 관련 있는 개념이다. 소거란 더 이상 강화물이 제시되지 않았을 때 학습된 행동이 점차 사라지는 것을 의미한다. 따라서 학습된 행동을 지속하고 소거에 저항하도록 만드는 계획이 필요하다. Skinner는 반응의 비율을 증가시키고 소거에 대하여 보다 강하게 저항할 수 있는 방법을 연구하여 이를 강화계획이라 하였다. 따라서 강화계획은 바람직한 행동을 보여 주었을 때 주어지는 강화물의 적절한 시기와 방법에 대한 원칙을 의미한다. 강화계획은 원하는 반응이 일어날 때마다 강화물이 제시되는 지속적 강화(continuous reinforcement)와 강화물이 가끔씩 주어지는 간헐적 강화(intermittent reinforcement)의 두 가지로 분류된다(임규혁, 임웅, 2007).

> **지속적 강화**
> 정확한 반응마다 매번 강화인자를 제시하는 것

> **간헐적 강화**
> 모든 반응이 아닌 어떤 반응 후에 강화인자를 제시하는 것

간헐적 강화는 강화물이 제시되는 간격과 비율에 따라 간격강화계획

과 비율강화계획의 두 가지 형태로 구분된다. 간격강화계획은 강화가 진행되는 동안 일정한 시간 간격에 기준을 두고 강화를 주는 것이며, 비율강화계획은 강화가 진행되는 동안 반응의 횟수에 기준을 두고 강화를 주는 것이다. 간격강화계획과 비율강화계획은 간격과 비율이 고정적이냐 변동적이냐에 따라 다시 두 가지의 하위 계획으로 분류된다. 즉, 간격에 따라 고정간격 강화계획과 변동간격 강화계획으로 나눌 수 있으며, 비율에 따라 고정비율 강화계획과 변동비율 강화계획으로 나눌 수 있다.

① 고정간격 강화계획(fixed interval reinforcement schedule)

일정한 간격 후에 일어나는 반응에 대해서만 강화가 주어지는 경우다. 그 중간에 일어나는 반응에는 강화가 주어지지 않으므로 이 계획으로 학습이 이루어지고 나면, 강화물을 받은 후에는 휴지기를 보이고 강화가 주어질 시점에 반응이 많아진다. 예를 들면, 학생에게 매주 실시하는 쪽지시험 혹은 학기가 끝날 때 실시하는 학기말 고사가 있다. 또한 직장을 다니는 사람이 매월 일정한 날짜에 월급을 받는 것도 여기에 해당된다.

② 변동간격 강화계획(variable interval reinforcement schedule)

일정한 간격 후의 반응을 강화하는 대신, 시간 간격을 평균을 중심으로 하여 변화시켜 가며 강화를 제공하는 것이다. 다시 말하면, 일정한 시간을 기준으로 강화가 주어지기는 하지만 그 시간 간격이 평균시간을 중심으로 불규칙하다는 것이다. 예를 들어, 5분 안에 아무 때나 한 번의 강화를 준다든지, 학급 내에서 교사가 중간고사 전에 학생이 예측할 수 없는 간격으로 시험을 몇 번 치른다면 학생은 계속적으로 공부를 할 것이다.

③ 고정비율 강화계획(fixed ratio reinforcement schedule)

일정수의 반응을 해야만 강화가 주어지는 것이다. 즉, 강화를 제시하기 전에 일정수의 반응이 반드시 일어나야 강화를 하는 것이다. 학습자가 반응을 빨리 할수록 강화도 더 빨리 얻을 수 있다. 그러므로 학습자가 짧은 시간에 많은 반응을 하는 것이 유리하기 때문에 이 강화계획에서는 높은 반응률이 나타난다. 예를 들면, 아동이 30문제를 풀 때마다 한 번의 강화를 준다. 즉, 30문제를 풀면 10분간의 휴식시간을 준다. 이에 아동은 문제를 빨리 풀려고 할 것이다. 또는 자동차 부품공장에서 부품을 10개 조립할 때마다 상품을 받게 되는 것도 포함된다.

④ 변동비율 강화계획(variable ratio reinforcement schedule)

강화를 받기 위해 수행해야 하는 반응의 수는 일정한 평균을 중심으로 하지만, 매번 강화를 받기 위해 필요한 반응의 수가 불규칙하게 달라지는 강화조건이다. 즉, 강화가 반응의 빈도를 기준으로 주어지기는 하지만 그 빈도의 기준이 불규칙적인 것을 말한다. 이때는 강화가 언제 일어날지 모르기 때문에 계속해서 시도하게 된다. 예를 들면, 수업시간에 교사의 질문에 답하기 위하여 30명 중 20명 정도의 학생이 매번 손을 든다고 가정하자. 평균적으로 한 아이가 지명될 확률은 1/20이지만, 교사가 그날 날짜나 출석번호 순으로 지명하지 않는 한 그 확률은 매 질문마다 다양해진다. 따라서 변동비율에 의해 강화받기 때문에 학생은 더 열심히 손을 들게 된다. 자동도박기의 도박도 마찬가지다. 언제 자신에게 기회가 주어질지 모르기 때문에 반응을 많이 하고 꾸준히 하려 한다.

3. 사회학습이론

사회학습이론

인간이 닮고 싶어 하거나 모방하고 싶어 하는 어떤 모델의 행동을 관찰하여 모방함으로써 학습이 이루어진다는 이론

사회학습(social learning)이란 인간이 닮고 싶어 하거나 모방하고 싶어 하는 어떤 모델의 행동을 관찰하여 모방함으로써 학습이 이루어진다는 이론으로 대표적인 이론가는 Bandura다. 이 이론은 관찰학습(observational learning), 모방학습(modeling learning), 인지적 행동주의 학습(cognitive behaviorism of learning)이라 부르기도 한다.

1) Bandura의 사회학습이론

Bandura(1986)의 사회학습이론(social congnitive theory)에서는 행동을 여러 가지 개인적 요인과 사회적 요인이 상호작용하는 것으로 보며, 그 요인의 상대적인 영향력은 장면과 행동에 따라 달라진다는 기본적인 관점을 취하고 있다. 이런 측면에서 볼 때 극단적 행동주의와 구분된다.

행동주의 학습이론에서 학습은 반응을 수행하고 그 효과를 경험함으로써 이루어진다고 가정해 왔다. 그러나 Bandura에 따르면, 직접 경험을 통해 이루어지는 거의 모든 학습현상은 타인의 행동과 그 결과의 관찰을 통해서도 대리적으로 경험할 수 있다는 것이다. 이러한 관찰학습 능력은 많은 시행착오를 줄여 줄 수 있다.

Bandura는 지식의 획득과 그 지식에 기초한 관찰 가능한 수행을 구별하였다. 즉, 그는 우리가 증명해 보일 수 있는 것 이상으로 더 많은 것을 알고 있을 수도 있다고 주장한다. 아동은 덧셈이나 곱셈을 하는 방법을 학습해 알고 있더라도 막상 시험에서는 불안하거나 아프거나 문제를 잘못 읽음으로써 시험성적이 좋지 않을 수도 있다.

상호결정주의

행동은 학습의 과정에서 서로에 대해 영향을 줌으로써 상호작용하는 것

즉, 학습이 일어나더라도 알맞은 상황에 놓일 때까지는 밖으로 나타나지 않을 수도 있다. 그러므로 이 이론에서는 내적 요인과 외적 요인 모두를 중요하게 여긴다. 환경적 사건, 사고와 동기 같은 개인적 요인 그리고 행동은 학습의 과정에서 서로에 대해 영향을 줌으로써 상호작용한다. Bandura는 이런 힘의 상호작용을 '상호결정주의(reciprocal determinism)'라 부른다.

Bandura는 많은 실험연구 과정을 통하여 학습이론을 제안하였다. 실험 내용은 주로 모델의 공격행동과 관련된 것으로 TV 폭력과 아동의 행동 간의 관계를 알아보기 위한 연구였다. Bandura(1963)는 인형에 대해 공격적인 행동을 하는 모델에 대한 내용을 만화와 영화 등으로 제작하였다. 이렇게 제작한 영화를 아동에게 보여 주고 난 후 아동의 행동을 관찰하였는데, 그 연구 장면을 요약하면 다음과 같다.

첫 번째 집단의 아동에게는 모델이 인형에게 공격적인 행동을 하고 난 후 보상을 받는 내용의 장면을 보여 주었고, 두 번째 집단의 아동에게는 모델이 공격적인 행동을 하고 난 후 벌을 받는 내용을 보여 주었다. 세 번째 집단의 아동에게는 모델이 공격적인 행동을 하고 난 후 강화나 벌이 주어지지 않는 내용의 비디오를 보여 주었다. 그런 다음 각 집단의 아동에게 보여 준 장면과 같은 상황을 만들어 공격성의 정도를 측정하였다.

대리적 강화

다른 사람이 특정 행동에 대해 보상받거나 처벌받는 것을 보고 자신이 강화되는 것

그 결과 공격성에 대해 보상을 받는 모델을 관찰한 아동이 가장 공격적이었으며, 모델이 벌을 받는 것을 관찰한 아동이 가장 덜 공격적이었다. 각 집단의 아동은 모델 관찰을 통하여 대리경험을 한 것이다. 이처럼 관찰학습이 이루어지는 것은 모델이 공격적 행동을 통해 얻게 되는 보상을 자신이 대리적으로 경험하는 대리적 강화(vicarious reinforcement)의 기제에 의한 것이라고 Bandura는 설명하였다.

(1) 관찰학습

관찰학습

윗사람과 사건에 주의를 집중함으로써 정보를 획득하는 학습

인간이 행하는 모든 것이 실제 경험을 통해서만 학습된다면, 학습은 비효율적이어서 많은 시간적 · 경제적 부담을 안게 될 것이다. 그러나 인간은 다른 모델을 통해서 행동을 관찰하고 모방하여 학습할 수 있는 능력이 있다. Hill(1990)은 이러한 '관찰학습(observational learning)'에 두 가지 주요 양상이 있다고 보았다.

첫째, '대리적 강화'를 통해서 관찰학습이 일어날 수 있다. TV 폭력과 아동의 행동과의 관계에 관한 Bandura(1963)의 관찰실험에서 나타난 것처럼 TV 속에 나온 모델이 어떤 특정 행동에 대해 보상을 받거나 처벌을 받는 것을 본 아동은 마치 자기 자신이 보상이나 처벌을 받았던 것처럼 그와 유사한 상황에서 행동을 수행할 때 학습된 반응이 나타난다. 예를 들어, 교사가 시험성적이 좋은 학생에게 칭찬과 함께 보상을 제공한다면, 교사의 칭찬과 보상을 본 다른 아동은 다음 시험에서 좋은 성적을 받으려고 노력할 것이다. 보상뿐만 아니라 처벌 또한 대리적 강화를 줄 수 있다. 우리는 모델링을 통해 어떤 행동을 수행하는 방법뿐 아니라 그러한 상황에서 그 행동을 한다면 우리에게 무슨 일이 일어나는지에 대해서도 배우게 된다.

둘째, 관찰자가 보고 있는 동안에 모델이 아무런 보상이나 처벌을 받지 않았어도 관찰자는 그 모델의 행동을 모방한다. 가끔 관찰자가 배우기를 원하는 어떤 것을 모델이 보여 줄 때도 있다. 예를 들어, 바이올린을 연주하기 위해 바이올린을 올려 놓는 적당한 위치와 잡는 방법이라든지, 실험장비를 조절하는 올바른 방법을 보여 주는 것 등이 포함된다. 그러나 모방은 모델이 관찰자가 평소에 존경하는 사람이거나 높은 지위에 있어 자신의

모델로 삼기를 희망하였을 때 일어날 수 있다. 여기서 모델이 반드시 실제 사람일 필요는 없다. 가상적 인물이나 고정관념적 상을 모델로 삼아 그 모델이 하였을 것이라고 상상되는 대로 행동하는 경우도 있다.

(2) 관찰학습의 과정

관찰학습의 과정은 일반적으로 주의집중과정, 파지과정, 운동재생과정, 동기화과정의 네 단계로 구성된다.

① 주의집중과정

> **주의집중과정**
> 관찰을 통해 학습하기 위해서 주의를 집중하는 것

관찰을 통한 학습을 위해서 우리는 주의를 집중해야 한다. 주의집중(attentional)과정은 유기체가 모델을 보고 행동의 적절한 측면과 모델의 행동 결과가 어떻게 나타나는가에 주의를 기울이는 것을 말한다(Chance, 1999). 즉, 관찰학습이 가능하기 위해서는 모델 행동의 중요한 특징을 주목하고 정확히 지각해야 한다. 주의집중과정에서는 노출된 모델을 선택적으로 관찰하여 주목할 내용을 결정하게 된다.

관찰 유형에 영향을 주는 요인은 다양하다. 특히, 관찰자의 특징, 모델의 속성, 인간관계의 양상에 관련된 요인이 포함된다. 오늘날은 TV와 같은 대중매체가 제공하는 풍부한 상징적 모델에 많은 관심이 모아지고 있다. Sternberg와 Williams(2002)의 연구 보고에 의하면, 매력적이거나 호감이 가는 모델, 유능해 보이고 훌륭한 인격을 가진 모델에게 그렇지 않은 모델보다 더 주의집중을 한다고 한다. 따라서 학생에게 직·간접적으로 모델이 되는 교사는 학습자의 이러한 특성을 고려하여야 한다.

② 파지과정

파지과정
어떤 대상의 행동을 모방하기 위해서 그것을 기억하는 것

관찰학습 두 번째 과정은 관찰한 내용을 파지(retentional)하는 과정이다. 즉, 어떤 대상의 행동을 모방하기 위해서는 그것을 기억해야 한다. 이때 모델의 행동을 상징적인 형태로 기억 속에 표상해 두지 않는다면 관찰의 의미가 줄어든다. 파지는 주로 심상(mental image)과 언어라는 두 가지 표상체제에 의존한다. 모델의 행동이 심상이나 언어적 부호로 변환되면 이들 기억 부호가 다음 수행을 위한 지침의 역할을 하게 된다(이용남 외, 2002).

상징적인 부호와 더불어 시연(rehearsal) 또한 기억의 보조수단이다. 사람이 반응양식을 마음속으로 시연하거나 실제로 행해 보는 것은 망각을 감소시킨다. 최고의 관찰학습은 모델의 행동을 상징적으로 조직하고 시연한 후에 그것을 외현적 행동으로 옮길 때 성취할 수 있다. 예를 들면, 엘리베이터에서 이웃집 아주머니를 만나 인사하여 칭찬받는 친구를 본 다음에는 다른 기회에 자기도 이웃 어른에게 인사를 하려고 한다. 이렇게 하려면 이 상황을 기억하고 있어야 한다. 또래 아이가 인사하고 칭찬받은 행동의 결과에 대해 기억하고 있지 못한다면 아무런 소용이 없다. 파지과정에서 중요한 것은 기억의 보조수단인 인지적 시연이다.

③ 운동재생과정

운동재생과정
상징적 표상을 적절한 행위로 변환시키는 과정

관찰학습의 세 번째 단계는 상징적 표상을 적절한 행위로 변환하는 운동재생(motor reproduction)과정이다. 즉, 기억되어 있는 모델의 행동을 신체를 이용하여 재생하는 과정이라 할 수 있다. 관찰된 행동을 정확하게 재생하려면 여러 가지 운동기술을 갖추고 있어야 한다. 관찰자는 모델의 시범 양상에 따라 자신의 반응을 성공적으로 조직함으로써 행동을 재현하게 된다. 이러한 행동적 수행은 반응의 인지적 조직, 반응의 시발 그리고 피드백에 의한 정교화로 세분화할 수 있다. 예를 들

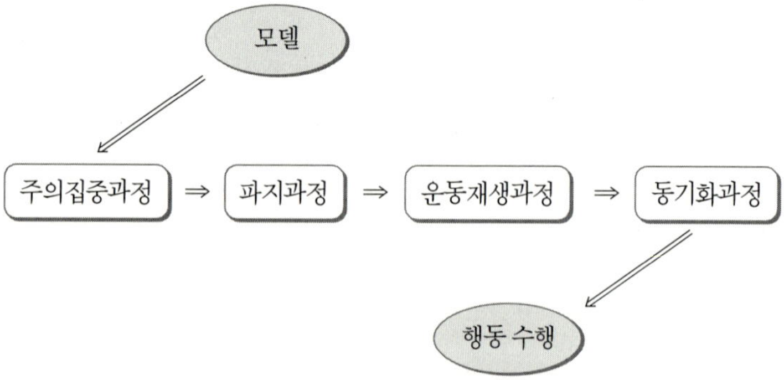

[그림 5-3] 관찰학습의 과정

어, 볼링이나 에어로빅, 요가 등의 시범을 보여 주고 나면 관찰자(학습자)가 혼자 혹은 집단으로 연습하는 것이다. 이러한 운동재생과정을 통해 관찰자는 모델의 행동을 학습할 수 있게 된다.

④ 동기화과정

> **동기화과정**
> 행동을 유발하고 유지하기 위한 내적 변화의 과정

사람이 학습한 것을 모두 실행하는 것은 아니다. 유기체가 모델의 행동을 주의 깊게 관찰하고 기억하고 운동재생능력을 지니고 있다 하더라도 관찰학습한 행동을 해 보려는 의지와 동기가 없다면 실제 행동으로 유발되지 않는다. 다시 말해서 사람은 모델이 한 행동에 대해 보상이 있고 가치가 있으면 그런 행동을 하고 싶은 동기가 높아져 수행하게 된다. 하지만 모델이 어떤 행동을 하고 보상이 없거나 벌을 받는 것을 관찰하고 기억하였다면, 관찰자는 그러한 행동을 하고 싶은 동기가 낮아져 수행하지 않을 것이다. 그 이유는 학습된 반응에 대한 타인 및 자신의 평가가 이러한 동기화과정에 관련되어 있기 때문이다. 예를 들면, 슈퍼마켓에서 물건을 훔치는 것을 보고 관찰학습을 할 수 있다. 그러나 그러한 행위를 보았다고 모두가 슈퍼마켓에서 물건을 훔치는 것은 아니다. 대부분의 사람은 물건을 훔치는 범죄행위를 하려는 동기가 없기 때문에 행동으로 나타나지 않는 것이다.

2) 자기관리와 인지행동수정

행동주의 심리학자가 자기조절 혹은 자기관리와 인지적 행동수정에 관심을 가지게 된 이유는 고전적 행동주의 방법으로 교육받은 학습자가 학습을 새로운 상황에 거의 일반화하지 않기 때문이다. 학습에 대한 행동주의 심리학자의 주된 관심사는 '자기관리(self-management)'다. 자기관리는 학습자가 자신의 학습에 대해 통제감을 가질 수 있도록 도와주는 것이라 할 수 있다. 학습의 책임과 능력이 학습자에게 있기 때문에 학습자의 역할이 무엇보다 중요하다. 따라서 자기관리를 통해서 학습자 자신이 학습에 대한 통제감을 가져야 한다.

> **자기관리**
> 자신의 행동을 변화시키기 위한 행동주의 학습 원리의 사용

인지행동수정이란 인지이론과 행동주의이론의 조화를 통해 행동을 수정하는 방법이라 볼 수 있다. 인지행동수정은 인간의 행동을 이해하고 예측하며 이상적 행동을 치료하는 데 신념, 기대, 태도, 귀인 및 인지적 활동이 중심적 역할을 한다는 입장을 취한다. Meichenbaum(1977)은 과제를 하면서 스스로에게 계속 말하게 함으로써 충동적인 학습자를 성공적으로 가르칠 수 있다고 보았다. 또한 '인지행동수정(cognitive behavior modification)'을 통해 학습자가 이익을 얻을 수 있다고 하였다. 자기관리의 단계와 인지행동수정과 자기교수에 대한 내용은 다음과 같다(Woolfolk, 2001).

> **인지행동수정**
> 혼잣말과 자기교수를 사용함으로써 자기 자신의 행동을 변화시키기 위한 행동주의적 원리와 인지적 행동 원리 모두에 기반을 둔 절차

(1) 자기관리

자기관리는 일반적으로 학습자로 하여금 행동변화 프로그램의 기본 단계에 개입하게 하는 것을 의미한다. 교육의 목표가 개인 모두가 스스로를 교육하는 것을 가능하게 만드는 것이라면, 학습자는 자신의 삶 관

리, 목표 설정 그리고 자기 자신에게 강화를 제공하는 것을 학습해야 한다. 우리의 삶은 자기관리를 요구하는 많은 종류의 과제로 이루어져 있다. 이러한 삶의 모든 부분에서 자기관리가 필요하다. 학습자는 자신의 어떤 행동변화를 실시하는 데 적어도 하나 이상의 어떤 단계에 속해 있을 것이다. 이러한 변화를 위해서 목표를 세우고, 자신의 일을 관찰하고, 기록을 보존하고, 수행 · 평가할 수 있도록 학습자를 돕는 것이다 (Kaplan, 1991).

① 목표 설정

자기관리에서 목표 설정은 매우 중요하다. 어떤 연구에서는 구체적 목표를 설정하고 공식화하는 것이 자기관리 프로그램의 결정적 요소가 될 수 있다고 한다. Hayes와 그의 동료는 학습에 심각한 문제를 가지고 있는 대학생을 대상으로 구체적인 학습목표를 어떻게 세우는지 가르쳤다. 목표를 설정한 후 실험자에게 목표를 말했던 학습자는 목표를 혼자 정하고 아무에게도 말하지 않았던 학습자보다 시험 결과가 더 좋았다 (Hayes et al., 1985). 이러한 연구는 목표를 설정하는 것도 중요하지만 설정한 목표에 도달하기 위하여 자신과 타인에게 공언하여 실행하는 것도 중요함을 시사한다.

② 진행의 기록과 평가

자기관리를 위한 목표 설정을 한 후에는 행동변화 프로그램에 대한 기록과 평가가 뒤따른다. 진행기록카드는 학습자로 하여금 과제를 작은 단계로 나누고, 그 단계를 완성할 수 있는 최선의 순서를 정해 준다. 그리고 매일의 결과를 기록함으로써 날마다 진행되는 과정을 알 수 있도록 한다. 이러한 진행기록카드는 촉진체의 역할을 하는데, 여기에 표시한 것은 나중에 지울 수 있다(Jenson, Sloane, & Young, 1988).

자기기록은 과제나 기술을 연습하는 데 걸린 시간, 읽은 책의 수, 허락 없이 자리에서 이탈한 횟수 등을 기록하는 것이다. 과제나 개인 공부와 같이 교사의 감독 없이 완성해야 하는 일이 자기감독(self-monitoring)에 좋은 것이다. 이것은 자기평가(self-evaluation)의 질에 대해 판단하는 것이 포함되어 있기 때문에 단순한 자기기록보다는 어렵다.

Morgan(1985)은 교육심리학 과목에서 모든 사범대학 학생에게 자기감독 전략을 가르쳤다. 그 결과 교육심리학의 각 학습단원에 대해 구체적인 단기목표를 설정하고, 그 목표를 향한 진행을 감독하였던 학습자는 단순히 공부시간만을 감독한 학습자보다 뛰어났다. 공부시간만을 감독한 학습자가 전제 진행을 감독하였던 학습자보다 공부하는 데 더 많은 시간을 보냈음에도 불구하고 말이다. 이는 목표를 설정하고 진행하는 과정의 한 부분인 공부시간만을 감독하는 것보다 목표를 향한 전체 진행을 감독하는 것이 목표에 도달하는 데 훨씬 성공적임을 시사한다.

③ 자기강화

자기강화(self-reinforcement)는 자기관리의 마지막 단계다. 그러나 이 단계가 필요한가에 대해서는 의견이 분분하다. 어떤 심리학자는 첫 번째 단계인 목표 설정과 두 번째 단계인 진행과 기록의 평가 그리고 감독만으로도 충분하다고 보았다. 따라서 자기강화가 결과에 아무 보탬이 되지 않는다고 한다(Hayes et al., 1985). 반면에 어떤 학자는 단순히 목표를 설정하고 진행을 기록하는 정도에서 끝내는 것보다는 잘한 일에 대해 스스로를 보상하는 것이 더 높은 수준의 수행을 가져올 수 있다고 한다(Bandura, 1986). 학습자의 특성에 따라 자기강화가 높은 수행을 이끌 수도 있고 그렇지 않을 수도 있다. 그러나 보탬이 되지 않는다고 자기강화를 자기관리의 단계에서 삭제하는 것은 바람직하지 않으며, 학습자의 특성에 따라 적용을 달리할 수 있다.

자기강화

특정 행동의 달성 여부에 따라서 정해지는 긍정적 결과를 자기 자신에게 제공하는 것

(2) 인지행동수정과 자기교수

인지행동수정은 혼잣말과 자기교수를 사용함으로써 자기 자신의 행동을 변화시키기 위한 행동주의적 원리와 인지적 행동 원리에 기반을 둔 절차다. 인지행동수정은 각 단계에서 혼잣말과 사고의 강조를 첨가한다. 이 때문에 많은 심리학자가 행동주의 접근보다 인지행동수정이 더 인지적이라고 생각한다. 그리고 자기교수는 한 과제의 단계를 통해 자신에게 말하는 것이라고 볼 수 있다.

자기교수
한 과제의 단계를 통해 자신에게 말하는 것

아동이 사적 언어를 사용하는 과제를 통해 자신을 이끌어 나가는 것처럼 보이는 인지발달의 한 단계가 있다. 아동은 자기 자신과 말하고 종종 부모나 교사의 말을 따라서 반복하기도 한다. 인지행동수정에서 학습자는 자기교수(self-instruction)를 어떻게 사용하는지 직접 배운다(김아영 외, 2004).

Meichenbaum(1977)은 이 단계를 다음과 같이 요약하고 있다.

첫째, 성인 모델은 자기 자신에게 크게 말하면서 과제를 수행한다(인지적 모델링).
둘째, 아동은 모델의 가르치는 지시 아래 동일한 과제를 수행한다(외현적 · 외적 지도).
셋째, 아동은 자기 자신을 큰 소리로 가르치면서 과제를 수행한다(외현적 자기지도).
넷째, 아동은 그 과제의 전 과정을 마칠 때, 가르침을 자신에게 속삭인다(줄어든 외현적 자기지도).
다섯째, 아동은 자신의 수행을 사적 연설을 통해 안내하면서 과제를 수행한다(내현적 자기교수법).

Meichenbaum과 다른 학자에 의한 인지행동수정은 내현적 자기교수법을 사용하도록 학습자에게 가르치는 것보다 더 많은 요소를 가지고 있다. Meichenbaum의 방법은 교사와 학습자 간의 대화와 상호작용, 모델링, 발견학습, 동기화 전략, 피드백, 과제를 학습자의 발달 수준에 맞게 맞추는 것 등을 말하고 있다(Harris, 1990; Harris & Pressley, 1991).

4. 정보처리적 관점

학습이론에 대한 인지적 관점의 기원은 19세기 독일의 Wundt에게서 시작된다고 볼 수 있다. Wundt와 그의 동료는 피실험자로 하여금 주의 깊고 체계적으로 자신의 생각을 기술하고 기록하게 하는 방법을 사용하여 인간의 인지(cognition)를 조사하였다. 내성주의자(introspectionist)라고 부르는 이들로부터 인지심리학이 시작되었다 해도 과언이 아니다. 초기 인지심리학자들은 학습은 학습자 스스로에 의해 완성하는 것으로 보았으며, 학습자는 학습이 일어나는 동안 신체적·정신적으로 활발히 기능하고 있다고 가정하였다(임규혁, 임웅,2007; Borich & Tombari, 1995). 이것은 수동적으로 학습자를 바라보는 행동주의자와 다른 접근이었다.

행동주의자들은 학습이 일어날 때 학습자 내부에서 무엇이 어떻게 진행되는지에 대해 초점을 두지 않고 학습자의 외현적 행동만을 관찰하려고 한다. 결과적으로 단순한 학습과제의 달성과정은 설명할 수 있지만 고도의 기능을 가르치는 수업을 설계하는 데 제한점을 가지게 된다. 그러나 인지심리학자들은 학습이론이나 수업이론을 통해 정보를 어떻게 받아들이고 처리하며, 학습자 자신에 의해 변형되는지에 대해 관심을 가지고 해명하려 노력한다. 이처럼 학습에 대한 초점을 인간 내부의 정신과정에 두는 인지적 관점의 중요성이 꾸준히 제기되고 있다.

따라서 여기서는 정보처리이론에 대한 개념과 기본 구조에 대하여 이해하고, 기억에서 기억전략과 인지처리과정 그리고 기억이론과 지식의 종류에 대하여 살펴본다.

1) 정보처리이론

정보처리이론

학습자의 내부에서 학습이 발생하는 기제를 설명하려는 이론

정보처리이론은 인간의 인지과정을 컴퓨터에 비유하여 설명하고 있다. 즉, 컴퓨터가 정보를 처리하기 위하여 작동되는 과정이 있듯이 정보가 인간의 정신체계에 들어와서 어떻게 저장되고 변형되며, 문제해결이나 추론과 같은 복잡한 정신활동을 수행하는지에 관심을 가진다. 이러한 인간의 사고가 행동을 결정하는 데 어떻게 사용되며, 행동에 어떤 영향을 미치며, 어떻게 발달해 가는가를 컴퓨터의 원리를 사용하여 설명한다. 정보처리이론은 정신과정과 인지적 행동, 즉 지각, 주의집중, 기억, 사고와 같은 분야에 주된 관심을 갖는다. 결과적으로 새로운 정보가 투입되고 저장되며, 기억에서 인출되는 방식을 연구하는, 즉 학습자 내부에서 학습이 발생하는 기제를 설명하려는 이론이 정보처리이론(information-processing theory)이다.

정보처리이론은 인간의 인지를 다음과 같이 세 가지 체계로 개념화한다(정옥분, 2004).

첫째, 정보는 시각, 청각, 미각, 후각과 같은 우리의 감각기관을 통해 외부 세계에서 인지체계로 투입된다.

둘째, 우리의 뇌는 감각기관에 투입된 정보를 다양한 방법으로 저장하고 전환한다. 여기에는 정보를 부호화하고 저장하고 인출하는 과정이 포함된다. 정보처리에 관한 대부분의 연구가 이 부

분에 집중되어 있다.

셋째, 우리의 행동으로 나타나는 산출 부분이다. 정보처리이론은 외부 세계에서 들어오는 정보를 기억과정을 통해 저장하고, 시간의 흐름에 따라 저장된 정보를 전환하며, 정보를 효율적으로 인출하는 정보처리의 과정에 관심을 갖는다.

정보처리적 접근에서는 무엇보다 정보의 흐름에 관심이 있다. 따라서 정보처리이론은 정보가 획득(입력)되고 저장되며, 인출되는 처리에 관련된 기본 구조를 중심으로 이루어진다(김정희 외, 1998).

(1) 정보의 입력

정보처리접근에서는 감각기관을 통해 정보가 들어오면 정보의 원래 형태로 그것을 저장한다. 그 외부 정보가 기억과정으로 들어오기 위해서는 부호화를 거쳐야 한다. 이때의 부호화란 여러 정보를 기억에 받아들이는 과정이다. 부호화과정에서는 주의의 역할이 중요하다. 우리는 주위의 수많은 자극과 정보 중에서 어떤 것을 선택해서 처리하게 되는데, 이것을 선택적 주의라고 한다. 주의가 기억의 부호화에 중요한 역할을 하지만 모든 자극에 똑같이 주의를 기울이는 것은 아니다.

(2) 정보의 저장

인간이 외부에서 유입된 정보를 저장하지 않는다면 매일 새로운 삶을 살게 될 것이다. 정보를 기억하여 저장할 수 있기에 운전을 익숙하게 하고, 공휴일은 쉬는 날이라는 것을 알고 계획을 세울 수 있는 것이다. 이처럼 인간의 삶이 불편하지 않도록 도움을 주는 것이 기억구조다. 기억구조에는 거대한 양의 정보를 아주 짧은 시간 동안 보유하다 사라지는 감각기억과 몇 초 동안 제한된 정보를 일시적으로 저장하는 단기기억, 또한 단기기억에서 정보가 부호화되어 복습되면 정보가 장기 저장되는 장기기억이 있다.

(3) 정보의 인출

단서를 통해서 장기기억 속에 저장된 정보 중 필요한 정보를 탐색해서 사용할 수 있게 만드는 과정이 인출이다. 정보를 저장하고 인출하는 과정은 정보처리이론의 핵심이라 할 수 있다. 저장과 인출 중에서도 필요한 정보를 적재적소에 탐색 · 적용할 수 있는 정보의 인출은 더 중요하다.

2) 기 억

기억

과거의 경험을 시간이 경과한 후에 행동 속에 재현하는 정신활동으로 현재의 경험 내용이 무엇인가를 알아차리는 것

기억이란 과거의 경험을 시간이 경과한 후에 행동 속에 재현하는 정신활동으로 현재의 경험 내용이 무엇인가를 알아차리는 것이 첫 과정이다. 즉, 이전에 경험한 정보를 기록하고 저장해 두었다가 필요할 때 그것을 참고하여 현재의 행동이나 경험에 이용하는 과정이다. 따라서 문제해결이나 개념 형성 등의 모든 인지과정에서 기억은 중요한 기본 요소가 된다. 우리가 이전의 경험을 기억하지 못한다면, 만났던 사람이나 사용했던 물건 등을 기억할 수 없고 습득한 기술도 활용하지 못하게 된다.

정보처리이론이 등장하면서 기억과정에 대한 관심이 고조되었다. 정보를 저장하는 감각기억, 단순기억, 장기기억과 들어온 정보가 기억전략에 의해 처리되는 인지처리과정 그리고 기억이론을 살펴보자.

(1) 정보저장소

정보저장소(information storage)는 새로운 정보가 들어와 머무르는 장소다. 이는 정보를 저장하고 보관하기 위해 이용되는 서류철이나 노

트 등으로 비유될 수 있다. 이러한 정보저장소에는 감각기억, 단기기억, 장기기억이 있다.

① 감각기억

감각기억(sensory memory)이란 학습자가 눈이나 귀 등의 감각기관을 통해 들어온 정보를 최초로 저장하는 곳이다. 즉, 감각수용기에 극히 짧은 시간 저장되는 것을 감각기억이라 한다. 감각기억은 자극을 아주 정확하게 저장하지만, 매우 짧은 시간 동안 저장한다는 특징을 가지고 있다. 감각기관에 들어온 정보를 원형 그대로 완벽하게 저장할 수 있는 시간은 시각의 경우 약 1초 정도, 청각인 경우 약 4~5초 정도다. 감각기억은 용량에는 제한이 없지만, 투입되는 정보가 즉시 처리되지 않을 경우 그 정보는 곧 유실된다.

감각기억
학습자가 환경에서 눈이나 귀와 같은 감각기관을 통해 들어온 정보를 최초로 저장하는 곳

② 단기기억

단기기억(short-term memory: STM)은 활동적 성질 때문에 일부 학자는 '작동기억(working memory)'이라고도 부른다. 작동기억은 간단한 암산과 같은 정신작용이 일어나게 되기 때문에 붙은 이름이다. 이러한 단기기억은 몇 초 동안의 짧은 기억으로서 상당히 빠르게 망각이 진행된다. 예를 들면, 전화번호를 듣거나 보고 그 번호로 전화를 걸기 위해 전화번호를 기억하는 것이 여기에 해당한다. 감각정보는 주의집중을 통해 청각 부호와 심상(image)으로 기호화되어 단기기억으로 넘어간다. 그러나 단기기억의 저장고 용량은 매우 한정되어 있다. 단기기억의 용량을 기억폭(memory span)이라 하는데, 기억폭은 일련의 항목을 한 번만 들려주고 정확히 회상할 수 있는 항목의 수를 말한다. Dempster (1981)에 의하면, 2세는 2개, 5세는 4~5개 정도를 기억할 수 있으며, 6세는 6개, 성인은 7~8개 정도를 기억한다고 한다(한국인간발달학회 편저,

단기기억
몇 초 동안의 짧은 기억

1995).

단기기억이 붕괴되기 쉬운 이유에 대해서는 두 가지 가설이 있다. 하나는 단기기억이란 한 번만 제시되고 연습이 없으면 자연적으로 사라지는 성질이 있다는 것이고, 다른 하나는 새로운 감각정보가 들어오면 그 간섭에 의해서 붕괴된다는 것이다. 이 단기기억 과정을 지나 많은 시간 혹은 그 이상의 시간에 걸쳐 오랫동안 파지되는 기억을 장기기억이라 한다(민영순, 1996).

③ 장기기억

장기기억

무한한 정보를 영구적으로 저장할 수 있는 곳

장기기억(long-term memory: LTM)은 많은 양의 정보를 영구적으로 저장할 수 있는 곳이다. 일반적으로 장기기억은 일상기억과 의미기억이라는 두 부분으로 구성되어 있다(Tulving, 1985; Yantis & Meyer, 1988). 일상기억(episodic memory)은 주로 개인의 일상적인 경험을 보유하는 저장소다. 일상기억은 정보가 발생한 때와 장소를 기초로 하여 이미지로 부호화된다. 이러한 일상기억은 매우 의미 있는 경험이 아닐 때에는 인출에 실패하기도 한다. 그 이유는 의미 있는 경험이 아니면 최근에 발생한 정보로 인해 인출이 방해를 받기 때문이다. 의미기억(semantic memory)에는 문제해결전략과 사고기술, 사실이나 개념, 규칙 등이 저장된다. 따라서 학교에서 학습하는 내용의 대부분은 의미기억에 저장된다(Paivio, 1971).

일상기억

주로 개인의 경험이 저장되는 곳

의미기억

문제해결전략과 사고기술, 사실, 개념, 일반화, 규칙 등이 저장되는 곳

정보를 장기간 기억하기 위해서는 단기기억에 있는 정보가 장기기억으로 전이되어야 한다. 단기기억의 정보는 자동적으로 장기기억에 전이되는 것이 아니고, 여러 종류의 책략을 사용하여 그 정보를 기억하고자 노력해야 장기기억으로 전이된다. 장기기억 속의 정보는 사물의 상하 유목에 따라 자료가 위계적으로 조직화된다. 조직화가 잘 될수록 인출이 잘 될 뿐만 아니라 기호화된 맥락과 유사한 맥락에서 그 정보의 인

출이 더 잘 된다.

(2) 인지처리과정

인지처리과정(cognitive process)이란 어떠한 정보를 하나의 저장소에서 다른 저장소로 옮기는 내부적이고 지적인 활동이다. 이러한 인지처리과정 안에는 기억전략이 포함되어 있다고 볼 수 있다. 기억전략은 정보를 기억하고, 그 정보가 필요할 때 인출이 용이하도록 해 주는 의도적인 활동을 말한다.

인지처리과정
어떠한 정보를 하나의 저장소에서 다른 저장소로 옮기는 내부적이고 지적인 활동

기억전략에는 기억해야 할 정보에 주의를 기울이는 주의집중, 기억하려는 것을 반복·연습하는 시연이 있다. 또한 장기기억 속에 존재하고 있는 기존의 정보에 새로운 정보를 연결하거나 연합하는 부호화, 장기기억에서 정보를 찾는 탐색과정인 인출전략 등이 있다.

① 주의집중

주의집중(attention)이란 필요한 자료를 얻기 위해서 외부 환경을 탐색하는 적극적이고 선택적인 힘이다. 어떤 정보를 기억하기 위해서는 먼저 그 정보에 주의를 기울여야 한다. 감각기억에 들어온 수많은 자극과 자료는 주의집중하지 않으면 곧 사라지게 된다. 주위에 많은 자극이 존재하고 감각기억의 용량이 무한하다고는 하지만, 관심을 두지 않으면 학습은 결코 일어나지 않는다. 따라서 학습은 주의집중을 함으로써 시작되는 것이다.

주의집중
필요한 자료를 얻기 위해서 외부 환경을 탐색하는 적극적이고 선택적인 힘

② 시연

시연(rehearsal)은 단기기억 안에서 이루어지는 처리과정으로 정보를 소리내어 읽거나 속으로 되풀이하는 방법 등을 이용하여 계속해서 반복하는 것을 의미한다. 시연은 매우 간단하면서 효과적인 기억전략이다.

시연
정보를 소리내어 읽든지 속으로 되풀이하든지 그것의 형태와 관계없이 계속해서 반복하는 것

예를 들면, 친구의 전화번호를 기억하기 위해 그 번호를 여러 번 반복해서 외우는 것이다. 일반적으로 어떤 정보가 단기기억에서 더 많이 시연될수록 장기기억으로 전환되기 쉽다고 한다. 단기기억 안으로 들어온 정보는 시연을 통해 파지가 되기도 하고 장기기억으로 전이가 이루어지기도 한다. 장기기억으로 전이되기 위해서는 내용을 충분히 반복해서 시연해야 한다. 이것은 아동이 가장 처음 사용하게 되는 장기기억으로의 전이방법이다(Berk, 1992).

③ 부호화

부호화

장기기억 속에 존재하고 있는 기존의 정보에 새로운 정보를 연결하거나 연합하는 것

장기기억 속에 존재하고 있는 기존의 정보에 새로운 정보를 연결하거나 연합하는 것을 부호화(encoding)라 한다. 이 과정은 단기기억에서 장기기억으로 정보를 이동시키는 것을 의미하기도 하므로 정보처리모델에서 가장 중요한 인지처리과정이라 할 수 있다. 왜냐하면 부호화가 일어나지 않으면 우리가 받아들이는 대부분의 정보가 일시적으로만 저장되기 때문이다.

새로운 정보가 장기기억으로 부호화되는 데 가장 중요한 것은 유의미한 부호화가 이루어져야 한다는 것이다. 유의미한 부호화란 기계적인 암기와 대별되는 것으로, 장기기억 속에 하나의 생각과 다른 생각이 연결되어 새로운 체계를 구축하는 것을 의미한다.

조직화

기억하려는 정보를 서로 관련 있는 것끼리 묶어 범주나 집단으로 분류함으로써 기억의 효율성을 높이려는 전략

첫째, 조직화 전략이다. 조직화란 기억하고자 하는 정보를 서로 관련 있는 것끼리 묶어 범주나 집단으로 분류함으로써 기억의 효율성을 높이는 전략이다. 한 번에 기억할 수 있는 정보량에는 한계가 있기 때문에 조직화에 의해 정보를 체계화하면 보다 많은 양의 정보를 기억할 수 있게 된다. 예를 들어, 양말, 자전거, 접시, 치마, 포크, 비행기, 바지, 냄비, 기차, 컵의 10개 항목을 외

워야 할 때 이 단어들을 단순히 암송만 한다면 회상하기 어려울 것이다. 따라서 부업용품, 의류, 교통수단의 세 범주로 묶어서 기억하면 단순히 외우는 것보다 훨씬 더 쉽게 기억할 수 있다. 즉, 저장과 인출을 위하여 3개의 범주로 집단화되었기 때문에 훨씬 쉽게 회상이 될 것이다.

둘째, 정교화 전략이다. 정교화란 기억자료에 새로운 정보를 첨가하고 의미를 부가하여 기억하는 전략으로 가장 늦게 발달하는 특성을 지니고 있다. 정교화가 늦게 발달하는 이유는 아동이 정보를 관련지어 의미를 확대하고 통합시킬 수 있는 정신적 자원을 가지고 있지 않기 때문이다(Pressley et al., 1987). 정교화 전략을 사용할 수 있기 위해서는 기억해야 하는 항목들을 이미지화하고 그들 사이의 관계를 생각할 수 있어야 한다. 정교화 전략은 일단 사용되기 시작하면 어떤 기억전략보다 더 우세하게 사용되는 특징이 있다.

정교화

기억 자료에 새로운 정보를 첨가, 의미를 부가하여 기억하는 책략

정교화는 두 개의 항목을 짝지어 기억해야 할 경우에 효과적인 방법이다. 예를 들면, 말의 쌍을 기억해야 할 경우 심상(mental image)을 사용하여 말을 탄 사람의 모습을 머릿속에 그리면서 기억하는 것이다(한국인간발달학회 편저, 1995). 또한 전혀 연관성이 없는 '물고기'와 '담배'를 기억해야 한다고 할 때, 담배를 피우는 물고기를 상상한다면 정교화 전략이 사용되었다고 볼 수 있다.

④ 인출전략

인출(retrieval)이란 장기기억에서 정보를 찾는 탐색과정으로 부호화와 밀접하게 관련되어 있다. 효과적으로 부호화되지 않으면 효과적으로 인출될 수 없다. 즉, 저장된 정보는 장기기억의 어딘가에 분명 존재

인출

장기기억에서 정보를 찾는 탐색과정

하고 있지만, 그 정보를 인출하지 못한다면 아무 소용이 없다.

저장된 정보를 인출하는 데도 적절한 전략이 필요하다. 적절한 인출 전략은 정보를 저장할 때 사용하였던 전략을 그대로 사용하는 것이다. 조직화 전략을 이용해서 정보를 저장한 경우는 조직화 전략을 이용해 정보를 인출하는 것이 효과적이다(임규혁, 임웅, 2007). 저장되어 있는 정보를 효율적으로 인출하기 위한 또 다른 전략은 정보를 연상할 수 있게 해 주는 여러 가지 인출단서를 활용하는 것이다.

3) 기억이론

인간은 많은 과거 기억의 흔적을 가지고 있으며, 이러한 과거의 경험은 현재까지 영향을 미치게 된다. 이것을 토대로 새로운 경험과 학습을 계속할 수 있게 되며, 당면하는 문제 상황이나 사태에 적응하게 된다. 기억에 관한 이론을 살펴보면 다음과 같다.

① 기억흔적 쇠잔이론

> **기억흔적 쇠잔이론**
> 학습한 내용이나 유입된 정보를 계속 사용하지 않기 때문에 그 흔적이 쇠잔해지거나 퇴화한다고 보는 이론

기억흔적 쇠잔이론은 장기기억과정에서 망각현상이 나타나는 것은 시간의 경과에 따라 대뇌 피질부의 기억 중추에 남아 있는 기억흔적이 점차 소멸되기 때문이라고 주장하는 이론이다(Miller, 1956). 다시 말해, 학습한 내용이나 유입된 정보를 계속 사용하지 않기 때문에 그 흔적이 쇠잔해지거나 퇴화한다고 보는 것이다. 기억흔적이 점차 소멸되는 것을 방지하기 위해서는 정보의 암송이나 반복 사용을 하여야 한다(임승권, 1993).

> **간섭이론**
> 기존의 학습내용이 새로운 학습 또는 기억에 의해 간섭을 받아 새로운 내용이 그 자리를 차지한다는 이론

② 간섭이론

간섭이론은 대뇌 피질부에 장기기억되어 있는 학습내용이 그 후의

새로운 학습 또는 기억에 의해 간섭을 받음으로써 방해받고 밀려나 그 새로운 학습이나 기억이 그 자리를 대신 차지한다고 주장하는 이론이다. 언어에서 유사한 단어를 연속하여 배우면 역시 간섭으로 인하여 먼저 배운 것을 잊어버리게 된다. 따라서 유사성이 심할수록 망각률은 높아진다.

③ 기억저장이론

기억저장이론은 한두 번의 반복 · 연습으로 단기저장이 되고, 다시 반복 · 연습을 계속해서 기억하였다는 확신이 서면 그 내용이 단기저장에서 장기저장으로 옮겨간다고 주장하는 이론이다. 이 이론에서는 시연이 가장 중요한데, 이에 따라 어느 저장고로 옮겨지느냐가 결정된다고 본다.

기억저장이론

한두 번 반복 · 연습을 하면 단기저장고, 이를 다시 반복 · 연습을 계속하면 기억자료가 단기저장고에서 장기저장고로 옮겨간다고 주장하는 이론

4) 지 식

지식을 교육학적 의미를 가진 개념에서 분류하는 명제적 지식, 방법적 지식, 직접적 지식으로 나누어 살펴본다. 그리고 정보처리이론에서 흔히 구분하는 지식의 종류인 일반적 지식과 영역-특수적 지식으로 나누어 살펴보고, 또 다른 방법인 서술적 지식, 절차적 지식 및 조건적 지식으로 분류하여 지식의 개념을 알아본다.

(1) 교육학적 의미에서 지식의 종류

지식에 대한 교육학적 의미를 가진 개념은 다음의 세 가지로 볼 수 있다.

첫째, 지식은 지식의 주체에서 분리해서 생각할 수 없다.

둘째, 각기 다른 인간은 각기 다른 지식체계를 구성한다.

셋째, 모든 지식은 사회생활의 생태 속에 얽혀 있다.

이 세 가지는 지식의 개인적 · 사회적 성격을 띠고 있다. 지식의 종류를 세 가지로 나누어 살펴보면 다음과 같다(한명희, 1983).

① 명제적 지식

명제적 지식

어떤 사실이나 이론 원리에 대하여 아는 것으로 진위를 구별할 수 있는 지식

'~인 것을 안다.'로 표현되며, 어떤 사실이나 이론 원리에 대하여 아는 것으로 진위를 구별할 수 있는 지식을 말한다. 여기에는 사실적 지식, 논리적 지식, 규범적 지식이 있다.

첫째, 사실적 지식이다. 자연과학이나 사회과학 계통의 학문이 지니고 있는 지식의 대부분은 사실로써 구성된 명제에 기초를 두고 있는 것이다. 예를 들면, '물은 100℃에서 끓는다.' '우리나라는 남북이 분단되었다.' 등의 지식이다.

논리적 지식

새로운 사실을 알려 준다기보다는 문장을 구성하는 요소의 의미상의 관계를 나타내는 지식

둘째, 논리적 지식 혹은 형식적 지식이다. 새로운 사실을 알려 준다기보다는 문장을 구성하는 요소의 의미상 관계를 나타내는 지식이다. 대체로 모든 종류의 개념에 관한 지식이 논리적 지식의 성격을 지니고 있다. 형태는 다르다 하더라도 2×4=8과 같은 수학적 지식도 논리적 지식에 속한다고 본다. 예를 들면, '처녀란 시집 안 간 여자다.' '사학이란 개인 혹은 법인재단에서 세운 학교다.' 등의 지식을 말한다.

규범적 지식

모든 가치판단과 도덕적 판단에 관한 지식

셋째, 규범적 지식이다. 가치나 규범을 나타내는 것으로 평가적 문장으로 구성되는 것이며, 모든 가치판단과 도덕적 판단에 관한 지식이 이에 속한다. 예를 들면, '남녀는 평등하게 대우받아야 한다.' '민주주의는 가장 인도주의적인 사회제도다.' 등에 관한

것이다.

② 방법적 지식

방법적 지식

'~을 할 줄 안다.'에서 보는 바와 같이 과정으로서의 지식

'~을 할 줄 안다.'에서 보는 바와 같이 과정으로서 지식을 말한다. 과제를 수행하는 데 지켜야 할 규칙이나 원리에 익숙해지는 것이 요구된다. 방법적 지식에서 '안다'는 것은 기술이나 기능과 같이 인간의 성향이나 능력에 관한 것이므로, 앎의 가장 중요한 조건은 행위의 성취에 대한 정확성을 포함한다고 볼 수 있다. 예를 들면, '나는 수영을 할 줄 안다.' '나는 자전거를 탈 줄 안다.' 등의 지식이다.

③ 직접적 지식

직접적 지식

직접 대면함으로써 느낄 수 있는 지식

우리는 노란색이나 빨간색을 직접 대면함으로써 느낄 수 있는데, 이것을 직접적 지식이라 한다. 직접적 지식이 사실적 지식의 전제가 되기도 하고, 사실적 지식의 종합이 하나의 영상으로써 직접적 지식을 초래하기도 한다. 이러한 직접적 지식은 교육의 중요한 인식 내용이 되는데, 의식적이든 무의식적이든 잠재적 교육과정 속에 내면화되는 앎의 내용은 대부분 이와 같은 직접적 지식으로 이루어져 있다. 그리고 교육에서 직접적 지식의 중요성을 인식하는 일은 지식교육 개념의 범위를 넓혀 준다고 할 수 있다.

(2) 정보처리이론에서 구분하는 지식의 종류

정보처리이론에서 흔히 구분하는 지식의 종류에는 여러 가지 상이한 상황에도 유용하게 적용되는 일반적 지식(general knowledge)과 특정한 과제나 사람에게만 적용되는 영역-특수적 지식(domain-specific knowledge)이 있다.

① 일반적 지식

일반적 지식

일반적으로 적용되거나 사용되는 지식

일반적 지식은 학교 안에서나 밖에서 모두 유용하다. 예를 들면, 어떻게 쓰고 읽는지, 또는 어떻게 워드 프로그램을 사용하는지에 관한 것 등이다.

② 영역-특수적 지식

영역-특수적 지식

특정한 상황에 유용하게 쓰이거나 한 가지 특정한 주제에만 적용되는 지식

영역-특수적 지식은 특정한 상황에 유용하게 쓰이거나 한 가지 특정한 주제에만 적용되는 것이다. 예를 들면, 야구에서 유격수가 이루와 삼루 사이에서 경기한다는 것을 아는 것은 야구라는 영역에 국한된다. 물론 이 두 지식 사이에 분명한 선이 있는 것은 아니다.

(3) 일반적 지식의 종류

지식은 또 다른 종류로 서술적 지식, 절차적 지식 및 조건적 지식으로 분류할 수 있다(Paris, Lipson, & Wixson, 1983).

① 서술적 지식

서술적 지식

어떤 것이 사실이라는 것을 아는 것

서술적 지식(declarative knowledge)은 어떤 것이 사실이라는 것을 아는 것이다. 사실, 신념, 이론이나 의견, 시구나 노래가사, 규칙과 명칭 등 일상적인 의미의 지식은 보통 서술적 지식을 말한다. 서술적 지식은 그 영역이 매우 넓다. 아주 세부적인 사실을 알 수도 있고(순금 원자의 무게), 아주 일반적인 것을 알 수도 있으며(어떤 나무의 잎은 가을이면 단풍이 든다), 개인적인 선호(나는 강낭콩을 좋아하지 않는다), 개인적인 사건(동생 결혼식에서 일어났던 일), 또는 규칙(분수를 나누려면 제수를 올려서 곱한다)을 알 수도 있다.

② 절차적 지식

절차적 지식(procedural knowledge)은 나눗셈을 하거나 카뷰레터를 청소하는 것과 같이 어떤 일을 어떻게 하는지를 아는 것이다. 분수를 나누려면 제수와 피제수의 위치를 바꾸어서 곱한다는 규칙을 배운 다음 그것을 그대로 다시 말할 수 있다는 것은 서술적 지식이 있음을 나타낸다. 그러나 절차적 지식을 드러내기 위해서는 행동을 해야 한다. 분수를 나누는 문제가 주어졌을 때 계산으로 옳은 답을 구해야 하는 것이다. 학생은 영어로 된 문장을 스페인어로 번역하거나, 기하 도형을 옳게 분류하거나, 문장을 도표로 만들거나 할 때 절차적 지식을 드러낸다. Gagné(1985)는 이런 지식을 '지적 기술(intellectual skills)'이라 불렀다.

> **절차적 지식**
> 나눗셈을 하거나 카뷰레터를 청소하는 것과 같이 어떤 일을 어떻게 하는지를 아는 것

③ 조건적 지식

조건적 지식(conditional knowledge)은 서술적 지식과 절차적 지식을 적용해야 할 시기와 그 이유를 아는 것이다. Gagné(1985)는 이런 종류의 지식을 '인지적 전략(cognitive strategies)'이라 불렀다. 여러 종류의 수학문제가 있을 때 이 문제를 풀기 위해 어떤 문제에 어떤 절차를 적용해야 하는지를 알려면 조건적 지식이 있어야 한다. 또 책에 있는 단어를 꼼꼼히 모두 읽어야 하는 경우와 대충 읽어도 되는 경우를 알려면 조건적 지식이 있어야 한다. 대부분의 학생은 사실을 알고 절차를 행할 수는 있지만, 막상 자신이 알고 있는 바를 적절한 때 적용하지 못하는 것으로 보인다. 때문에 조건적 지식은 큰 장애물이 되기도 한다.

> **조건적 지식**
> 서술적 지식과 절차적 지식을 적용해야 할 시기와 그 이유를 아는 것

06
사고와 문제해결

인간이 학습을 한다는 의미는 경험과 그 경험을 토대로 하여 새로운 경험을 재구성하는 것이다. 인간의 학습이 어떻게 발생하는지에 대한 의견 중 가장 잘 알려진 이론은 역시 Piaget의 인지발달론일 것이다. Piaget의 이론에서 학습을 발생시키는 기제는 조절과 동화, 평형화 등이지만, 이러한 기제의 전제조건은 학습자가 그를 둘러싼 외부 환경과 상호작용하는 것이다. 그 결과 학습자는 지식을 습득하고 발전시키게 된다.

인지적 학습의 목표는 학습자의 효과적인 사고를 촉진하는 것이다. 효과적으로 사고한다는 의미는 보다 논리적이고 합리적이며 비판적이고 창의적이라는 의미를 가지고 있다.

학습자의 사고가 논리적 · 창의적으로 심화된다는 것은 학습자가 소유한 경험의 재구성이 더욱더 복잡하게 되고 세련된다는 것이며, 학습자가 경험에 의해서 형성한 개념의 양과 질이 더욱더 넓고 깊어진다는 것이다. 이 장에서는 학습자가 개념을 어떻게 형성하고 다듬어서 보다 효과적인 사고를 하게 되는지 살펴보고자 한다.

1. 개념과 추론

1) 개념 형성(concept formation)과 추론

개념
지식 표상의 기본 단위

개념이란 지식 표상의 기본 단위다. 학습자의 사물이나 사건에 대한 정신적인 표상(mental representation)으로 개념을 형성함으로써 학습자는 사물과 사건을 범주화(categorization)하여 개념을 형성한다. 범주화한다는 것은 특정 사물과 사건에 대한 학습자의 멘탈모델(mental model)을 형성할 수 있다는 것을 말한다. 또한 개념의 형성에는 멘탈모델이 관련되어 있다.

멘탈모델
사물과 현상을 이해하는 인간의 정신적인 구조

멘탈모델은 인간의 내부에 형성되는 구조화된 추론으로서 특정한 목표에 대한 개념적 모델이다. Gilbert와 Boulter(1998)는 멘탈모델이 사물을 조작하거나 창조하는 학습에서 비롯된다고 하였다. 그러나 개념적 모델이라고 해서 그것이 시각적이거나 구체적인 산물이라고는 할 수 없다. 오히려 하나의 인지적인 구조로서 사물이나 현상에 대한 경험이나 실제 조작 등의 경험 축적으로 인하여 생기는 역동적이고 변화 가능한 인지구조다. 즉, 경험을 통한 표상은 인지구조의 역동적인 활동 때문에 생겨나고 변화되고 세련되는데, 그 과정에 관여하는 것이 멘탈모델인 것이다. 멘탈모델에 관한 학자들의 견해는 다양하다.

멘탈모델에 대해서 Halford(1993)는 특정한 문제의 해결을 위한 추론과 사고의 조작을 위한 역동적인 표상이라고 하였고, Collins와 Genter(1987)는 추론을 이용하여 만들어진 표상이라고 하였으며, Rouse와 Moris(1986)는 어떤 시스템의 구성과 목적에 대한 묘사와 기능에 대한 설명, 그리고 미래의 상태를 예측하는 하나의 기제라고 하였다. Franco와 Colinvaux(2000)는 멘탈모델이 단순히 사물의 상태를 묘사하는 것 이상으로, 하나의 시스템을 묘사하고, 그것의 구성과 상태, 그리고 그것이 어떻게 작용하며, 어떠한 상태로 변화될 것인지에 대한 예측에 사용될 수 있다고 하였다.

표상과 멘탈모델의 관계를 간단한 그림으로 나타내면 [그림 6-1]과 같다. 그림을 보면 학습자가 과제나 사물, 현상과 접하면서 표상을 만드는데, 이러한 작용에는 멘탈모델이 관여하고 있다. 즉, 멘탈모델이란 사물이나 현상에 대한 표상을 만드는 도구라고 할 수 있다. 그림은 하나의 표상이 형성되는 메커니즘을 묘사하고 있다. 사물이나 현상에 관한 경험이 반복되면 그림과 같은 메커니즘이 계속해서 일어나게 되고, 유사하거나 동일한 것들이 범주화되면서 개념을 형성하게 된다. 따라서 멘탈모델은 학습자의 일상 경험과 밀접한 관련이 있음을 알 수 있다. 그림에서 모델은 학습자가 사물이나 현상과의 직면을 통해 만든 표상을 학습자의 외부로 표현하였을 때의 상태를 말한다. 그 결과는 그림이나 문장, 시각적인 모형, 제스처 등이 포함된다.

학습자의 개념 형성은 이와 같은 기본적인 인지구조에 의해 형성된

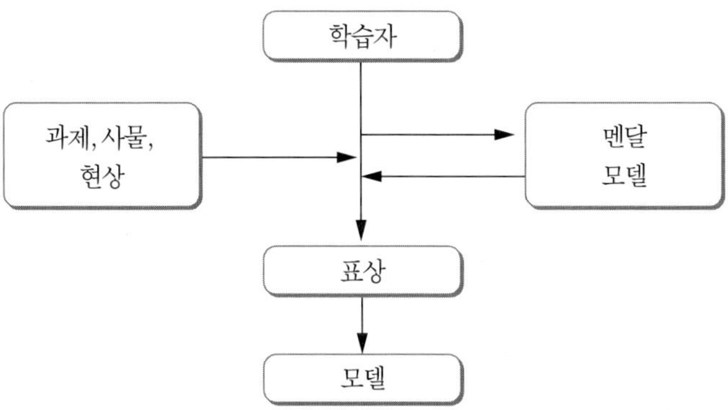

[그림 6-1] 표상과 멘탈모델의 관계

다. 개념은 세상의 사물과 현상을 유의미한 집합으로 분할할 수 있도록 해 주며, 범주는 사물이나 현상을 특징짓는 요소의 집합이라 할 수 있다. 따라서 개념은 인간이 지각하고 경험한 것을 어떤 범주나 구성으로 조직한 것이라고 할 수 있다.

개념

경험의 축적을 통해 형성되며, 학습자가 인식한 외부의 환경을 반영하고 있는 하나의 구조

표상

학습자가 경험했던 사건이나 사물에 대한 개별적인 인지구조

개념이 형성되는 과정을 좀 더 자세히 알아보면, 개념은 경험의 축적을 통해 형성되는데, 학습자가 직면한 경험은 학습자의 내부에서 하나의 표상(repesentation)을 만들게 된다. 표상은 학습자가 직면했던 외부환경을 반영하고 있으며, 학습자의 인지구조와 환경을 연결하고 있다. 즉, 학습자가 인식한 외부의 환경을 반영하고 있는 하나의 구조인 것이다(Halford, 1999). Halford는 표상은 사진과 같은 고정된 형체가 아니라고 하였다. 이것은 표상이 시각적인 것이 아니고 학습자 내부의 인지구조에 의해 만들어진 산물로써 유동적인 성격을 지니고 있음을 이야기해 준다. 결국, 표상이라는 것은 단순한 이미지가 아니고 외부의 환경에 대응하는 학습자의 인지구조가 만들어 낸 하나의 구조라는 것을 알 수 있다.

Halford에 따르면, 표상은 인지구조와 그것을 자극하는 외부 환경을 연결하고 있으며, 표상을 만들어 내는 각각의 인지구조 사이에는 추론을 통한 연계가 이루어진다고 하였다(Halford, 1999). 결국, 외부 세계와의 상호작용을 통해서 학습자의 인지구조는 표상을 만들어 내고, 그 표상이 축적되어 범주화되기 시작하면 학습자는 특정 사물이나 현상에 대한 개념을 형성하기 시작한다는 것이다. 예를 들어, 유아의 경우 자기 집에 있는 방을 알게 되면서 거실, 안방, 부엌, 화장실, 다용도실 등의 표상을 만든다. 그리고 계속해서 다른 친구의 집이나 유치원, 친척 집 등에서 자기 집과 유사하거나 동일한 방들을 확인하게 되면서 방들을 형태나 쓰임새, 부속된 가구 등을 통해서 특징짓는다. 그리고 이것은 곧 방이라는 개념으로 형성됨과 동시에 용도에 따른 범주화를 시도

할 수 있게 되는 것이다. 표상이 범주화된다는 것은 곧 방이라는 사물에 대한 쉐마(schema)를 형성하는 것이다.

기본적인 학습 발생 시스템은 표상을 통해 멘탈모델을 만들고 개념을 만드는 것이라 할 수 있다. 만약 어떤 학습자가 특정 사물이나 현상에 대해 정확하고 풍부한 개념을 만들었다면, 그 학습자는 그 특정 사물이나 현상에 관한 표상의 수가 하나에 그친 것이 아니라 다양한 경험을 통해서 많은 유사한 표상을 만들고, 다른 학습자와의 긴밀한 상호작용을 통하여 자신의 최초 표상을 점점 세련되고 정교하게 다듬어 갔다고 할 수 있을 것이다. 이것은 교사가 왜 학생에게 다양한 경험과 풍부한 학습자료, 풍부한 상호작용의 기회를 제공해야 하는지에 대한 해답이 될 수 있다.

멘탈모델, 쉐마, 표상

멘탈모델(mental model)과 쉐마(schema) 그리고 표상(representation)의 정확한 정의와 구분은 쉽지 않다. 우리는 이 세 가지가 인간의 학습을 발생시키는 기본적인 구성요소라는 것은 알고 있지만 정확하게 구분해서 사용하기는 쉽지 않다.

멘탈모델은 Piaget의 쉐마와 유사한 의미를 가진다고 할 수 있는데, 두 가지 모두 시각적인 이미지라기보다는 역동적으로 움직이고 있으며, 변형과 분화가 가능한 하나의 구조라고 하겠다. 즉, 사물이나 시스템, 현상의 이해와 더불어 그것이 어떻게 작동하며, 왜 작용하는지에 관한 이해에 영향을 미치는 정교하고 방대한 정신적인 구조라고 할 수 있다. 좀 더 쉽게 이야기하면 개념을 만들어 내는 하드웨어지만, 프로그램화된 것이 아니고 새로운 현상이나 사물에 직면하면 언제든지 기본적인 설계를 스스로 변경하는 기계라고 할 수 있다. 기본적인 설계를 변경하는 과정에는 경험과 다른 기계와의 긴밀한 정보교환을 통한 능동적인 상호작용이 일어나게 된다. 그렇다면 표상과 쉐마의 관계는 어떠할까? Halford 역시 표상은 그림이나 사진이 아니라는 말을 하였다. 사물이나 현상에 대한 개별적인 인지구조가 표상이라면 쉐마는 유사한 인지구조, 즉 유사한 표상이 한데 모여 범주화가 이루어졌을 때 형성되는 것이라고 할 수 있다. 앞서 언급한 예를 다시 들어 보면, 학습자가 방이라는 쉐마를 형성하게 되었을 때 그 쉐마 안에는 학습자가 경험을 통해 형성한 수많은 특수한 방에 관한 표상이 모여 있다고 할 수 있다. 즉, 주방 ,안방, 거실, 욕실 등을 경험하면서 형성한 일반적인 방이라는 큰 쉐마의 하부에 각 방의 특징이 첨가된 개별적인 방에 대한 표상이 모여 있는 구조라고 하겠다. 유아의 경우 일상에서 자기 집의 방에 대한 표상을 만들고 친구나 친척집 혹은 그림에서 본 개별적인 방의 표상을 정리하면서, 유사한 것은 모으고 전혀 다른 것은 분리하여 일반적인 방에 관한 쉐마를 형성하게 된다. 결론적으로 표상이 범주화된 것이 쉐마라고 할 수 있다.

추론

여러 가지 증거로부터 결론을 도출하는 과정. 학습자가 형성한 개별적인 표상은 추론을 통해서 연결되며 표상과 표상의 관계성을 형성함

이러한 과정을 통하여 학습자는 개념을 만들게 된다. 이와 같은 의미에서 본다면 표상이라는 것은 개념 형성의 기본적인 요소가 된다고 할 수 있다. 그렇다면 표상과 표상을 연관지어 분류하고 구별하는 과정에는 어떠한 인지적인 작용이 일어나는 것일까? 하나의 표상을 만들고 그것을 근거로 새로운 표상을 구별하거나 범주화하는 능력에는 추론이라는 과정이 작용한다. 추론은 여러 가지 증거로부터 결론을 도출하는 과정이다. 학습자가 형성한 개별적인 표상은 추론을 통해서 연결되며 표상과 표상의 관계성을 형성하게 된다.

표상과 추론, 개념과의 관계를 이야기해 보면, 하나의 경험에서 만들어진 학습자의 표상은 다른 동일한 혹은 유사하거나 완전히 다른 경험을 접하고 분류하고 범주화하면서 특정 사건이나 현상에 대한 개념을 형성하게 된다. 즉, 과거의 축적된 경험을 토대로 새로운 경험과의 공통점과 차이점을 확인하고, 논리적인 결론에 도달하게 된다. 예를 들어,

사람이 먹는 밥이라는 것에 관한 표상의 형성은 곧 개가 먹는 음식이 있을 것이라는 결론에 도달하게 만든다. 즉, 사람이 먹는 것은 밥이며, 개가 먹는 것은 개 사료라는 대응관계를 형성하게 된다. 이러한 추론은 학습자가 다양한 경험을 하면 할수록 질적 · 양적인 면에서 증가한다.

이러한 추론에는 연역적 추론과 귀납적 추론이 있다. 연역적 추론(deductive reasoning)은 한 가지 이상의 전제에서 논리적으로 타당한 결론을 이끌어 내는 과정을 말한다. 다시 말해, 일반적인 것에서 특수한 것으로 나아가는 과정이다. 이러한 형식의 추론은 정확성이 높으며, 우리가 흔히 삼단논법이라고 부르는 것이 가장 전형적인 방법이다. 예를 들면, '모든 A라는 집단이 B라는 집단과 같고 집단 B가 집단 C와 같다면 집단 A와 C는 같다.'는 명제가 삼단논법의 전형적인 예가 된다.

연역적 추론
한 가지 이상의 전제에서 논리적으로 타당한 결론을 이끌어 내는 과정

학생들이 수업시간에 배우는 내용 중에는 일반적인 개념이 먼저 제시되고, 그다음 구체적인 예가 제시되며, 마지막으로 결론을 도출하는 경우가 많다. 예를 들어, 과학시간에 교사는 '모든 생물은 영양분을 섭취함으로써 생존한다.'는 일반적인 개념을 제일 먼저 설명하고, 다음으로 학생들에게 사람과 동식물이 생존하는 구체적인 방법과 사례 등을 제시하고, 사례를 분석하여 모든 생물은 영양분을 섭취한다는 결론을 내릴 수 있을 것이다.

대부분 실생활에서 제기되는 주장에서는 연역추론을 엄격하게 적용하지 못하는 경우가 많다. 이것은 실생활에서 왜 그런 일이 일어나고 앞으로 어떤 일이 일어날 것인지 설명해 주는 분명한 규칙이 존재하지 않기 때문이다. 실생활에서 주장은 막연한 추론과정과 관련이 있다. 예를 들어, 어떤 아이가 자신이 동물원에서 직접 호랑이의 몸에 줄무늬가 있는 것을 보고 '세상의 모든 호랑이는 줄무늬가 있다.'는 결론을 내린다면, 이 추론은 몸 전체가 흰 호랑이를 만나는 순간 잘못된 것으로 판명나게 된다. 언젠가는 몸에 무늬가 없는 흰 호랑이를 만날 수도 있는 것

이다. 따라서 이 아이의 추론은 논리가 아닌 경험에 기초하고 있기 때문에 완전하다고 볼 수 없다.

귀납적 추론

구체적인 사실이나 관찰에서 합리적이고 일반적인 결론을 도출하는 과정

귀납적 추론(inductive reasoning)은 구체적인 사실이나 관찰에서 합리적이고 일반적인 결론을 도출하는 과정을 말한다. 다시 말해, 특수한 것에서 일반적인 것으로 나아가는 과정이다. 귀납적 추론에는 충분한 수의 개별적인 사례를 검토하여 나머지 모든 사례도 같으리라는 결론을 이끌어 내는 일반화와 두 가지 사례가 특정한 면에서 비슷하므로 나머지 면도 비슷하리라고 추측하는 유추가 있다. 학급의 수업시간에서 전통이라는 개념을 학습해야 한다면, 학습자들이 전통이라는 추상적인 개념에 대한 정의와 속성을 사전에 학습한다고 해도 유의미하게 이해하기는 어려울 것이다. 특히, 나이가 어린 학습자일수록 그런 어려움은 더할 것이다. 이 경우 전통이 가지고 있는 속성을 반영한 구체적인 사례나 실생활의 예시—제사, 결혼식, 명절의 차례 지내기—를 다양하게 학습한다면 구체적인 사례가 가지고 있는 공통점에 근거하여 전통이라는 개념을 이해하기가 훨씬 쉬울 것이다.

2) 개념 형성을 위한 구체적인 학습방법

개념의 형성은 사물과 현상의 자극으로 생긴 멘탈모델의 작용으로써 학습자의 개념 형성을 돕기 위해서는 개념의 속성에 대한 이해가 필요하다. 앞서 설명한 학습자가 형성하는 개념은 결국 특정 개념을 동일시할 수 있는 특징이 모인 것이다. 개념의 속성을 동일시하기 위해서는 결정적인 속성을 모두 열거한 후, 그 속성을 몇 개의 하위 범주로 묶거나 그 속성 사이의 특수한 관계를 식별할 수 있어야 한다.

개념의 형성을 위해서 교사는 구체적인 교수전략을 세울 수 있는데, 전통적으로 개념의 학습에는 사물이나 현상을 구성하는 특징을 정의하

여 분류 · 범주화하는 방법을 사용해 왔다. 이를 좀 더 체계화하여 구체적인 교수-학습모형(instructional model)의 적용을 고려해 볼 수 있다. Gunter(1995)는 구체적 사물이나 사건을 학습자가 접하면서 개념을 발달시키는 개념개발 교수-학습모형(concept development model)을 제시하였는데, 그 절차를 간략하게 소개하면 다음과 같다.

첫째, 주제와 연관된 사물이나 현상의 예를 가능한 많이 모은다. 교사는 학생들에게 특정 주제와 관련된 사물이나 현상을 가능한 많이 열거하도록 한다. 대부분의 학습이 소그룹별로 이루어지기 때문에 그룹에 속한 학생들이 다양한 사례를 열거할 수 있도록 한다.

둘째, 모여진 사물이나 현상의 예를 분류한다. 소그룹별로 모인 리스트를 특정한 기준이나 근거에 따라서 분류해 보도록 한다. 실제 이 단계는 학습자의 여러 가지 의견이나 견해가 표출되는 과정이기 때문에 평범하거나 아주 특이한 견해가 도출될 수 있다.

셋째, 분류된 것에 적절한 분류 근거를 제시한다. 분류된 사건들이나 사물들을 명명하고 그렇게 명명하게 된 근거를 제시한다. 교사는 소그룹들이 서로 의사소통할 수 있도록 의견을 모으고 다른 소그룹에 그것들을 알려 주는 역할을 해야 한다.

넷째, 그룹별로 제시된 분류 근거나 명명을 종합하여 재분류한다. 서로 다른 근거와 기준을 제시한 그룹의 의견을 종합하고 근거나 기준의 위계, 즉 관계성을 확인한다.

다섯째, 모아진 원리나 법칙을 통합한다. 가능하면 짧은 진술을 사용하여 정보를 통합하는 훈련을 한다.

여섯째, 학습자 간의 토론을 통하여 지금까지의 과정을 평가한다. 학습자들 스스로 결론을 내리기까지의 사고과정, 즉 분석하고 분류하고 일반화하는 과정에 대하여 스스로 평가해 보는 시간을 가져 보도록 한다.

학습자가 개념을 어떻게 형성하는가와 학급에서 수업시간에 사용할 수 있는 개념 형성의 방법에 대하여 이야기해 보았는데, 개념 형성에서 최초의 과정은 학습자가 사물이나 현상에 관한 표상을 만드는 것이다.

2. 문제해결

인간은 삶을 살아가는 과정에서 수많은 종류의 문제에 직면하게 된다. 자동차를 운전하여 백화점에 갈 때 가장 빠른 길을 찾는다든지, 적성에 맞는 직업을 결정해야 한다든지, 수입에 적절한 지출 규모를 결정해야 한다든지 등의 문제는 일상에서 흔히 직면하는 문제다. 어떻게 보면 교육은 인간의 삶의 과정에서 봉착하는 문제를 해결하는 능력을 향상시키는 것이라고 할 수도 있다.

문제해결(problem solving)은 많은 행동주의학자, 인지심리학자에 의하여 정의되고 연구되어 왔지만, 일반적으로 새로운 답을 찾아내는 것으로 정의할 수 있다. Snow와 Biehler(2003)에 의하면 문제해결은 새로운 답을 찾는 것이지만, 목표의 달성을 위하여 과거의 경험에서 얻은 원리를 그대로 적용하는 것 이상이라고 하였다. Resnick과 Glaser(1976)는 문제를 이전에 직면하지 못했던 과업을 수행하나 수업을 통한 경험이 해결양식을 제공해 주지 못하는 상황으로 정의하였다. 이는 학습자가 수업을 통해서 많은 문제의 해결양식을 가지고 있지만 기존의 해결양식으로는 해결방안이 제시되지 않는 과업을 이야기하고 있다. 그리고 문제해결을 상황에 대한 보다 높은 수준의 인식으로, 과거에 알려져 있지 않았던 결과를 밝히는 것으로 규정하였다(Resnick & Glaser, 1976). 이러한 심리학적인 문제해결의 정의를 토대로 교육목표와 연관된 문제해결에 관한 정의를 살펴보면, 문제해결은 추론이나 개념을 형성하는 개념적 사고 등과 같이 고차원적인 사고과정이다. 학습자는 문제를 해결하기 위하여 자신이 획득한 개념과 추론을 사용하게 된다. 따라서 문제해결은 학습자가 인지적 기능을 활용하여 장애를 극복하면서 문제상태에서 문제해결의 상태로 이동하는 과정이라고 할 수 있다.

문제해결
학습자가 인지적 기능을 활용하여 장애를 극복하면서 문제상태에서 문제해결의 상태로 이동하는 과정

1) 문제의 종류

문제는 구조화된 문제(well-structured problem)와 비구조화된 문제(ill-structured problem)로 나눌 수 있다. 구조화된 문제란 분명한 해결책이 있는 문제를 말한다. 예를 들면, 수학에서 사칙연산이나 방정식을 적용하면 쉽게 풀 수 있는 문제와 같다. 즉, 뚜렷한 목표를 가지고 있고 정확한 절차나 원리를 적용하면 간단하게 풀 수 있는 문제를 말한다. 또 은행에서 돈을 인출하거나 운전하거나 하는 문제는 명확한 문제해결의 과정과 목표가 있다. 이에 반해 비구조화된 문제는 문제해결을 위한 방법이 명확하지 않은 문제를 말한다. 예를 들면, 시나 소설 창작을 한다든지, 혹은 주제를 정해서 발표 준비를 해야 하는 문제는 명확하게 정의된 절차나 해결방법이 없다. 이것은 순전히 학습자의 개인적인 능력과 통찰력으로 문제를 해결해야 한다. 문제해결의 과정에 대해서 Kil(1990)은 문제의 이해와 정보접수, 해결전략의 결정과 방법의 선택, 계획 및 전략의 실천, 결과 확인 및 평가 등의 과정을 제시하였다. 문제해결의 일반적인 과정은 문제를 발견하여 확인하고(문제인식 단계), 문제를 표상하고 목표를 확인하며(문제이해 단계), 해결전략을 탐색한 후 결과와 행동을 예상하여 최종적으로 문제해결의 과정에 대한 반성과 학

구조화된 문제
분명한 해결책이 있는 문제, 즉 뚜렷한 목표를 가지고 있고 정확한 절차나 원리를 적용하면 간단하게 풀 수 있는 문제

비구조화된 문제
문제해결을 위한 방법이 명확하지 않은 문제, 즉 학습자의 개인적인 능력과 통찰력으로 해결해야 하는 문제

습이 일어나는 과정을 거치게 된다(Snowman & Biehler, 2003).

문제해결의 일반적인 과정을 살펴보면 다음과 같다.

문제해결의 일반적 과정

- 문제의 발견과 확인
- 문제의 표상과 목표의 정의
- 해결전략의 탐색
- 결과의 예상과 해결전략의 적용
- 반성

첫째, 문제의 발견과 확인 단계다. 문제의 발견과 확인 단계에서 중요한 것은 문제를 정확하게 인식하는 것이다. 예를 들어, 학급의 수업시간에 학생들의 집중도가 현저히 떨어진다면 그것이 학생들의 문제인지, 아니면 학생들의 주의를 분산시키는 환경적인 요인에 관한 문제인지 정확히 파악해야 한다.

둘째, 문제의 표상과 목표의 정의단계다. 이 단계는 문제를 이해하는 단계로서 문제의 본질을 파악하고 그에 관련된 정보와 변인을 이해하고 문제해결에 관련된 목표를 명확하게 하여야 한다. 학생들의 경우 성적이 떨어지는 이유에 대하여 스스로 파악하지 못하고 단지 공부를 안 해서라든지 머리가 나쁘다고 말한다. 이런 경우 교사는 성적 하락의 문제에 대한 상세한 정보와 무엇을 수정해야 성적이 떨어지는 것을 방지할 수 있는지 명확하게 해 주어야 한다.

셋째, 해결전략의 탐색단계다. 문제해결의 과정에서 적절하게 사용할 수 있는 쉐마를 구성하는 단계로, 문제의 형태와 문제의 영역이나 성격 등에 따라서 적합한 문제해결 전략을 선택한다. 예를 들어, 복잡하게 서술된 수학문제를 접하였을 때 단순히 문장을 이해해서 해결할 것인가, 아니면 도형이나 그림을 그려서 체계적으로 해결하는 것이 더 나을 것인가를 결정해야 한다. 즉, 문제와 관련된 정보를 조직하고 표상한 후 가장 효율적인 해결전략을 선택하는 것이다. 문제해결전략에 관한 연구에서는 문제해결전략을 설정하는 데 많은 시간을 투자할수록 문제해결이 더 잘 이루어진다고 보고하고 있다.

넷째, 결과의 예상과 해결전략의 적용단계다. 사용 가능한 문제해결 전략을 선정한 후 도출할 수 있는 결과를 예상하고 목표와의 관련성을 확인한다. 이때 적절하지 못한 전략을 선택하였다고 판단되면 전략의 수정이나 교체가 이루어져야 한다.

다섯째, 반성의 단계다. 문제를 해결한 후에는 문제해결의 과정과 결과를 평가해 보아야 한다. 대부분의 학생은 문제가 잘 해결되었다고 생각하면 더 이상의 행동은 하지 않는 경향이 있다. 문제해결의 과정과 결과를 다른 경우와 비교하거나 목표 달성과의 관련성 및 효과의 확장이라는 측면에서 스스로 점검해 볼 필요가 있다.

실제로 문제해결과정에는 과제의 특성이나 과제가 존재하고 있는 전반적인 환경, 학습자의 기억과 기억장치 속의 실제적인 문제해결을 위한 작용 등 많은 요소가 영향을 끼친다. 최근 연구에 의하면 학습자의 정서적인 요소, 즉 동기나 자아개념, 신념 등도 문제의 해결과정에 영향을 미친다는 것이 확인되었다.

2) 학급에서 사용할 수 있는 효과적인 문제해결전략

문제해결전략은 우리의 일상생활에서 많은 예를 찾아볼 수 있다. 예를 들어, 우리는 과제를 같이 하기로 한 친구가 약속장소에 나타나지 않고 전화연락도 되지 않을 때 그 근처를 샅샅이 찾아보거나 마냥 기다리기보다는, 그 친구가 평소에 잘 들르는 곳을 선정해서 찾아보거나 가족에게 연락하여 찾으려 하는 경우가 흔하다. 즉, 효율적이고 간단한 방법을 선택하는 것이다. 이러한 것이 곧 전략이다. 개인은 경험과 학습을 토대로 나름대로 문제해결전략을 가지고 있지만 학습에서 교사는 문제해결전략의 사용을 체계적으로 지도할 필요가 있다. 과거 문제해결에 관한 연구는 일관성 있게 해결전략을 지도함으로써 학생의 문제해결을 증진시킬 수 있다고 보고하고 있다.

문제해결전략은 기본적으로 시행착오와 통찰을 강조해 왔다. 시행착오를 통한 문제해결방법은 거듭되는 시행착오를 통해서 문제해결에 가장 적절한 방법을 찾는 것이고, 통찰은 문제의 전체적인 구조 간의 관계성을 파악함으로써 가능하다. 그러나 이 두 가지 방법은 시행착오가 불가능하거나 보다 복잡한 일상의 문제를 해결하는 데는 한계가 있을 수밖에 없다. 따라서 특정한 상황이나 조건에 맞는 해결전략을 학생들이 학습할 수 있도록 해야 한다. 또 Kil(1990)의 연구에 의하면, 학습전략의 지도와 동시에 학습자가 가지고 있는 기존의 지식, 신념, 정의적 특성도 문제해결전략의 학습에 영향을 미치기 때문에 이 역시 문제해결전략의 지도에 반영해야 한다. 결국, 학습자에게 문제해결전략을 학습시키려면 단순히 전략만을 고려해서는 안 되며, 학습자의 지적, 정서적 요소를 복합적으로 고려해야 한다.

문제해결전략 학습 시 고려사항

문제해결전략을 학습시키려면 단순히 전략만을 고려해서는 안 되며, 학습자의 지적·정서적 요소를 복합적으로 고려해야 함

일반적으로 사람들이 사용하는 문제해결전략은 연산법(algorithms)과 발견법(heuristic)이 있다. 연산법은 목표에 단계적으로 접근하는 방법으로 특정 영역에 한정된 문제해결에 많이 사용된다. 논리적이고 단계적인 절차를 밟아서 문제를 해결하는 전략으로 공식과 절차에 따라 문제해결과정을 수행하면 답이 명확하게 제시된다. 특히, 공식을 사용하는 수학문제의 풀이나 물리적인 문제해결에서 많이 사용된다. 그러나 문제의 진술이 모호하거나 불분명한 상황에서는 오류를 범할 가능성이 높다. 이에 반해 발견법은 기존의 경험을 토대로 문제해결의 실마리를 찾고 해답을 추론하고 검증해 보는 방법이다. 예를 들어, 인간관계(친구와의 불화, 가족과의 갈등)의 문제에서는 문제를 해결하는 일정한 공식이 존재하지 않는다. 이러한 경우에는 기본적인 절차보다는 경험의

연산법

목표에 단계적으로 접근하는 방법으로 특정 영역에 한정된 문제해결에 많이 사용됨

발견법

기존의 경험을 토대로 문제해결의 실마리를 찾고 해답을 추론하고 검증해 보는 방법

축적과 추론능력이 요구된다. 발견적 문제해결전략으로는 수단-목표 분석, 유추를 통한 방법, 브레인스토밍(brainstorming) 등이 있다.

발견적 문제해결전략

- 수단-목표 분석
- 유추를 통한 방법
- 브레인스토밍

첫째, 수단-목표 분석방법은 최종 목표와 출발점 사이에 소목표를 설정하여 단계적으로 문제를 해결한다. 문제를 해결하기 위해서 목표와 현재의 위치를 확인하고 특정한 전략이나 수단, 방법을 선택하여 목표와 현 상태의 거리를 좁히는 것이다. 일반적으로 목표가 명확해지고 현재의 상태를 제대로 인식하고 있으면 방법론이 도출된다. 도출된 방법론을 적용하여 실행하고 평가한 후 목표와의 차이를 확인하고 재실행하는 활동을 반복하게 된다.

둘째, 유추를 통한 방법이다. 문제에 대하여 파악되지 않은 경우에 사람들은 대개 자신과 친숙한 상황이나 영역에서 경험과 연관시켜 문제를 해결하려 한다. 즉, 문제해결의 실마리나 정보가 거의 없을 경우 문제를 인식하고 당면한 문제와 유사하거나 친숙한 영역의 지식에서 연관성을 찾아서 문제해결에 접근하게 된다. 경험이 많은 형사가 사건 해결의 실마리를 과거의 수사 경험에서 찾아낸다든지, 꿈이나 우연한 기회에 얻은 정보를 가지고 문제해결의 실마리를 잡아 나가는 경우도 유추에 의한 해결방법이라고 할 수 있다.

셋째, 브레인스토밍이다. 브레인스토밍은 아이디어를 개발하는 방법의 하나로 일정한 주제에 관하여 회의 형식으로 진행되며, 구성원의 자유발언을 통하여 아이디어를 찾아내는 것이다. 즉, 문제를 정의하고, 가능한 많은 수의 대안과 문제해결 방법을 산출하고, 그것을 하나하나 분석하여 최선의 해결책을 선정한다. 브레인스토밍의 일반적인 단계는 다음과 같다.

브레인스토밍

아이디어를 개발하는 방법의 하나로 일정한 주제에 관하여 회의 형식으로 진행되며, 구성원의 자유발언을 통하여 아이디어를 찾아내는 것

- 문제를 표상하고 명확하게 정의한다.
- 아이디어를 최대한 많이 산출해 본다.
- 도출된 아이디어의 판단을 위하여 구성원 간의 합의를 거쳐 판단준거를 결정한다.
- 결정된 준거를 이용하여 최상의 아이디어를 선택한다.

브레인스토밍 시 주의점은 구성원이 제안한 아이디어에 대해 비판하지 않아야 하며, 가능한 많은 아이디어가 나오도록 자유로운 분위기를 유지할 수 있도록 해야 한다.

학생들에게 효과적인 문제해결전략을 가르치기 위한 학급에서 활용할 수 있는 방법들을 정리하면 다음과 같다.

첫째, 교사는 학생들이 문제를 정의하고 확인할 때 가능한 한 학생들 스스로 할 수 있도록 격려해야 한다. 이것은 학생들이 문제의 맥락과 배경을 이해하여 적절한 해결전략을 선택할 수 있도록 하는 것이다. 학급의 수업시간에 제시된 문제를 교사가 설명해 주기보다는 학생들이 스스로 문제의 본질과 배경을 이해할 수 있도록 관련 정보와 자료 등을 이용하여야 한다.

둘째, 교사는 문제를 표상하는 방법에 대해서 구체적으로 가르칠 필요가 있다. 즉, 학생들이 어떻게 하면 문제를 스스로 잘 이해할 수 있는지에 관하여 가르칠 필요가 있다. 앞서 예를 든 것처럼 복잡한 수학문제를 접했을 때 어떠한 방법으로 문제를 파악하는 것이 가장 좋은지, 어떤 도형이나 그림 혹은 기호 등을 사용해야 문제 파악이 효율적으로 되는지 구체적으로 가르칠 필요가 있다.

셋째, 교사는 문제해결을 위한 여러 전략을 가르쳐야 한다. 문제해결의 효율적인 전략은 통찰과 경험 혹은 시행착오 등을 통하여 학생 스스로 학습할 수 있지만, 교사가 미리 효과가 검증된 전략이나 상황별로 적절한 문제해결전략을 선정하여 학생들에게 가르칠 필요가 있다.

넷째, 교사는 학생들이 문제해결에서 겪는 혼란이나 어려움이 결코 무의미한 것이 아니라는 것을 알게 해야 한다. 혼란이나 어려움이 문제해결의 실패가 아니고 문제해결과정에서 당연히 일어나는 정상적인 과정이며, 필요한 과정이라는 것을 알게 해야 한다.

다섯째, 교사는 학급의 학생 중에서 능숙하게 문제를 해결하는 학생들을 잘 활용할 필요가 있다. 교사의 문제해결전략의 가르침도 유익하지만, 풍부한 지식과 세련된 문제해결전략을 사용하는 학생들과 미숙한 학생들이 상호작용할 수 있도록 하여 적절한 문제해결전략의 모델을 만들 필요가 있다.

여섯째, 교사는 학생들이 문제해결과정 중에 실패로 인하여 좌절하거나 실망하지 않도록 격려해야 한다. 구체적으로 다른 해결전략을 안내해 주거나 좀 더 구체적인 정보나 자료 등을 제공하여 학생들이 성공적인 문제해결의 경험을 누적하도록 도와주어야 한다.

3. 전 이

1) 전이의 개념 및 이론

> 전이
>
> 학습에서 배운 규칙, 사실, 원리, 기술 등을 다른 상황이나 유사한 상황에 적용하는 것

전이(transfer)란 학습에서 배운 규칙, 사실, 원리, 기술 등을 다른 상황이나 유사한 상황에 적용하는 것이다. 즉, 학습에서 배운 것을 다른 학습이나 학습 이외의 상황에 적용하는 것을 말한다. 이전에 배웠던 내용이나 문제해결의 과정이 현재의 학습과 새로운 문제해결과정에 영향

을 미치는 경우 전이가 발생하였다고 할 수 있다. 학교에서 수학을 배우는 것은 수와 계산을 익히는 것에도 목적이 있지만 논리적이고 합리적인 사고방식을 습득하기 위해서이기도 하다. 전이는 학습의 가장 일반적인 현상으로 일상생활에서 우리는 많은 전이를 경험하고 있다. 그러나 실제로 학교에서 배운 내용이 그대로 현실에서 학습자가 직면하는 문제가 되지는 않는다. 특히, 일상생활은 상황에 따라서 환경을 구성하고 있는 요인이나 변수가 달라지기 때문에 학교에서의 학습내용을 그대로 적용할 수 있는 경우가 거의 없다. 그렇지만 교육과정에서 학습한 내용을 활용하거나 응용해서 현실의 문제를 해결할 수 있어야 한다.

학교에서 문제를 잘 해결함에도 불구하고 학교 밖에서 직면하는 문제는 잘 해결하지 못하는 학생이 많다. 이 경우 전이가 잘 일어나지 않았다고 할 수 있는데, 이전에 배운 지식을 새롭거나 낯선 상황에 전이하지 못하였기 때문이다. 효과적으로 전이가 발생하게 하는 것은 학교교육의 중요한 목표 중 하나다.

수학시간에 배우고 익힌 연산을 통하여 시장이나 슈퍼마켓에서 원활한 구매 및 판매를 할 수 있어야 하며, 나아가 갈등상황이나 문제해결의 장면에서 합리적으로 의사결정을 할 수 있어야 한다. 또한 국어시간에 배운 내용을 이용하여 사회에서 적절한 언어생활을 할 수 있어야 한다. 학교교육에서 전이를 고려할 때 기본적으로 전제되는 것은 선행학습과 후속학습의 관계에서 선행학습이 후속학습을 얼마나 용이하게 하는가의 문제와 학교교육에서의 학습을 통한 효과가 실제 사회생활에서 얼마나 전이되는가의 문제다.

전이는 그 효과에 따라 긍정적 전이와 부정적 전이로 구별한다.

> **긍정적 전이**
> 이전에 학습한 내용이 새로운 학습을 촉진시키는 경우

첫째, 긍정적 전이(positive transfer)는 이전에 학습한 내용이 새로운 학습을 촉진시키는 경우를 말한다. 예를 들면, 수학시간에 학습한

사칙연산은 보다 높은 수준의 방정식이나 함수에 관한 문제를 해결하는 데 도움이 되기도 하며, 물리나 화학 수업에서도 사칙연산이 문제해결에 도움이 될 수도 있다. 또 독일어의 학습에서 이전에 배웠던 영어 단어가 도움이 되기도 한다. 이 경우 사전의 학습이 사후의 학습에 도움을 준 긍정적인 전이의 예라고 할 수 있다.

둘째, 부정적 전이(negative transfer)는 학습자가 이전에 학습한 내용이 나중의 학습에 장애를 초래하는 것이다. 즉, 선행학습의 내용이 후속학습의 내용 이해에 부정적으로 영향을 미치는 것이다. 예를 들면, 독일어의 경우 영어와 유사한 단어라도 전혀 다른 뜻을 가진 단어들이 있고 문법적으로도 영어를 배운 학습자가 혼돈을 일으키는 경우가 많다. 이 경우 부정적인 전이가 일어난 것이다. 그러나 같은 뜻을 가진 단어나 발음의 경우 긍정적인 전이가 일어나기도 한다.

> **부정적 전이**
> 학습자가 이전에 학습한 내용이 나중의 학습에 장애를 초래하는 것

전이에 관한 이론을 살펴보면 형식도야설, 동일요소설, 일반화설 등이 있다.

첫째, 형식도야설은 학습에서 일반적으로 내용이 아주 어렵거나 기초가 되는 과목을 배우게 되면 다른 과목은 쉽게 학습할 수 있다는 이론이다. 이른바 도구과목이 되는 수학이나 논리학 등을 익혀 놓으면 기본적인 인간의 정신능력이 길러지기 때문에 비록 내용이 다르다 할지라도 다른 과목을 능히 습득할 수 있다는 것이다. 르네상스 시대의 서양에서 논리학, 수학이나 라틴어 같은 난해한 과목을 강조한 것이 바로 이러한 이유다.

> **형식도야설**
> 학습에서 일반적으로 내용이 아주 어렵거나 기초가 되는 과목을 배우게 되면 다른 과목은 쉽게 학습할 수 있다는 이론

둘째, 동일요소설은 선행하는 학습과 후속하는 학습 사이에 동일한 요소가 내재하고 있으면 학습이 쉽게 전이된다는 이론이다. 예

> **동일요소설**
> 선행하는 학습과 후속하는 학습 사이에 동일한 요소가 내재하고 있으면 학습이 쉽게 전이된다는 이론

를 들어, 유도선수가 레슬링으로 종목을 바꾸더라도 그렇지 않은 사람보다 여전히 우수한 능력을 발휘하거나 기술 습득이 더욱 빠른 것은 기본적인 신체의 민첩성이나 힘, 근육의 기능이 다른 종목에서도 여전히 동일하게 활용되기 때문이라는 것이다. 또 사칙연산 간에도 동일한 요소가 있어서 각각의 연산을 학습할 때 긍정적인 영향을 가져온다.

일반화설

서로 다른 학습의 내용이라도 같은 원리의 적용이 가능한 것이라면 얼마든지 긍정적인 전이가 일어날 수 있다는 것

셋째, 일반화설은 서로 다른 학습의 내용이라도 같은 원리의 적용이 가능한 것이라면 얼마든지 긍정적인 전이가 일어날 수 있다는 것이다. 이때 구체적인 사실의 습득이나 기억보다는 일반적인 원리를 아는 것이 전이에 효과적이다.

저부하 전이

사전에 고도로 연습된 기술이 자동적으로 일어나는 전이

Salomon과 Perkins(1989)는 전이를 과부하 전이(high-road)와 저부하 전이(row-road)로 분류하였다. 저부하 전이는 일종의 자동적 전이로서 사전에 고도로 연습된 기술이 자동적으로 일어나는 전이며, 복잡하고 세련된 인지적인 기술을 필요로 하지는 않는다. 예를 들면, 운전이 능숙한 사람은 다른 기종의 차로 운전을 하더라도 어려움을 느끼지 못한다. 또 스케이트보드를 타는 데 능숙한 사람은 스노우보드를 배우는 데도 별다른 어려움을 느끼지 못한다.

과부하 전이

사전에 학습되어 있는 추상적인 지식을 또 다른 상황에 의식적으로 사용하는 것

과부하 전이는 사전에 학습되어 있는 추상적인 지식을 또 다른 상황에 의식적으로 사용하는 것이다. 과부하 전이는 두 가지 방식으로 발생한다. 하나는 장래에 사용할 의도를 가지고 원리나 전략을 학습하는 것으로 미술학도가 인체해부 과목을 수강하여 스케치 시간에 인간 근육의 묘사를 보다 역동적이게 하려고 하는 경우다. 다른 하나는 새로운 문제에 직면하여 다른 상황에서 배운 것을 되돌아보며 문제를 해결하려는 경우다. 예를 들어, 교육심리 시간에 학습하였던 구체적인 문제해결전략을 활용하여 친구와의 불화나 가족 간의 갈등을 해결하려고 하거나,

경영학에서 배웠던 이론을 활용하여 교사가 보다 효율적인 학급경영을 시도하는 경우다.

2) 효과적 전이를 위한 방법

학습에서 전이가 효과적으로 일어나는지 평가한다는 것은 상당히 어려운 일이다. 따라서 교사는 학생들에게 전이가 일어날 가능성이 높은 방법을 연구해야 할 필요가 있다.

효과적인 전이가 일어나도록 교사가 학급에서 시도할 수 있는 방법을 교사와 학생의 측면에서 살펴보면 다음과 같다.

우선 교사의 측면에서 살펴본다.

첫째, 교사는 어떤 내용을 어떻게 가르쳐야 긍정적이고 학생들의 미래에 가치 있는 전이가 일어날 것인가를 결정해야 한다. 급격한 사회 상황의 변화는 현재 가치 있다고 생각되는 지식을 몇 년 후에는 쓸모 없게 만들어 버리기 때문에 장기간 긍정적인 효과를 가져올 수 있는 기본 지식을 결정해야 한다.

둘째, 교사는 다양한 사례와 예시를 학생들에게 제공해야 한다. 구체적이면서도 다양한 사례와 예시를 제공해야 전이가 일어날 가능성이 높다. 동일한 학습내용을 다양한 사례나 예시로 제시하여 반복 · 학습한다면 전이가 일어날 가능성이 높다. 즉, 충분한 연습을 하게 되면 전이는 잘 일어난다는 것이다. 따라서 교사는 학생들이 충분한 시간을 두고 연습하고 결과를 확인할 시간과 학습자료를 준비해야 한다.

셋째, 교사는 교육과정에 따라 학습내용을 연관성 있게 조직해야 한다. 즉, 선행학습과 후속학습에 유사한 학습상황을 조성하면 전이가 촉진된다는 것이다. 좀 더 구체적으로 이야기하면, 선행학습과 후속학습의 학습자료나 주제가 유사하면 전이가 잘 일어난다. 이것은 여러 가지 의미를 내포한다. 즉, 학교학습에서는 연관성 있는 교육내용을 조직적으로 구성할 필요가 있으며, 학생들의 생활 면에서는 실생활에서 직접 직면할 수 있는 내용을 선정하면 전이가 일어날 가능성이 더욱더 높아지게 된다. 따라서 교사는 교육과정을 실제의 수업에 적용할 때 이러한 점을 고려하여 수업 제재를 재구성해야 한다.

넷째, 교사는 학습에 가장 기본적인 기술을 학생들이 정확하게 익힐 수 있도록 해야 한다. 예를 들어, 수학에서 기본적인 사칙연산을 이해하지 못한다면 긍정적인 전이가 후속학습에서 일어날 수 없을 것이다.

학생의 측면에서 살펴보면 다음과 같다.

첫째, 학습자는 자발적인 학습동기를 가져야 한다. 학습의 전이는 집중력과 밀접한 상관관계가 있으며, 자발적으로 형성된 학습동기는 집중력을 높일 수 있다.

둘째, 학습자는 경험을 통하여 자기 자신만이 가지는 특유의 학습방법과 전략의 체득이 필요하다. 자신의 과거 학습 결과, 생활습관, 흥미 등을 고려하여 자신에게 적합하고 효과적인 학습방법을 체득하도록 적극적인 학습자세를 가져야 한다.

효과적이고 긍정적인 전이를 발생시키려면, 학습자의 적극적인 참여와 학습자가 학습한 원리나 개념을 다양한 사례와 예시를 통하여 연습할 수 있도록 학습환경을 설계하고 조직하는 교사의 노력이 필요하다.

07

동 기

아동의 욕구나 필요를 무시하고 사회적인 요구만을 중심으로 교육과정을 구성한다면 활기 있는 학습활동을 전개할 수 없다. 반면에 아동이 가지고 있는 욕구와 직접 관련지어 학습동기를 유발한다면 아동은 학습에 강한 흥미를 가지게 된다. 이 장에서는 동기에 대한 이해를 증진시키기 위하여 동기의 의미와 기능, 내적 동기와 외적 동기 그리고 동기이론에 대하여 설명하고자 한다.

1. 동기의 의미와 기능

우리는 흔히 일상생활에서 동기 따지기를 좋아한다. 어떠한 행동이든 그 바탕에는 동기가 깔려 있다고 보고, 그 동기를 밝히려고 노력한다. 바꿔 말하면, 행동은 동기가 있어야 나타난다는 말이 된다. 특정한 목적을 달성하기 위하여 행동을 유도하는 경우에도 동기의 중요성은 부각된다. 흔히 동기가 유발된 경우는 그렇지 않은 경우보다 일의 성취도가 매우 높다고 한다. 동기가 유발된 경우는 마치 능력이 그만큼 상승된 것과 같은 효과를 보여 준다. 능력과 동기 그리고 일의 성취 간의 관계를 그래프로 그려 보면 [그림 7-1]과 같다.

그림에서 보면 E 수준으로 일을 성취하기 위해서는 A와 B 두 가지 경우가 있다. A는 능력 C로 동기가 유발된 경우고, B는 능력 D로 동기가 유발되지 않은 경우다. 따라서 동기가 유발되면 능력 상승효과를 볼 수 있다는 것이 되고, 역으로 동기가 유발되지 않으면 능력의 저하효과가 나타난다고 볼 수 있다.

동기의 이러한 효과를 동기의 의미와 관련하여 설명해 보면 다음과 같다.

동기화된 유기체

동기화되지 않은 유기체보다 더 정력적이고 더 효율적으로 활동

동기는 행동을 촉발하고 지속하게 하므로(Birch & Veroff, 1966; Korman, 1974), 동기화된 유기체는 동기화되지 않은 유기체보다 더 정력적이고 더 효율적으로 활동하게 된다(홍대식 역, 1984). 실제 수업 상황에서 동기화된 학생은 동기화되지 않은 학생에 비하여 학업 수행에 많은 시간을 투입한다(Atkinson, 1980). 학생이 학업 수행에 투입하는 시간량은 학업성취도의 중요한 예언인자 중 하나다(Fischer et al.,

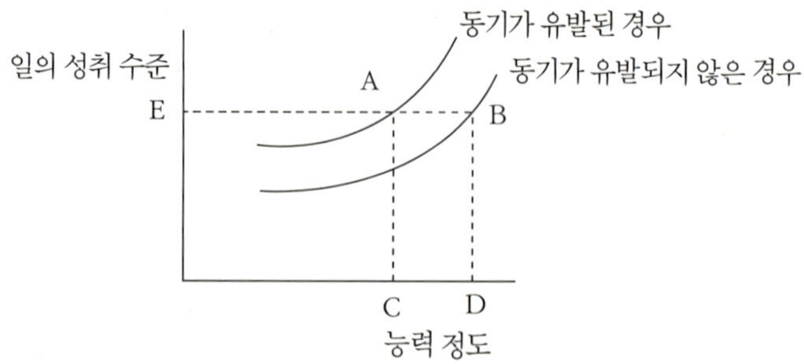

[그림 7-1] 동기, 능력, 성취 간의 관계

1978). 따라서 동기화된 학생은 보다 많은 시간을 학업 수행에 투입함으로써 보다 높은 학업성취도를 달성하고 있다고 볼 수 있다. 이렇게 학습에서 학습동기를 유발하는 것은 매우 중요하다는 것을 알 수 있는데, 구체적으로 동기의 의미와 그 의미에 따른 기능을 살펴보면 다음과 같다.

첫째, 동기란 행동에 활력을 주고(energize) 안내하고 유지하는 것으로 특정 활동의 개인적 투자량을 반영한다(Maehr & Meyer, 1977; Ormrod, 2003).

둘째, 동기란 유기체 내에서 어떤 목표를 향한 행동을 일으키는 원동력이며, 개인이 갖는 중요성에 따라 서열화된 감정적 색조를 띤 연상적 망조직이다(McClelland, 1985).

두 번째 McClelland의 정의를 보면, 동기는 두 가지 면을 지녔다는 것을 알 수 있다. 즉, '개인이 갖는 의의와 중요성에 따라 서열화된 감정적 색조'에서 정서적 면을, '연상적 망조직'에서 인지적 면을 지녔다는 것이다. 이러한 두 측면을 성취동기와 연관시켜, Atkinson은 정서적 성향(affective tedency)으로, Kukla와 Meyer는 인지적 성향(cognitive disposition)으로 성취동기를 보고 있다(Kukla, 1978).

두 관점을 종합해 보면, 인지적 성향은 행동의 방향을 제시해 주고 정서적 성향은 행동을 하도록 만들어 주므로 동기는 인지적 · 정서적 성향을 모두 가지고 있다고 볼 수 있다. 그러므로 동기의 두 성향에 따라 동기는 목표지향적, 행동 촉발적, 지속적이다.

> **동기**
> 동기는 인지적 · 정서적 성향을 가지므로 목표지향적, 행동 촉발적, 지속적임

이에 맞춰 동기는 시발적 기능, 지향적 기능, 지속적 기능, 강화적 기능 등을 가진다. 시발적 기능이란 행동을 촉발하도록 하는 기능이며, 지향적 기능이란 행동의 방향을 결정해 주는 기능이다. 지속적 기능이란 행동을 계속적으로 하도록 만드는 기능이며, 강화적 기능이란 행동

> **동기의 기능**
> 동기는 시발적 기능, 지향적 기능, 지속적 기능, 강화적 기능을 가짐

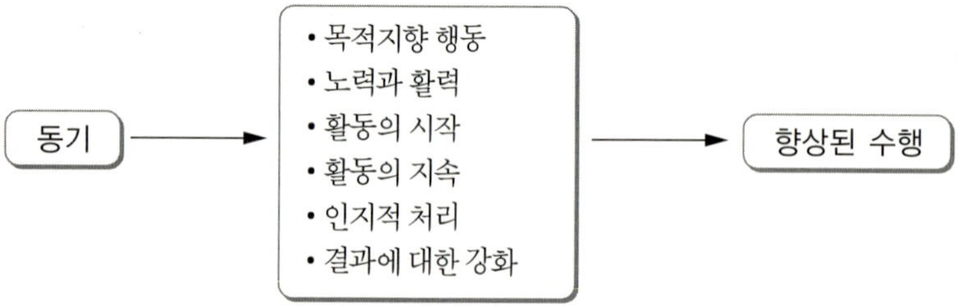

[그림 7-2] 동기가 학습이나 행동에 영향을 주는 방법

의 결과에 대해 스스로 만족감을 가지게 만드는 기능이다.

동기가 가진 4가지 기능을 중심으로 동기가 학습이나 행동에 영향을 주는 방법을 설명하면 [그림 7-2]와 같다(Ormrod, 2003).

동기와 유사하게 사용되는 용어

- 흥미: 어떤 사물이나 사건, 견해를 선택하여 주의를 기울이는 것
- 욕구: 특정 활동이나 결과가 제공할 수 있는 무엇인가가 결핍된 상태
- 가치: 삶에서 중요하다 여겨지는 모든 것에 대한 지향
- 태도: 정서를 포함한 것으로 호의적·비호의적 감정
- 포부: 어떤 종류의 성취에 대한 개인의 희망이나 열망
- 유인가: 각성된 동기를 만족시키는 힘을 가진 것

'동기' 개념과 유사하게 사용되는 용어로는 흥미(interest), 욕구(need), 가치(value), 태도(attitude), 포부(aspiration), 유인가(incentive) 등이 있다.

흥미란 어떤 사물이나 사건 혹은 견해를 선택하여 주의를 기울이는 것이며, 욕구란 어떤 특정한 활동이나 결과가 제공해 줄 수 있는 무엇인가가 결핍된 상태다. 또한 가치란 자신의 삶에서 중요하다고 여기는 모든 종류의 목표에 대한 지향이며, 태도란 정서를 포함하고 있는 것으로 호의적 혹은 비호의적 감정이다. 그리고 포부란 어떤 종류의 성취에 대한 개인의 희망이나 열망이며, 유인가란 각성된 동기를 만족시키는 힘을 가진 것으로 개인에게 지각된 것이다(정종진, 1991). 이와 같이 흥미, 욕구, 가치, 태도, 포부, 유인가 등은 모두 넓은 의미의 동기에 내포됨을 알 수 있다.

동기 중에서 성취하려고 하는 동기를 성취동기라고 한다. 1950~1965년 시기에 그 중요성이 크게 부각되었던 성취동기(Weiner, 1980)는 21세기 지식정보사회에 들어서 다시 그 중요성이 부각되고 있다. 성취동기는 Murray(1938)에 의해서 처음으로 소개된 동기체제 중 하나

다. 그는 여러 욕구 중에서 성취 욕구를 제시하였고 그것을 평가하는 도구인 TAT를 개발하였다(Weiner, 1980). 이후 성취동기는 McClelland, Atkinson 등에 의하여 더욱 발전되었다. 이러한 성취동기의 개념을 알아보면 다음과 같다.

첫째, 우월성의 어떤 내적 기준을 성취하고자 노력하는 것과 관련된 계획, 행동, 느낌의 유형이다(Ball, 1977).
둘째, 경쟁을 포함하고 있으므로 우월의 표준을 가진 동기다(Castenell, 1983).
셋째, 성취 자체보다는 오히려 성취를 향한 욕구다(Ball, 1977).
넷째, 성취 결과와는 관계없는 성취를 위한 내적 의욕 혹은 동기를 중요시하는 개념이다.

이상의 개념에 따른 성취동기의 특성은 다음과 같다.

첫째, 어려운 어떤 것을 완성하기 위해 심오하고 깊은 노력을 반복하는 것이다.
둘째, 높고 먼 목적을 지향하며 성취하려는 의지를 가진 것이다.
셋째, 모든 것을 잘하려고 노력하는 것이다.
넷째, 타인의 출현으로 인해 의기소침해지기보다 이를 능가하도록 자극되는 것이다.
다섯째, 경쟁을 즐기는 것이다.
여섯째, 의지력을 발휘하는 것이다.
일곱째, 실증과 피곤을 극복하는 것이다.

성취동기와 학업성취의 관계를 구명한 연구들(강주태, 1971; 박용헌,

1988)에서 성취동기는 학업성취에 긍정적으로 영향을 미치는 것으로 나타나고 있다. 따라서 학생들의 학업성취도를 향상시키기 위해서는 성취동기를 향상시킬 필요가 있다.

교육심리학

- 1차적 욕구: 기본적인 생물학적 욕구
- 2차적 욕구: 사회적 경험을 통해 학습된 것

동기에는 1차적 욕구와 2차적 욕구가 있다. 여기서 1차적 욕구란 기본적인 생물학적 욕구다. 이에 반해 2차적 욕구란 사회적 경험을 통해 학습된 것으로 타고난 것이 아니다(Conger, 1977). 성취동기는 인간의 사회적 동기로서 기본적 동기가 아닌 2차적 동기이기 때문에 학습된다. 따라서 학생의 성취동기 향상을 위한 프로그램 개발과 교육에 관심을 기울여야 한다.

2. 내적 동기와 외적 동기

상이한 동기적 구조(motivational constructs)에서 내적 동기는 외적 동기와 관련하여 수업이론과 연구에서 가장 중요한 것 중 하나다(Kinzie, 1990). 외적 동기와 대비되는 내적 동기는 내발적 동기라고도 하고, 학습목적적 동기(motivation with learning goals), 지속적 동기(continuing motivation)와 같은 의미로 사용되고 있다.

내적 동기(intrinsic motivation)는 수행목적보다 학습목적적이며, 학습목적적 동기, 즉 내적 동기와 같은 의미로 사용된다(Brophy, 1983).

학습목적

추가적 지식을 획득하거나 새로운 기술을 숙달하려는 욕구

학습목적(learning goal)이란 추가적 지식을 획득하거나 새로운 기술을 숙달하려는 욕구다. 학습목적을 가진 학생들은 능력이 연습과 노력을 통해 개발된다는 신념을 가지고 좀 더 자기조정적인 행동과 학습을 보여 준다. 자신의 향상을 기준으로 하여 수행을 평가하며, 실패는 자신에게 좀 더 노력하라는 신호로 받아들인다. 교사는 자신을 도와주는 자원이나 안내자라고 생각한다(Ormrod, 2003). 이에 비해 수행목적

(performance goal)은 다른 사람에게 잘 보이려고 하거나 좋은 평판을 받고자 하는 욕구다. 능력이란 개인이 가지고 있는 변함 없는 성격이라고 보면서 자기조정적인 모습을 덜 보여 준다. 자신의 수행 정도를 타인의 수행과 비교하여 평가하며, 실패는 자신이 능력이 없다는 것을 보여 주는 것이라고 생각하고, 나아가 미래에도 또 실패할 것이라는 신호로 본다. 교사는 심판자로서 보상을 주거나 벌을 주는 사람으로 생각한다(Ormrod, 2003).

수행목적

다른 사람에게 잘 보이려고 하거나 좋은 평판을 받고자 하는 욕구

지속적 동기(continuing motivation)는 교육과 가장 직접적으로 관련된 내적 동기다(Kinzie, 1990). 이는 학습에의 열의(willingness to learn)를 말한다(Maehr, 1976). Keller(1983)는 지속적 동기를 비슷한 동기를 지속하려는 동기라고 했다. 학생들은 지속적 동기 때문에 외적 압력이 없어도 학습활동에 계속 참여하게 된다.

지속적 동기

학습에의 열의로 교육과 가장 직접적으로 관련된 내적 동기

내발적 동기는 내생적 행동(endogenous activity)과 밀접히 관련된다. 내생적 행동은 보상을 받고 실패를 피하는 것과 같이 목적을 위한 수단이 아닌 그 자체가 목적으로 시도된다. 내생적 행동은 재미있고 만족스럽고 성취되기 때문에 실행된다(Christensen, 1986). 그러므로 행동이 내적으로 동기화되었을 때는 활동 자체가 보상이 되므로 어떤 외적 보상을 필요로 하지 않는다. 내적으로 동기화된 학습자는 좀 더 어려운 문제를 시도하고, 바른 해결의 모색보다 문제해결 방법에 더 관심을 기울인다(Condry & Chambers, 1978; Kinzie, 1990). 이에 비해 외적으로 동기화된 학습자들은 보다 쉬운 일을 선택하는 경향이 있고, 새로운 문제를 해결하는 데 정보를 보다 효율적으로 활용하지 못하며, 문제해결의 전략 수립에서 논리적이지 못하다(Condry, 1977). 높은 수준의 내발적 동기를 가진 학습자는 외적 보상이 보장된 상황에서는 그 행동에 대한 흥미나 기쁨, 과제 수행의 지속성, 그리고 행동의 질이 저하된다(정종진, 1991). 이들은 외적 압력이 없이 내적으로 동기화되어 학습활동에

내발적 동기

목적을 위한 수단이 아닌 그 자체가 목적으로 시도되는 내생적 행동과 밀접히 관련됨

참여할 때 지속적 동기를 보여 준다(Kinzie, 1990).

내적 동기는 다양하게 제시되고 있다. Kinzie(1990)는 자발적이고 내적으로 동기화된 학습을 격려하고 유지하는 데 필요한 요인을 다음과 같이 제시하였다.

첫째, 능력(competence) 또는 자기효능감(self-efficacy)의 기대
둘째, 자기통제(personal control)의 지각
셋째, 관련성(relevance)의 지각
넷째, 호기심(curiosity)의 자극

Keller는 ARCS 모형에서 학습동기의 4요소로 주의집중(attenttion: A), 관련성(relevance: R), 자신감(confidence: C), 만족감(satisfaction: S)을 들고 있다(박성익, 최정임 역, 1992). Christensen(1986)은 내적 동기로 홍미(interest), 능력(competence), 호기심(curiosity), 자기실현(self-actualization)을 들고 있다. 정인성(1989)은 동기적 교수효과를 강조하는 텍스트 개발로서 제안한 MIDs(Motivational & Instructional Devices)에서 동기적 원리로 감각적 호기심(sensory curisoity), 인지적 호기심(cognitive curiosity), 관련성과 필요성(relevance & needs), 만족과 조절(satisfaction & control), 기대와 귀속(expectancy & attribution)의 다섯 가지를 제시하고 있다. 그리고 박영태(2004)는 내적 동기로 자아실현, 홍미, 호기심을 제시하고 있다.

내적 동기는 결국 개인의 내부에서 생성되므로 이를 어떻게 유발할 것인지가 중요해진다. Maslow는 내적 동기는 다른 기본적인 욕구가 충족된 후에 나타난다고 하였고, 최근의 이론가들은 자기효능감과 자기결정성(self-determination)이 나타날 때 나타난다고 보았다. 박영태(2004)는 내적 동기는 외적 학습자료와 개인의 내적 요소 간에 관련성

이 지어질 때 나타난다고 보았다. 내적 동기의 요소와 그 발생과정은 동기이론에서 소개하고자 한다.

외적 동기는 행동의 촉발원인이 외부에 존재하는 동기를 말한다. 외적 동기는 주로 정신적 세계를 중요시하지 않는 행동주의 이론에서 제시하는 칭찬, 벌, 강화 등 다양한 보상기법에서 나타난다. 즉, 아동의 행동을 촉발하기 위한 토큰제, 상장의 부여, 상품의 제시 등이 이에 속한다.

외적 동기

행동의 촉발원인이 외부에 존재하는 동기로 칭찬, 벌, 강화 등의 보상기법에서 나타남

3. 동기이론

1) Keller의 ARCS 이론

Keller의 ARCS 이론은 학습동기를 유발하고 지속시키기 위하여 학습환경의 동기적 측면을 설계하는 문제해결법이다(Keller, 1983). 그는 인간 동기의 특성을 주의집중(attention), 관련성(relevance), 자신감(confidence), 만족감(satisfaction)의 4가지로 구분하고 각 요소의 첫 글자를 따서 ARCS 모델이라고 하였다. 이 4요소의 범주와 이를 위한 교사의 질문사항을 보면 〈표 7-1〉과 같다.

인간 동기의 특성

- 주의집중(attention)
- 관련성(relevance)
- 자신감(confidence)
- 만족감(satisfaction)

ARCS 모델은 주의집중, 관련성, 자신감, 만족감의 4요소에 각각 큰 범주를 하나씩 설정하고, 이를 달성하기 위해서 요소별로 3개의 하위 범주를 설정하고 있다. 이 모델은 수업 설계자들에게 크게 두 가지 측면에서 실용적인 유용함을 제공한다(송상호, 1999).

첫째, 간단하고 잘 구조화된 정의에 근거하여 교사들은 학생이 배우기를 원하는지 아닌지에 초점을 맞출 수 있다.

〈표 7-1〉 ARCS 동기의 구성범주

요 소	범 주	주요 질문사항	하위범주
주의집중	학습자의 흥미 사로잡기: 학습에 대한 호기심 유발하기	어떻게 하면 이번 학습경험을 자극적이고 재미있게 할 수 있을까?	지각적 각성 탐구적 각성 다양성
관련성	학습자의 필요와 목적에 맞추기	이번 학습경험은 어떤 측면에서 학생들에게 가치가 있을까?	친밀성 목적지향성 동기와의 부합성
자신감	자신의 통제하에 성공할 수 있다고 느끼도록 도와주기	수업을 통해 학생들이 자신의 성공을 이끌어 낼 수 있도록 어떻게 도와줄 수 있을까?	학습의 필요조건 성공의 기회 개인적 통제
만족감	보상을 통해 성취를 강화해 주기	자신들의 경험이 좋았다고 느끼고 앞으로 계속 학습하고 싶도록 무엇을 도와주어야 할까?	내재적 강화 외재적 보상 공정성

출처: 켈러, 송상호, 1999, pp. 13-25.

둘째, 동기와 학습동기 자체를 쉽게 구분할 수 있다. 동기의 원천은 학습자 개개인의 과거 경험에서 얻은 모든 지적 · 정의적 구인들이고, 학습동기는 이와 같은 원천들에서 발생하는 것으로써 앞으로의 학습성취에 영향을 줄 수 있는 일종의 학습 에너지, 세기, 정도다.

Keller는 동기가 학업성취도를 바로 결정한다고 보지 않았다. 학업성취도는 수행의 영향을 받으며, 노력은 수행의 정도에 영향을 미친다고 보았다. 동기는 수행과 노력 중에서 노력에 영향을 미친다. 수행은 동기에 의해서 영향을 받기보다 능력, 기술, 지식과 같은 개인적 특성의 영향을 받는다.

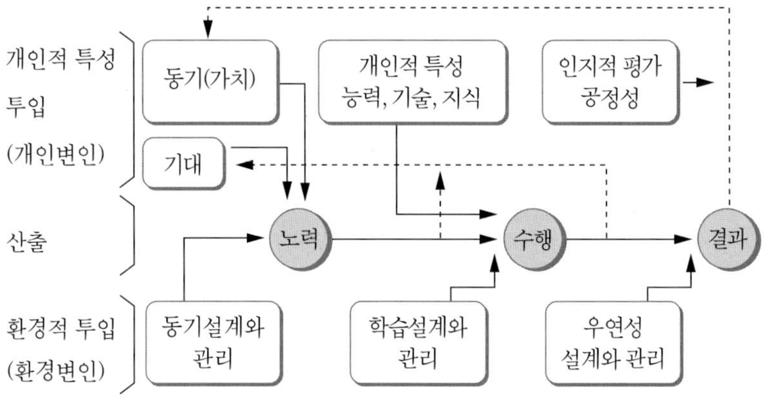

[그림 7-3] 학습동기, 학업 수행 및 교수 영향에 관한 이론

2) Kinzie의 지속적 동기

Kinzie(1990)는 상호작용적 수업에서 지속적 동기를 매우 중요시하면서 능력 또는 자기효능감(competence or self-efficacy), 자기통제(personal control), 관련성(relevance), 호기심(curiosity) 등을 들고 있다.

(1) 능력과 자기효능감

Deci(1975)에 의하면, 개인은 그들의 환경을 효과적으로 다룬다고 느끼기를 원하고, 스스로 자신 있고 자기결정적이라고 느낄 수 있는 상황을 능동적으로 추구한다. Piaget(1951)의 상호작용적 관점에서 아동은 적절하게 동화할 수 있는 상황에 이끌린다. 이 상황들은 부분적으로 기존의 인지구조에 적합하다. 나아가 아동은 적응(accommodation)할 수 있는 상황에 이끌린다. 다시 말하면, 아동은 세상을 다루는 자신의 쉐마에 대한 부분적 수정을 할 수 있는 상황에 도전한다. 개인이 그러한 도전을 할 때 느끼는 만족의 정도는 노력의 동기를 결정한다(Bandura, 1982). 성공이든 실패든 간에 사전에 결정되지 않았으므로 거기에는 상당한 성공기회가 있음에 틀림없다. 학생들이 수업 상황에 계속해서 적절한 도전을 하도록 하기 위하여 학생들에게 자기효능감을 가지도록 하는 것이 필요하다.

(2) 자기통제

자기통제에 관한 개인 지각은 두 이론적 관점에 기반을 두고 있다.

첫째, 개인적 인과성(personal causation) 이론이다(De Charms, 1968). 이 이론에 의하면, Orgins(자신의 행동이 스스로의 선택에서 연유한다고 지각하는 개인들)는 Pawns(자신의 행동을 외적 힘의 지배를 받는 결과라고 느끼는 개인들)보다 스스로의 행동을 좀 더 가치 있는 것으로 보고 동기에의 참여를 더 보여 주는 경향이 있다.

둘째, 통정부위이론(the construct of locus of control)이다(Rotter, 1966). 이 이론에 의하면, 내적 통제를 가진 개인은 자신의 행위 결과들을 자신의 행동에 부수하는 것으로 믿는다. 이에 비해 외적 통제자들은 그러한 결과들이 자신의 통제를 벗어나 외적 힘에서 비롯된다고 믿는다.

학습자의 자기통제감을 발달시키려면 학습 상황에서 학습자가 능동적으로 수업 관련 결정을 하도록 자극을 주어야 한다. 즉, 수업 관련 변화는 학습자 스스로 선택한 결과라는 것을 지각하도록 해 주어야 한다(Lepper, 1985).

(3) 관련성

학습자에게 관련성을 심어 주는 것은 수업에 동기화되는 데 도움을 줄 수 있다. Keller(1983)에 의하면, 관련성은 수업을 개인의 중요한 욕구, 동기, 가치 등에 직접적으로 연결시킴으로써 이루어질 수 있다.

(4) 호기심

내적으로 동기화된 수업의 네 번째 제안은 호기심의 자극(stimulation of curiosity)이다. 호기심은 이해에의 도전(challenge to one's understanding)이다. 그것은 다양한 감각통로(그래픽, 애니메이션, 소리 등)의 자극이나 인지적 자극을 통해 나타날 수 있다(Malone, 1981). 인지적 자극을 통해 호기심을 일으키는 방법으로는 놀람(surprise), 불일치(incongruity), 적절한 복잡성(moderate complexity), 신기성과 변화성(novelty, variability), 가벼운 불확실성(mild uncertainty) 등이 있다(Lepper, 1985).

Kinzie(1990)는 자기효능감, 자기통제, 관련성, 호기심의 4요소와 학습자 통제 및 조정의 관계를 [그림 7-4]와 같이 제시하고 있다.

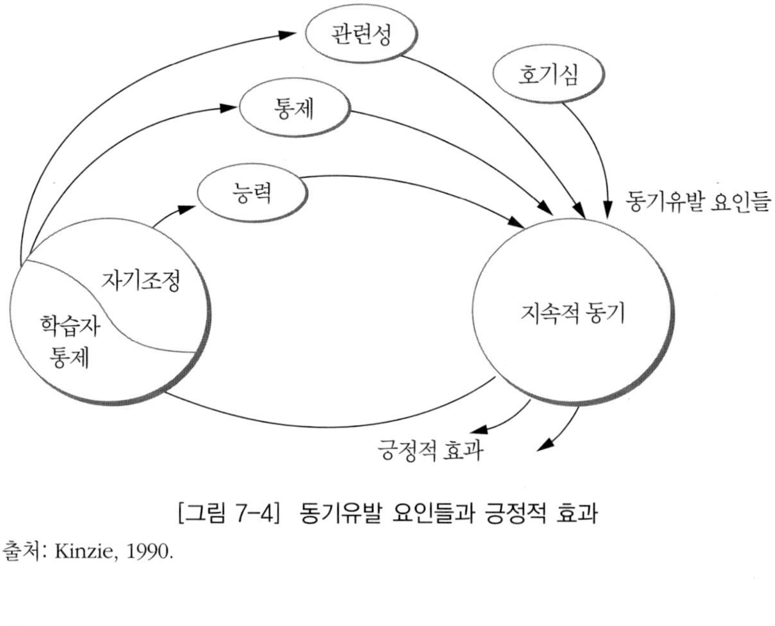

[그림 7-4] 동기유발 요인들과 긍정적 효과

출처: Kinzie, 1990.

4. Maslow의 욕구위계

Maslow의 인간 욕구

- 생리적 욕구
- 안전의 욕구
- 사랑과 소속의 욕구
- 존중의 욕구
- 자아실현의 욕구

내적 동기를 자극하여 불러일으키는 방법으로 Maslow의 욕구위계를 생각해 볼 수 있다. Maslow는 내적 동기는 다른 기본적인 욕구가 충족된 후에 나타난다고 하였다(Ormrod, 2004). 그는 인간의 욕구를 생리적 욕구(physiological needs), 안전의 욕구(safety needs), 사랑과 소속의 욕구(love and belonging needs), 존중의 욕구(esteem needs), 자아실현의 욕구(need for actualization)로 제시하고 이들이 위계를 이루고 있다고 하였다. 이 욕구들을 살펴보면 다음과 같다.

첫째, 생리적 욕구는 자신의 신체적 생존과 관련된 욕구다. 즉 음식, 물, 산소, 따뜻함, 운동, 휴식 등에 관한 욕구들이다.

둘째, 안전의 욕구는 자신을 안전하게 지키려는 욕구다.

셋째, 사랑과 소속의 욕구는 다른 사람과의 관계에서 애정을 추구하거나 자신이 집단의 한 구성원으로서 인정되기를 바라는 욕구다.

넷째, 존중의 욕구는 스스로 자신이 괜찮다고 여기거나 다른 사람이 자신을 괜찮은 사람으로 여기도록 만들려는 욕구다. 이 욕구로 인해 사람들은 성취하려고 노력한다.

다섯째, 자아실현의 욕구는 자신이 될 수 있는 사람이 되기 위해 꾸준히 노력하려는 욕구다.

결핍 욕구와 성장 욕구

- 결핍 욕구
  - 생리적 욕구
  - 안전의욕구
  - 사랑과 소속의 욕구
  - 존중의 욕구
- 성장 욕구
  - 자아실현의 욕구

Maslow는 이러한 욕구 중에서 생리적 욕구, 안전의 욕구, 사랑과 소속의 욕구, 존중의 욕구를 결핍 욕구(deficiency needs)라고 하고 자아실현의 욕구를 성장 욕구(growth need)라고 하였다. 결핍 욕구는 자신의 환경에 존재하는 사람이나 사건들, 즉 외적 자원을 통해서만 충족될

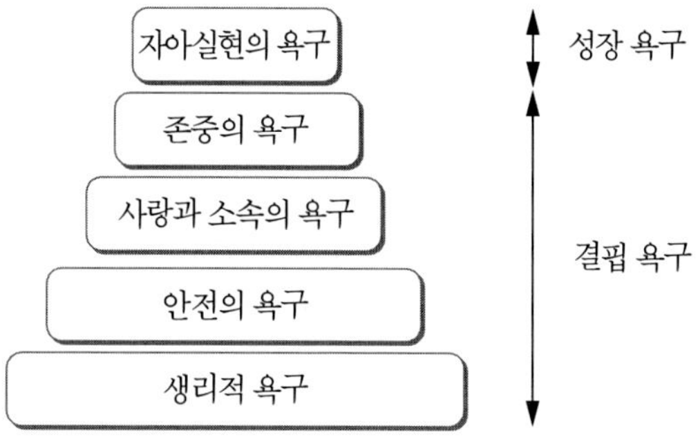

[그림 7-5] Maslow의 욕구위계

출처: Maslow, 1943.

수 있다. 또 이는 한번 충족되면 만족하므로 더 이상 요구할 이유도 없다. 이에 비해 성장 욕구는 개인의 성장, 발달과 깊은 관련이 있다. 이것은 완전하게 만족되는 경우가 결코 없다. 개인은 더 나은 만족을 위해 지속적으로 추구한다. 자아실현의 활동은 내적으로 동기화되는 것이다. 이러한 Maslow의 욕구위계에서 내적 동기는 보다 하위의 욕구가 충족됨으로써 나타난다.

결핍 욕구
자신의 환경에 존재하는 사람, 사건 등 외적 자원을 통해서 충족

성장 욕구
개인의 성장, 발달과 깊은 관련, 완전하게 만족되는 경우가 없음

5. 내적 동기 유발이론

박영태(2004)는 내적 동기로 자아실현, 호기심, 흥미의 세 가지를 제시하고, 이러한 내적 동기를 유발하기 위해서 외적 학습자료와 개인의 내적 요소 간에 관련성을 지어 주어야 한다고 하였다.

[그림 7-6]에서 내적 동기의 요소를 보면 크게 세 부분으로 구분해 볼 수 있다.

첫째, 개인의 능력적 요소로 능력과 자신감, 성취 가능성과 기대, 자

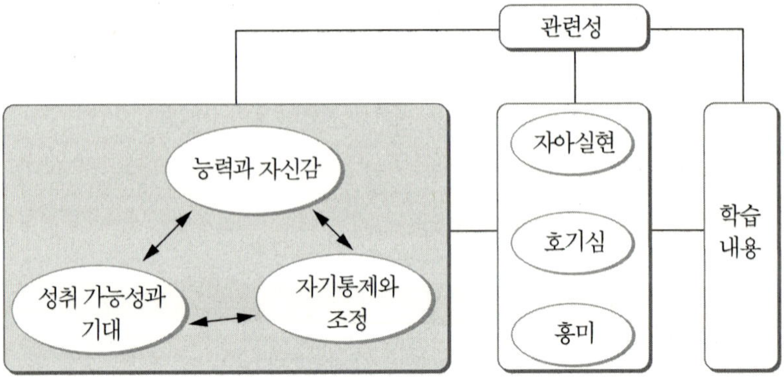

[그림 7-6] 내적 동기의 요소

기통제와 조정 등

둘째, 관련성 요소로 학습내용과 개인의 능력적 요소

셋째, 표현적 느낌 요소로 자아실현, 호기심, 흥미 등

이 3요소 간의 관계를 보면, 일반적으로 능력적 요소와 학습내용 간의 관련성으로 인해 자아실현, 호기심, 흥미 등이 유발되고 이에 따른 수행의 증가가 개인의 능력적 요소를 강화시켜 준다. 개인의 능력적 요소가 증가되면 학습내용과의 관련성은 더욱 증대된다. 또 이 관련성의 증대는 더 많은 호기심과 흥미를 불러일으킨다. 이러한 내적 동기의 변화는 나선형으로 증대된다. 여기서 실질적인 내적 동기는 표현적 느낌 요소인 자아실현, 호기심, 흥미 등이고, 능력적 요소와 관련성 요소는 이 내적 동기를 불러일으키는 요소들임을 보여 준다. 이를 구체적으로 살펴보면 다음과 같다.

첫째, 능력적 요소란 개인의 존재가치, 즉 개인의 모습 자체를 말한다. 개인의 모습은 시간적으로 과거의 나, 현재의 나, 미래의 나 세 유형의 모습으로 나누어 볼 수 있다. 과거의 나란 과거에 학습된 현재의 능력을 말하고, 현재의 나란 자기에게 주어지는 자극에 대처하는 방법으로써 자기통제와 조정을 말하며, 미래의 나란 변화될 자기 모습, 곧 기대를 말한다.

둘째, 표현적 느낌 요소는 내적 동기 자체를 말한다. 관련성과 개인의 능력적 요소는 내적 동기 자체라기보다 동기를 불러일으키는 관련 요소라고 볼 수 있다. 표현적 느낌 요소에는 자아실현, 호기심, 흥미 등이 있다.

셋째, 관련성 요소란 주의집중과 강하게 관련되어 있는 동시에 동기유발 요소로도 중요하다. 관련성에는 학습자의 현재 능력 수준과 학습내용의 관련성, 미래의 기대와 학습내용의 관련성, 학습내용에 대한 자기통제와 자기조정의 관련성의 세 가지 측면을 생각해 볼 수 있다. 이러한 관련성이 긍정적이라면 학습자는 학습내용에 대하여 자아실현, 호기심, 흥미 등을 갖게 될 것이다. 따라서 내적 동기는 관련성을 통하여 나타난다고 볼 수 있다.

08 학교상담

우리나라 학생들은 학교폭력, 등교거부, 학업스트레스, 성폭력, 도벽, 가출, 인터넷중독 등 다양한 아동 · 청소년 문제에 노출되어 있다. 이들을 도와줄 수 있는 사람은 누구인가? 학생들은 당연히 선생님이 도와줄 수 있을 것이라고 기대한다. 그러나 2007년 통계청 자료에 따르면 청소년의 고민상담 대상은 15~19세의 경우 친구 · 동료가 48.8%, 부모가 22.6%, 스스로 해결이 17.7%, 스승이 1.4%, 청소년 상담가가 0.2%로 나타나 있다(통계청, 2007). 한마디로 우리나라 아동과 청소년들은 문제 발생 시에 전문가의 도움을 받지 못한다고 할 수 있다. 이것이 바로 한국 상담과 생활지도의 현주소라고 볼 수 있다. 그렇다면 학생들의 상담과 생활지도는 누가, 어떤 내용을, 어떻게 수행하는가? 이 장에서는 이와 같은 질문에 구체적인 답을 제시하면서 교사가 상담 및 생활지도를 어떻게 준비해야 할 것인지 알아보고자 한다.

1. 한국 학교상담의 역사

한국 학교상담의 시작은 1950년대 미국교육사절단이 활동하면서부터라고 보고하고 있다(유정이, 1996). 이후 1957년 서울시 교육위원회 교육정책 요강에 '중·고등학교에 카운슬러(counselor) 제도를 둔다.'는 규정이 생기면서 상담과 생활지도는 교육정책의 중요한 과제로 논의되었다. 1958년부터 1961년까지 서울시 교육위원회는 총 5회의 교도교사 양성강습회를 열고 170여 명의 서울시내 중등학교 교도교사를 배출하였으며, 법령상으로는 1963년 문교부령으로 제정된 「교육공무원법」에 의해 교도교사가 정식 자격증의 하나로 인정받아 1964년 본격적으로 교도교사 자격제도가 시행되었다(이상민, 오인수, 서수현, 2007). 이후 1990년 교육청의 진로상담부의 신설과 함께, '교도교사'라는 명칭은 '진로상담교사'라는 이름으로 바뀌었다. 최근 사용하고 있는 '전문상담교사'는 1999년 「초·중등교육법」 제21조에 의거하여 만들어졌으며, 전문상담교사제도는 교육의 주체가 대학원이 되었다는 점, 이수과목을 표준화하였다는 점, 종전의 연수교육시간을 증가시켜 9개 과목(18학점) 및 실습시간이 포함되었다는 점에서 기존의 학교상담제도와는 차이가 있다(김계현 외, 2000).

2005년 9월 한국 학교교육 역사상 최초로 수업시수 없이 학교상담 업무만을 전담하는 전문상담교사가 지역교육청에 배치되었다. 따라서 2009년 전문상담교사는 전문상담 순회교사와 전문상담교사 2급으로 나뉘어져 활동하고 있다. 전문상담 순회교사는 각 지역 교육청에 소속되어 그 지역의 초·중등 학교들을 순회하면서 학교폭력을 비롯한 학생의 문제를 상담하는 임무를 수행하고, 전문상담교사 2급은 대학의 심리학과 혹은 상담학과에서 교직과목을 이수하고 소정의 전문상담교사 과정을 이수함으로써 자격을 부여받은 뒤 교육청에서 시행하는 임용고사에 합격하면 각급 학교로 배치된다. 전문상담 순회교사는 전국에 308명 배치되어 있고(2008년 기준), 전문상담교사 2급은 2007년 7월 기준으로 전국에 483명 배치되었으며, 최근 임용 인원을 늘리고 있는 추세다.

2. 생활지도와 상담의 구분

한국 학교상담의 역사에서도 볼 수 있듯이 생활지도와 상담은 그 용어가 혼용되어 왔으나 점차 그 개념을 구분하여 쓰고 있다. 상담과 생활지도는 개념적으로 구분되는가? 구분된다면 어떻게 다른지 알아보자.

생활지도는 어느 한 교과에 국한되어 있지 않고 또 하나의 독립된 교과목으로 구성되어 있지 않으며 어느 특정 교사가 담당한다기보다는 모든 교사가 담당한다고 보아야 한다. 즉, 생활지도가 필요한 상황은 일반 교과수업 중에 발생하거나 학교 교내외의 모든 장소에서 학생과 교사 간에 일어날 수 있기 때문에 모든 교과의 교사들과 학급 담임교사들이 생활지도 활동을 분담해야 한다. 현행 교사의 직무에 관련되는 사항이 「헌법」 제31조 제6항에 의거하여 법률로 정해져 있는데, 교사의 법규적 직무를 살펴보면 다음의 네 가지 영역으로 구분된다(박영숙 외, 1999).

첫째, 학생교육 및 관리(교육과정 및 수업, 학생평가, 학생생활지도, 학생자치활동 지도, 건강증진 지도).
둘째, 전문성 신장(자질함양, 연구개발, 연수)
셋째, 복무(이행의무, 금지의무)
넷째, 대외 관계(전문/교원 단체 참여)

즉, 학생생활지도는 훈육과 훈계 등의 방법을 포함하여 학생의 인격이 존중되는 교육적 방법으로 지도하는 것으로 「초 · 중등 교육법」 제18조 및 동법 시행령 제31조에 나와 있듯이 모든 교사가 해야 할 직무다.

생활지도

생활지도는 학생이 건전하게 성장 · 발달하여 가정이나 사회에서 바람직한 생활을 영위할 수 있도록 돕는 것

생활지도는 학생이 건전하게 성장 · 발달하여 가정이나 사회에서 바람직한 생활을 영위할 수 있도록 돕는 것이라고 할 수 있다. 생활지도는 영어의 'guidance'를 우리말로 번역한 것으로 미국에서는 1907년 디트로이트 고등학교가 생활지도(guidance)를 교육과정의 일환으로 채택한 것을 학교상담의 시작으로 보고 있다(Baker, 2000). 이 생활지도 교육과정은 학생들이 자신의 성격을 보다 정확하게 이해하고 바람직한 역할모델을 탐색하여 사회적으로 책임 있는 일원이 되도록 돕는 것이었다. 또 많은 문헌은 미국에서 최초 상담 및 생활지도의 시작을 1908년에 보스턴에서 시작된 직업지도교육으로 보기도 한다. Frank Parsons의 직업지도교육은 학교 학생들에게 그들의 적성을 파악하도록 돕고 직업에 필요한 조건들을 탐색하여 적성과 조건을 잘 조화시키도록 돕는 것이었다. 오늘날에 와서는 학생들의 장래직업을 선택하는 데 도움을 주는 활동뿐만 아니라 '생활'이라는 용어의 다양한 의미 때문에 학생들의 생활 전반에 걸쳐 학생을 돕는 것으로 의미가 확대되고 있다.

이러한 생활지도의 활동은 크게 학생이해활동, 정보제공활동, 상담활동, 정치활동, 추후활동이 있다(임규혁, 임웅, 2007). 따라서 상담을 생활지도 활동 중의 하나로 보고 생활지도에 속한 것으로 보기도 한다. 다른 견해는 학생들을 생활지도하는 방법이 상담이라는 행위를 통해 이루어지기 때문에 생활지도와 상담을 동일하게 보기도 한다. 그러나 이 책에서 상담이라 일컫는 것은 학생을 대상으로 담임교사나 교과교사가 아닌 전문상담교사 혹은 전문상담자에 의해 실시되는 상담을 뜻한다. 그렇다면 교사가 하는 상담활동은 전문적이지 않은가? 상담자의 윤리적 책임감과 관련된 주제에 '다중관계(multiple relationship)'에 대한 논

쟁이 있다. 이는 본질적으로 동시적 및 연속적 다중관계의 주된 위험성은 비전문적인 관계 형성이 전문가의 전문적 판단과 상담 효과를 훼손시킬 수도 있다는 측면에 있다(강진령,이종연, 유형근, 손형동, 2009). 즉, 교사가 학생을 상담할 때는 교사가 상담자의 역할과 교사의 역할을 동시에 함으로써 역할 간 갈등을 경험할 수 있다. 학생이 흡연의 문제를 상담해 올 때, 교사의 역할은 당장 금연을 하도록 목표를 세워야 한다. 그러나 상담자는 학생의 흡연에 따른 괴로움과 따돌림당할 것 같은 불안감 등을 공감해야 한다. 교사가 두 가지 역할 속에서 갈등을 경험한다면 학생 또한 흡연에 대한 고민을 상담해야 할지 말아야 할지 혼란스럽게 될 것이고, 상담 성과에도 영향을 미칠 것이다.

3. 전문적 학교상담

상담은 영어의 'counseling'을 우리말로 번역한 것으로 상담자가 내담자와 함께 내담자의 변화를 위해 노력하는 전문적인 활동이다. 제목에서 '전문적 학교상담'이라고 굳이 이야기한 까닭은 담임교사와 모든 교과교사가 학생을 지도하는 중에 일어나는 상담활동과 구분하기 위해서다. 즉, 담임교사나 모든 교과교사가 아닌 전문상담교사와 그에 준하는 전문상담사가 학생을 대상으로 하는 활동을 전문적 학교상담이라고 한다.

> **상담**
> 상담자가 내담자와 함께 내담자의 변화를 위해 노력하는 전문적인 활동

1) 상담의 정의

상담에 대한 정의는 학자들마다 다양하게 정의한다. Morrill, Oetting 및 Hurst(1974)는 '상담은 개인뿐만 아니라 가족 등 일차적 집단, 형

식 · 비형식 집단, 학교, 교회, 관공서 등의 기관 혹은 지역사회 등을 대상으로 치료, 예방, 발달 및 성장이라는 목적을 달성하기 위해 직접 봉사, 자문 및 훈련, 매체 등의 방법을 이용하는 제반활동' 이라고 하여 상담을 매우 포괄적으로 정의하였다. 그러나 점차 전문성이 강조되면서, 이장호(1998)는 '상담이란 도움을 필요로 하는 사람이 전문적 훈련을 받은 사람과의 대면관계에서 생활과제의 해결과 사고, 행동, 감정 측면의 인간적 성장을 위해 노력하는 학습과정' 이라고 정의하였다. 최근에는 상담이 문제해결이나 치료의 관점을 포함한 통합적이고 발달적인 관점으로 대두되면서 노안영(2005)은 "상담은 전문적 훈련을 받은 상담자와 조력을 필요로 하는 내담자가 상담활동의 공동주체로서 내담자의 자각 확장을 통해 문제예방, 발달과 성장, 문제해결을 달성함으로써 내담자의 삶의 질을 향상시키기 위해 함께 노력하는 조력과정" 이라고 하였다. 이러한 학자들의 정의를 종합해 볼 때, 상담의 개념은 다음과 같이 포괄적으로 정리할 수 있다(한국청소년 개발원, 2004).

상담
전문적 훈련을 받은 상담자와 조력을 필요로 하는 내담자가 상담활동의 공동 주체로서 내담자의 자각 확장을 통해 문제예방, 발달과 성장, 문제해결을 달성함으로써 내담자의 삶의 질을 향상시키기 위해 함께 노력하는 조력과정

첫째, 상담은 도움을 필요로 하는 내담자와 도움을 주는 상담자가 있어야 한다. 상담은 내담자나 상담자 중 어느 한 사람만 있어서는 성립되지 않는다. 상담자와 내담자가 개인 혹은 집단의 형태를 유지하며 양측 모두 존재할 때 상담이 성립될 수 있다.

둘째, 상담은 전문적인 교육과 훈련을 받은 상담자에 의해 제공되는 전문적 활동이다. 상담관계는 일상적인 대인관계와 달리 상담자가 내담자를 긍정적인 방향으로 변화시킬 책임을 가지고 수행하는 전문적 관계다. 따라서 상담자는 이에 요구되는 전문적 지식과 기술을 갖추어야 한다.

셋째, 상담은 상담자와 내담자 간의 상호협력 관계에 기초하고 있다. 바람직한 상담관계는 상담자와 내담자가 대등한 위치에서 상

담에 임하고, 서로 합의에 의해 상담목표를 설정하고, 그것을 구체화한다.

넷째, 상담은 의사결정과 문제해결에 관여한다. 상담에서 다루는 문제는 다양하지만 상담은 내담자의 의사결정과 문제해결에 직·간접적으로 관여한다. 내담자가 이러한 의사결정과 문제해결 기술을 습득하도록 조력하는 것은 상담의 주요한 기능 중의 하나다.

다섯째, 상담은 내담자가 새로운 행동을 학습하거나 새로운 태도를 형성하도록 돕는다. 내담자의 행동변화는 상담의 효과를 측정하는 척도가 될 수 있다.

여섯째, 상담은 내담자의 문제를 예방하고 성장과 발전을 조력한다. 내담자의 잠재적 능력을 개발하고 의사결정 기술을 가르치며 일상생활에서 부딪히는 다양한 문제를 스스로 해결해 나갈 수 있는 힘을 길러 궁극적으로 내담자의 성장과 발전을 가져오는 것이 상담의 목표다.

2) 상담자

상담은 인간적인 태도와 전문적인 지식과 기술을 가진 상담자로부터 시작된다. 내담자는 자신의 문제에 대해 오랫동안 생각하고 해결하려고 했으나 혼자만의 힘으로 해결하지 못할 때 상담자를 찾아온다. 그러므로 상담자는 내담자를 따뜻하게 맞이하여 내담자가 지금까지 들인 노력을 인정하고 자신을 변화시키려는 동기를 지지하는 등의 긍정적인 태도로 맞아야 한다. 이러한 특성을 정리하여 Strong(1968)은 상담자가 높은 수준의 전문성(Expertness: E), 사람을 끄는 친근감(Attractiveness: A), 믿음을 주는 신뢰감(Trustworthiness: T)을 가지고 있을 때 상담효과가 가장 좋을 것이라고 가정하였다(노안영, 2005 재인용).

(1) 상담자의 기본 태도

Rogers는 어떠한 상담이론이나 기술보다 상담자가 우선적으로 갖추어야 하는 기본 태도로써 상담자의 인간성을 제시하고 있다. 즉, 상담자가 내담자에게 무조건적이고 긍정적인 존중, 공감적 이해, 진솔성 혹은 일치성의 태도를 보일 때 비로소 상담관계가 형성된다는 것이다.

무조건적이고 긍정적인 존중

아무런 조건 없이 내담자의 정서, 행동, 인지체계를 있는 그대로 존중하는 것

첫째, 무조건적이고 긍정적인 존중은 아무런 조건 없이 내담자의 정서, 행동, 인지체계를 있는 그대로 존중하는 것이다. Rogers는 인간을 실현화 경향성을 지닌 존재로 보고, 올바른 양육조건이 주어지면 내담자가 타고난 실현화 경향성에 따라 유기체를 실현하고 성장하며 향상시킨다고 보았다. 상담자가 무조건적이고 긍정적으로 내담자를 존중하면 내담자는 그동안 가치의 조건화에 의해 자신이 왜곡하고 부정해 왔던 경험을 보다 개방적으로 탐색하기 시작한다. 예를 들어, 성적이 오르지 않아 불안해하던 학생에게 무조건적이고 긍정적인 존중의 태도는 성적이 좋아야지만 부모에게 인정받거나 성공할 수 있다는 조건에서 해방되어 자신의 진정한 욕구를 깨닫게 되고, 그 욕구가 충족되는 곳으로 자신의 에너지를 모아 보다 행복하게 공부를 할 수 있게 된다.

또한, 상담자는 긍정적이어야 한다. 더 정확히 말하면, 상담자는 같은 상황에서도 긍정을 발견할 수 있어야 한다. 내담자는 자신의 고통에 빠져서 자신의 상황을 비관적으로 생각하고 부정적인 관점에서 자신의 상황을 바라보기 때문에 그 상황을 제대로 보지 못하고 고통스러운 상태에 있다. 상담은 이러한 내담

자의 관점을 바꾸는 일이다. 모든 상황은 긍정과 부정이 함께 있기 마련이다. 따라서 상담자는 내담자가 보지 못하는 긍정적인 부분을 발견하고 긍정적인 부분과 함께 부정적인 부분을 있는 그대로 탐색하고 해석하여 내담자로 하여금 자신의 문제에서 희망을 찾아 변화를 일으키도록 유도해야 한다.

둘째, 공감적 이해는 내담자가 주관적으로 경험하는 사적 세계를 정확하고 민감하게 이해하는 것이다. 서양의 속담에 '그 사람을 이해하려면 그 사람의 신발을 신어 보라.'고 했다. 그 사람의 신발을 신어 보기 위해 우리가 해야 할 일은 내 신발을 먼저 벗는 것이다. 즉, 마치 내담자인 것처럼 상담자가 내담자의 감정을 이해하고 파악하는 것이다. 이를 흔히 동정하는 것과 혼동하는데, 예를 들어 부모가 이혼하게 되어 혼란스러워 하고 힘겨워 하는 학생에게 "부모가 이혼을 했으니 참 안 됐구나." 하고 학생에 대해 안쓰러움을 느끼는 것은 동정이다. 그러나 공감적 이해는 "부모가 이혼을 하게 되어 화가 나기도 하고 앞으로 어떻게 해야 할까 걱정되기도 해서 혼란스럽고 힘들구나."와 같이 학생의 고통을 이해하고 느끼는 것이다. 그러기 위해서 상담자는 자신의 감정을 잘 알아채고 느낄 수 있어야 한다. 인간은 모두 공통성에 기반을 두고 타인을 이해한다. 가정폭력으로 부모에 대한 분노가 가득한 학생을 공감하기 위해서 우리가 꼭 같은 경험을 해야만 공감을 할 수 있는 것은 아니다. 자신의 경험 중에서 이와 유사한 경험, 예를 들면 형에게 맞았을 때의 분노를 잘 이해하고 있었다면 우리는 학생의 분노를 공감할 수 있을 것이다.

> **공감적 이해**
> 내담자가 주관적으로 경험하는 사적 세계를 정확하고 민감하게 이해하는 것

셋째, 진솔성 또는 일치성은 상담자가 상담하는 과정에서 경험하는 자신의 감정, 태도를 진솔하게 인정하고 개방하는 것을 의미한다. 즉, 상담자가 '지금-여기'에서의 경험에 깨어 있고 높은

> **진솔성 또는 일치성**
> 상담자가 상담하는 과정에서 경험하는 자신의 감정, 태도를 진솔하게 인정하고 개방하는 것

수준의 자각, 자기수용, 자기신뢰를 가지고 존재하는 것을 의미한다. 이러한 상담자의 태도는 내담자에게 모델이 되고 내담자와의 진실된 만남을 가능하게 한다.

(2) 상담자의 신체언어

상담자의 기본적 태도가 그대로 드러나는 것이 상담자의 비언어적 태도, 즉 신체언어다. 상담자가 내담자에게 관심을 기울일 때 사용할 수 있는 미시적 기술을 Egan(제석봉 외, 1999 재인용)은 머리글자로 SOLER (Squarely, Open, Leaning, Eye contact, Relaxed)라는 말로 요약하여 설명하였다.

- S: 내담자를 바로(Squarely) 바라본다.

  내담자에게 관여하고 있다는 태도로 내담자를 향해 앉아서 내담자에게 관심이 있음을 보이는 자세다. 이러한 상담자의 자세는 '나는 당신과 함께 있다. 당신에게 도움이 되고 싶다.'는 뜻을 내담자에게 전달한다. 상담자 교육을 받은 교사가 '경청'의 중요성을 배워서 학생들의 이야기를 들어야겠다고 생각하고 교실로 돌아가서 학생을 불러놓고 이야기를 하도록 했다. 그러나 선생님은 자신의 할 일을 하면서 학생을 보지 않고 가끔 '그랬구나' 하면서 이야기를 들었다. 이럴 경우 학생들은 자신의 이야기를 하기는 했지만, 교사가 자신의 이야기를 듣고 있다고 생각하지 않았을 것이다.
- O: 개방적인(Open) 자세를 취한다.

  습관적으로 팔짱을 끼거나 다리를 꼬고 앉는 사람이 있다. 이런 자세는 무관심하거나 오히려 거부하는 듯이 보일 수 있다. 따라서 상담자의 시선은 내담자를 향해 있으면서 그 태도가 개방적이어야 한다.

- L: 가끔 상대방 쪽으로 몸을 기울인다(Lean).
  몸을 너무 앞으로 구부리거나 바싹 다가가면 내담자에게 부담을 주거나 친밀을 강요하는 듯한 인상을 줄 수 있다. 그러나 반대로 몸을 뒤로 젖히고 있는 자세는 따분하다거나 별 흥미가 없을 때의 자세다. 그러므로 상대방을 향해 상체를 약간 기울이는 것은 내담자에게 집중하고 있음을 전달하여 의사소통을 촉진시킬 수 있다.
- E: 좋은 시선의 접촉(Eye contact)을 유지한다.
  상대방의 이야기에 집중하다보면 말하는 사람을 보게 된다. 즉, 상대방과 깊은 대화를 나눌 때는 자연스럽게 시선의 접촉이 많아지게 된다. 자주 시선을 피하면 상대방과 함께 있기를 꺼리거나 이야기에 집중하지 못하는 것으로 보일 수 있다.
- R: 편안하고(Relaxed) 자연스러운 자세를 취한다.
  편안한 자세는 두 가지 사실을 의미한다. 첫째, 조바심을 내지 않고 주의를 흐트리는 표정을 짓지 않는다. 둘째, 개인적 접촉과 표현의 도구인 몸짓을 편안하고 자연스럽게 한다. 이러한 기술을 자연스럽게 사용하면 내담자 또한 편안하게 만들 수 있을 것이다.

(3) 상담자의 지식과 기술

상담자는 내담자로 하여금 내담자 자신의 문제를 스스로 해결해 나가는 능력을 발달시키고 자신을 개발할 수 있도록 도와야 한다. 그러기 위해서는 상담자가 내담자의 특징을 이해하고 내담자가 직면한 문제에 적용시킬 수 있는 다양하고 실제적인 지식과 기술을 갖추어야 한다. Egan(제석봉 외, 1999재인용)은 유능한 상담자가 되기 위해서 이론과 연구에만 머물러 있지 않고 상담에 직접 응용할 수 있는 지식인 실용적인 지식(working knowledge)과 서비스를 전달할 구체적인 능력인 기술(skill)을 가져야 한다고 하면서 [그림 8-1]과 같이 상담자 교육을 위한 교과과

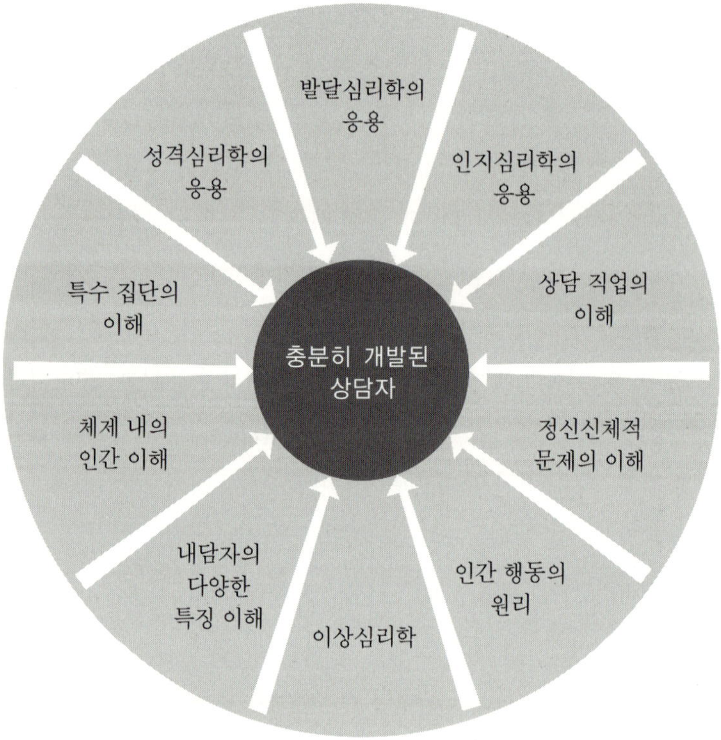

[그림 8-1] 유능한 상담

출처: 제석봉 외, 1999재인용.

정을 제시하였다.

3) 상담의 과정

상담의 과정

관계형성단계, 문제탐색 및 이해단계, 실행단계, 종결단계

상담의 과정은 내담자와 상담자가 만나서 상담을 종결할 때까지 진행되는 일련의 과정이다. 이 과정은 상담자와 내담자의 특성, 문제의 특성, 이론적 배경, 상황 등에 따라 다양할 수밖에 없다. 그럼에도 불구하고 공통적으로 드러나는 단계를 관계형성단계, 문제 탐색 및 이해단계, 실행단계, 종결단계로 구분하여 4단계로 살펴보고자 한다. 4단계에

앞서 내담자가 상담실에 오면 제일 먼저 이루어지는 것이 접수면접이다. 접수면접은 상담자가 할 수도 있지만, 접수면접자에 의해 이루어지거나 전화로 이루어질 수도 있으므로 상담의 4단계 과정과 구분하여 함께 살펴볼 것이다.

(1) 접수면접

상담에서 접수면접은 내담자와 상담자의 첫 만남이므로 매우 중요하다. 내담자는 접수면접에서 상담자에 대한 신뢰나 협력관계를 형성할 시간도 없이 민감하고 고통스러운 정보를 이야기해야 한다. 따라서 접수면접 동안 접수면접 상담자는 적극적 경청을 사용하여 감정과 비언어적 행동에 주의를 기울이면서 내담자의 문제를 진실되게 탐색해야 한다. 접수면접 동안 상담자가 파악하는 주요한 정보는 내담자에 대한 기본 정보, 외모 및 행동, 호소문제, 현재 및 최근 주요 기능 상태, 스트레스 원인, 사회적 지원체계, 호소문제와 관련된 개인 및 가족관계 등이다(노안영, 2005).

> **접수면접**
> 내담자와 상담자의 첫 만남으로 상담자는 내담자에 대한 기본 정보, 외모 및 행동, 호소문제, 현재 및 최근 주요 기능 상태, 스트레스 원인, 사회적 지원체계 등을 파악

(2) 관계형성단계(1단계)

상담실에 찾아오는 학생들은 스스로 신청하기도 하지만 타인에게 이끌려 오는 경우도 있다. 특히, 타인에 의해 오게 된 경우 상담의 필요성을 느끼지 못하기 때문에 상담자와 내담자 간의 관계형성은 필수적이다. 상담자와 내담자의 관계형성에 있어 앞서 살펴본 상담자의 기본 태도가 바탕이 되고 여기에 상담의 구조화가 이루어지면 상담자와 내담자 간의 관계형성이 촉진된다.

상담의 구조화는 내담자에게 상담과정의 본질과 상담의 방향에 대한 안내를 통해 내담자를 준비시킨다. 상담자는 비밀유지, 상담회기의 길이와 빈도, 내담자와 상담자의 책임, 가능한 상담 성과 등에 대해 설명

을 하는 것으로 시작된다. 예를 들어, 비밀유지에 관한 구조화는 내담자의 허락없이는 상담의 어떤 내용도 말하지 않는다는 비밀보장을 원칙으로 한다. 그러나 내담자가 자기 자신과 타인을 해치는 것에 대해 말하거나 위험에 처해 있다면 도움을 받기 위해 다른 사람을 포함시킬 수 있음을 이야기한다.

(3) 문제 탐색 및 이해단계(2단계)

상담과정을 통해 알고 싶은 것, 변화하고 싶은 것을 탐색하고 이를 이해하는 단계다. 초기에는 주로 현실적인 문제들을 이야기하지만 회기가 깊어지면 내담자가 자기 문제의 본질을 정확히 파악하고 통찰하게 된다. 이때 내담자는 자신을 문제 상황으로 이끈 생각, 행동, 감정의 책임이 본인에게 있음을 깨닫고, 이를 변화시키는 것 또한 자신의 책임임을 깨닫게 된다. 내담자는 비로소 자신의 문제에 대한 명확한 목표를 설정하게 된다.

(4) 문제해결의 실행단계(3단계)

통찰을 중요시하는 상담가들은 문제에 대한 정확한 통찰이 곧 문제해결임을 간주하였으나 문제의 원인이 무엇인지 알았다고 해서 문제가 해결되지는 않는다. 상담자는 내담자가 문제를 해결하기 위해 세부적인 목표를 설정하고 목표를 달성하기 위해 실행하는 것을 돕는 다양한 기법을 사용한다.

(5) 종결단계(4단계)

상담자와 내담자가 합의한 상담목표가 달성되었을 때 상담의 종결이 이루어진다. 상담자는 내담자가 종결을 준비할 수 있도록 2~3회기 전에 내담자에게 종결을 권유하면서 상담목표가 달성되었는지, 혼자의 힘으로 문제를 해결할 수 있는지를 검토하는 과정을 수행한다. 상담자는 내담자의 종결에 대한 생각과 감정을 나누고 장래 계획을 이야기하고 내담자가 언제든지 추수상담을 할 수 있음을 각인시킨다.

4) 상담의 방법 및 기술

상담의 방법 및 기술은 내담자의 문제와 상담자의 이론적 기초에 따라 다양하게 사용될 수 있다. 상담은 본질적으로 서로 대화를 통해 이루어진다. 따라서 이 장에서는 대화를 이끄는 간단한 대화 방법들과 학생들의 상담에 많이 사용되는 상담목표 설정을 중심으로 알아보고자 한다.

(1) 대화의 기술

상담은 대부분 대화, 즉 듣고 말하기로 이루어진다. 따라서 잘 듣고 말하는 과정을 통해 상담자는 내담자의 문제를 파악하고, 내담자의 문제해결을 위한 목표를 설정할 수 있어야 한다. 상담을 받은 사람들에게 상담에 대해 물어보면 자신의 이야기를 속 시원히 털어놓은 것이 도움이 되었다고 이야기한다. 즉, 상담자는 내담자가 자신의 이야기를 잘 털어놓을 수 있도록 들어주는 기술이 필요한다, 이를 '경청'이라고 한다. 청(聽)을 잘 살펴보면 '귀를 주인으로 해서 10개의 눈을 가지고 한 마음으로 듣는 것'이다. 즉, 내담자의 이야기를 집중하여 듣는 동시에 비언어적 의사소통에 해당되는 내담자의 표정, 음색, 몸짓 등을 세심하게 살피고, 오직 내담자의 마음을 이해하는 데 마음을 집중하는 것이다. 그리고 이야기를 들으면서 '공감적 이해'의 태도를 지니고 대화를 이어나가는 기술이 필요하다. 한국청소년상담원에서 청소년 또래 상담자에게 대화기술을 가르치기 위해 '어기역차전략'과 '원무지계전략'을 제시하였다(이상희, 노성덕, 이지은, 2003). 그 전략을 간단히 살펴보면 다음과 같다.

① 어기역차전략

어기역차전략
- 어: 잘 들어주는 것
- 기: 기분을 이해해 주는 것
- 역: 공감해 보는 것
- 차: 생각의 차이가 있음을 인정하는 것

내담자가 하는 말의 의미와 내담자의 마음을 이해하고 그 이해된 내용을 전달할 수 있을 때 진실된 대화가 이루어지고 내담자를 돕게 된다. 여기서는 순서가 중요하다. 보통 교사는 수년간의 경험을 바탕으로 학생들을 바르게 지도하기 위해 정답을 제시하는 경우가 있지만, 학생들은 이야기를 하고, 기분을 이해받을 때 비로소 다른 대안을 받아들여 자신을 변화시킬 준비를 한다. 즉, 학생이 자신의 이야기를 충분히 공감받으면서 말하게 한 뒤 다른 입장이나 견해를 이야기하는 것이 중요하다.

어기역차전략을 살펴보면 다음과 같다.

- 어: 어떤 이야기인지 잘 들어준다. "네가 그렇게 이야기하는 것을 보니 뭔가 특별한 이유가 있는 것 같다. 네 생각을 좀 더 말해줄래?"
- 기: 기분을 이해해 준다. "그래서 그렇게 화가 났구나……. 그래서 짜증이 났구나."
- 역: 역지사지(공감)해 본다. "그래, 내가 너라도 그런 생각이 들겠어. 정말 힘들었겠다."
- 차: 생각의 차이가 있음을 인정한다. "그런데 내 생각은 조금 달라. 나는 이런 생각이 드는데 너는 어때?"

② 원무지계전략

원무지계전략
- 원: 원하는 것이 뭐니?
- 무: 무엇을 해 보았니?
- 지: 지금부터 무엇을 해야 할까?
- 계: (언제, 어떻게 실천할지) 계획을 세워 보자.

내담자의 마음을 이해하고 문제를 파악했다면 이제 변화를 위한 질문으로 내담자를 이끌 수 있다. 내담자는 힘들고 지친 상태에서 상담자를 만나러 오기 때문에 막상 자신이 정말 원하는 변화가 무엇인지 모를 때가 있다. 따라서 진정 원하는 것이 무엇인지를 같이 파악하고 그런 변화를 위해 무엇을 해보았는지 살핀다. 내담자는 자기 스스로 문제를 해결하기 위해 많은 노력을 했을 것이므로 그 노력을 칭찬하고, 노력했던 해결방식을 들어서 효과가 있었던 것과 없었던 것을 구별한다. 그다음 효과가 있었던 것을 바탕으로 새로운 해결방식을 어떻게 실천할지 계획을 세워보는 것이 바람직하다.

- 원: 원하는 것이 뭐니?
- 무: 무엇을 해 보았니?
- 지: 지금부터 무엇을 해야 할까?
- 계: (언제, 어떻게 실천할지) 계획을 세워보자.

(2) 목표 설정

명확한 목표를 설정하는 것은 내담자를 성공으로 이끄는 기초가 된다. 대부분의 학생은 '가족이 행복해졌으면 좋겠다.' '마음이 편안했으면 좋겠다.' '성적이 올랐으면 좋겠다.' 등 막연한 기대를 목표라고 이야기 한다. 예를 들어, "피아노를 즐기면서 연주하면 좋겠다."라고 하면 "피아노를 즐기는 게 어떤 것인가요?"라고 물어서 구체화 해야 한다. 구체화를 돕기 위해 "피아노를 즐기면서 치는 사람의 특징이 무엇인가요?"라고 하면 '자신감을 가지고 치는 것'이라고 한다. 그럼 다시 "어떨 때 자신감이 생기나요?"라고 물어본다. 내담자는 '틀리지 않고 칠 수 있게 곡을 완벽하게 외운다.' '무대 적응 연습을 한다.'와 같은 구체적인 목표를 세울 수 있다. 그럼 각각의 목표에 따라 함께 계획을 세운다. 곡을 완벽하게 외우기 위해서는 하루에 몇 시간씩 연습하면 되는지, 무대 적응 연습을 하기 위해서는 친한 친구 한 명 앞에서 연주해 보는 것부터 학급 전체 친구들 앞에서 연주하기까지 단계를 나누어서 계획을 세운다. 그리고 목표를 이루는 것이 얼마나 힘든 일인가를 강조하여 목표를 구체적이고 성공 가능한 것부터 이룰 수 있도록 하고, 목표를 이루지 못하더라도 실망하지 않고 계속 노력할 수 있도록 격려해야 한다.

목표설정의 지침에 대해서 간략히 살펴보면 다음과 같다(정문자 외, 2008).

첫째, 내담자에게 중요한 것을 목표로 한다. 즉, 상담자가 문제를 파악하고 목표를 정하는 것이 아니라 내담자에게 중요한 것을 내담자가 목표로 찾는 것이 중요하다.

둘째, 작고 구체적이며 행동적으로 표현한다. 즉, 내담자가 성취할 수 있고 성공할 수 있다는 확신을 갖도록 희망을 주어야 한다.

셋째, 과정형으로 표현한다. 목표가 무엇을 하기가 아니라 어떻게 할 것인가에 대한 대답으로 진행되는 상황이나 자신의 행동이 어떤 순서로 이루어질 것인지를 설명하는 것이 좋다.

넷째, 없는 것보다는 있는 것에 관심을 두고 긍정적으로 표현한다. 일반적으로 문제가 없어지면 해결된 것이라고 생각한다. 그러나 친구들에게 따돌림 받지 않는다고 행복한가? 친구들과 사이좋게 어울리기가 진짜 목표일 것이다.

다섯째, '지금-여기'에서의 목표로 시작한다. 궁극적인 결과는 자신이 행복하고 타인과의 관계가 회복되는 것일 수 있지만, 그것을 달성하기에는 너무 멀리 있다. 현재 그러한 결과를 달성하기 위해 처음 단계에서 필요한 것을 명확하고 구체적으로 설명하는 것이 목표다.

여섯째, 내담자가 성취 가능한 현실적인 것을 목표로 한다. 학생들은 친구가 나한테 잘 대해 줬으면 좋겠다든지, 부모가 관심을 가져 주었으면 좋겠다든지, 실제 현실적인 생활의 변화를 목표로 내어 놓지만, 정확히 말하면 다른 누군가를 변화시키는 것은 자신의 목표가 아니다. 좀 더 현실적으로 학생 본인이 실행할 수 있는 목표를 설정하도록 도와주어야 한다.

일곱째, 목표 수행을 힘든 것으로 인식하도록 돕는다. 내담자가 목표에 도달하지 못했다면 좀 더 열심히 해야 한다고 격려할 수 있고, 문제가 빨리 해결되었다면 힘든 목표 수행을 칭찬해야 한다.

5) 학교상담에서 다루는 주제

이와 같은 태도와 기술을 가지고 학생들을 상담할 때 그 상담내용이 되는 구체적인 문제영역은 무엇일까? 추측해 보건데 학업성취, 친구관계, 가족문제, 진로문제 등 학생들이 고민하는 문제는 청소년들의 삶의 다양성만큼 많은 문제를 포함할 것이다. 박아청, 김혜숙, 김창대(1996)는 이러한 청소년들의 구체적 문제에 대해 습득해야 할 지식을 〈표 8-1〉과 같이 정리하였다.

4. 종합적 학교상담과 생활지도 모형

2006년도 교육인적자원부 학교폭력대책팀의 계획에 따르면 2009년도에는 27개 학급 이상의 중 · 고등학교까지 확대하여 총 3,186명의 전문상담교사를 각 학교당 1명씩 배치하겠다고 계획하고 있다. 이러한 전문인력 배출은 계획되어 있고 실행되고 있지만, 이들이 수행해야 될 학교상담에 대한 이렇다 할 교육과정이 아직 개발되지 못하고 있다. 100년이 넘은 학교상담 역사를 자랑하는 미국에서도 이러한 요구들에 맞추어 몇몇 주들이 종합적 학교상담모형을 자체적으로 개발하기 시작하였다. 여기서 미국의 종합적 학교상담모형을 검토하면서 한국 학교상담모형

〈표 8-1〉 청소년들이 경험하는 구체적 문제들에 대한 지식의 영역

영역	하위영역	청소년 집단상담자가 필요한 지식의 내용
개별성의 발달	자아정체감 진정성 (authenticity)	자아정체감의 발달과정, 미성숙의 원인, 자아정체감을 성숙시키는 방법 등에 관한 지식, 관계의 발달 및 상실
관계의 발달 및 상실	교우, 가족, 이성	청소년기 친구들의 중요성, 영향력, 관계형성과 과정, 부적응적 관계(예: 집단 따돌림 등)의 발생과 수정, 이상관계의 이해와 조절, 가족관계의 역동, 대화하기 등에 관한 지식
	부모의 이혼 및 죽음	부모의 이혼 또는 죽음, 교우관계의 상실 등으로 인한 상실 경험, 상실경험의 소화방법 등에 관한 지식
정서의 발달	정서	충동성의 발현과 조절방법, 공격성의 발생과 승화, 분노의 발생과 관리방법, 스트레스 관리기술, 감정과 정서의 분화 등에 관한 지식
	성	청소년기의 신체발달, 성욕의 발생과 소화방법에 등에 관한 지식
학 업	학업촉진 및 방해요인 학습전략 성취동기 중퇴자	학업의 촉진 및 방해요인, 학습전략, 주변환경 및 주변 사람과의 관계와 학업성취와의 관련성, 성취동기 육성, 중퇴자의 발생과정 및 조력기술 등에 관한 지식
진로	진로발달 가치관	청소년 진로발달 및 선택과정, 진로정보, 청소년의 흥미 및 진로 관련 성격, 가치관 명료화 등에 관한 지식
대중매체	TV, 인터넷	TV, 인터넷 과다의존의 위험요소 및 보호요소, 과다의존의 발달과정, 수정과정 등에 관한 지식

출처: 박아청 외, 1996.

의 시사점을 찾아보고자 한다.

학교상담은 교육의 일환으로 예방적, 발달적, 체계적, 종합적인 특성이 있는데, 이를 모두 충족시킬 수 있는 접근법으로 최근 대두되고 있는 것이 종합적 학교상담모형(Comprehensive School Counseling Model)이다. 2003년 ASCA(American School Counselor Association: 미국학교상담자

협회)에서 구성한 국가적 표준모형(National Model for School Counseling Program)은 학교상담 발전에 지대한 공헌을 하였다. ASCA의 학교상담 국가 기준과 국가모형의 완성으로 미국 학교상담은 표준 준거를 얻게 되었고, 종합적이고 예방적이며 발달적인 학교상담의 토대를 마련할 수 있었다. Bowers와 Hatch(2002)는 ASCA 모형의 특징을 세 가지로 요약했는데, 범위 면에서 종합적이고, 설계 면에서 예방적이며, 본질 면에서 발달적이라고 정리하였다. 종합적인 것은 상담의 범위가 학업과 진로 및 개인/사회성 영역의 모든 면을 포함함을 의미하고, 예방적인 것은 학생이 부적응 문제를 보이기 이전에 다양한 형태로 예방 서비스를 실시하는 것을 의미하며, 발달적인 것은 학생들의 발달적 수준과 요구에 맞는 상담 서비스를 제공함을 뜻한다. [그림 8-2]는 미국 국가 표준 및 ASCA 상담모형을 나타낸 것이다(이상민 외, 2007 재인용).

ASCA 모형의 특징

범위 면에서 종합적이고, 설계 면에서 예방적이며, 본직 면에서 발달적임

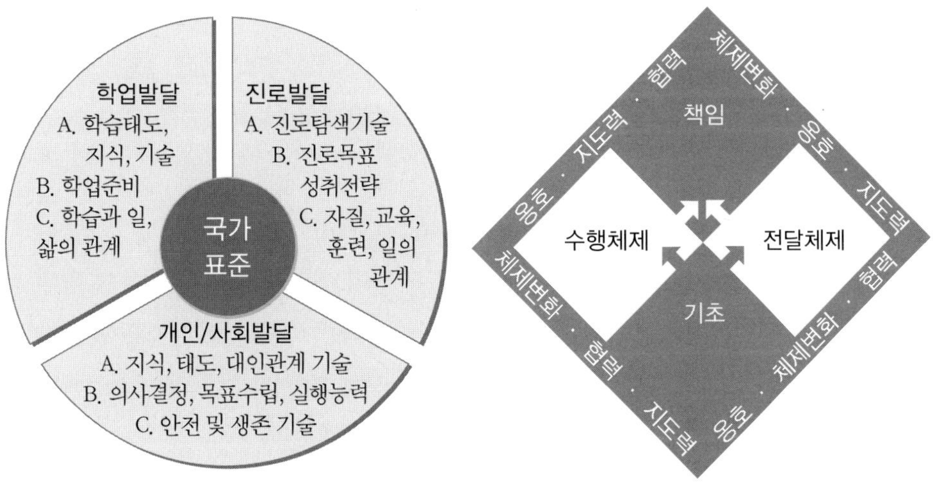

[그림 8-2] 미국 국가 표준 및 ASCA 상담모형

출처: 이상민 외, 2007.

1) 학교상담의 내용 영역

학교상담의 내용 영역
- 학업발달
- 진로발달
- 인성 · 사회성 발달

학교상담의 내용 영역은 학업발달, 진로발달, 인성 · 사회성 발달 등으로 나눌 수 있는데, 학교상담의 목표는 모든 학생이 이 세 가지 영역에서 종합적이고 균형이 잡힌 발달을 이루게 하는 것이다. 이 기준은 학교상담을 학업, 진로 및 개인/사회성 발달의 3가지 영역으로 구분하고 각 영역 안에서 다시 3가지 기준을 제시한 것이다. 이를 구체적으로 살펴보면 다음과 같다(ASCA 2009 http//ascanationalmodel.org 참조).

(1) 학업발달(Academic Development)

- 학습태도, 지식, 기술: 학생들의 학령기와 전 생애에 걸쳐 효과적인 학습에 필요한 태도와 지식, 정석, 기술을 습득할 수 있다.
- 학업준비: 학생들은 대학을 포함한 광범위한 중등교육 후의 선택을 하는 데 있어 필요한 학업적 준비요건을 학교에서 완수할 수 있다.
- 학습과 일, 삶과의 관계: '학생들은 학업과 일의 세계 및 가정과 지역사회에서의 삶과의 관계'를 이해할 수 있다.

(2) 진로발달(Career Development)

- 진로탐색기술: 학생들은 자신에 대한 이해와 관련하여 일의 세계를 탐색할 수 있는 기술을 습득하여 바른 진로 결정을 할 수 있다.
- 진로목표 성취전략: 학생들은 미래의 진로에 대한 성공과 만족을 성취하기 위한 전략을 채택할 수 있다.
- 자질, 교육, 훈련, 일의 관계: 학생들은 개인적 자질과 교육 및 훈련이 일의 세계와 가지는 관계를 이해할 수 있다.

(3) 개인/사회성 발달(Personal/Social Development)

- 지식, 태도, 대인관계기술: 학생들은 자신과 타인을 이해하는데 도움이 되는 태도와 지식 및 대인관계 기술을 습득할 수 있다.
- 의사결정, 목표 수립, 실행능력: 자신과 타인을 이해하고 대인관계 기술을 성취하기 위해 의사결정을 하고 목표를 설정하고 필요한 행동을 실행할 수 있다.
- 안전 및 생존기술: 학생들은 안전과 생존기술을 이해할 수 있다.

2) ASCA 상담모형

ASCA 상담모형은 모든 학생이 프로그램의 수혜를 받아야 한다는 전제로 설계되었다. [그림 8-2]를 보면 3가지 수준의 4가지 영역으로 구성되어 있으며 각 체계 간의 화살표 방향은 각 체제가 영향을 주는 방향성을 나타나고 있다. 기초에서 두 개의 화살표가 두 번째 체제인 수행체제와 전달체제로 나아가고 다시 두 개의 화살표가 책임으로 모아지고, 책임은 기초 부분을 수정하는데 사용된다는 것을 보여 준다. 또한 4가지 영역을 둘러싸고 있는 테두리는 ASCA 상담모형의 4가지 주제를 의미하는데, 지도력, 옹호, 협력, 체제변화가 제시되어 있다. 이는 상담교사의 역할이 학생들의 발달과 적응에 관한 상담전문가로서 리더십을 가지고 교사와 학부모, 지역사회와 협력을 이루어내면서 학생들을 옹호하고 결국에는 학생들의 성공을 저해하는 요소들을 제거함으로써 학교체제의 변화를 일궈내는 것을 추구함을 의미한다(이상민 외, 2007). ASCA 상담모형의 구성 체제별 구성요소를 살펴보면 다음과 같다.

첫째, 기초(Foundation)는 신념과 철학, 임무진술, 영역, 기준, 능력 및 지표로 구성되어 학교상담사의 기본 신념과 철학을 포함하여 상담교사의 역할을 규정한다.

둘째, 수행체제(Delivery system)는 학교상담의 실제적인 부분으로 프로그램의 활동, 상호작용 및 방법을 설명하는데 학교상담 교육과정, 개별 학생 계획, 반응적 서비스, 체제 지원 등으로 구성된다. 학교상담 교육과정은 상담교사가 각 교실에서 사회성 기술을 향상시키는 내용으로 수업을 진행하는 경우고, 개별 학생 계획이란 개개인의 학생에게 도움을 주는 활동이다. 반응적 서비스는 개별 학생들의 긴급한 요구나 문제에 대해 학교상담교사가 문제해결을 위해 즉각적으로 개입하는 것으로 자문, 개인 및 소집단 상담, 위기상담, 의뢰, 또래활동 등을 포함한다. 체제지원은 위의 세 가지 영역을 효과적으로 운영하기 위해 전문성 계발, 자문, 협동 및 팀워크, 프로그램 운영과 운용 등을 말한다.

셋째, 관리체제(Management system)는 학교상담교사가 학생들의 성장 및 발달에 관한 기초자료를 토대로 프로그램 운영을 효과적으로 진행하기 위한 시스템으로 관리 합의, 자문위원회, 자료의 활용, 실행계획, 시간 사용 등의 내용을 포함한다.

넷째, 책임(Accountability)은 결과보고서, 상담교사 수행평가, 프로그램 심사 등 상담 결과 분석을 통해 상담의 효과를 입증하는 상담교사의 책임성을 강조하는 것이다.

5. 한국의 상담지원체계

종합적 학교상담모형에 따르면 모든 학생을 대상으로 예방적이고 발달적인 학교상담 서비스가 이루어져야 한다. 그러기 위해서는 다양한 학교상담 지원체제가 필요하지만 우리나라에서는 학교상담 지원체제가 거의 전무한 상태다. 따라서 최근 교육과학기술부는 학교의 현 상담체제로는 학교폭력, 학교부적응과 같은 청소년 문제를 대처하는데 한계가 있음을 파악하고 2009년부터 〈Wee Project〉를 가동 중이다. 또한 보건복지가족부의 지역사회 통합지원체계(Community Youth Safety-Net: CYS-Net)의 일환으로 청소년 동반자(Youth Companion: YC) 프로그램이 활발히 진행되고 있다.

1) Wee Project

Wee Project는 위기학생을 주된 대상으로 하고, 일반학생을 보조대상으로 하며, 학교 · 교육청 · 지역사회가 연계한 다중의 안전망(2단계 safe-net)을 구축 · 운영함으로써 학교부적응 학생들의 학교적응지원을 조력하기 위해 운영되는 시스템이다. 1차 안전망은 단위학교 내 '친한 친구 교실(Wee Class)'을 운영하고, 2차 안전망은 교육청에 '학생생활

Wee Project
위기학생을 주된 대상으로 하고, 일반학생을 보조대상으로 하며, 학교 · 교육청 · 지역사회가 연계한 다중의 안전망(2단계 safe-net)을 구축 · 운영함으로써 학교부적응 학생들의 학교적응지원을 조력하기 위해 운영되는 시스템

1차 안전망
- 단위학교에서의 Safe-Net: 친한 친구 교실 [Wee Class]
  - 학생들의 고민 · 고충을 풀어내는 학생공감 상담실로 기능을 발전시키고 다양한 학교부적응 학생에 대한 취미활동 위주의 맞춤 프로그램 제공

2차 안전망
- 교육청 차원의 Safe-Net: 학생생활지원단 [Wee support group]
  - 학교에서 지도가 어려운 학생을 임상심리사, 사회복지사, 전문상담사 등 전문인력이 함께 투입되어 진단-상담-치료-진로 서비스를 원스톱 제공

↓

단위학교, 교육청의 학생공감 프로그램과 서비스를 통해
위기학생을 선도하고, 진로 개발 및 잠재력 발현으로 인재 양성

[그림 8-3] 교육과학부 Wee Project 구축도

출처: 국가청소년위원회 활동복지단 상담자활팀, 2006.

지원단(Wee Support Group)'을 운영한다([그림 8-3]). 3차 안전망으로는 시 · 도 교육청 차원의 장기위탁교육센터인 Wee School을 운영할 계획이다(교육과학기술부, 2008).

(1) 단위학교 내 친한 친구교실(Wee Class)

> **Wee Class**
> 단위학교 내 친한 친구교실은 주위산만, 대인관계 미숙, 미디어 중독, 학습흥미 상실 등으로 학교생활에 적응하지 못하는 학생들에게 별도의 프로그램을 제공

단위학교 내 친한 친구교실은 주위산만, 대인관계 미숙, 미디어 중독, 학습흥미 상실 등으로 학교생활에 적응하지 못하는 학생들에게 별도의 프로그램을 제공한다. 2009학년도에 선정된 대상학교의 수는 전국 330개교로서 그 선정방법은 상담실 공간 확보가 가능한 학교를 우선으로 하여 상담실에 상시 전문상담교사, 전문상담사, 상담교사, 학생상담자원봉사자, 청소년 상담사 등의 상담인력 확보가 가능한 학교를 우선적으로 고려하였으며, 예산지원은 1교당 2,500만 원을 지원하여 학생 공감형 상담실 설치 및 개선, 프로그램 운영비를 충당하도록 하였다.

2007년 부적응 학생을 위한 친한 친구교실이 192개 운영되었던 것이 2008년 기준 전국 530개교가 운영 중이며, 운영방법도 학교 내 교육수요자 서비스를 위한 상담실 개선사업, 학생공감상담실에 전문상담사 배치, 부적응 학생을 위한 친한 친구교실 운영, 부적응 학생의 유관기관 지원체제 구축 등을 시행하고 있다. 2010년도에 1,500개교, 2012년까지 모든 중 · 고등학교 수의 50%까지 확대 시행될 계획이다(교육과학기술부, 2008).

(2) 교육청 차원의 학생생활지원단(Wee Support Group)

교육청 차원의 학생생활지원단은 전국 31개 지역교육청에서 시범운영되고 있는데 단위학교에서 선도 · 치유하기 어려운 위기 학생들에게 전문상담교사, 사회복지사, 임상심리사, 정신과의사 등 전문인력이 그룹이 되어 진단-상담-치료를 원스톱(one-stop)으로 제공하는 것이다.

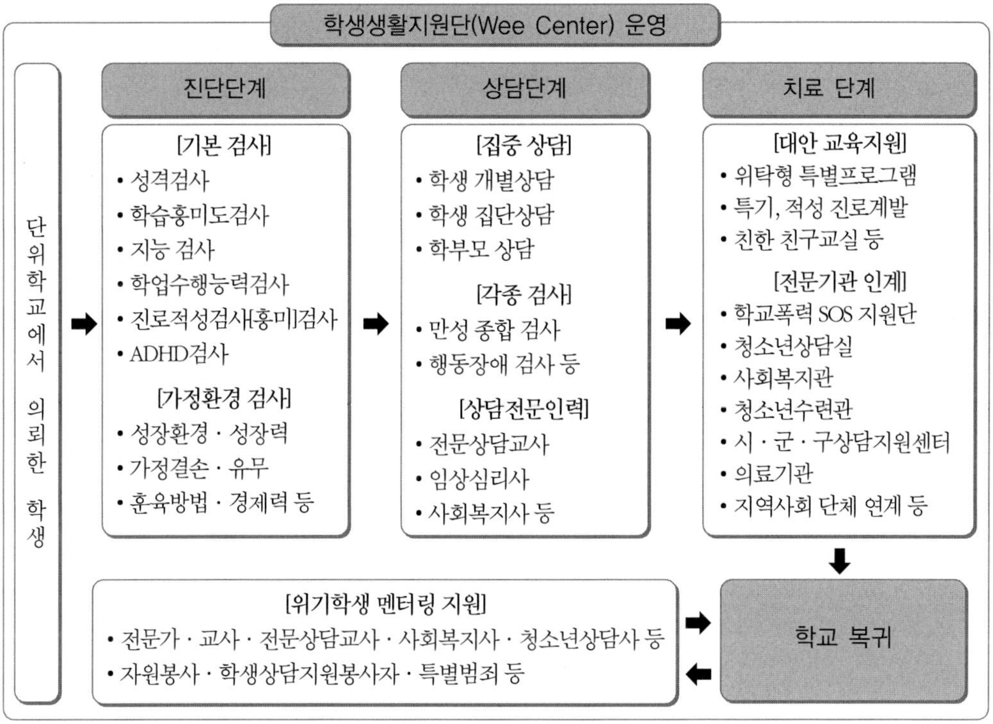

[그림 8-4] 교육과학기술부 Wee center 체계도

출처: 국가청소년위원회 활동복지단 상담자활팀, 2006.

다음 [그림 8-4]의 학생생활지원단 운영체계도를 보면 전문상담교사, 임상심리사, 사회복지사가 상담 전문 인력으로 활동하면서 학생을 학교 복귀의 목적을 달성할 수 있도록 돕는 시스템으로 운영됨을 알 수 있다.

2) 청소년 동반자 프로그램

매년 위기청소년의 수는 증가하지만 지역사회의 지원체계가 취약함을 인지한 정부는 청소년 서비스 기관의 지역적 분산과 상호협력체제 부재를 고민한 끝에 2006년 청소년위원회에서 '위기청소년 사회안전

위기청소년

위기청소년(Youth at-risk)은 학교 · 가정생활에 어려움을 가져 장래 사회에 온전히 기여하기 힘들 것으로 예상되는 청소년

망(CYS-Net, Community Youth Safety-Net)'을 주요정책과제로 추진하였다. 위기청소년(Youth at-risk)은 학교 · 가정생활에 어려움을 가져 장래 사회에 온전히 기여하기 힘들 것으로 예상되는 청소년(보건복지가족부, 2008a)으로 정의하고 개별적이고 파편화되었던 위기청소년 지원 서비스를 통합하여 맞춤형 · 원스톱 서비스 체제를 구축하고자 하였다.

CYS-Net의 비전은 청소년 역량강화를 통한 건강한 사회인으로 성장 지원하는 것으로 구체적 목표는 다음과 같다.

첫째, 위기청소년 지원을 위한 사회안전망을 강화하여 2010년까지 위기청소년 32만 명(연인원)에게 CYS-Net을 통한 연계서비스 지원하고

둘째, CYS-Net 추진체계를 확립

상담지원이 이루어지는 단계는 헬프콜 청소년 전화 1388 등 다양한 수준에서 위기청소년 사례가 발견되면 청소년 상담지원센터로 접수하여 면접과 위기스크리닝 척도를 사용하여 위기 정도에 따라 즉시 개입을 하거나 2차 심화평가와 외부 자문회의를 통해 위기청소년의 지원계

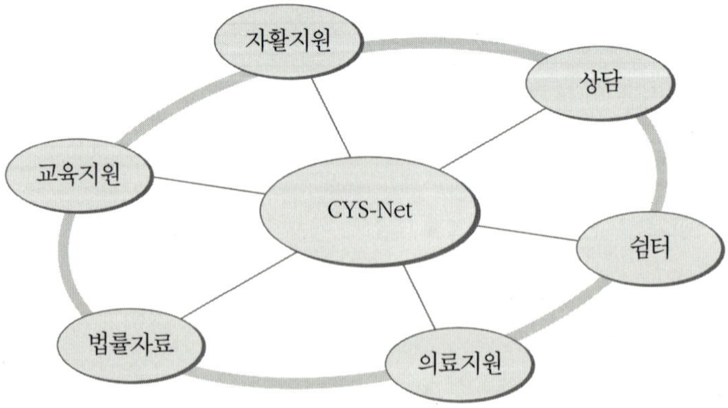

[그림 8-5] CYS-Net 서비스체제

획을 수립하여 상담, 약물치료, 진로취업 서비스, 경제적 지원 등 지속적으로 위기청소년을 도와주게 된다.

'위기청소년 사회안전망' 완성과 성공적 수행을 위해, 지역연계의 활용과 청소년에게 도움을 주는 적극적인 인력이 필요하게 되어 청소년 동반자(Youth Companion: YC) 프로그램이 시작되었다. 청소년 동반자는 청소년 상담 분야에 자격과 경험을 갖춘 전문가로서 위기청소년을 위해 지역사회 청소년 협력자원을 발굴 · 연계하며, 그들과 지속적인 관계를 형성하여 지원할 수 있는 지지가(보건복지가족부, 2008b)이다. 또한 동반자가 청소년이 있는 현장에 직접 찾아가서 그 청소년에게 맞는 지원을

> **청소년 동반자(YC)**
> 청소년 상담 분야에 자격과 경험을 갖춘 전문가로서 위기청소년을 위해 지역사회 청소년 협력자원을 발굴 · 연계하며, 그들과 지속적인 관계를 형성하여 지원할 수 있는 지지

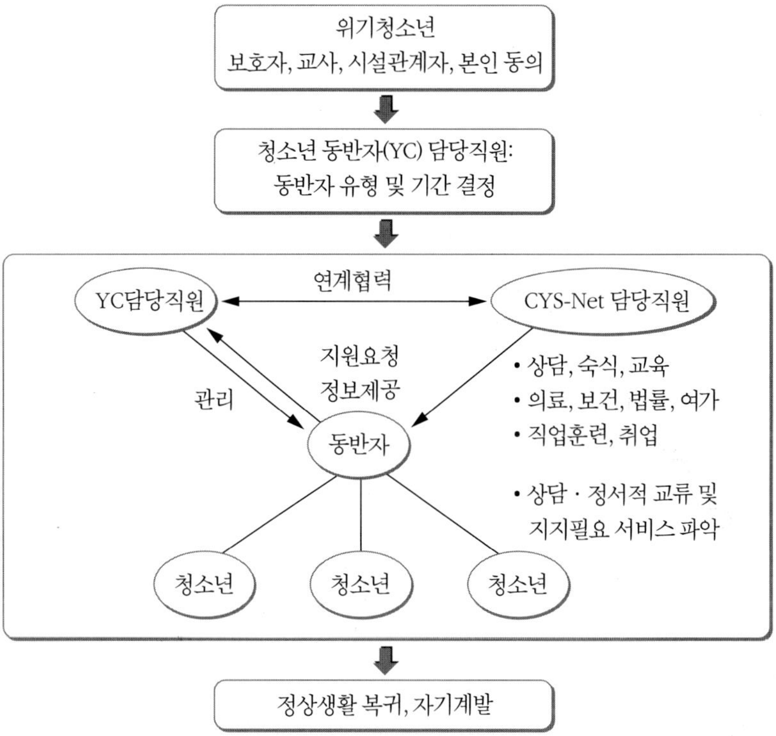

[그림 8-6] 청소년동반자사업 업무 흐름도

출처: 국가청소년위원회, 2006.

원스톱으로 연계하여 지속적으로 일관된 서비스를 하는 주체가 된다.

이들이 하는 구체적인 업무를 보면 다음 [그림 8-6]과 같다. 그 특징을 보면 청소년 동반가자 청소년을 일선에서 직접 만나 청소년에게 필요한 서비스를 파악하여 청소년 동반자 담당직원과 CYS-Net 담당직원을 연계하여 서비스를 제공함을 알 수 있다.

청소년 동반자는 전일제 동반자와 시간제 동반자로 나뉘는데 전일제 동반자와 시간제 동반자는 1:4의 비율이 권장되고 있다. 구체적인 청소년 동반자의 역할은 다음과 같다.

첫째, 위기청소년과의 지속적인 상호교류를 통하여 심리적 · 정서적 지지를 제공하고, 위기청소년들이 자신의 문제를 스스로 이해하여 해결할 수 있도록 돕는다.

둘째, 청소년이 속한 가정 · 학교 · 지역사회를 찾아가서 직접 조사하고, 이들의 위험요인과 보호요인을 분석하여, 각 영역에 직접 혹은 간접으로 개입함으로써 보호 요인은 강화시키고 위험요인은 감소시킴으로써 위기청소년의 문제를 해결할 수 있도록 돕는다.

셋째, 특히 위기청소년 통합지원체계 내의 여러 연계망을 활용하여, 지역사회의 다양한 자원이 이들의 보호요인이 될 수 있도록 연계하고, 이를 통하여 이들의 위험요인을 감소시킨다.

따라서 청소년 동반자는 정서적 후원자의 역할과 청소년에게 필요한 서비스를 찾고 연계하는 사례관리자의 역할과 함께 경우에 따라서는 문제가 되는 환경에 직접적으로 개입하여 이를 긍정적으로 변화시키는 적극적인 개입자의 역할을 동시에 수행하게 된다(국가청소년위원회, 2006).

09 학급관리

교육의 이론과 심리적인 기초에 대하여 높은 수준의 교육을 받은 교사라 할지라도 실제로 학급을 운영하는 순간부터는 많은 고민과 갈등에 놓이게 된다. 교사와 학습자를 둘러싼 현실의 복잡하고 다양한 변수는 대부분의 경우 이론적으로 잘 무장된 교사라고 할지라도 이론의 적용이 불가능한 상황을 연출하고, 동시에 교사로 하여금 짧은 시간 안에 의사결정을 하도록 요구한다.

학급이란 교사와 학생이 공동의 목표를 달성하기 위해 조직된 교육의 최소 단위다. 학급은 교육의 최소 단위이고, 학교교육의 핵심적인 교수와 학습이 이루어지는 사회적인 조직의 하나다. 사회적인 조직의 운영은 개인 능력의 발휘보다는 구성원 간의 합일된 노력이 필요하다. 따라서 학급의 교사와 학생들의 공동목표 달성을 위해서는 학급을 이루는 구성원 간의 긴밀한 상호작용과 성공적인 운영을 위한 체계적인 계획과 실천이 따라야 한다. 교사가 학급을 성공적으로 운영 · 관리한다

학급

교사와 학생이 공동의 목표를 달성하기 위해 조직된 교육의 최소 단위

는 것은 성공적인 교수활동과 학습효과를 높이기 위한 심리적 · 물적 환경을 바람직하게 조직 · 정비하는 활동이라고 할 수 있다. 구체적인 영역을 살펴보면, 학급의 환경과 시설에 관한 계획과 실행, 학급의 교육과정 운영, 학생들의 학습과 생활관리, 가정과 지역사회와의 연계성 확보 등이 있다. 이를 좀 더 자세하게 살펴보면 다음과 같다.

첫째, 교실환경의 정비
둘째, 교육과정의 계획과 정비
셋째, 각종 교수자료의 선택과 제작
넷째, 학습을 위한 소그룹의 조직
다섯째, 평가의 계획
여섯째, 학생의 생활 및 안전 지도
일곱째, 학생의 교내 · 외 활동의 지도와 관리
여덟째, 학부모를 비롯한 지역사회와의 연계활동 계획과 관리

학급을 성공적으로 운영 · 관리하기 위해서는 학생과 학급의 상황을 고려하여 발생 가능한 모든 문제의 해결방안에 관한 세밀한 계획이 있어야 한다. 이는 교사 자신의 부단한 노력과 헌신하려는 사명감 없이는 불가능한 일이다.

일반적인 학급의 운영 및 관리 영역을 나누어 보면 학생 교수-학습 환경관리, 학생관리, 교실관리 등으로 나눌 수 있다.

학습환경관리

교육과정에 명시된 학습과 연관된 제 목표를 달성하기 위한 교사의 체계적인 계획과 실천에 관한 것

1. 학습환경의 관리

학습환경관리는 교육과정에 명시된 학습과 연관된 제 목표를 달성하

기 위한 교사의 체계적인 계획과 실천에 관한 것이다. 교직의 전문성에 대한 요구가 두드러지고 있는 최근의 추세를 감안할 때 효과적인 수업과 학습관리는 교사의 전문성 확보와 연관된 가장 중요한 요소다. 또 교육현장에서 학생과 학부모의 요구 또한 학급의 운영에 영향을 미치기 때문에 학생 개인의 경쟁력 고취라는 점에서 대단히 중요하다고 할 수 있다.

학습이란 유기체가 살아가면서 경험한 결과와 이에 따른 행동의 변화를 말하는데, 유기체의 경험은 성장과정에서 자연스럽게 겪는 변화도 중요하지만 교육기관의 의도적 · 계획적 · 체계적 경험도 중요하다. 교사는 의도적이고 계획적인 경험을 제공하는 데 그쳐서는 안 되고, 교사가 제공하는 경험과 학습자가 가지고 있는 경험 간의 상호작용을 통하여 또 다른 발전된 차원으로 학습자를 안내하여야 한다. 일반적으로 학습환경은 물리적 환경과 심리적 환경으로 나눌 수 있다. 물리적 환경은 교실의 관리와도 밀접한 연관이 있으므로 교실관리 부분에서 언급하도록 한다.

교사는 학급의 경영자로서 학생들의 효율적인 학습과 학습효과를 극대화시키는 심리적인 환경을 조성해야 한다. 최근 구성주의적 관점의 확산은 학습에서 학생들의 주도적인 활동을 강조하고 있다. 그리고 교수-학습의 패러다임도 교사와 학생 간의 상호작용을 중시하여, 학급이란 공동체는 사회와 분리되어 독립적으로 존재하는 것이 아니고 학급을 둘러싼 주위의 환경과 밀접한 연관을 맺고 있다는 생태적 · 질적인 패러다임으로 바뀌어 가고 있다.

학급의 심리적 학습환경은 한마디로 학습으로 연결된 교사와 학생 간, 학생과 학생 간의 심리적인 상호작용에 관한 것이다.

최근 학교의 분위기는 학급의 붕괴라는 용어가 등장할 정도로 극도의 심리적 황폐를 경험하고 있다. 학교와 교사의 정당한 권위는 무시되고, 교사와 학생 간의 상호 신뢰는 미약하며, 동시에 학교학습에 대한 불신은 상상을 초월할 정도로 커지고 있다. 이것은 정상적인 교육시장을 위축시키고 소위 교육의 암시장을 확장시켜 학부모와 학생들이 사설학원을 더욱 신뢰하는 경향마저 보이고 있다. 교사가 학생들을 신뢰하고 기대를 가지고 존중할 때 교사에 대한 학생들의 신뢰는 회복되며, 교사와 학생 간의 긍정적인 상호작용은 학급의 학습 분위기를 안정되게 만들 수 있다.

1) 교수-학습 패러다임의 변화

교육이라는 포괄적인 의미에서 가장 실제적인 행동은 가르치고 배우는 행위다. 또 교육은 의도적으로 행동의 변화를 꾀하는 체계적인 활동이기 때문에 교수-학습 역시 체계적인 접근이 필요하다. 그러나 이것은 교수-학습의 과정 자체를 완전히 구조화시켜 학습자를 틀에 맞추어서 교육하자는 의미가 아니다. 과거 우리의 교육은 결과 위주의 경쟁을 유발하는 교사주도적인 교육환경에 놓여 있었다. 이러한 상황은 학급의 심리적인 환경을 경직되고 수동적이게 만들었다.

Reigeluth(1999)는 "우리의 교육에 관한 패러다임은 학습을 위해 설계된 것이 아니고 구분(sorting)을 위해서 설계되었다."라고 하였는데, 지금까지의 교육과 학습이 학습자에게 경쟁심과 실패에 따른 좌절을 고취시켰다는 말로 바꾸어 말할 수 있다. 교수-학습에 대한 패러다임의 변화를 살펴보면, 인식론적 관점과 그에 따른 실제 교수-학습에의 관점으로 나누어 이야기할 수 있다. 먼저 과거의 전통적인 인식론, 이른바 과학적인 패러다임에서 구성주의적 패러다임으로 변화하고 있다. 전통적인 입장에서 인간의 지적인 탐구활동에는 가치 부재의 성향이 있었다. 이것은 이성적, 합리적, 절대적 지식의 강조를 의미하는 것이라

할 수 있으며, 한 개인에게 유의미한 것보다는 세계를 관통하는 원리가 강조되었다고 할 수 있다. 또 탐구에 의해 발견된 지식과 원리는 예측(prediction)과 조절(control)에 유용하게 사용되어야 했으며, 개인의 흥미보다는 절대적이고 객관적인 현실을 반영하고 있어야 했다. 반면에 구성주의적 관점에서는 가치를 강조하게 되었다. 또 현상이나 사물이 가지고 있는 가치의 유의미는 전체적인 맥락에 의해 결정되어야 함을 강조하고 있다. 이것은 상대적인 가치와 다양한 관점의 중요성을 강조하고 있는 것이라 할 수 있다.

교수-학습의 관점에서 살펴보면 학습의 효율성을 강조하는 교수-학습 환경이 1960년대와 1970년대에 강조되었는데, 이 시기에는 교사의 교수행위가 학생들의 학습에 직접적으로 영향을 줄 것이라는 가정에서 출발하였다. 따라서 교수-학습의 장면에서 교사의 교수행위와 학생들의 학업성취 간의 인과관계와 상관관계를 밝혀내기 위한 연구가 활발히 진행되었다. 즉, 교사가 사용하는 교수방법, 교수모형, 기타 교수전략에 따른 학생들의 학업성취나 학습태도를 예견하거나 특정 교수행위의 효과검증에 주력하였는데, 이는 학급의 교수-학습 장면의 강조점이 교사변인에 있다고 생각하였기 때문이다. 결국 교수-학습에서 교사와 학생 간의 상호작용보다는 교사의 행위에 초점을 맞추고 있었다고 할 수 있다. 그 후 구성적 관점의 확산으로 교사의 행동보다는 학생의 행동변인을 더욱 중요시하게 되었다. 구성적 관점은 학습자를 능동적인 존재로 인식하고 교수-학습 과정에 참여하는 학습자의 심리적인 변인을 고려하는 패러다임이다. 따라서 주의집중이나 동기, 연습, 학습시간 등 학습자와 관련된 변인을 강조하고 있다.

최근에는 학급이라는 환경 안에서 구성원 간의 상호작용을 강조하는 관점이 두드러지고 있다. 즉, 인간과 인간, 인간과 환경 간의 긴밀한 상호작용을 중요시하게 된 것이다. 이는 교사와 학생은 일방적인 관계가 아니라 쌍방향으로 상호작용하면서 활동한다는 것이다. 또 교실이라는 환경은 독자적으로 존재하는 것이 아니고 지역사회나 가정, 문화의 맥락 속에서 융합되어 있으며, 교사나 학생의 생각, 느낌, 태도 등의 내면적인 과정이 외현적인 행동보다 중요시 되고 있다.

과거의 교실에서 말하는 심리적인 학습환경은 결국 교사가 학생들을 얼마나 헌신적으로 지도하고 문제학생을 그렇지 않은 학생과 분리하여 어떻게 지도하는가가 중요한 과제였다. 그러나 최근의 교실환경의 생태적 · 질적 강조는 교사와 학생 간 상호 협력과 이해 및 참여를 강조하게 되었다. 결국 상호작용의 질이 더욱더 중요하게 부각되고 있는 것이다. 특히, 교수–학습의 장면에서 수월성의 강조를 통한 경쟁을 배제하고 서로의 취약점을 상호 보완해 가는 과정이 더욱더 중요하다고 하겠다.

2) 교사의 전문성

교사에게 요구되는 전문성은 시대가 변함에 따라 바뀌어 왔다. 과거의 교사는 헌신적이고 사명감에 충만하고 전문적인 지식을 얼마나 가지고 있느냐가 교직을 수행해 가는 데 중요한 덕목이었다. 즉, 교사의 자질을 결정하는 중요한 요소 중의 하나가 지식의 양이라는 요소였다. 그러나 이러한 관점은 결국 교수–학습 패러다임에서 언급하였듯이 교육의 주요 변인을 교사변인에 두고 설정된 것이다. 현대적인 의미에서도 교사의 자질을 생각해 본다면 헌신이나 교직에의 사명감은 시대를 초월해서 교사가 갖추어야 할 덕목일 것이다. 그러나 지식의 양이라는 측면은 재고해야 할 필요가 있다.

매스미디어의 급격한 발달과 인터넷의 보급으로 과거에 교사나 책을 통해 얻을 수 있었던 고급지식을 누구나 쉽게 공유할 수 있게 되었고, 지식의 가치 또한 당대의 정신적 · 물질적 상황에 따라 달라지고 있다.

즉, 지식의 가치는 불변이 아니며 시대와 사회사의 변화에 따라 달라지고 있는 것이다. 이러한 상황에서 교사가 많은 지식을 보유하고 있는 것은 무의미하다. 특히, 교사와 학생 간 상호작용의 질을 강조하는 현대의 교실에서 교사가 일방적으로 지식을 전달하거나 학생들이 수동적으로 지식을 전수받는다는 것은 시대에 역행하는 교수-학습 방식임은 물론 그 실효성 또한 미미하다고 할 것이다. 이와 같은 지식에 대한 패러다임의 변화 속에서 교사가 갖추어야 할 전문성은 무엇인지 생각해 보면 다음과 같다.

첫째, 교수의 전문성의 확보다. 즉, 한마디로 잘 가르쳐야 한다는 것이다. 많이 안다는 것과 잘 가르친다는 것은 상관관계가 희박하다. 앞서 말한 바와 같이 교사가 지식을 많이 가지고 있다고 해서 모두 잘 가르치는 것은 아니다. 또 고급지식의 대중화에 따른 지식의 홍수 속에서 무엇을 가르쳐야 하고 어떤 것이 중요한지 교사 자신도 확신할 수 없다. 결국 학생들이 습득하게 된 지식을 어떻게 가치 있게 사용할 것인가와 학습자가 어떻게 스스로 지식을 구성할 것인가에 관한 방법론에 정통해야 한다. 이것은 상호작용을 중시하는 현대의 교수-학습 패러다임에서 교사와 학생 간의 의사소통의 채널을 어떻게 효율적으로 연결하고 그 성과를 극대화할 것인가 하는 전략과 관계있다. 최근 교육과 관련된 고급지식이 대중화되는 시점에서 교사가 아닌 일반인과 뚜렷이 구분되는 전문적 특성을 지니기 위해서는 교수의 전문성을 심화하는 방법이 가장 효과적이다. 그러므로 교사 자신의 자발적이고도 적극적인 연수는 물론이고 교육행정기관의 투자와 지원도 필요하다.

둘째, 학생에 대한 애정과 더불어 학생들의 개인 정보를 잘 파악하고 합리적으로 활용할 수 있는 능력이 필요하다. 학기 초에 학생 개개인의 배경과 구체적인 정보를 수집하여 학급경영과 학습지도의 중요한 자료로 활용해야 한다.

교사와 학생 간의 근본적인 신뢰감은 서로에 대한 애정에서 비롯된다. 특히, 교수-학습 장면에서 심리적인 안정감은 서로 간의 이해와 교사의 충만한 열정을 통해서만 정착이 가능하다. 또 학생들에 대한 정보는 문제행동 및 불안감을 보이는 학생들의 행동수정이나 상담을 위한 계획수립에 꼭 필요하다.

셋째, 교사는 스스로 교직이 전문직임을 인식하고 윤리적인 측면을 스스로 강화해야 한다. Finn(1961)이 주장한 전문직의 주요 특징 중 하나는 강화된 윤리의식을 가지는 것인데, 이는 전문적인 지식을 효과적으로 사용할 수 있는 전문가일수록 도덕적인 측면이 강조되어야 한다는 것이다. 전문가가 지식을 악의적이나 반사회적으로 활용할 때 그 결과의 무서움은 이미 익히 알려져 있다. 따라서 교사양성기관은 물론 교사 스스로도 건강한 인격과 마인드를 기르도록 항상 스스로를 강화해야 한다.

시대정신의 변화에 따른 사회의 급격한 변화는 교직의 위상도 바꾸어 놓았으며 교사의 전문성에 대한 요구도 바꾸고 있다. 따라서 교사양성기관부터 교사 교육과 훈련의 관점을 변화시켜야 한다. 또한 현직에 종사하면서도 연수와 재교육을 통한 전문성을 심화해야 한다. 교사는 학급환경의 일부며, 가장 중요한 요소며, 오늘날 전개되는 교육의 복잡한 양상을 이끄는 주체다. 따라서 교사가 학급의 인적 환경의 요소로써 심리적 학습환경의 핵심 요소임을 자각해야 한다.

3) 교수-학습관리

수업이란 학습에 관련된 정보와 자료, 환경을 학생들의 발달 수준을 고려하여 체계적으로 배열하는 과정이라고 할 수 있다. 수업은 의도적·인지적 목표 지향성이 강하기 때문에 생활지도나 학급의 경영 및 관리와는 달리 그 영역이 제한된다. 그러나 수업은 학급이라는 전체의 환경에 영향받지 않을 수 없으며, 교수-학습관리의 한 영역을 차지한다.

수업

학습에 관련된 정보와 자료, 환경을 학생들의 발달 수준을 고려하여 체계적으로 배열하는 과정

학습이란 개개의 학습자가 환경 및 정보와 밀접한 상호작용을 함으로써 발생하는데, 교수-학습관리는 학교 교육과정의 핵심적인 요소로서 교수-학습과정에 연관된 학생들의 일련의 학습환경을 체계적으로 조작하는 것을 말한다. 특히, 학급의 수업시간은 교수-학습의 관리에서 중요한 영역을 차지한다. 수업에 관련되는 변인은 다양하고 교사에 직접 관련된 변인도 많지만, 여기서는 수업의 형태와 수업 주도의 주체에 관하여 언급한다.

(1) 수업의 주체: 교사중심인가, 학생중심인가

전통적인 수업의 진행방식은 직접교수법(direct instruction)이라는 이른바 설명식 수업의 형태로 진행되어 왔다. 직접교수법은 그 진행이 교사주도적이고 지시적인 형태를 취할 수밖에 없는데, 대집단의 빠른 학습에 효과가 있다고 알려져 왔으며, 지금까지도 널리 사용되고 있는 학습모형이다.

최근 구성주의적 관점의 확산으로 학습자 스스로의 지식구성을 강조하게 됨으로써 수업의 진행이 교사중심에서 학습자중심으로 바뀌어 가는 경향이 일반적이다. 즉, 가르친다는 표현보다는 알게 한다 혹은 깨닫게 한다는 표현이 수업을 설명하게 되었다. 이것은 학습자의 적극적인 학습 참여를 강조하는 것이다. 교사의 일방적인 지시를 통해 학습하

는 것은 그 효율성이 떨어지고 교수공학적 측면에서 볼 때 학습효과의 극대화를 꾀하기가 어렵다. 특히, 학습자에게는 유의미한 학습 발생이 일어나기 어렵다. 이에 따라 학습자중심의 수업모형이 다양하게 개발되고 적용을 거치게 되는데, 탐구학습, 토의학습, 협동학습 등이 그 대표적인 모형이다. 이러한 모형은 소집단 위주로 학생들이 토론과 탐색 활동을 하여 문제해결에 이르는 과정을 중심으로 하고 교사는 안내자의 역할을 하도록 구성되어 있다.

협동학습의 목표

단순한 협력의 경험뿐만 아니라 집단구성원이 상호작용을 통해 서로에게 긍정적인 영향을 주는 것

특히, 협동학습의 경우에는 단순한 협력의 경험뿐만 아니라 집단 구성원이 상호작용을 통해 서로에게 긍정적인 영향을 주는 것이 중요한 목표 중 하나다. Slavin(2000)은 협동학습은 활동을 통해 학생들이 대인관계 기술을 익히게 하며, 성공적인 협동학습은 학업성취를 증진시키고, 학생들의 활발한 상호작용을 유발한다고 하였다. 그러나 일부 연구자는 소집단별 학습에서 집단의 편성이나 수준차를 고려하지 않으면, 특정 학생이 지배적인 입장에 서거나 학습목표의 달성에 방향성을 상실하여 오히려 역효과를 불러올 수 있음을 지적하기도 하였다.

다른 수업의 모형도 역시 비슷한 단점이 지적되고 있다. 이것은 학습자들이 학습과정에서 획득한 경험의 관리에 관한 문제다. 즉, 학습한 내용을 어떤 식으로 계속 확장해 나갈 것이며, 어떻게 전략적으로 사용할 것인가에 관해서는 학생들이 방향성을 잡기가 어려운 것이다. 또 수업시간의 사용에서 효율성의 문제가 대두된다. 특히, 토의학습의 경우 비록 결론이 학생들의 자의적인 판단에 의해 내려지더라도 교사의 가이드나 피드백 없이는 학생들의 자발적인 토론과 탐구가 학습목표와는 다른 방향으로 전개되거나 무의미해질 수 있기 때문이다. 따라서 교사는 학습 주제와 수업 특성에 적절하게 때로는 교사주도적인 수업을 전개해야 한다.

전통적으로 설명을 통한 강의식 수업은 자연스러운 교수가 가능하다

는 장점도 있다. 즉, 재미있게 예를 들어 이야기하듯 전개되는 수업은 비록 교사의 설명식으로 진행되더라도 학생들의 주의를 집중시킬 수 있다. 수업의 주도자가 교사가 되든 학생이 되든 중요한 것은 학습목표의 도달을 전제해야 한다. 아무리 학생주도의 재미있는 수업이라도 학습목표에 도달하지 못하였을 때는 학생들에게 남는 것이 아무것도 없을 것이다. 또 학습자 개인의 학습 스타일의 특징이나 인지양식의 차이가 있기 때문에 어느 쪽의 수업 형태가 효율적인지는 교사가 학급을 맡은 이후 상황을 참고하고 학습 영역에 따라 적절하게 전개해야 한다.

(2) 효과적인 수업을 위한 제언

학습에서 구성적 입장의 확산은 과거의 단순한 학습환경보다는 좀 더 복잡한 학습환경을, 획일적이고 집단적인 활동보다는 개인차를 고려한 개별적이고 다양한 활동을 학급에서 강조하도록 요구하고 있다. 효과적인 수업은 학습자가 수업 주제에 홍미와 관심을 가지고 적극적으로 참여하고 학습의 성과가 극대화될 때 일어난다.

효과적인 수업을 전개하기 위한 몇 가지 제안을 해 보면 다음과 같다.

첫째, 학습효과의 극대화를 위해서 사전학습과 후속학습의 연계성을 고려하여 주제를 설정하여야 한다. 특히, 일상생활과 학습 주제가 연관성을 가지도록 선정하는 것이 좋다.

둘째, 학습목표를 명확히 설정하여 수업과정 중에 교사와 학생의 방향성 있는 교수-학습활동이 전개되도록 해야 한다. 명확한 학습목표의 선정은 가장 효과적인 학습방법론을 도출할 수 있다. 따라서 교사는 명확한 학습목표를 제시하거나 학생들 스스로가 설정할 수 있도록 해야 한다. 또 교사는 수업 전의 계획과 수업 후의 평가를 통하여 학습목표와의 근접성을 항상 고려해야 한다.

셋째, 학습자들의 학습 수준에 대한 진단을 체계적으로 진행해야 한다. 교사는 학생들의 활동 수준과 수행 정도를 계속해서 진단하여 학습자를 수준별로 유의미한 학습의 진행선상에 올려놓아야 한다. 이를 위해서는 학생들의 선행 경험과 지식에 대해서도 파악하고 있어야 한다.

넷째, 긍정적인 피드백과 긍정적인 기대를 학생들에게 제공해야 한다. 학생들은 자신의 실수에 교사가 관대할수록, 교사에게 긍정적인 기대를 받을수록 더욱더 적극적이고 활발하게 수업에 참여한다. 허용적이고 개방적인 학급환경은 학생들의 자발적이고 적극적인 참여를 이끌어 내는 열쇠다.

다섯째, 수업의 구체적인 전략의 사용에서 세심한 계획을 세우되, 상황에 맞는 융통성을 발휘해야 한다. 수업은 교사와 학생, 학생과 학생의 상호작용이기 때문에 예상치 않았던 상황이 종종 일어난다. 따라서 학습목표 달성의 범위 안에서 수업전략을 융통성 있게 변화시킬 수 있어야 한다.

2. 교실 및 학생 관리

1) 학생의 생활관리

다양한 특성과 기질을 가진 성원이 모여 있는 사회는 그만큼의 다양성을 인정함으로써 행복해질 수 있지만, 다양성의 한 측면인 이질성이라는 것 때문에 불화와 갈등이 항상 존재하고 있다. 이러한 갈등은 학교라는 조그만 사회도 예외일 수 없다. 학생들은 성인 못지않게 갈등과 고민 속에서 생활하고 있다. 성인의 시각에서는 학생의 고민이 작은 것으로 치부될 수도 있지만, 당사자인 학생의 입장에서는 성인이 사회에서 직면하는 갈등이나 고민만큼 중대한 문제가 될 수도 있다. 특히, 사춘기 같은 예민한 시기의 학생들이 가지게 되는 작은 고민이나 문제점을 계속 방치한다면 바람직한 성장에 악영향을 줄 수도 있다. 학교교육의 목표를 달성한다는 측면에서도 학생들의 인간적인 성숙을 돕고 자아실현을 도와주는 것은 학업적인 성취와 더불어 매우 중요하다.

학생들의 생활관리라는 개념은 생활지도, 즉 가이던스의 개념과 거의 동일하게 사용되고 있다. 생활지도란 개인을 지원하는 활동이며, 학교현장과 관련되었을 때는 학생들이 자기 자신의 문제를 이해하고 해결해 나갈 수 있도록 도와주는 일련의 경험을 제공하는 것이다. 이 과정은 체계적이고 전문적이며 프로그램화되어 개인적인 문제의 해결과 교육의 목표를 달성할 수 있도록 구성되어 있다. 또 개인으로 하여금 자기 자신을 둘러싸고 있는 환경에 대한 심도 있는 이해를 통하여 적응력을 높이고 개인의 잠재능력을 최대한 발휘하도록 하여 자아실현을 지원하는 교육활동인 것이다. 결국 생활지도란 생활의 여러 경험을 교육적으로 지도하는 것이라고 할 수 있다.

> **생활지도**
> 개인을 지원하는 활동이며, 학교현장과 관련되었을 때는 학생들이 자기 자신의 문제를 이해하고 해결해 나갈 수 있도록 도와주는 일련의 경험을 제공하는 것

현대교육에서 생활지도의 개념은 학교생활의 전반적인 영역과 연관되어 있다. 일반적으로 생활지도는 문제행동을 하는 학생에게 적용되는 것이라고 생각하기 쉽지만 일반학생에게도 반드시 필요하다. 생활지도는 학생들의 올바른 자아실현과 성숙을 위해서 학교생활을 하는 동안 지속적으로 제공되어야 한다. 생활지도는 문제행동의 발생을 예방하는 측면도 있기 때문이다.

학급의 운영에서 생활지도는 학습관리와 더불어 큰 비중을 차지하는데, 학급의 교사만이 생활지도를 담당하는 것이 아니고 부모, 교육행정가, 지역전문가의 협조가 필수적이다. 학급의 생활지도에서 교사는 다음과 같은 생활지도의 기본 원리를 염두에 두어야 한다.

첫째, 교사는 생활지도를 교육과정과 분리하여 생각해서는 안 된다. 학생들의 생활과 학업 수행은 밀접한 관련이 있다. 학생들의 심리적인 안정은 학업의 성취동기 증진과 밀접한 관련이 있다.

둘째, 적극적인 의미에서 모든 학생을 생활지도의 대상으로 생각해야 한다. 자칫 생활지도는 문제학생을 다루는 것으로 생각하기 쉬운데, 생활지도의 궁극적인 목적은 개인이 가지고 있는 잠재적인 자아실현의 가능성을 최대한 이끌어 내고, 민주사회의 구성원으로서 가치 있는 삶을 살 수 있도록 하는 것이다. 문제가 있는 학생은 문제해결을 위해서, 정상적인 학생은 건강한 성장을 지속시키기 위해서 생활지도가 필요하다.

셋째, 예방을 중요시하는 생활지도를 강조해야 한다. 이미 발생한 문제의 처리나 치료보다는 앞으로 발생할 소지가 있는 문제를 사전에 예방하는 데 역점을 두어야 한다. 따라서 문제해결보다는 문제가 발생하지 않도록 사전지도가 더욱 중요하다.

넷째, 문제해결의 주도권을 학생이 가지도록 해야 한다. 생활지도의 가장 중요한 원칙 중의 하나는 학생들이 자발적인 행동을 통해 문제를 해결할 수 있도록 하는 것이다. 교사나 어른의 권위로 강요하기보다는 학생들의 자발적인 행동을 촉진할 수 있도록 해야 한다.

다섯째, 생활지도는 인간의 존엄성에 기초한 개성의 개발과 신장에 초점을 두어야 한다. 생활지도를 통하여 학생들이 인간으로서 존재가치를 인정하고 각자 가지고 있는 고유의 특성과 가치를 개발하여 개성을 가진 인간으로 기능하도록 조력해야 한다.

여섯째, 생활지도의 기초적인 자료는 체계적이고 객관적으로 수집해야 한다. 즉, 학생들을 제대로 이해하기 위해서는 과학적인 방법으로 자료를 수집해야 한다는 것이다. 이를 위해서는 여러 종류의 표준화검사를 통한 자료수집도 권장할 만하다.

(1) 생활지도의 목표

생활지도의 궁극적인 목적은 사회적 존재로서 개인의 자아실현에 있다. 교과교육이 가지고 있는 세분화된 영역과 내용의 발달과는 달리, 생활지도는 개인의 내부와 외부를 연결하고 통합하는 데 초점을 두고 있다. 학급에서 생활지도는 흔히 알려진 바와 같이 문제가 있는 학생을 바르게 지도한다는 입장보다는 정상적이고 성공적인 학생이 더욱 합리적이고 창조적으로 생활할 수 있도록 지도하는 것이 중요하다.

생활지도와 목표

- 궁극적인 목적은 사회적 존재로서 개인의 자아실현임
- 개인의 내부와 외부의 연결과 통합하는 데 초점을 둠

(2) 생활지도의 영역

생활지도의 일반적인 영역으로는 학습방법 지도나 학습부진 혹은 지연을 개선하기 위한 학습지도, 개인의 성격과 적응문제 · 대인관계 · 교우관계 등을 다루는 인성 및 사회성 지도, 직업과 적성 등을 다루는 직업 및 진로 지도, 건강 및 여가시간 활용에 관한 지도 등이 있다. 또 생활지도의 기술에 따라 학생이해활동, 정보제공활동, 카운슬링 활동, 정치활동, 추후활동 등으로 나눌 수 있다.

생활지도의 영역

학생이해활동, 정보제공활동, 카운슬링 활동, 정치활동, 추후 활동 등

① 학생이해활동

학생이해활동은 학생조사활동이라고도 하는데, 도와주어야 할 대상인 학생에 대한 기초 자료와 정보를 수집하는 활동이다. 학생이해활동의 구체적인 방법으로는 관찰, 학생이나 학부모 면담, 자서전 쓰기, 일화기록, 설문과 각종 심리검사 등을 이용한 조사활동을 통해 학생이해의 자료를 수집하는 것이다. Taxler와 North(1966)는 수집하는 정보의 영역을 가정환경, 성적, 학업성적과 지적 능력, 학업성취도, 성격, 장래에 대한 계획 등으로 규정하였다.

② 정보제공활동

정보제공활동은 학생들에게 필요한 정보를 제공하여 개인적인 발달과 사회에의 적응을 도와주는 활동으로, 학생들이 스스로의 힘으로 합리적이고 현실적인 결정과 행동을 하도록 도와준다. 여기서 정보는 교육정보, 직업정보, 개인 · 사회적 정보 등으로 나눌 수 있다.

첫째, 교육정보는 인생의 적정한 시기에 있을 수 있는 다양한 교육의 기회와 그에 대한 준비에 관한 정보로서 학교의 입학에 관한 정보, 학습에 관한 정보, 교과의 선택, 특별활동, 과외활동, 장학금 등에 관한 정보 등이 포함된다.

둘째, 직업정보는 직장이나 직종에 관한 정보로서 직업을 구하는 데 필요한 채용요건, 보수, 연수, 직업관련 법규, 유망직종 등에 관한 정보를 말한다.

셋째, 개인 · 사회적 정보는 자기 자신과 다른 사람을 이해하기 위한 정보다. 대인관계에 관한 정보라고도 할 수 있는데, 개성이나 인격, 자기 자신에 대한 감정과 이성에 관한 정보, 타인의 감정을 이해하고 수용하는 정보, 친구와 사귀고 관계를 유지하기 위한 다른 사회 구성원과의 조화와 예의 혹은 도덕 등에 관한 정보다.

이러한 정보제공활동은 다양한 정보원(신문이나 잡지, TV 프로그램, 해당 분야의 전문가, 각종 간행물 등)을 통해서 이루어지는데, 최근에는 정보를 좀 더 빠르고 효율적으로 제공하기 위해서 컴퓨터를 활용한 정보제공의 방법도 널리 사용하고 있다.

③ 상담활동

상담활동은 상담전문가가 도움을 필요로 하는 내담자에게 내담자 자신과 환경에 효과적으로 대응하고 합리적인 행동양식을 증진시키고 의사결정을 내릴 수 있도록 도와주는 활동이다. 즉, 일대일의 관계에서 언어적 수단을 통해 학생들의 심리적인 변화와 행동의 개선을 유도한다.

④ 정치활동

생활지도에서 정치활동은 한마디로 정확하게 있어야 할 자리에 놓는 것이다. 자기 자신의 이해를 통하여 자신의 자리가 어디인지를 알고 바람직한 자리를 스스로 선택하는 것이다. 구체적으로는 직업, 교과목, 교육과정의 선택이나 학생 개인의 능력에 맞는 학급의 배정 혹은 개인의 능력과 관심에 맞는 특별활동이나 과외활동의 배치에 관한 것이다. 즉, 자기 자신에 대한 정확한 이해를 바탕으로 여러 가지 영역을 선택하여 활동하는 것인데, 넓게는 직장의 부서 배치, 고등학교의 계열 선택, 특별활동 프로그램의 선택 등이 정치활동의 대상이 된다. 따라서 반드시 한 개인의 전 생애적 발달이라는 맥락에서 정치활동을 생각해야 한다.

⑤ 추후활동

흔히 추수활동(follow-up)이라고도 한다. 생활지도의 과정을 거친 학생을 사후에 점검하여 학생에게 지속적인 도움을 제공하는 활동이다. 즉, 생활지도 이후 그 효과가 장기적으로 어떻게 지속되는지를 확인하는 활동이다.

실제 학급에서 담임교사가 생활지도를 전적으로 맡는 것은 불가능하다. 단지 업무량의 과중이나 시간적인 문제가 아니라 담임교사 혼자서 학생들을 충분히 이해하고 문제해결을 해 주기에는 학생들의 문제가 너무 다양하기 때문이다. 따라서 상담전문가는 물론이고 지역사회의 전문적인 인력과 학부모의 적극적인 협력을 통해서 세심한 생활지도 계획을 수립하고 실천해야 한다.

(3) 학급에서의 상담

생활지도의 의미는 상담이나 심리검사 등과 연관이 높은 활동이지만 그것이 전부는 아니다. 생활지도는 보다 광의의 개념이다. 그러나 상담은 일반적으로 학급에서 많이 사용될 수 있는 방법이기 때문에 흔히 생활지도의 대표적인 방법 중 하나로 선택되고 있다.

일반적으로 상담은 교사가 맡아서 전문적으로 수행하기는 쉽지 않다. 상담은 교사가 문제를 가진 학생과 마주 앉아서 문제에 대하여 이야기하고 해결방법을 제안하는 것으로 알려져 왔다. 그러나 상담은 단순히 학생의 문제를 들어주는 것도 아니고 정보를 제공하는 것도 아니며 설득하거나 대화하는 것도 아니다. 상담은 실제적인 문제해결을 위해 전문가가 수행하는 체계적인 지원활동이기 때문에 단순히 학생을 만나서 문제를 이야기하는 면담만으로는 상담의 본래 목적을 달성할 수 없다. 학교에서 생활지도의 대상은 부적응 학생이나 문제학생뿐 아니라 모든 학생이며, 부정적인 문제는 해결하고 긍정적인 면은 더욱 발전시키는 것이 상담의 기본 취지이기 때문이다. 따라서 전문적인 훈련을 받은 상담전문가가 수행하는 것이 바람직하다.

가장 이상적인 것은 교사가 학급의 운영과정에서 발견되는 문제학생이나 상담이 필요한 학생을 발견하여 상담전문가에게 체계적인 상담을 의뢰하는 것이다. 상담의 효과를 극대화하고 실제적인 문제해결을 위해서는 교사, 학생, 학부모, 지역사회 전문가 및 유관기관의 협력체제 구축이 필요하다. 다만, 담임교사는 학급 학생의 기본 정보를 소유하고 활용하는 데 용이하기 때문에 교사가 상담에 관한 기본적인 훈련을 받았다면 학생들의 생활지도에 도움이 될 것이다. 상담이라고 하면 대부분 정신분석학적 이론을 떠올리게 되지만, 학급에서 유용하게 사용될 수 있는 상담의 이론과 기법으로는 지시적 상담과 비지시적 상담, 행동수정 등의 이론이 사용되고 있다. 특히, 학년이 낮을수록 행동수정기법을 유용하게 사용할 수 있다. 학급에서 교사가 사용할 수 있는 상담에 관한 이론을 간략하게 소개하면 다음과 같다.

① 지시적 상담

지시적 상담은 상담자의 관점에서 전문적인 지식과 경험을 활용하여 내담자에게 해결책을 제시하는 것이다. 즉, 내담자의 문제와 원인을 파악하고 상담자의 관점에서 진단을 내린 후 적절한 조언이나 해결방안을 제시하는 방법이다. 따라서 내담자에게 심리검사, 지능검사, 성격검사, 적성검사 등을 실시하여 진단의 기초 자료로 활용한다. 우리가 흔히 교사와의 상담으로 알고 있는 것이 지시적인 상담인데, 이는 학업에 관한 문제나 진로문제, 직업문제, 교우관계 등 다양한 영역에 사용되어 왔고 지금도 많이 사용되고 있다.

지시적 상담

상담자의 관점에서 전문적인 지식과 경험을 활용하여 내담자에게 해결책을 제시

② 비지시적 상담

비지시적 상담이론은 Rogers가 주창한 인간중심의 상담요법으로 비지시적 상담 혹은 내담자중심의 상담이라고 한다. 이 이론은 피상담자가 자신의 문제를 충분히 이해하고 책임질 수 있다고 생각하며, 자신의 문제를 스스로 해결할 수 있는 능력을 믿는다. 따라서 피상담자를 인간으로서 존중하며, 신뢰하는 것에서 출발한다. 지시적 상담이 상담자의 관점을 취하고 상담자의 지식에 따라 처방을 내리는 데 비해, 내담자중심의 상담은 조언이나 지시보다는 내담자의 말을 경청하고 내담자의 심정을 있는 그대로 수용한다. Rogers의 기본적인 인간관은 성장력과 잠재력이 내재되어 있는 긍정적인 유기체로 보기 때문에 내담자의 문제해결력을 인정하고 상담자의 개입을 최소화하고, 내담자에 대한 무조건적인 수용과 존경을 기본 전제로 한다.

비지시적 상담

피상담자를 인간으로서 존중하며, 신뢰하는 것에서 출발한다. 내담자의 말을 경청하고 내담자의 심정을 그대로 수용함

③ 행동수정

행동수정

개인의 행동을 외부 환경의 자극과 그에 대한 반응이 연합된 시스템으로 분석하고, 그에 따라 외부 환경의 자극을 변경하거나 반응에 변화를 주는 기법

행동수정이론은 행동주의 이론의 고전적 조건화와 조작적 조건화의 원리를 응용한 상담기법이다. 즉, 개인의 행동을 외부 환경의 자극과 그에 대한 반응이 연합된 시스템으로 분석하고, 그에 따라 외부 환경의 자극을 변경하거나 반응에 변화를 주는 기법이다. 구체적으로 강화(reinforcement)와 벌(punishment), 타임아웃(time-out) 등의 방법을 사용한다. 즉, 적절하지 못한 행동을 줄이고 적절한 행동은 증가시키는 일정한 행동을 바람직한 방향으로 변화시키는 것이다. 가장 널리 알려진 기법으로는 1960년대 후반에 등장한 응용행동분석이 있다. 이 기법은 개인의 행동문제 중에서 문제행동의 제거나 사회적으로 의미 있는 행동을 변화시키는 데 초점을 둔다. 물론, 이 행동은 관찰 가능하고 수량화할 수 있는 행동이며, 측정이나 기록이 가능한 행동이어야 한다. 응용행동분석의 체계는 흔히 A−B−C라고 부르는 선행자극(antecedent)−행동(behavior)−후속자극(consequence)의 흐름으로 이루어진다. 이 세 가지 요소 중에서 한 가지 이상의 요소를 조작하여 목표행동(대상행동)을 증가시키거나 감소시키게 된다. 즉, 선행자극(A)으로 특정 행동(B)이 발생할 때, 그에 따른 환경적인 변화나 자극을 조작하면 후속사건(C)이 발생한다. 이 후속사건이 개인에게 하나의 보상이 된다면 그 행동은 증가하게 될 것이고, 반대로 보상이 되지 않으면 자연히 감소하게 된다는 원리다. 행동수정은 자칫 인간을 동물행동학적인 관점에서 본다는 오해를 불러일으키기 쉬우나, 인간과 동물의 학습기제의 유사점을 감안해 본다면 효과가 크다는 것을 알 수 있다. 실제로 연령이 낮은 학생이나 특수아동의 기초생활습관 정착이나 수정에서는 효과가 있다.

현실요법

내담자로 하여금 의식적 행동에 주의를 기울여 자기 언행에 책임을 지고 삶의 문제를 해결할 수 있는 방법을 찾도록 지원

④ 현실요법

William Glasser가 1950년대에 개발한 기법으로 상담자가 내담자로

하여금 그의 의식적 행동에 주의를 기울여 자기 언행에 책임을 지고 삶의 문제를 해결할 수 있는 더 좋은 방법을 찾도록 지원하는 것이다. 이 이론의 핵심은 모든 인간의 행동과 감정은 자신이 선택한 것이기 때문에 그 책임이 자신에게 있다는 것이다. 따라서 욕구충족을 위한 행동이 다른 사람에게 방해가 되지 않게 하면서 자신의 욕구를 충족하는 쪽으로 행동변화를 유도하게 된다. 기본적으로 상담자가 내담자에게 요구하는 것은 성공적인 자아정체감을 형성하고 변화에 대한 현실적인 계획을 세우며, 감정보다는 행동에, 과거보다는 현재에 초점을 두게 한다. 그리고 책임 있게 행동하는 계획을 세워 결과에 대해서는 변명하지 않도록 하는 것이다.

⑤ 정신분석

정신분석이론은 Freud의 정신분석학에 기초한 이론으로 상담과 심리치료 분야에서 오랫동안 이용되어 왔다. Freud의 이론이 영 · 유아기의 리비도와 무의식에 기반을 둔 만큼 내담자는 거리낌없이 자유롭게 과거의 경험과 그때의 감정을 털어놓도록 격려받는다. 이러한 기법을 자유연상이라고 하는데, 이를 통해서 내담자의 무의식적 동기와 갈등을 이해하게 된다. 그러나 자유연상으로는 충분한 문제해결의 방법을 얻기 힘들고 문제해결이 되는 기간 역시 길어지기 때문에 정신분석은 학교상담에 적합한 방법이라고 할 수 없다. 다만, 내담자의 문제해결을 위한 필수적인 정보를 획득하는 하나의 방법으로 사용할 수 있다.

정신분석
자유연상을 통해 내담자의 무의식적 동기와 갈등을 이해

최근 학교에서 상담의 중요성이 새롭게 조명되고 있다. 담임교사의 업무나 교과지도의 분량을 생각하면 담임교사로는 전문적이고 실효성 있는 상담효과를 기대하기 어렵다. 그러므로 전문적인 훈련을 받은 상담교사의 배치와 학생들의 연령별, 발달 수준별 활용이 필요하다.

학급의 운영에서 교과교육만큼 중요한 것이 생활지도다. 생활지도는 삶의 과정에서 인간이 직면하는 다양한 문제와 난관을 스스로 해결하고 극복할 수 있도록 원조하는 과정이라고 할 수 있다. 학급의 운영을 담당한 교사는 학급이 하나의 사회조직이지만 생활지도가 학급의 학습 분위기 조성이나 효율적인 운영을 위해서만 필요한 것이 아니며, 근본적으로는 개별 학생의 성장과 발달을 꾀하기 위한 것임을 명심해야 한다.

2) 교실환경관리

학급의 물리적인 환경은 교실이라는 단어에서 연상되듯 칠판과 책상이 놓여 있는 공간만을 생각하기 쉽다. 그러나 보다 넓은 의미에서 학급의 환경은 학교 전체의 환경과 상관이 있다. 학교환경이 거시적이라면 학급환경은 미시적인 것으로, 전체적으로 본다면 학교환경이 어떻게 교육적으로 유의미하게 조성되어 있는지가 중요한 과제다. 학교환경 전체가 학생들의 지적·정의적 발달을 촉진하기 좋은 환경으로 구성되어야 개별 학급의 환경 구성에도 좋은 영향을 주기 때문이다.

학교의 물리적 환경을 구성하는 요소로는 지리적 위치에 의한 소음, 교통, 주위 환경, 주거지와의 거리, 학교의 크기 등을 들 수 있고, 환경을 구성하는 인적 요소로는 학부모의 직업군, 교사의 성향 등을 들 수 있다. 이러한 요소는 학교 내의 개별 학급의 교실환경에도 영향을 미친다. 학교의 규모에 따른 교실공간의 크기와 그에 따른 개인공간의 규모, 좌석의 배치 상태와 형태, 책걸상의 크기, 휴식공간의 유무와 같은 물리적 환경은 학생들의 잠재적 교육과정에 중요한 영향을 미친다. 학생들은 잘 조화된 안정된 교실환경에서 심리적 안정감을 느끼고 보다 긍정적인 교우관계를 맺고 능률적인 학습활동을 한다. 교사는 이러한 점을 고려하여 교실환경을 구성하도록 해야 하는데, 일반적인 고려사항을 살펴보면 다음과 같다.

첫째, 교육목표와의 연관성을 고려하여 편리하고 합리적인 측면을 강조해야 한다. 교실은 백화점 전시장이나 모델하우스처럼 안정되고 편리한 물리적 · 심적 환경의 구성을 통해 효율적인 학습과 인격의 발달을 이루어야 하는 곳이다. 따라서 지역사회와 가정의 연장공간임과 동시에 친근하며 효율적인 학습이 일어날 수 있도록 구성해야 한다. 예를 들면, 책상의 배치는 개개인의 신체적 · 심리적 특성을 고려하는 동시에 학급의 전체 구성원이 불편함을 느끼지 않도록 배치되어야 하며, 효율적인 학습자료의 배치로 학생들의 학습에 도움을 주어야 한다. 또 학생들이 편안하게 휴식할 수 있는 공간이어야 한다. 따라서 규정이나 관습에 지나치게 따르기보다는 학생들의 의견을 반영하여 교사가 재량껏 구성할 수 있도록 해야 한다.

둘째, 교실환경 구성 시 학급의 모든 학생이 직접 참여, 협력해서 구성하도록 한다. 교실의 환경을 구성하는 과정 자체도 교육의 한 과정이다. 따라서 교사와 학생들이 서로 협동하여 작업에 참여한다면 개개인의 의견도 반영할 수 있으며, 동시에 교사와 학생 간의 신뢰감을 형성할 수 있는 좋은 계기가 된다.

셋째, 친환경적인 측면도 고려해야 한다. 최근 환경친화적인 생활환경의 중요성이 강조되고 있고, 그에 따른 환경보호교육 차원에서 교실환경 구성에도 그러한 개념을 반영해야 한다. 예를 들면, 학급의 쓰레기를 분리하기 위한 효율적인 장비를 갖추거나, 장식물보다는 화분이나 화분에서 자랄 수 있는 나무들을 배치하는 것이 좋다.

넷째, 학생들 상호 간에 원활한 대화를 위한 공간으로 만들어야 한다. 학생들 사이에서 일어나는 소외나 불화 같은 현상의 대부분은 학생들의 서로에 대한 이해 부족 때문인 경우가 많다. 교실이

서로의 감정과 의견을 솔직하고 자유롭게 나누고 편안하게 대화를 나눌 수 있는 공간의 역할을 할 수 있다면, 학생들은 물론 교사와의 관계에서도 발생할 소지가 많은 문제점이 현저하게 줄어들 것이다.

다섯째, 학생들의 학습을 지원할 수 있는 자료실의 역할도 고려해야 한다. 최근 컴퓨터의 대량 보급은 과거 도서관이 하던 정보제공의 역할을 대신할 수 있게 되었다. 특히, 컴퓨터는 공간을 점유하는 면적이 서적보다 훨씬 적기 때문에 학급의 자료실 역할을 더욱 효율적이고 편리하게 할 수 있다. 따라서 교사는 이러한 학습자료실 역할을 수행할 수 있는 인프라 구축과 실제 운용에 관한 사항을 고려해야 한다.

이상 학급의 관리와 관련된 여러 가지 변인에 대하여 알아보았다.

학급경영과 관리에서 기본적인 지침이 되는 몇 가지 원리를 기억해 둘 필요가 있는데, 이것을 간단히 설명해 보면 다음과 같다.

첫째, 사회화의 원리다. 학급의 경영은 긍정적인 방향으로 변화, 사회적인 의식의 성장이라는 가치를 무시해서는 안 된다. '교육받은 사람은 사회적이다.'라는 Dewey의 말을 굳이 인용하지 않더라도 사회화라는 교육기능을 간과할 수는 없다. 학생들은 자율적인 교내생활을 통해서 질서와 규칙, 사회생활을 익히고 연습하게 된다. 학교생활에 잘 적응하는 것은 사회화의 기준이 되기도 한다. 따라서 교사는 학급이 합리적이면서도 인간적인 측면을 겸비하도록 관리해야 한다.

둘째, 민주주의적 생활원리다. 학생들이 학급이라는 조직생활을 통해서 민주주의의 기본 원리와 정신을 익힐 수 있도록 해야 한다. 학급에서의 생활은 단체생활이지만 엄연히 개인적인 이해 관계가 얽히게 마련이다. 그러므로 단체적인 허용 범위에서 가능한 한 학생들의 의견을 수렴할 필요가 있으며, 학급의 주요 사안에 대해 학생들이 활동을 스스로 결정할 수 있는 기회를 제공해야 한다. 또한 결정과 실행에서 권리뿐 아니라 책임과 의무가 항상 따른다는 것을 배울 수 있도록 해야 한다.

셋째, 참여, 협동, 책임의 원리다. 교사는 학생들 스스로의 안전과 이익을 위하여 협동적인 생활양식을 습득할 수 있도록 지도해야 한다. 특히, 학생들 간 과도한 경쟁의식이나 감정적인 갈등과 불화가 생기지 않도록 해야 한다.

넷째, 상호작용과 접근의 원리다. 교육의 성과는 교사와 학생이 서로를 신뢰하고 거리감 없이 상호작용할 때 극대화된다. 따라서 학급은 교사와 학생이 서로 친밀하게 접근하는 하나의 공간이 되어야 한다.

다섯째, 체제일치의 원리다. 학급은 하나의 시스템이다. 즉, 구성요소가 규칙과 질서에 의해서 조직되고 작동하는 시스템인 것이다. 그러나 학급은 학교라는 상위 시스템에 속한 하위 시스템이다. 따라서 상위 시스템과의 작동에 부조화가 일어난다면 전체적인 시스템 작동이 원활하지 않을 것이며, 학급의 교육력 또한 저하될 것이다. 즉, 학교라는 하나의 큰 시스템은 학급이라는 작은 시스템이 모여서 이루어진 것이기 때문에 각 학급과 학교의 운영에서 기본적인 시스템이 일치하지 않으면 마찰이 생기게 된다. 따라서 교사는 학교의 운영원리와 체제 안에서 학급운영을 고려해야 한다.

여섯째, 변화와 진보의 원리다. 과거에는 학교가 사회를 앞서 나갔지만, 현재의 학교는 사회 변화와 시대를 이끌어 나가지 못하고 있다. 사회 변화에 적극적으로 대응하고 나아가 그 변화를 주도해 나갈 수 있는 진보적이고 적극적인 마인드를 학생들이 가질 수 있도록 지도해야 한다. 이를 위해서는 교사가 솔선해서 개방적인 자세로 학급을 관리해야 한다.

일곱째, 요구수용의 원리다. 최근 교육은 서비스 산업이라는 관점이 확대되고 있는데, 이런 관점을 수용한다면 학교는 소비자인 사회와 학생의 요구를 충족할 의무가 있다. 마찬가지로 학급운영에서도 교사는 학생과 학부모의 요구를 수용하여 학급의 운영에 반영해야 한다.

10
수 업

수업은 학습이 효과적으로 일어날 수 있도록 학습자의 내적, 외적 조건을 조정하는 과정이다. 따라서 이 장을 통하여 수업의 개념과 이론, 수업과정과 일반적 수업 유형에 관하여 알게 될 것이다. 나아가 바람직한 수업을 할 수 있는 기본 능력이 습득될 것이다.

1. 수업의 개념

교육에서 일반적으로 학습, 교수, 수업, 학습지도라는 용어가 자주 사용되고 있다. 따라서 이러한 용어들의 의미 이해는 교육을 이해하는 데 큰 도움이 된다.

학습이란 영어의 'learning'에 해당하는 용어다. 학습에 대한 의미를 정리해 보면 다음과 같다.

첫째, 강화받은 연습의 결과로 일어나는 비교적 영속적인 행동 잠재력의 변화(Kimble, 1961)
둘째, 상당 기간 동안 지속되고 성장과정에 그 원인을 돌릴 수 없는 인간의 특성 또는 능력의 변화(Gagné, 1977)
셋째, 연습과 훈련을 통해서 넓은 의미의 행동이 발생하고 변화하는 과정(Garry & Kingsley, 1970)
넷째, 성숙과 달리 유전에 의해 유도되지 않는 살아 있는 개체의 변화(Bigge, 1964)

학습
학습자에게 나타나는 행동의 변화, 인지구조의 변화, 능력의 변화 등

이러한 학습의 의미를 정리해 보면, 학습이란 학습자에게 나타나는 행동의 변화, 인지구조의 변화, 능력의 변화 등을 의미한다. 그러나 변화의 원인이 환경적 요소에 있지 않고 생득적 반응 경향, 성숙 등과 같은 유전적 요소에 있으면 학습이라고 보지 않는다. 또 피로나 약물 등의 영향에 의해 유기체에 일시적 상태로 나타나는 변화도 학습에 포함되지 않는다. 학습은 형식적 교육활동이 없는 자연적인 상태에서 일어날 수도 있고, 의도적이고 형식적인 교육활동의 결과로 발생할 수도 있다.

교수는 영어의 'teaching'에 해당하는 용어다. 교수에 대한 의미를 정리해 보면 다음과 같다.

첫째, 학생이 학습하고 있는 상황에서 유관 강화의 배열(Skinner, 1968).
둘째, 구체적인 계획과 의도에 대한 의식이 수업에 비하여 덜 분명하며, 무의도적인 가르침도 내포하고 있는 총칭적 용어

교수
의도적이거나 무의도적인 가르침

이러한 교수의 의미를 정리해 보면, 교수란 의도적이거나 무의도적인 가르침이다. 이 가르친다는 의미에서 수업과 같은 의미로 사용되기도 하지만 일반적으로 의도적 · 무의도적 가르침을 모두 내포하고 있으므로

의도성과 계획성을 중시하는 수업보다 넓은 의미로 사용되는 용어다.

수업은 영어의 'instruction'에 해당하는 용어다. 수업에 대한 의미를 정리해 보면 다음과 같다.

첫째, 학습자의 학습을 지원하기 위해 설계된 여러 사태의 집합(Gagné, 1974)

둘째, 학습자의 내적 학습과정을 뒷받침하기 위해 마련된 외적 사태의 집합(Gagné & Briggs, 1979)

셋째, 학습자의 성장을 돕고 형태지우기 위한 노력(Bruner, 1966)

넷째, 학습자가 특정한 조건하에서 특정 행동을 하는 것을 배울 수 있도록 학습자의 환경을 계획적으로 조정하는 과정(Corey, 1971)

이러한 수업의 의미를 정리해 보면, 수업이란 학습을 촉진하도록 하기 위하여 학습자의 내적 조건과 외적 환경을 체계적으로 조정하는 과정이다. 따라서 수업은 학습과 교수를 동시에 내포한 개념이라고 볼 수 있다. 즉, 학습의 효과성, 효율성, 매력성을 제고하기 위하여 학습자의 내・외적 환경을 계획적으로 조작하는 과정이라고 볼 수 있다.

수업
학습을 촉진하기 위해 학습자의 내적 조건과 외적 환경을 체계적으로 조정하는 과정

여기서 혼용되고 있는 교수와 수업의 의미를 좀 더 살펴보면, 교수는 교사의 가르치는 과정 또는 활동에 중점을 두는 용어고, 수업은 학습자의 배우는 활동과 교사의 가르치는 활동 모두에 중점을 두는 개념이다. 이에 따라 수업은 교수-학습(teaching-learning)이라는 용어와 같은 의미로 사용되고 있다.

수업과 혼동되는 용어로 학습지도가 있다. 학습지도란 교사 또는 성인이 학습자의 학습 효과성의 제고를 위하여 학습자를 안내하거나 도와주는 활동이다. 따라서 학습지도는 학습자에게는 능동성과 주도성을 요구하고, 교사 또는 성인에게는 주로 안내자, 촉진자, 조력자, 보조자

학습지도
교사 또는 성인이 학습자의 학습 효과성의 제고를 위해 학습자를 안내하거나 돕는 활동

의 역할을 요구한다. 이에 비해 수업에서는 학습자의 능동성도 중시되나 교사의 능동성과 계획성이 더 강조된다.

2. 수업이론

1) 수업이론의 의미

수업이론

수업을 효과적, 효율적, 매력적으로 하기 위한 이론

수업이론이란 수업을 효과적, 효율적, 매력적으로 하기 위한 이론이다. 수업이론의 의미를 좀 더 자세히 살펴보기 위하여 수업과 이론의 의미를 보면, 수업이란 학습을 촉진하기 위하여 학습자의 내적 조건과 외적 환경을 체계적으로 조정하는 과정이고, 이론이란 구문적으로 통합되어 있으면서 관찰할 수 있는 현상을 예언하고 설명하는 데 사용되는 일련의 조직된 명제들이다. 따라서 수업이론이란 학습과 관련된 학습자의 내적 조건과 외적 환경의 현상을 예언하고 이해하고 설명하는 일련의 체계화된 명제들이다. 이를 통하여 학습 촉진을 위해 학습자의 내적 조건과 외적 환경을 체계적으로 조정할 수 있게 된다.

여기서 수업이론은 학습자의 학습과 관련된 제 조건을 이해하고 설명하거나 예언할 수 있는 기술적 성격과 학습자의 학습을 촉진하도록 해 주는 방법을 제시하는 처방적 성격을 동시에 가지고 있다. 때로 이론과 유사한 개념으로 모형(model)이란 용어가 사용되기도 하는데, 모형이란 이론이 응고화된 것이다. 응고화되었다는 말은 이론에 포함되어 있는 변인과 그 과정을 대표하거나 그와 유사한 모양의 구조 또는 뼈대를 보여 준다는 것이다. 이렇게 보면 이론을 보다 단순화시킨 것이 모형이라고 할 수도 있다(진위교 외, 1995). 따라서 수업모형도 결국 수업이론과 같은 의미로 이해하여도 무방하다.

모형

이론에 포함되어 있는 변인과 그 과정을 대표하거나 그와 유사한 모양의 구조 혹은 뼈대를 보여 주는 것

주요한 수업이론에는 Glaser의 수업모형, Bruner의 수업이론, Ausubel의 유의미 학습이론, Gagné의 수업이론, Bloom의 완전학습이론, Carroll의 학교학습모형, Merrill의 구인전시이론, Reigeluth의 줌렌즈 이론 등이 있다. 이 중에서 Glaser의 수업모형은 수업과정과 밀접한 관련을 가지고 있으므로 수업과정에서 소개하고 여기서는 Carroll의 학교학습모형, Gangé의 수업이론, Merrill의 구인전시이론, Bruner의 수업이론, Bloom의 완전학습이론, Ausbell의 수업이론을 간단히 소개하고자 한다.

2) Carroll의 학교학습모형

Carroll(1963)의 학교학습모형은 학습의 정도를 시간과 결부하여 소개하고 있다. Carroll은 학습에 필요한 시간만큼 학습에 시간을 투자하면 100%의 완전학습을 할 수 있다고 보았다. 그는 학습에 필요한 시간이 모두 동일한 것은 아니고 개인의 적성, 수업 이해력, 수업의 질에 따라 다르게 나타난다고 보았다. 이는 바로 학습의 효율성과 관련이 있다는 것을 시사하고 있다. 또 학습에 사용된 시간은 학습자의 지구력과 학습 기회에 좌우된다고 보았다. 이는 학습의 효과성과 관련이 있음을 알 수 있다. 이와 같이 Carroll은 학습에 사용된 시간으로 학습의 정도를 나타내고 있다. 이를 공식으로 나타내면 다음과 같다.

학교학습모형

학습의 정도를 시간과 결부하여 소개

$$\text{학습의 정도} = \frac{\text{학습에 사용한 시간}}{\text{학습에 필요한 시간}} = \frac{\text{학습 기회, 지구력}}{\text{적성, 수업 이해력, 수업의 질}}$$

공식에서 지구력(perseverance)이란 학습자가 어떤 학습을 위해 주의집중하여 사용하는 시간이고, 학습기회(opportunity)란 학습하도록 학습자에게 실제로 주어지는 시간이다. 그리고 적성(aptitude)이란 최적의 학습조건에서 주어진 학습과제를 일정한 수준으로 성취하는 데 필요한 시간, 일반적으로 특정 영역의 수학능력을 말한다. 수업 이해력(ability to understand instruction)이란 학생들이 교수내용이나 교사의 설명을 이해하는 정도를 의미하며 일반지능과 언어능력을 말한다. 수업의 질(quality of instruction)이란 학습의 정도가 극대화될 수 있도록 학습과제가 학습자에게 효과적으로 제시되고 설명되고 구성되는 정도를 의미한다.

3) Gagné의 수업이론

Gagné(1965, 1974)는 학습조건을 중시하였다. 학습조건은 학습자의 내적 상태와 인지적 과정을 의미하는 내적 조건과 환경의 자극인 외적 조건으로 나누어 볼 수 있다. 내적 조건은 학습자의 학습능력으로 나타나고 외적 조건은 학습과제로 나타난다. Gagné는 학습능력을 어떤 유형의 성취행동을 할 수 있는 능력으로 보고 문제해결 학습능력, 원리학습 능력, 개념학습 능력, 중다변별 학습능력, 언어연합 학습능력, 연쇄학습 능력, 자극반응 학습능력, 신호학습 능력의 8유형을 제시하고 있다. 이 학습능력은 문제해결 학습능력을 최상위로 신호학습 능력을 가장 낮은 능력으로 하는 위계성을 가지고 있다. 이를 학습위계성(tearning hierarchy)이라고 한다.

Gagné의 학습

학습내용을 통한 학습능력의 변화를 중시

Gagné는 학습을 이러한 학습능력의 변화로 보고 학습내용을 통한 학습능력의 변화를 중시한다. 여기서 학습내용은 학습자가 가진 학습능력에 적합하게 제시되어야 한다. 학습능력에 적합하지 않은 학습내용은 학습자의 학습에 도움을 주지 못한다. 이에 따라 그는 학습자의 능력 수준에 적합하도록 학습과제의 내용을 분석해 들어가는 과제분석을

정보처리과정	수업사태
①주의	주의
②기대	목표 제시
③재생	상기
④선택적 지각	자극자료 제시
⑤의미 있는 정보저장	안내
⑥재생과 반응	수행 격려
⑦강화	피드백
⑧자극에 의한 재생	평가
⑨일반화	기억과 전이

[그림 10-1] Gagné의 수업사태와 정보처리과정

중요시하였다.

Gagné는 학습능력과 학습과제 외에 9가지 수업사태와 이에 상응하는 학습자의 두뇌 속 정보처리과정을 제시하고 있다. 수업사태는 수업이 진행되는 과정을, 정보처리과정은 학습이 이루어지는 과정을 말한다. 학습능력과 학습과제가 서로 상응되듯이, 수업사태와 정보처리 과정도 서로 상응되어 이루어져야 한다고 하였다.

4) Merrill의 구인전시이론

Merrill의 구인전시이론(component display theory)은 학습자료의 제시에서 일차제시형과 이차제시형을 소개하고 있다. 일차자료제시형은 목표한 학습이 일어나게 하기 위한 가장 기본적인 자료제시 형태다. 이는 수업방법적 차원(설명적, 질문적)과 학습자료적 차원(일반성, 사례)에서 4가지 자료제시형(법칙, 회상, 예, 연습)으로 구분된다. 이차제시형은 일차제시형을 정교화하여 보다 유의미한 부가적 학습이 일어나게 하고 있다. 이는 4가지 유형의 일차자료제시형에 맥락, 도움말, 암기법, 피

일차자료제시형
목표한 학습이 일어나게 하기 위한 가장 기본적인 자료제시 형태

이차자료 제시형
일차제시형을 정교화하여 보다 유의미한 부가적 학습이 일어나게 하는 자료제시 형태

〈표 10-1〉 Merrill의 일차자료제시형

		설명적 Expository(E)	질문적 Inquisitory(I)
정의, 절차, 원리를 추상적으로 진술	일반성 Generality	EG 법칙	IG 회상
구체적 상황 속에 나타난 정의, 절차, 원리의 예	사례 Instance(eg)	Eeg 예	Ieg 연습

〈표 10-2〉 Merrill의 이차자료제시형

	일차제시형				
이차제시형		EG 힘이란 질량과 가속도를 곱한 값이다	Eeg	Ieg	IG
	맥락(c)	EG 위 법칙이 나오게 된 배경 설명			
	선수학습(p)	EG 질량과 가속도의 정의 설명(이전 배운 것)			
	암기법(mn)	EG 힘질가곱하자(암기하기 좋도록 변형)			
	도움(h)	EG 주의환기를 위해 밑줄, 큰글자 등 이용			
	표현법(r)	EG 말 대신 그림, 공식, 표로 표현(f=ma)			
	피드백(FB) 바른 답(Ca) 도움(h) 사용(u)				

■: 해당 영역 없음

EG: 법칙설명형, Eeg: 사례설명형, Ieg: 사례질문형, IG: 법칙질문형

드백 등의 방법을 적용하도록 하고 있다.

5) Bruner의 수업이론

발견학습이론으로 잘 알려져 있는 Bruner(1962, 1963)는 그의 수업이론에서 학습경향성, 지식의 구조화, 학습계열, 강화의 4가지 요소를 매우 중요시하고 있다. 학습경향성은 학습하고자 하거나 문제를 해결하고자 하는 의욕 혹은 경향을 말한다. 이는 학습자가 속해 있는 문화요인, 개인의 성, 동기체제, 연령, 학습양식, 인간관계 등의 요인에 의해 차이가 있다. 지식의 구조화는 수업의 양과 질에 영향을 주는 요소다. Bruner는 이를 통해 '어떤 교과라도 지적 성격을 그대로 두고 발달의 어떤 단계에 있는 어떤 아동들에게도 효과적으로 가르칠 수 있다.' 고 제안하고 있다. 지식의 구조화에는 지식의 표현양식, 지식의 경제성, 지식의 효능성 등이 있다. 그는 동일한 내용이라고 하더라도 그 표현양식에 따라 학습이 촉진되기도 하고 둔화되기도 한다고 하면서, 지식의 표현양식으로 작동적 표현, 영상적 표현, 상징적 표현의 세 가지를 제시한다.

> **학습경향성**
> 학습하고자 하거나 문제를 해결하고자 하는 의욕혹은 경향

> **지식의 구조화**
> 수업의 양과 질에 영향을 주는 요소. 지식의 표현 양식, 지식의 경제성, 지식의 효능성 등이 있음

> **지식의 표현양식**
> • 작동적 표현: 행동을 통하여 내용을 전달
> • 영상적 표현: 그림, 사진, 영화 등으로 학습내용을 표현
> • 상징적 표현: 언어나 기호로 학습내용을 표현

첫째, 작동적 표현은 행동을 통하여 내용을 전달하는 것이다. 즉, 시범이나 모범을 통하여 보여 주거나 실제 행동을 통하여 학습내용을 표현하는 것이다.

둘째, 영상적 표현은 그림, 사진, 영화 등 실제 모습을 담은 자료로써 학습내용을 표현하는 것이다.

셋째, 상징적 표현은 언어나 기호로 학습내용을 표현하는 것이다.

이렇게 볼 때 가장 쉽게 이해할 수 있는 것은 작동적 표현이고 그 다

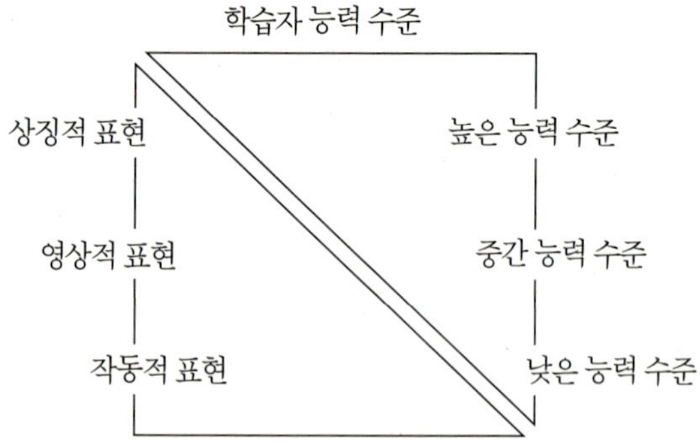

[그림 10-2] 학습자의 능력 수준과 내용 표현방법

음은 영상적 표현이다. 상징적 표현은 이해 수준이 가장 낮다([그림 10-2] 참조). 이는 그 상징에 관한 학습자의 선행지식을 요구하고 관련 지식을 쉽게 활성화하여 보여 주지 못하기 때문이다. 이에 비해 작동적 표현이나 영상적 표현은 사전지식이 없어도 다소 무방하며, 자료의 제시 자체가 전체적 구조를 보여 주므로 관련 지식이 쉽게 활성화될 수 있다. 그러나 작동적 표현과 영상적 표현이 반드시 좋은 표현방법은 아니다. 학습자의 학습 정도에 따라 때로는 상징적 표현이 적합할 수도 있다. 상징적 표현은 동일한 내용이라도 작동기억의 용량을 적게 차지하므로 관련된 다른 사실의 활성화를 가능하게 하여 단시간에 많은 내용을 유의미하게 학습할 수 있도록 해 준다.

한편, 표현의 경제성은 지식을 간략하게 표현하는 것이고, 표현의 효능성은 하나의 명제나 지식이 다른 명제나 지식을 만들어 내기 쉽도록 진술되는 것을 말한다. 학습계열은 학습과제의 제시 순서를 말하는데 모든 학습자에게 적합한 학습계열은 없다. 학습계열은 학습자의 선행학습(학습능력), 발달단계, 지식의 표현양식, 학생의 탐색활동 등에 따라 차이가 난다. 강화는 학습을 촉진시키는 방법으로 Bruner는 외적 강화보다 내적 강화를 더 중시하며 학습 결과에 대한 지식을 강조한다.

6) Bloom의 완전학습이론

완전학습이론에 의하면, 교수과정을 적절히 조작함으로써 한 학급의 거의 모든 학생을 설정된 완전학습의 수준까지 끌어올릴 수 있다. Bloom(1968)은 학습자의 출발점 행동과 교수변인을 알면 학습 결과의 90%까지 예측할 수 있다고 보았다. 출발점 행동은 주어진 학습과제를 학습하기 전에 그 학습과제를 성공적으로 학습하기 위하여 필요한 학습자의 특성으로 이를 통해 65%를 예측할 수 있다. 출발점 행동은 지적 요인과 정의적 요인으로 이루어진다. 지적 요인은 지능, 선행학습 등을 말하며, 이를 통해 50%가 예측 가능하다. 정의적 요인은 교과 또는 학습에 대한 자아개념을 말하며, 이를 통해 25%를 예측할 수 있다. 교수변인은 수업의 참여, 학습을 위한 단서, 보상, 동인 등을 말하며, 이를 통해 25%를 예측할 수 있다. Bloom은 이러한 요인을 잘 활용하면 모든 학생이 90% 이상으로 학업성취를 이룰 수 있다고 보았다.

출발점 행동

지능, 선행학습 등의 지적 요인과 교과 또는 학습에 대한 자아개념인 정의적 요인으로 이루어짐

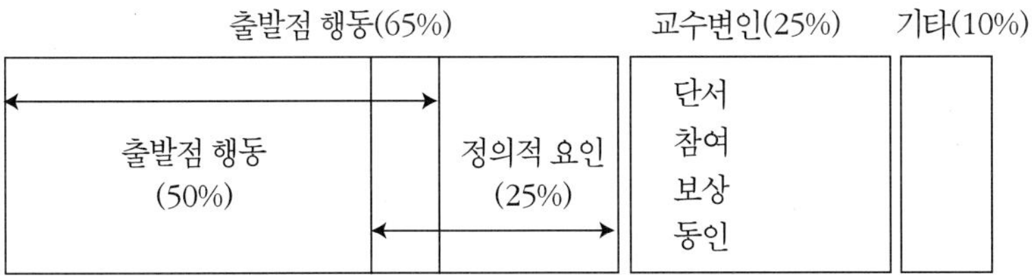

[그림 10-3] Bloom의 학습에 영향을 주는 요인

7) Ausubel의 수업이론

Ausubel(1962, 1972)의 수업이론은 유의미 수용학습으로, 흔히 Bruner의 발견학습과 대비하여 설명되기도 한다. 발견학습은 학습내용이 주어지지 않고 학습자가 그것을 스스로 발견하여 내면화하는 학습

유의미 수용학습

문제와 해답을 포함한 학습으로 과제를 최종적 형태로 조직하여 제시하면 학습자의 인지구조에 따라 유의미하게 수용하는 학습

이지만, 유의미 수용학습은 문제와 해답을 포함하는 학습으로서 과제를 최종적 형태로 조직하여 제시하면 학습자의 인지구조에 따라 유의미하게 수용하는 학습을 말한다. 즉, 잠재적 의미가 학습자의 인지구조 속에 수용·병합되어 현상학적 의미가 되는 학습이다. 잠재적 의미란 학습되기 전 그 학습과제 속에 본래 존재하고 있던 논리적 의미를 말하며, 현상학적 의미란 유의미한 학습과정의 산물로써 생성되는 학습자 개인의 독특한 의미를 말한다. 따라서 유의미 수용학습은 기계적으로 외부의 지식을 받아들이는 것이 아니라 학습자의 인지구조에 따라 유의미하게 받아들이는 학습이다.

Ausubel의 수업이론을 이해하기 위해서는 포섭의 원리, 선행조직자의 개념을 이해할 필요가 있다.

첫째, 포섭의 원리는 유의미 학습자료를 기존의 인지구조에 합병해 넣는 것으로 점진적 분화의 원리와 통합적 조정의 원리가 있다. 점진적 분화의 원리는 위계의 상층부에 있는 교과의 일반적이고 포괄적인 지식을 먼저 제시한 다음에 점차 더 세부적인 특수사례로 분화·진행하는 것을 말한다. 통합적 조정의 원리는 새로운 개념을 이전에 학습된 내용과 의도적으로 결합하여 통합시키는 것을 말한다.

둘째, 선행조직자는 새로운 학습과제 자체보다도 추상성, 일반성, 포괄성의 정도가 높은 개념으로 설명조직자와 비교조직자가 있다. 설명조직자는 학습자에게 전체적인 통찰을 가능하게 하여 새로운 학습과제와 관련을 맺게 할 수 있는 개념구조다. 비교조직자는 학습해야 할 새로운 개념을 학습자의 기존 인지구조 속에 있는 유사한 개념과 통합·비교할 수 있는 개념구조다.

3. 수업과정

수업의 전체적인 진행을 이해하기 위해서는 학습자의 학습을 바람직한 방향으로 유도하는 수업과정을 이해할 필요가 있다. 수업과정을 이해하기 위해서는 수업의 전체적인 흐름에 중점을 둔 Glaser(1976)의 수업모형과 단위 수업시간의 수업순서에 중점을 둔 Gagné의 9가지 수업사태를 이해하는 것이 필요하다. 여기서는 Glaser(1976)의 수업모형을 통해 수업의 구성요소와 그 흐름을 소개하고자 한다. Glaser의 수업모형은 [그림 10-4]와 같다.

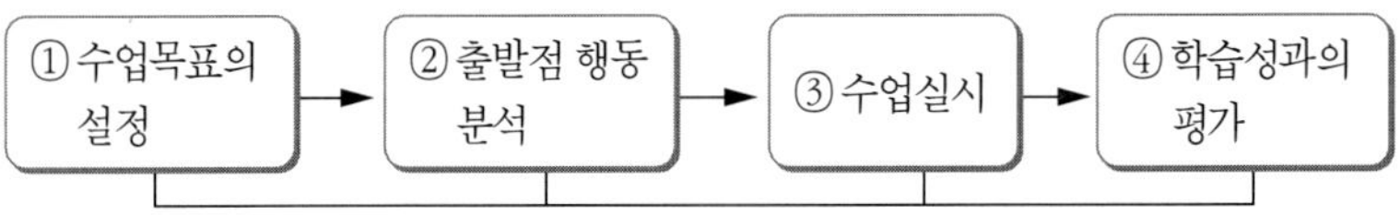

[그림 10-4] Glaser의 수업모형

1) 수업목표의 설정

수업과정의 첫 번째 구성요소는 수업목표의 설정과 진술이다. 수업목표는 특정 수업의 진행과정이며, 나아가 수업이 끝났을 때 기대되는 학습자의 변화다. 따라서 수업목표는 수업의 출발점이자 지표가 된다.

수업목표
특정 수업과정의 진행과정이며, 수업이 끝났을 때 기대되는 학습자의 변화

효과적인 교사는 상당량의 사전계획에 힘쓰고 학년이 올라가면서 계속적으로 그 계획을 수정하거나 평가한다. 이들은 목표(학습목표)를 정하고 학생들이 성취할 수 있도록 복잡한 주제를 좀 더 작거나 간단한 요소들로 쪼개는 학습과제 분석을 실시하고, 사용하게 될 활동을 날짜별로 써놓은 학습안을 전개한다. 수업목표를 설정하는 것은 바로 교사의

이러한 수업계획이 시작되는 단계다.

적절한 목표를 설정하기 위해서는 국가 수준의 기준을 먼저 고려하여야 한다. 국가 수준의 기준은 교과를 연구하는 전문단체들이 학생들이 성취해야 할 지식과 방법, 학생들의 실적이 반영된 특징을 명문화해서 정한 기준이라고 볼 수 있다. 다음에는 지식과 기능에 대한 분류를 통해 인지적 영역, 정의적 영역, 운동기능 영역에 따라 목표를 설정한다.

행위동사

학습자의 행동을 객관적으로 관찰할 수 있게 하는 외현적 동사

1960년 이후 수업목표는 행위동사를 사용하여 행동목표(behavioral objectives)로 진술하는 것이 바람직하다고 간주되어 왔다. 행위동사란 학습자의 행동을 객관적으로 관찰할 수 있게 해 주는 외현적 동사다. 예를 들어, '안다' '이해한다' 등은 객관적으로 관찰할 수 없으나 '설명할 수 있다' '풀 수 있다' '제시할 수 있다' 등은 객관적으로 관찰할 수 있다. 외현적 동사란 바로 '설명할 수 있다' '풀 수 있다' '제시할 수 있다' 와 같이 관찰할 수 있는 동사를 말한다.

2) 출발점 행동 분석

출발점 행동이란 수업이 시작하기 전에 수업에 관여하는 학습자의 특성을 말한다. 수업목표뿐만 아니라 학습자가 가지고 있는 특성에 따라서도 수업의 과정은 영향을 받는다. 따라서 수업과정의 두 번째 주요 요소는 학습자의 특성을 진단하고 확인하는 것이다. 수업과정이 시작되기 직전에 학습자가 가지고 있는 행동의 특성 또는 수준은 수업과정에서의 출발점 행동 또는 투입행동이라는 개념으로 중요시되고 있다.

따라서 이 단계에서는 수업에 영향을 미치는 학습자의 다양한 특성을 분석한다. 학습자 특성은 크게 학습자 변인과 학습활동으로 나누어 볼 수 있다. 여기서 학습자 변인은 다시 인지적 특성과 정의적 특성으로 구분할 수 있으며, 학습활동은 인지적 활동, 정의적 활동, 자원관리 활

동 등으로 구분할 수 있다(박영태, 2004).

출발점 행동 분석에서는 학습자의 특성 분석뿐만 아니라 학습과제의 분석도 고려하여야 한다. 학습과제의 분석은 수업목표의 설정에서 수반되지만, 학습자의 특성에 맞도록 하기 위해서는 이 단계에서도 이루어져야 한다. 학습과제를 분석하기 위해서는 다음을 고려하는 것이 바람직하다(Ormrod, 2003).

첫째, 행동분석(behavioral analysis)을 한다. 학습해야 할 학습자의 구체적인 행동을 분석한다. 예를 들면, 농구에서 드리블, 패스, 슈팅과 관련된 구체적인 신체 움직임 등과 트럼펫 연주 수업에서 악기의 정확한 운지법, 정확히 부는 법 등이다.

둘째, 교과분석(subject matter analysis)을 한다. 교과 속에 포함된 구체적인 주제, 개념, 원칙들을 분석한다. 예를 들면, 사법제도의 다양한 양상과 그 상관관계 규정, 또는 악보의 기본 요소, 최고음부와 저음부 기회의 차이, 박자 수 등이다.

셋째, 정보처리분석(information processing analysis)을 한다. 교과에 관련된 인지과정을 세분화한다. 예를 들면, 수학문제를 성공적으로 푸는 것과 관련된 정신적 과정을 알아보기, 문제 정의하기, 적절한 풀이법 정하기, 풀이법 적용하기 등과 독해수업에서 중점이 되는 주제 찾기, 의미 깊게 학습하기, 정성 들여 퇴고하고 요약하기 등이다.

학습과제를 분석하면 학생들이 학습하는 데 필요한 것과 효과적으로 배우는 순서에 관한 보다 나은 장면을 볼 수 있게 된다. 또한 학생에게 적합한 교수전략을 짜는 데도 도움이 된다.

3) 수업실시

수업실시는 가르치고 배우는 활동이 실제로 이루어지는 본격적인 수업과정을 말한다. 수업실시는 일반적으로 도입, 전개, 정리, 차시예고 등으로 이루어진다. 도입단계는 학습자의 동기유발, 전시간 학습내용 상기, 용어의 소개, 진단평가 등 본 수업이 유의미하게 효율적으로 이루어지도록 하는 단계다. 즉, 운동을 하기 전에 워밍업을 하듯이 본수업을 시작하기에 앞서 인지적 · 정의적으로 준비하는 과정이다. 전개단계는 본 수업의 수업목표 달성을 위해 준비된 수업내용을 제시하는 단계다. 이 전개과정에서 다양한 수업기법이 적용되고 교사의 모든 능력이 발휘되며, 매체가 활용되고 학습자의 다양한 학습활동이 나타난다. 정리단계는 학습자의 학습내용을 다시 확인해 주는 단계다. 이른바 상기연습이 이루어지는 과정이다. 이 단계에서는 형성평가를 통하여 자기학습의 정도를 확인시켜 준다. 차시예고 단계는 다음 시간에 이루어질 학습내용을 소개하고 예습을 유도하는 단계다.

4) 학습성과의 평가

수업과정의 마지막 요소는 학습자의 학습이 어느 정도 효과적이고 효율적으로 이루어졌는지를 확인하는 일이다. 학습성과의 평가란 바로 수업의 결과, 학습자의 성취도를 평가하는 것이다. 이 학습성과의 평가는 주로 총괄평가로 이루어진다.

4. 수업 유형

1) 수업의 유형

효과적이고 효율적인 수업은 모든 교사의 꿈이다. 그러나 수업은 교육목적, 학습자의 학습능력, 교육환경 등과 밀접한 관련이 있으므로 가장 바람직한 획일적인 수업 유형은 기대하기 어렵다. 수업 유형은 수업 주도권, 학습내용의 제시 정도, 집단구조 등의 3가지 차원에서 분류될 수 있다.

첫째, 수업 주도권 차원의 분류는 수업의 계획과 실천을 누가 더 가지고 있느냐에 따른 분류로 교사중심 수업과 학생중심 수업으로 나뉜다.

둘째, 학습내용 제시 정도 차원은 수업에서 학습내용을 문제만 제시하느냐, 그에 따른 설명까지 함께 제시하느냐에 따른 분류로 설명법과 발견법으로 나뉜다.

셋째, 집단구조 차원의 분류는 수업집단의 크기에 따른 분류로 일제

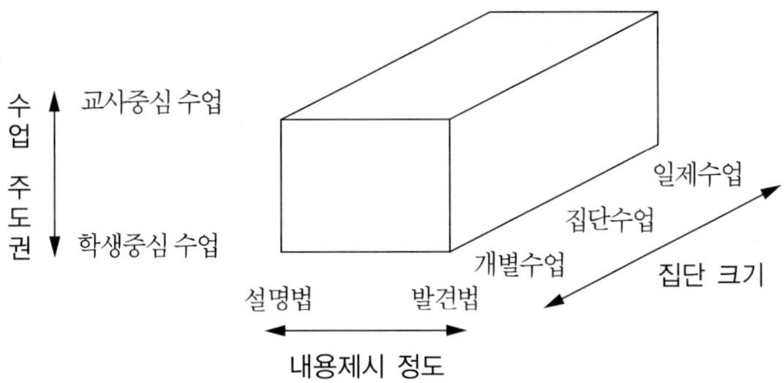

[그림 10-5] 수업 유형

수업, 집단수업, 개별수업으로 나뉜다. 일제수업에는 강의법, 발문법 등이, 집단수업에는 토론법, 역할극 등이, 개별수업에는 CAI, PSI, 프로그램 학습 등 매체를 이용한 다양한 방법이 있다. 이를 그림으로 표현하면 [그림 10-5]와 같다.

2) 교사중심 수업과 학생중심 수업

(1) 교사중심 수업과 학생중심 수업의 관계

이전에는 교사가 모든 내용을 선택하여 재구성하고 여러 가지 방법을 동원하여 학습자의 두뇌 속에 그 내용이 저장되도록 노력하는 교사중심 수업이 이루어졌다. 그러나 이제는 학습자가 그러한 모든 일을 하여야 하는 학습자중심 수업으로 바뀌고 있다. 교사는 수업의 보조자, 안내자, 촉진자일 뿐이며 학습자가 학습의 주체가 되고 있다. 학습내용을 선정하고 재구성하고 두뇌 속에 저장하는 것은 학습자의 책임하에 이루어진다. 종전에는 교사의 수업능력이 중요시되었으나 이제는 학습자의 학습능력이 중요시되고 있다.

또 오늘날 컴퓨터의 발달은 학습매체에 큰 변화를 일으키고 있어 학생중심 수업의 중요성과 필요성을 부각시키고 있다. 종전에는 교사의 조작 없이는 거의 활용할 수 없는 교사의존 매체가 주를 이루었다. 그러나 이제는 컴퓨터의 발달로 인하여 교사의 조작 없이도 학습자의 요구에 응하여 스스로 교육자료를 적절하게 제시할 수 있는 교사독립 매체로 변화되고 있다. 이러한 매체의 변화는 학습환경에도 큰 변화를 야기하여 교사중심 수업을 학습자중심 수업으로 변화시키고 있다.

학습환경이 변화한다고 하여 교사의 중요성이나 책임이 감소되는 것은 아니다. 교사의 역할은 여전히 중요하다. 학습자가 혼자서 학습을 하든 교사와의 상호작용을 통해서 학습을 하든 간에 학습환경의 조성자는 교사다. 교사가 어떠한 환경을 조성하느냐에 따라 학습자의 학습력이 극대화되거나 극소화된다. Vygotsky의 ZPD이론에 의하면, 외현적으로 유사한 능력을 가지고 있는 것으로 보이는 학생들도 교사의 도움 정도에 따라 실제적으로 성장하는 가능성은 다르다. 이에 따라 교사는 아동의 잠재적 발달 가능성이 극대화될 수 있도록 학습환경을 조성하여야 한다. 수업이란 바로 교사에 의한 학습환경의 조성과정이다. 따라서 교사중심 수업과 학습자중심 수업의 구분은 단순히 수업시간을 누가 더 많이 활용하느냐가 아닌, 수업목적의 설정과 그 실시에서 누구의 의도성이 더 중심이 되느냐에 따라 이루어져야 한다. 따라서 교사의 역할이 수업의 보조자, 안내자, 촉진자로 전환된다고 하여 교사중심 수업이 점차 약화된다고 보아서는 안 된다. 학생은 아직 미성숙한 관계로 스스로 모든 것을 계획하고 실천방법을 강구하기는 어렵다. 따라서 전체적으로 교사의 계획과 방법이 필요하다. 결국 학교교육에서 학생중심 수업과 교사중심 수업은 두 가지의 분리된 범주로 존재하기보다 교사중심 수업의 큰 범주 안에서 학생중심 수업이 이루어진다고 볼 수 있다.

ZPD이론

zone of proximal de-velopment. 남의 도움을 받아서 할 수 있는 문제해결 능력에서 스스로 할 수 있는 문제해결 능력을 뺀 능력

교사중심 수업과 학생중심 수업에서의 각 활동을 보면 [그림 10-6]과 같다.

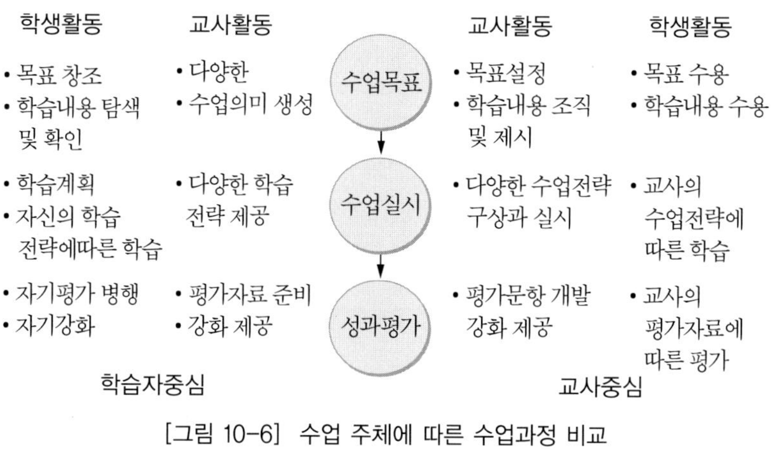

[그림 10-6] 수업 주체에 따른 수업과정 비교

(2) 학생중심 수업에서의 유의점

수업은 학습내용과 학습자 간에 상호작용이 풍부하게 이루어지도록 하는 것이 바람직하다. 상호작용은 학습에 필요한 학습자의 사고과정을 유발하여 자발적 노력에 의한 능동적 학습을 가능하게 한다. 상호작용 없이 내용을 수동적으로 제시하는 수업은 필수적인 지적 활동을 촉진시켜 주지 못하며, 학습자의 강제적 노력에 의한 수동적 학습을 유발한다. 따라서 학습내용과 학습자 간의 상호작용의 정도가 교사중심 수업과 학생중심 수업의 정도를 나타낸다고 볼 수 있다.

상호작용의 수준은 상호작용의 양과 질로서 생각해 볼 수 있다. 상호작용의 양은 프로그램 도중 단위시간에 일어나는 빈도로 상호작용의 중요한 지표가 되지만, 그 내용이 단순한 운동반응이거나 학습과 결합되어 있지 않다면 크게 중요하지 않다(Weller, 1988). 상호작용의 질은 학습자의 반응 내용으로 상호작용의 매우 중요한 지표다. 상호작용의 질은 많은 요인에 의존하고 있으나, 기본적으로 학습자의 반응과 피드백의 본질에 의해 결정된다. Kinzie(1990)는 상호작용의 질을 결정하는 요인으로 학습자 통제와 학습자 조정 그리고 지속적인 학습동기를 들고 있다.

> **학습자 통제**
> 학습자가 자신의 욕구와 흥미에 적합하도록 수업을 조성할 뿐만 아니라 수업전략을 발견하고 정교화하는 기회를 갖는 것

학습자 통제란 학습자가 자신의 욕구와 흥미에 적합하도록 수업을 조성할 뿐만 아니라 수업전략을 발견하고 정교화하는 기회를 가지는 것이다. 이러한 학습자 통제는 학습자에게 스스로 수업을 통제하고 있다는 느낌을 줌으로써 수업에 더욱 적극적으로 참여하도록 한다. 학습자가 자신에게 가장 적합한 것을 선택하게 함으로써 그에 따라 행동하게 해 준다(Merrill, 1975). 그리고 학습자의 불안을 감소시켜 준다(Hansen, 1974; Kinzie, 1990; Weller, 1988). 나아가 학습자 스스로 상이한 수업 상황에서 가장 좋은 책략을 발견할 수 있게 되어 결국 자기조정(self-regulation)의 발달을 기할 수 있다(Kinzie, 1990).

효과적인 상호작용적 수업은 학습자에게 학습자 통제에서 벗어나 자

기지시적(self-directed)이고 자기조정적(self-regulated)일 것을 요구한다(Kinzie, 1990). 프로그램을 학습자가 스스로 통제한다고 해서 교육적 효과가 저절로 나타나는 것은 아니다. 학습자가 프로그램을 체계적으로 조직하고 구성하여야 한다. 이러한 학습자에 의하여 이루어지는 내용의 창조적 구성과정이 바로 학습자 조정이다. 이 학습자 조정에 의해서 학습자 통제의 교육적 효과가 나타난다. 또 자기조정 학습은 학습에 대한 개인적 책임이 보다 큰 수준과 연결되어 있으므로 학생의 지속적인 학습동기를 더 많이 유발할 수 있다. 학습자의 자기조정은 학습자 통제의 연습에서 발생되나, 역으로 학습자 통제를 더 효과적으로 할 수 있도록 해 준다(Kinzie, 1990). 그러므로 학습자 조정능력이 낮은 학습자는 효과적으로 학습을 통제할 수 없다.

학습자 조정, 곧 자기조정은 학습자가 스스로 자신의 학습활동을 통제하고 평가하고 모니터링 하는 등의 학습과정을 조정한다는 의미다. 여기서 자기조정은 학습자의 자기관리로서 최근에 중요시되고 있는 초인지로 설명할 수 있다. 초인지는 관련된 배경지식과 전략들을 활용 · 통제하는 활동, 즉 인지를 계획 · 조정 · 규제하는 것을 말한다고 볼 수 있다(박영태, 1989).

학습자 조정
학습자가 스스로 자신의 학습활동을 통제하고 평가하고 모니터링 하는 등 학습과정을 조정

수업에서 학습자 조정은 크게 학습의 의미창조(학습목표 생성), 학습실행, 자기평가의 3단계로 이루어진다. 이 3단계에서 학습자의 초인지가 반영되는 것이 학생중심 수업의 필수요건이다.

3) 설명법과 발견법

설명법에서 정보는 본질적으로 학생들이 학습하게 될 것이라고 기대하는 것과 같은 형태로 제공된다. 이는 주로 강의의 형태로 이루어진다. 설명법은 인지심리학의 기본원칙을 적용시킬 때 더 효과적이다. 설명식 수업에서 학생들의 학습을 도와주는 구체적인 기법을 보면 다음과

설명법
본질적으로 학생들이 학습하게 될 것이라고 기대하는 것과 같은 형태로 제공

같다(Ormrod, 2003).

첫째, 선행조직자(advanced organizer) 활용하기
둘째, 선수지식(prior knowledge)과 연결하여 제시하기
셋째, 구조화된 제시(organized presentation)
넷째, 다양한 신호(signals) 이용하기
다섯째, 시각적 자료 활용하기
여섯째, 학습자의 학습 보조에 맞추기
일곱째, 요약 등 제시하기

발견법
전이, 문제해결, 창조성, 자기규제적 학습을 키우는 데 적합

발견법은 전이, 문제해결, 창조성, 자기규제적 학습을 키우는 데 적합하다. 이는 학생들이 전통적 교수법보다 긍정적인 태도를 보이는 접근방법이다. 효과적인 발견학습을 조장하기 위해서는 다음과 같은 기법이 필요하다.

첫째, 학습자가 결과물을 적절하게 표현할 수 있도록 지식이 갖춰져 있어야 한다.
둘째, 학생들의 관찰활동을 이끌어 줄 어떤 구조체계를 제공하여야 한다.
셋째, 학생들이 관찰과정과 실험을 학문적 개념과 원칙에 관련짓도록 도와주어야 한다.

4) 완전학습과 직접교수법

완전학습
모든 학생에게 일정 수준 이상의 학습이 이루어지도록 하는 것

완전학습(mastery learning)이란 모든 학생에게 일정 수준 이상의 학습이 이루어지도록 하는 것이다. 이는 학습과제에 대해 많이 배우고 더

잘 수행하고 더 좋은 학습습관을 유지하게 하면서, 학습을 연기하거나 벼락치기로 하지 않고 규칙적으로 하게 한다. 나아가 급우와 교사들과 잘 지내고 학습(주제)에 대한 흥미와 자신감을 가지게 해 준다. 완전학습을 증진시키기 위해서는 다음과 같은 기법이 필요하다.

첫째, 교재를 학습할 단위로 작지만 할 수 있게끔 쪼갠다.
둘째, 이러한 학습단위를 논리적으로 배열하여 연속성을 정한다.
셋째, 각 단위별로 완전학습을 하기 위한 구체적이고도 눈에 보이는 평가기준을 정한다.
넷째, 학생들이 다음 단원으로 넘어가기 전에 완전학습을 했는지 시범을 보이도록 한다.
다섯째, 첫 단계에서 완전학습을 하지 못한 학생들에게 부가적인 학습활동을 제공한다.

직접교수법(direction instruction)은 설명식 수업방식과 완전학습의 요소를 합쳐 놓은 접근방법이다. 이 방법은 학생들이 계속적이고 적극적으로 학습과 교실에서 사용되는 주제에 집중할 수 있도록 다양한 기술을 활용한다. 이러한 기술에는 학습에 대한 행동주의 원칙(빈번하고 명백한 반응과 즉각적 강화)과 인지주의 원칙(기억장치의 중요성, 주의집중, 자동화 능력 등) 등이 적용되고 있다.

직접교수법
설명식 수업방식과 완전학습의 요소를 합쳐 놓은 접근법

완전학습과 직접교수법의 공통된 장점은 학생들이 각 단원을 마치면서 완전학습의 시범을 보이기 때문에, 자신들이 이루어내는 진전에 대해 빈번한 피드백을 받을 수 있다는 것이다.

11
교육평가

교육평가는 학교교육에서 중요한 역할을 한다. 교육평가는 교육프로그램에서 빠뜨릴 수 없는 하나의 부분이며, 다양한 교육적 결정을 위한 근본적인 정보를 제공한다. 그러나 교육평가에서 중요시하는 것은 학습자들의 학업진보다. 수업에 초점을 두고 볼 때 교육평가는 교육목표가 학생들에 의해 성취되는 정도를 결정하는 하나의 체계적인 과정으로 정의할 수 있다. 교육평가의 과정은 학생들의 학업수행상의 변화를 기술하는 것뿐만 아니라, 변화의 바람직성에 대한 가치판단을 하기 위하여 측정과 비측정 기법을 모두 포함한다. 즉, 교육평가는 학습자의 학습과 행동발달 정도를 교육목표에 비추어 측정하고 판단하는 과정이다.

교육평가
학습자의 학습과 행동발달 정도를 교육목표에 비추어 측정하고 판단하는 과정

이 장에서는 교육목표 달성을 위한 활동인 교육평가의 목적 · 기능, 교육평가의 관점 · 유형, 그리고 최근 교육평가의 새로운 패러다임인 수행평가에 대하여 살펴보고자 한다.

1. 교육평가의 개념

교육평가를 통하여 교사의 학습지도 방법과 교육과정 자체, 교육의 사회적 공헌도까지 평가한다. 학자들의 교육평가에 대한 개념을 살펴보면 다음과 같다. Tyler 등(1975)은 교육평가를 본질적으로 교육과정 및 교육 프로그램에 의하여 교육목표가 실제로 어느 정도나 실현되었는지를 결정하는 과정이라고 정의하였고, Cronbach(1964)는 교육평가란 어떤 교육 프로그램에 관한 결정을 내리기 위하여 정보를 수집하고 활용하는 과정이라고 하였다. Gronlund(1988)는 교육평가를 교육목표가 학생들에 의해서 달성되는 정도를 결정하는 체계적인 과정으로 정의할 수 있다고 하였고, Bloom(1981)은 교육평가를 주로 학생에게 등급을 매겨 주고 분류하는 것이라고 하였다.

이러한 정의는 모두 어떤 교육과정이나 교육 프로그램에는 그것이 달성하고자 하는 교육목표가 내포되어 있음을 말해 주고 있다. 이러한 정의들의 공통점을 정리해 보면 다음과 같다.

첫째, 교육평가가 성립되기 위해서는 교육평가에 앞서서 교육과정이나 교육 프로그램이 먼저 투입되어야 한다. 즉, 교육평가에 앞서 달성하고자 하는 교육목표에 대한 구체적인 실천이 있어야 한다.

둘째, 교육평가를 통해서 얻게 되는 가치판단 작용의 표적이나 귀착점은 학생이 아니라, 그러한 교육평가를 있게 만든 교육과정이나 교육 프로그램에 있다.

셋째, 교육평가를 통한 가치판단 작용의 근거자료는 학생들의 학습에 관련된 증거자료라고 할 수 있다. 따라서 교육평가를 통해서 밝혀야 할 것은 교육목표의 달성도이며, 교육목표는 학생들의 학습에 의해서만 달성될 수 있다.

2. 교육평가의 목적

사람들이 말하고 행동하는 대부분에는 의도나 목적이 숨어 있다. 자신의 의도나 목적을 다른 사람에게 전달하기 위하여 사람들은 표현하고 나타낸다. 교육에서도 마찬가지다. 교육을 하고 평가를 하는 것에는 그 목적이 있으며, 그러한 목적은 여러 가지로 설명되고 있다. 그에 대한 대표적인 몇 가지는 다음과 같다.

교육평가의 목적

교육평가를 통해 학생들의 학습목표 도달 정도를 확인하는 자료로 활용하는 것을 말하며, 교육활동의 피드백 자료로 이용

첫째, 교육평가는 설정된 교육목적에 학생들이 어느 정도 도달하였는가를 알기 위한 것이다. 즉, 교육평가를 통해 학생들의 학습목표 도달 정도를 확인하는 자료로 활용하며, 교육활동의 피드백 자료로 이용하는 것을 말한다.

둘째, 교육평가는 학습지도를 하는 교사가 교육활동에 대한 효과를 파악하고, 자기반성을 위한 자료를 얻기 위해 실시한다.

셋째, 교육평가는 교육의 향상을 위한 교사의 자질, 학교시설, 학교제도, 교육행정 및 교육환경 등 교육 전반에 관한 자료를 수집하고 가치판단을 내리기 위해서 이루어진다.

넷째, 교육평가는 학생의 장래를 지도하기 위한 자료를 얻기 위해 실시한다.

3. 교육평가의 기능

교육평가의 기능
교육평가는 대상에 대한 이해, 진단, 치료의 기능을 가지며 교육의 구성요소를 개선시켜 줌

교육평가의 기능은 많은 학자에 의해 제시되고 있으나, 대개의 경우 서로 동일 내용을 중복시켜 표현을 달리하고 있을 뿐이다. 여러 학자들의 분류를 종합하여 제시하면 다음과 같다.

첫째, 교육평가는 대상에 대한 이해, 진단, 치료의 기능을 가지며 교육의 구성요소들을 개선시켜 주는 기능이 있다.

둘째, 학생들의 학습을 촉진하기 위해 필요한 학습동기를 유발시켜 주는 심리학적 기능을 수행하며, 교육평가의 결과를 학생의 학습 효과의 판정에만 한정시키지 않고, 생활지도나 상담의 자료로 활용할 수도 있다.

셋째, 교육평가는 학생들이 지닌 능력이나 조건에 알맞게 학생들을 선발하고 배치하는 기능을 하며, 규칙적이든 불규칙적이든 평가를 실시함으로써 학교교육의 질적 수준이 유지될 수 있게 한다.

넷째, 국가나 지역사회의 필요나 학부모들의 요청에 따라 학교의 전체적인 과정을 개선해야 할 경우에 중요한 길잡이가 된다.

4. 교육평가에 관한 세 가지 관점

하나의 사물이나 현상은 바라보는 관점에 따라서 달리 보일 수 있다. 교육평가도 그러하다. 교육평가도 그 대상에 대한 증거자료를 수집하고 접근하는 방법에 따라 다음과 같이 크게 세 가지로 구분하는데 측정관(Measurement), 평가관(Evaluation), 총평관(Assessment)이 그것이

다. 예를 들면, 학교교육현장에서 한 학생의 키 크기를 잴 때 숫자로 기록하는 것은 측정관이다. 반면 측정 결과를 대상 연령의 평균치와 대조해 보고 가치판단을 내리는 것은 평가관이다. 이때 그 학생의 키와 대상 연령의 평균치 등을 종합하여 이 학생은 키가 작으므로 우유 등의 칼슘 성분이 든 음식을 많이 먹고, 줄넘기 등의 운동을 하여 성장판을 자극해야 한다와 같이 평가를 내리는 것은 총평관이다. 구체적인 측정관, 평가관, 총평관에 대해 그 내용을 살펴보면 다음과 같다.

1) 측정관

측정관(Measurement)은 사물의 성질을 구체화하기 위하여 숫자를 부여하는 절차라고 정의한다. 측정의 대상은 직접 측정이 가능한 것과 직접 측정이 불가능하여 간접 측정만이 가능한 대상으로 구분된다. 직접 측정이 가능한 것은 길이, 무게, 부피 등이며, 간접 측정이 가능한 것은 인간이 지니고 있는 잠재적 특성이다. 그 예로는 지능, 성격, 흥미, 태도, 자아개념, 학업성취도 등이 있다.

측정관

사물의 성질을 구체화하기 위하여 숫자를 부여하는 절차. 예를 들면, 지능, 성격, 흥미, 태도, 자아개념, 학업성취도 등

측정의 개념은 Galton, Binet, Wundt와 같은 초기 실험심리학, 심리 측정, 검사이론에서 출발하였으며, 측정관의 특성은 다음과 같다.

첫째, 측정관의 개념에서 가장 중요시하는 전제는 이 세계에 있는 모든 실재는 안정성이 있다는 것이다. 그 실재는 인간의 인식과 독립된 객관적인 형태로 존재하며, 인간의 행동 특성도 고정적이고 불변적인 것으로 가정한다. 따라서 똑같은 특성은 시간과 장소에 관계없이 측정될 수 있다고도 생각한다. 즉, 학생의 지능검사를 하는데 장소에 따라 달리 나오지 않으며, 학교에서 검사하나 연구소에서 검사하나 별다른 차이가 없이 일정하게

나오는 것을 의미하고, 오전이냐 오후냐에 따라서도 측정의 차이가 없음을 의미한다.

둘째, 측정관은 안정성이 있는 특정한 행동 특성에서 어느 시점에서의 개인의 반응을 표본으로 삼기 때문에 가장 관심을 갖는 것은 개인의 반응 점수의 신뢰성 및 객관성이 유지되느냐 하는 것이다. 또한 그것을 추정하는 표집의 오차에 큰 관심을 갖는다. 따라서 측정으로 얻은 결과의 유의미성은 공인타당도와 예언타당도의 형태로서 결정된다. 즉, 지능검사의 결과가 일정하게 나오는가 하는 것을 의미한다. 오늘 다르고 내일 다르다면 지능검사의 신뢰성은 떨어진다고 볼 수 있다.

셋째, 신뢰성과 객관성이 보장된 측정을 하기 위해서는 측정 절차나 방법에서의 표준화를 요구한다. 어느 사항, 어느 시점, 어느 누가 측정해도 같은 결과를 얻기 위해서는 측정하는 절차에 표준이 보장되지 않으면 불가능하다. 즉, 지능검사지를 표준화함을 의미한다. 검사지의 내용이 오늘은 쉬웠다가 내일은 어려워졌다가 들쑥날쑥하지 않고 일정 수준을 유지함을 말한다.

넷째, 측정관의 시각에서 볼 때, 실재의 안정성에 영향을 미치는 외부의 요인들은 안정성을 위협하는 존재이므로 환경측정의 정확성을 저해하는 오차변인으로 간주한다. 즉, 지능검사를 할 때 옆에서 소음이나 말을 거는 행위 등을 하지 않는 것을 의미한다. 소음이나 말을 거는 행위는 검사자의 주의를 분산시켜 측정의 오차를 발생시킨다.

다섯째, 측정관에서의 결과는 주로 선발, 분류, 예언, 실험 등의 목적으로 사용한다. 이러한 목적을 위하여 보다 유용하고 정확한 측정단위를 요구하고, 가능하면 하나의 단일 점수나 지수로 표시함으로써 능률을 높이려고 한다. 즉, 지능검사 결과는 한 학생의 지능이 높으므로 앞으로 학습을 잘 할 것이라는 예언의 목적으로 사용될 수 있다.

이러한 측정관의 최대 장점은 주어진 어떤 준거를 측정할 때에 쉽고 간편하게 이용할 수 있다는 점이다. 측정관은 결과를 수량화함으로써 수량화를 통해 언어적 표현에 따르는 모호성과 막연성을 배제하고, 판단에 따르는 실수의 근원을 감소시킨다.

2) 평가관

평가관(Evaluation)은 측정보다도 더 광범위한 개념으로서의 양적 기술, 즉 측정뿐만 아니라 질적 기술을 포함하며, 나아가서는 양적 · 질적 기술에 대한 가치판단을 포함한다. Tyler는 교육적 수단에 의해 산출되는 학생들의 '변화'에 관심을 갖고, 학생들의 변화를 알아보기 위한 일련의 절차로 평가를 사용하기 시작하였다.

> **평가관**
> 측정보다도 더 광범위한 개념으로서 양적 기술, 즉 측정뿐만 아니라 질적 기술을 포함하며, 나아가서 양적 · 질적 기술에 대한 가치판단을 포함

평가관에서는 인간의 행동 특성은 안정성이 없고 언제나 변화한다는 것을 강조한다. 이러한 변화의 강조는 변화의 정도를 알아보기 위해 최소한 두 시점에서의 검사를 요구한다. 즉, 시발검사와 종말검사를 요구한다. 그리고 두 검사에 의한 변화는 자연적인 변화가 아니라 교사가 교수나 교육과정을 통해 구체적으로 의도했던 학생들의 변화를 의미한다. 이러한 평가관의 특징은 다음과 같다.

첫째, 평가관의 중요한 가정은 존재하는 모든 실재나 인간의 행동 특성 및 학습능력은 '변화한다'는 관점이다. 교육이란 학습자에게 어떠한 변화를 일으키려고 하는 것이 목적이므로 교육평가란 학습자에게 일어나는 다양한 변화를 판단하는 일련의 절차

로 볼 수 있다. 즉, 학생의 학력평가는 학습지도를 통해서 학력이 변화될 수 있다는 믿음에서 출발한다.

둘째, 평가관의 가장 핵심적인 것은 평가도구의 내용타당도 및 목표타당도다. 이 내용타당도를 보장하기 위해 교육평가에서는 간접 증거보다 직접 증거를 수집하려고 한다. 신뢰성과 객관성은 내용타당도가 있다고 판단된 후에 향상시켜야 할 요소다. 즉, 학력평가에서는 가르친 내용을 평가해야 함을 의미한다. 가르친 내용은 자연수의 덧셈과 뺄셈인데 평가는 분수의 덧셈과 뺄셈으로 하는 것은 평가도구가 적절하지 못하다는 것을 의미한다.

셋째, 평가관은 구체적인 교수목표의 달성에 관한 증거를 수집하는데 관심을 가지고 있다. 학생의 작품, 그들이 보이는 복잡한 심리적 과정, 행동, 활동 등 모두가 평가의 증거에 포함된다. 평가는 여러 증거를 합산한 단일 총점을 사용하지만 반응 유형, 오류의 유형과 질, 실패의 원인 등을 밝힐 수 있는 질적 증거도 유효한 증거로 활용된다. 따라서 교육평가의 증거는 다양할 뿐만 아니라 양적 형태 또는 질적 형태일 수 있다. 즉, 학생을 평가하기 위해서 지필평가나 포트폴리오, 수행평가 등의 다양한 방법이 사용되고 있다.

넷째, 평가관은 학생의 행동 변화에 주된 관심을 두지만 동시에 이 변화를 발생시키기 위하여 투입된 교육과정, 교과목, 교사, 교수방법, 교수재료, 운영체제의 효과를 평가하는 것도 목적으로 한다. 즉, 학생의 평가 결과를 바탕으로 학생이 제대로 이해하지 못한 것에 대해 어떻게 지도하면 학생들이 잘 이해할 수 있을지를 고민하는 피드백의 자료로 활용할 수 있다.

다섯째, 평가관은 환경을 변화의 중요한 자원으로 본다. 즉, 환경은 변화를 일으킬 수 있는 것으로 개인이 환경과 상호작용함으로써 변화한다고 본다. 즉, 학생들은 주위의 학생들과 경쟁을 통해서 보다 높은 성취를 할 수 있고, 교사에 의해서도 영향을 받는다.

여섯째, 평가관의 결과는 평점, 자격판정, 배치, 진급 등을 위해 개인을 분류하고 판단하는 데 활용한다. 또한 교수방법, 교수 프로그램, 수업의 과정, 교사와 교육과정의 효율성을 판단하기 위해 평가를 활용한다. 예를 들면, 반편성고사를 통해서 학기 초에 학생들의 반을 나누는 데 활용하기도 한다.

평가관은 학생이나 교사에게 교육목표를 보다 조작적으로 확인시켜 주며, 평가를 빈번히 하고 그 결과에 대한 피드백을 적절히 해준다. 이는 학생의 바람직한 행동을 발달시키는데 공헌할 수 있다. 평가관은 변화를 제대로 포착할 수 있는 방법을 찾는 것이며, 교육목표에 근거를 둔 인간 행동의 변화를 우선시하고 있다.

3) 총평관

총평관(Assessment)은 인간의 특성을 하나의 검사나 도구로 측정하여 평가하는 것이 아니라 다양한 방법을 동원하여 종합적으로 평가하는 방법으로 사정이라고도 한다. 총평관은 지필검사 방법뿐만 아니라 관찰, 구술, 면접 등의 다양한 방법에 의해 얻어진 자료를 이용하여 종합적으로 평가하는 방법이다. 이러한 총평관의 특징은 다음과 같다.

> **총평관**
> 인간의 특성을 하나의 검사나 도구로 측정하여 평가하는 것이 아니라 다양한 방법을 동원하여 종합적으로 평가하는 방법으로 사정이라고도 함

첫째, 총평관의 가장 주된 개념은 개인과 환경의 '상호작용'에 주목한다. 이러한 총평관의 분석방법은 개인이 달성해야 할 준거의 분석과 그 개인이 속한 환경의 분석에서 시작된다. 총평관은

환경을 행동 변화를 강요하는 압력으로 간주하여, 환경이 요구하는 압력이나 역할을 먼저 분석하고, 그다음에 개인의 특성이 이에 적합한지의 여부를 분석하고 결정한다. 총평관에서는 개인과 환경 사이의 상호작용을 분석함에 있어서 주로 구인타당도(Construct validity)를 활용한다. 즉, 학생들의 교우관계를 알고자 할 때는 그 학생의 특성 및 그 반 학생 전체의 역학관계를 중심으로 살펴보아야 함을 의미한다.

둘째, 총평관에서 사용하는 개인에 관한 정보의 수집은 양적 · 질적 형태의 다양한 종류로 이루어진다. 즉, 한 학생을 파악하기 위해서 학생의 친구, 가정환경, 학업성취도 등을 종합적으로 살펴보아야 한다.

셋째, 개인에 관한 증거와 환경에 관한 증거 사이에 존재하리라고 상정되는 가능한 관계를 분석함으로써, 총평관에서는 이 둘 사이에 있을 수 있는 상호작용 혹은 교섭이 무엇인지를 결정하려고 시도한다. 즉, 한 학생의 교우관계를 파악하기 위해 그 학생과 그 반의 학생들과의 상호관계를 고려해야 함을 의미한다.

넷째, 총평관의 결과는 흔히 예언, 실험, 분류에 활용한다. 특히, 환경이 요구하는 준거나 역할에 비추어 개인을 진단하거나 예측할 때 쓰인다. 즉, 한 학생의 교우관계 결과가 좋으므로 이 학생은 학교생활을 즐겁고 신나게 잘 할 것이라는 예언이 가능하다.

총평관은 평가 대상의 여러 정보를 수집하고 종합하여 평가하므로 다양한 정보를 수집하는 것이 중요하다. 총평관의 주된 장점은 개인과 환경에 관한 증거를 구축하는 데 있다.

이와 같이 측정관, 평가관, 총평관은 그 관점에 따라 구별되기도 하지만 완벽하게 배타적인 것이 아니라 교육의 실제 상황에서는 서로 보완적 관계에 있다고 할 수 있다.

5. 교육평가의 유형

교육평가의 문제는 어떻게, 왜, 그리고 무엇을 평가하느냐, 어떠한 교육관을 갖고 있느냐와 밀접한 관계를 가지며 지속적이고 종합적인 특징을 지니고 있다. 이러한 교육을 하기 위해서는 교육이 시작되기 전과 교육이 진행되는 과정, 그리고 교육이 끝난 후에 대한 정확한 평가가 이루어져야 한다.

교육평가의 유형에는 목적에 근거하여 진단평가와 형성평가, 총괄평가로 구분되며, 평가의 기준에 비추어 무엇을 판단의 준거로 삼느냐에 따라 규준지향평가와 목표지향평가로 분류된다. 또한 평가는 평가 대상을 수량화한 양적 자료에 의해서 표현할 수 있는 양적 평가와 평가자의 주관적인 판단을 자료로 삼아 기술할 수 있는 질적 평가로 분류된다.

1) 목적에 근거한 평가 유형

(1) 진단평가(Diagnostic evaluation)

진단평가는 효과적이고 능률적으로 교수-학습활동을 전개하는데 필요한 교수전략을 세우기 위하여 수업을 시작하기 전 학습자가 갖추고 있는 특성, 이전의 학습수행 정도, 적성, 학습준비도, 학습태도, 흥미, 동기유발 등의 출발점 행동(Entering behavior)을 진단하는 평가다. 그리고 교수활동이 시작되는 초기 상태에서 실시하는 평가로, 학생의 기초 능력 전반을 진단하는 평가이며, 교수전략을 위한 기초 자료를 얻고 어떠한 교수방법, 학습방법이 적절한 것인가를 결정한다. 이것은 출발

> **진단평가**
> 교수활동이 시작되는 초기 상태에서 실시하는 평가로, 학생의 기초 능력 전반을 진단하는 평가이며, 교수전략을 위한 기초 자료를 얻고 어떠한 교수방법, 학습방법이 적절한 것인가를 결정

점 행동이 적절하게 준비되어 있고, 수업전략이 출발점 행동에 적응되어 있다면 누구나 기대하는 성취 수준에 도달할 가능성이 있다고 전제하는 평가 시스템이다.

진단평가의 목적은 수업이 시작되기 전에 실시되는 진단적 활동이며, 학습 실패의 교육 외적인 부분을 알아보는 활동이다. 또한 적절한 수업전략을 투입하기 위함으로 교수-학습이 진행되기 전에 학생이 소유하고 있는 지적 능력뿐만 아니라 흥미, 적성, 태도, 가정환경 등을 파악할 때 학습자에게 보다 적절한 교수법을 투입할 수 있다. 주된 평가요인은 출발점 행동이다. 출발점 행동은 교육이 시작되기 전의 학생 수준을 말하는 것으로 학생이 이전에 학습한 것, 지적 능력과 발달, 동기 상태, 그리고 학습능력에 관계되는 사회 · 문화적 요인을 모두 포함한다. 이와 같은 출발점 행동 진단을 위해서는 선수학습 능력과 사전학습 능력의 요소들이 진단평가를 통해 파악하여야 한다.

진단평가를 하는 절차는 교육내용에 따라 다양하며, 평가를 하기 위하여 형식적인 평가를 실기하기가 용이하지 않으므로 일반적으로 자료에 의존하여 평가한다. 진단평가의 방법으로는 과목 선택의 동기, 목적, 관련 과목의 수강 여부, 현 직업 그리고 교과를 통하여 얻고자 하는 내용 등을 기술하여 분석할 수 있다. 또한 출판된 진단검사나 학년 성적표, 학생생활기록부를 토대로 학습자의 특성을 파악하고, 교수-학습을 투입하기 전에 교사가 간단하게 제작하는 교사제작 진단검사도 있다. 그밖에 미국에서는 수학이나 영어 등의 강의 내용의 수준을 결정하기 위하여 매우 체계적인 배치고사를 실시하고 있는 것도 대표적인 경우다.

> **형성평가**
> 수업활동이 진행되는 과정에서 주어진 프로그램이 수업목표 달성을 향해 정상적인 진전을 하고 있는지를 점검함으로써 학습에 관련된 오류나 미비점을 시정하기 위해 실시하는 평가활동

(2) 형성평가(Formative evaluation)

형성평가는 수업활동이 진행되는 과정에서 주어진 프로그램이 수업목표 달성을 향해 정상적인 진전을 하고 있는지를 점검함으로써 학습에

관련된 오류나 미비점을 시정하기 위해 실시하는 평가활동을 말한다. 이러한 형성평가의 역할은 학습의 개별화, 학습곤란 진단 및 학습동기 유발 등으로 목적에 비추어 볼 때 목표지향평가를 지향하며, 검사도구의 제작은 교사중심으로 이루어진다.

형성평가는 수업과 학습의 진전 상황에 관한 정보를 수집 · 분석하여 수업 및 학습 개선에 이바지한다. 또한 학습자로 하여금 학습과제를 보다 잘 학습할 수 있도록 부족한 내용을 찾아서 보충해 주고, 과제를 체계적으로 계열화 하는 데 도움을 준다. 요약하면 형성평가는 학생들의 학습성취 과정을 돕기 위하여 학습의 과정 속에서 학생들의 학습능력과 학습의 난이도를 평가하는 일련의 활동을 의미한다.

형성평가의 주요 목적은 학생들의 학습동기를 자극하는 한편 학습을 뒤로 미루는 습관을 없애는 데 있다. 올바른 형성평가는 학습동기를 유지하는 기능뿐만 아니라 교사로 하여금 자신의 학습지도 과정을 반성해 보게 하고, 학습지도 과정 속에 행여 숨어 있을 허점이나 약점을 발견하여 보완할 수 있도록 한다.

형성평가는 교사가 학생들의 학습성취에 좀 더 관심과 기대를 가지고 충실한 교육과정 운영을 강조하도록 도우며, 학생들이 형성평가를 통해 학습에 성취감을 느끼고 보다 편안한 분위기에서 평가를 실시할 수 있도록 한다. 또한 각 단위마다 형성평가를 정기적으로 실시함으로써 학생들에게 매시간 학습의욕을 고취시키는 이점이 있다.

형성평가의 주요한 기능은 다음과 같다.

첫째, 구체적으로 학생들의 학습 진행속도를 조절하고, 비교적 정기적으로 실시함으로써 개개 단원의 학습을 미루지 않고 제때에 진행시켜 나갈 수 있도록 한다.

둘째, 학생의 학습에 대한 강화역할을 하여 학습 및 수업을 위한 시간이 모두 경과한 후가 아닌, 충분한 시간이 있을 때에 학생들에게 자신의 학습진단에 대한 피드백 정보를 제공해 준다.

셋째, 학습곤란을 밝히는 데 큰 도움을 주어 무엇을 성취했고, 무엇을 더 학습해야 하는지를 구체적으로 가르쳐 주는 이점이 있다.

넷째, 학습지도력 방법의 개선에 크게 이바지할 수 있어 교사로 하여금 자신의 학습지도를 검토하여 어떤 허점이나 미비점이 있는가를 발견할 수 있게 한다.

평가도구를 제작할 때는 학습단위 중의 중요한 요소를 이원분류표에 의한 행동 요소의 각 단계에 모두 포함시킨다. 또한 다양한 문항 형식으로 정신능력을 평가하고, 학생의 교육목표 성취 여부를 파악하기 위해 최저 준거에 준하는 난이도의 문항을 제작해야 하며, 학생들을 변별하기 위하여 매우 쉬운 문항부터 어려운 문항까지 골고루 출제되어야 한다.

(3) 총괄평가(Summative evaluation)

총괄평가

수업활동이 모두 끝난 시점에서 원래의 교육목표가 어느 정도 달성되었는지를 최종적으로 확인

총괄평가는 수업활동이 모두 끝난 시점에서 원래의 교육목표가 어느 정도 달성되었는지를 최종적으로 확인하는 평가다. 총괄평가는 학습이 끝난 후 의사결정을 하기 위한 평가이므로 규준지향평가와 목표지향평가를 혼용하며, 교사보다는 평가전문가에 의해 제작된 검사도구를 사용한다는 특징이 있다. 즉, 교수-학습이 끝난 다음 교수목표 달성, 성취 여부를 종합적으로 판정하는 평가 형태를 말한다.

총괄평가는 학생들의 학업성적을 판정하는 것이다. 이 경우 평가의 내용은 교수목표를 잘 반영하도록 선정되어야 하고, 타당도가 높아야 한다. 또한 학습과제의 학습에서 학생이 성공할 수 있느냐 없느냐를 예측하는 데 중요한 역할을 하며, 학생 개개인의 성적을 산출하여 학습집단 전체로서의 성적을 산출할 수도 있다. 그리하여 집단 간의 학습성과

를 비교하는 데 목적을 가진다. 그리고 수업의 질적 관리가 가능하여 어떤 교과의 수업목표가 전과 비슷할 때에는 총괄평가의 결과를 전년도 학생들의 결과와 비교해 본 후, 전과 다른 방법으로 가르쳐 보고, 성과를 비교함으로써 수업과정의 개선을 도모할 수 있다.

총괄평가는 교육과정의 총체가 충분할 만큼의 중요한 교육적 진보를 가져왔는지를 확인하는 행위로 자격증 부여, 시험 당락 결정, 점수에 의한 서열화, 그리고 집단 비교 등의 목적을 지니고 있으므로 교사와 교과전문가, 교육과정전문가, 교육평가전문가들이 공동 참여하여 실시하고 있다. 대표적인 예로 간호사나 의사 자격시험, 교사 임용고사, 그리고 전국단위 학력평가를 위한 검사를 들 수 있다. 총괄평가를 위하여 검사를 제작할 경우는 검사의 목적이 어디에 있느냐에 따라 출제지침이 달라진다. 어떤 준거 혹은 목표를 중심으로 자격증 부여를 결정할 경우는 그 준거에 준하는 수준의 문항을 제작하여 지식 수준이 목표 혹은 준거에 도달하였느냐를 확인하는 데 중점을 둔다.

교육목표를 재확인 진술하여 학습내용이 학습의 전반적인 내용에 포함되어야 하고, 다양한 문항 형태를 유지할 수 있어야 하며, 피험자, 학급, 학교 등을 상대비교에 의하여 서열화하는 데 관심을 두는 경우는 매우 쉬운 문항부터 매우 어려운 문항까지 고루 출제되어야 한다.

2) 기준에 근거한 평가 유형

(1) 규준지향평가(Norm-referenced evaluation)

규준지향평가는 평가에 대한 해석의 기준을 집단 내의 상대적 위치에서 구하는 평가방법으로 해당 집단에서 얻은 평균 성적을 기준으로 평가 결과를 해석한다. 또한 준거나 목표의 도달 여부에는 관심이 없고, 서열이나 상대적 위치를 부여하여 분류하는 작업으로 무엇을 얼마만큼

> **규준지향평가**
> 평가에 대한 해석의 기준을 집단 내의 상대적 위치에서 구하는 평가방법으로 해당 집단에서 얻은 평균 성적을 기준으로 평가결과를 해석

알고 있는가에 관심이 있는 것이 아니라, 학생의 상대적 서열에 관심을 둔다. 이 평가체계에서는 평가의 기준을 집단의 평균치로 보고 있기 때문에 개인의 점수는 어디까지나 그가 속하는 집단의 평균치와 표준편차에 비추어 결정된다. 이러한 규준지향평가는 시험성적 등을 비롯한 어떠한 평가를 내리는 기준 중의 하나로, 목표지향평가와 반대되는 개념이다. 즉, 자료의 수집과 해석의 규준을 집단에 있는 다른 학생의 성적과 비교하여 상대적으로 어떤 성적의 위치를 차지하고 있는가를 평가하는 것이다.

규준지향평가는 평가의 기준점을 집단의 평균치로 보고 있기 때문에 개개인의 변별이 가능하다. 또한 학생들의 외현적 동기를 유발하는 것으로 작용하여 학생들로 하여금 공부하는 자극제가 될 수 있다. 그리고 집단의 점수를 높은 성적순으로 배열하기 때문에 평가자의 주관적 입장이 반영되지 못하여 형평성으로는 공정하다는 장점이 있다. 그러나 규준지향평가는 인간의 발전성에 대한 신념이나 교육의 힘에 대한 신념을 흐리게 할 우려가 있다. 모든 교육활동은 이미 설정된 목표를 달성하기 위하여 추진하는 의도적인 활동이지만, 규준지향평가에서는 교수활동의 결과가 학업성취의 면에서 정상분포를 나타내도록 기대하고 있으므로 교육적 신념으로는 부적당한 입장을 보여 주고 있다. 또한 학생들의 경쟁의식을 조장하여 내현적인 동기유발을 외면할 수 있어 학생들의 정신건강에 해로울 수 있고, 교수-학습 개선이라는 기능을 약화시켜 다음번의 교수-학습활동에 구체적으로 보완되거나 개선되어야 할 부분이 무엇인지를 판단하는데 소홀하기 쉽다. 그렇기 때문에 우수한 집단과 우수하지 못한 집단만을 갖고 비교할 때, 어느 집단이 더 우수한지 등은 평가할 수 없으며 참다운 학력의 평가가 불가능하다. 규준지향평가가 사용되는 예는 내신 등급제, 수능 등급제를 들 수 있다.

(2) 목표지향평가(Criterion-referenced evaluation)

목표지향평가는 주어진 교수목표를 어느 정도 달성했느냐 하는 교수목표 달성도에 의하여 성적을 표현하는 방법으로 상대기준평가라고도 한다. 규준지향평가가 학습자의 상대적 서열에 관심을 둔 평가라면 목표지향평가는 준거에 비추어 학습자들이 무엇을 얼마만큼 알고 있느냐 하는 것에 관심을 두는 평가다. 이때 목표지향평가의 가장 중요한 요소는 과제의 영역과 준거다. 여기서 과제의 영역은 교육내용으로서의 측정내용이고, 과제의 준거는 교육목표를 설정할 때 도달하여야 하는 최저기준이라고 할 수 있다.

목표지향평가

주어진 교수목표를 어느 정도 달성했느냐 하는 교수목표 달성도에 의하여 성적을 표현하는 방법으로 상대기준평가라고도 함

목표지향평가는 평가의 준거를 교육을 통해 달성하려고 하는 수업목표에 두는 것으로 교수-학습방법의 개선 방향을 밝혀 주는 평가체계라고 할 수 있다. 따라서 지적 성취의 평등성과 가능성을 강조하며, 평가결과를 통해 무엇을 알고, 무엇을 할 수 있느냐에 대한 정보를 제공한다. 이것은 인간의 무한한 가능성과 교육의 효과에 대한 신념을 기초로 하고 있어, 모든 학생이 교육을 통해서 기대했던 목표에 도달할 수 있을 것이라는 기본 철학에서 출발하고 있다.

목표지향평가의 결과로 얻은 점수는 그 자체가 독립적이어서 점수가 높을 때는 그만큼 목표에 가깝게 도달되었다고 해석할 수 있다. 또한 학생들 사이의 경쟁심을 제거하고, 협동적인 학습을 가능하게 해주며, 보다 많은 성취감과 성공감을 갖게 하여 진정한 의미의 학습효과를 비교할 수 있게 해준다. 더 나아가 학습목표의 달성 정도에 따라 강화가 주어지기 때문에 진정한 의미의 올바른 학습강화를 가능하게 하며, 불필요하고 비합리적인 지적 능력의 분류를 배제하여 학생들의 교육 성과를 비교하는 데 중점을 두지 않는다. 그렇기 때문에 교육에 필요한 구체적이고 의미 있는 정보를 수집함으로써 명확한 교육개선의 방향과 전략을 결정해 주는 데 그 의미가 있다.

목표지향평가는 구체적 수업절차, 자료, 교수과정을 개선해 나가는데 필요한 자료를 모으는 강력한 과정으로 이해될 수 있다. 그러나 한 가지 주의할 점은 학습에 대한 책임소재가 교사에게도 있으나 직접적으로는 학생에게 관련되어 있다는 것이다.

목표지향평가의 장점은 무엇을 알고 무엇을 모르는가 하는 직접적인 정보를 제공해 주며, 제공된 정보를 기초로 교육목표와 교육과정을 개선할 수 있다. 또한 학습효과를 증진시키고 탐구정신과 협동정신을 함양하여 지적인 계급, 서열의식보다는 지적인 성취를 유발하고 정신건강에 효과적이다. 그러나 준거설정에 어려움이 있으며, 경쟁을 통한 학습 외적 동기 유발이 부족하다는 단점을 가지고 있다.

3) 방법에 근거한 평가 유형

(1) 양적 평가(Quantitative evaluation)

> **양적 평가**
> 경험적이고 심층적인 탐구의 전통에 따라 평가 대상을 다양한 형태로 수량화하고, 수량화된 자료를 가지고 적절한 통계적 방법을 이용하여 기술하고 분석하는 평가전략

양적 평가는 경험적이고 심층적인 탐구의 전통에 따라 평가 대상을 다양한 형태로 수량화하고, 수량화된 자료를 가지고 적절한 통계적 방법을 이용하여 기술하고 분석하는 평가전략이다. 이것은 전통적으로 학생의 선발이나 배치, 서열화를 목적으로 학생들의 학습결과를 양적으로 측정해 온 평가방식을 의미한다. 또한 측정을 통해 학습의 결과를 수량화하여 표현하므로 국어 100점, 수학 95점, 영어 90점 등으로 기술하는 것이다. 이러한 양적 평가 측정의 최대 장점은 효율성에 있으므로 손쉽고 간편하게 성격, 성적, 적성, 지능, 학업성취도 등을 수량화하여 상대적인 위치를 확인할 수 있으며, 이를 통해 학습자를 이해하고, 서열화하여 등급을 나누는 데 쉽게 활용이 가능하다.

양적 평가 측정을 하기 위해서는 자연히 측정 절차나 방법의 표준화 작업이 필요한데, 어느 상황, 어느 시점, 그리고 어느 누가 측정해도 같

은 결과를 얻어야 한다. 또한 측정의 절차, 채점, 해석 등에서 표준성이 보장되어야 한다.

학교교육현장에서는 표준화 학력검사 점수를 이용해서 학생의 학업성취 정도를 나타내는 것이라든지, 교사와 학생과의 상호작용에 대한 기준으로써 질문의 횟수 및 교사의 질문에 응답한 학생 수를 나타내는 것을 말한다. 주로 객관식 문항, 선택형 문항 등이 있다.

따라서 양적 평가를 하게 되면 객관성이나 신뢰성을 보장할 수 있고, 그 사용이 간편하고 용이하다는 장점이 있다. 그러나 특정 준거에 대하여 구체적이고, 측정 가능하며, 수량화할 수 있는 경우에만 사용할 수 있다는 단점이 있다.

(2) 질적 평가(Qualitative evaluation)

질적 평가는 현장적이고 해석적 탐구의 전통에 따라 평가와 관련된 당사자들의 상호 주관적인 이해에 바탕을 두고, 교육현상을 사실적으로 기술하고 해석하는 평가전략이다. 학교교육현장에서 교수-학습과정을 개선하기 위한 목적으로 교수-학습의 과정이나 그 결과에 대해 각종 정보를 수집하고 전문적으로 판단하는 평가방식을 의미한다. 따라서 질적 평가는 학습의 결과뿐만 아니라 그 결과에 도달하기까지의 과정에도 관심을 갖는다.

> **질적 평가**
> 현장적이고 해석적 탐구의 전통에 따라 평가와 관련된 당사자들의 상호 주관적인 이해에 바탕을 두고, 교육현상을 사실적으로 기술하고 해석하는 평가전략

질적 평가는 국어 100점, 수학 95점, 영어 90점과 같은 수량화한 점수로 나타내는 것이 아니라 '참 잘했습니다.' 또는 '미술 표현능력이 뛰어나고 감성이 매우 풍부합니다.'와 같은 식으로 표현이 가능하다. 또한 측정이라는 용어와 대비하여 간단히 평가라고 하기도 하며, 질적인 평가자료를 활용하는 좁은 의미의 평가로 평가자의 주관적인 판단에 의존한다.

이러한 질적 평가는 특별히 개인에 대한 이해를 중요시하는 특징이

있어 개인의 독특성과 개인차를 인정하고, 있는 그대로를 이해하려고 한다. 또한 교수-학습의 방법이라든가 교육과정 등의 효과를 평가하고, 이에 대한 개선안을 마련하는 데 활용할 수 있다.

학교교육현장에서는 질적 평가의 종합력이나 창의력, 학습 인내력의 신장, 성취동기의 육성 등의 정의적 특성에 대한 달성 정도나 수준을 알아보고자 하는 경우에 사용한다. 또한 만족할 만한 정도, 바람직한 수준, 용납할 만한 수준, 완전하게 이해한 상태 수준 등으로 표현하는 것으로 수행평가, 서술형 문항 등이 대표적인 예다.

따라서 검사도구로 측정하여 수량화할 수 없는 경우에 활용함으로써, 개별 학습자 특성의 달성 정도나 수준을 보다 상세하게 기술 · 묘사할 수 있다는 장점을 지닌다. 그러나 그 기준의 신뢰성 및 객관성을 보장받기 어렵고, 이를 위해서는 보다 고도의 전문성이 요청되거나, 그 자료수집에 드는 비용과 시간 및 노력이 많이 요청된다는 단점이 있다.

6. 수행평가

> **수행평가**
> 교수-학습활동과 평가활동을 상호 통합적으로 진행하는 것을 강조하기 때문에 다양한 교수-학습방법들이 곧 수행평가를 위한 방법이 될 수 있음

수행평가의 여러 가지 방법은 새롭게 개발되었다기보다는 과거에도 있었던 것들이다. 그러나 교육평가의 목적이 교수-학습의 과정을 개선하고, 개별학생에게 지도 · 조언하며 충고하기 위해 사용된다면 어떠한 방법도 수행평가의 방법이 될 수 있다. 특히 수행평가에서는 교수-학습활동과 평가활동을 상호 통합적으로 진행하는 것을 강조하기 때문에 다양한 교수-학습방법이 곧 수행평가를 위한 방법이 될 수 있다.

현재 널리 사용되고 있는 수행평가의 방법으로는 서술형 및 논술형 검사, 실기시험, 실험 · 실습법, 관찰법, 토론법, 구술시험, 면접법, 자기평가보고서법, 다면평가법, 연구보고서법, 포트폴리오 등이 있으며,

이러한 구분은 상호 배타적이라기보다는 보완적인 것이다.

1) 서술형 및 논술형 검사

서술형 검사는 흔히 주관식 검사라고 하는 것으로 문제의 답을 선택하는 것이 아니라 학생들이 직접 서술하는 검사다. 반면 논술형 검사는 일종의 서술형 검사이기는 하지만, 개인 나름의 생각이나 주장을 창의적이고 논리적이면서도 설득력 있게 조직하여 작성해야 함을 강조한다는 점에서 일반 서술형과 구별하기도 한다.

2) 실기시험

실기시험은 학생들의 지식이나 기능을 직접 행동으로 나타내도록 하는 시험이다. 종래의 실기시험과 수행평가에서 말하는 실기시험의 차이는 시험을 치르는 상황이 통제되거나, 강요된 상황인가 아니면 자연스러운 상황인가의 차이에 기인한다. 자연스러운 상황하에서의 실기시험은 음악, 미술, 체육, 실과 분야에서 많이 이용되는 방법이나 요즈음은 읽기, 듣기, 쓰기, 말하기 등 언어 분야에서도 많이 활용되고 있다. 예컨대, 직접 학생들에게 말하거나 읽거나 듣거나 쓰게 한 후에 보통 2명 이상의 교사나 채점자가 평가하는 방식이다.

3) 실험 · 실습법

실험 · 실습법은 자연과학 분야에서 많이 사용하는 것으로, 어떤 과제에 대해서 학생들로 하여금 직접 실험 · 실습을 하게 한 후 그 결과보고서를 제출하게 하는 것이다. 이때 개인 단위로 실험 · 실습을 하게 할 수도 있고, 팀을 구성하여 공동작업을 하게 할 수도 있다. 따라서 평가자는 학생들의 실험 · 실습과정을 직접 관찰함과 동시에 제출된 결과보고서를 고려하여 평가하게 된다. 이러한 방법은 실험 · 실습을 위한 기자재의 조작적인 능력뿐만 아니라, 지식을 적용하는 능력이나 문제해결 과정을 포괄적이면서도 종합적으로 평가할 수 있다.

4) 관찰법

관찰법은 학생들의 지식이나 기능을 평가하기 위한 가장 보편적인 방법 중의 하나로, 개별 학생 단위로나 집단 단위로 관찰하여 평가하는 형태다. 또한 학생들 간의 사회적 관계 구조를 파악하기 위해 한 집단 내에서 개인 간 또는 소집단 간의 역동적 관계를 집중적으로 관찰할 수 있다. 특히 나이가 어리거나 지적 능력이 지나치게 낮은 학생을 대상으로 평가하기 위해서는 평가하기 위한 상황을 의도적으로 마련할 수 없기 때문에 인위적이지 않은 자연적인 상황에서의 관찰법을 자주 사용하게 된다. 따라서 객관적이고 정확한 관찰을 하기 위해서는 관찰대상을 있는 그대로 기술하는 일화기록법이나, 체크리스트나 평정척도 등을 이용하기도 하고, 경우에 따라서는 비디오 녹화를 한 후 분석하기도 한다.

5) 토론법

토론법은 교수-학습활동과 평가활동을 통합적으로 수행하는 대표적인 방법 중의 하나로, 특정 주제에 대해 학생들이 서로 토론하는 것을 보고 평가하는 것이다. 특히 수행평가에는 찬 · 반 토론법을 많이 사용하는데 이때 찬 · 반 토론법이란 사회적으로나 개인적으로 서로 다른 의견을 제시할 수 있는 토론 주제를 주고, 개인별이나 집단별로 찬 · 반 토론을 하도록 하는 것이다. 또한 토론하기 위해 준비한 사전 자료의 다양성이나 충실성, 그리고 토론 내용의 논리성, 반대의견을 존중하는 태도, 토론 진행방법 등을 총체적으로 평가하는 방법이다.

6) 구술시험

구술시험은 종이와 붓이 발명되기 전부터 시행되어 오던 가장 오래된 수행평가의 한 형태다. 학생으로 하여금 특정 교육내용이나 주제에 대해서 자신의 의견이나 생각을 발표하도록 하여 학생의 준비도, 이해력, 표현력, 판단력, 의사소통능력 등을 직접 평가하기 위한 방법이다. 또한 구술시험은 학생들이 대학이나 대학원을 졸업하기 위해서 졸업시험이나 논문심사의 한 과정으로 거쳐야 하는 시험의 한 형태이지만, 초 · 중등학교에서도 쉽게 사용할 수 있다.

7) 면접법

면접법은 교사가 학생들과 대화를 통해서 얻고자 하는 자료나 정보를 수집하여 평가하는 방법이다. 즉, 평가자가 학생과 직접 대면하여 평가자가 질문하고 학생이 대답하는 과정을 통해 이루어진다. 또한 지필식 시험이나 서류만으로는 알 수 없는 사항들을 알아보고, 그것을 평가하는 방법이다.

흔히 구술시험도 평가자와 학생이 대면하여 질문하고 대답하는 과정을 거친다. 그러나 구술시험이 인지적인 영역을 중심으로 한 학업성취도를 평가하기 위한 방법이라면, 면접법은 주로 정의적인 영역이나 신체적인 영역에 대한 것을 평가하기 위한 방법이라고 할 수 있다.

면접법의 종류로는 한 명의 평가자와 한 명의 학생이 일대일로 하는 면접, 여러 명의 평가자와 한 명의 학생이 다수 대 일로 하는 면접, 반대로 일 대 다수가 하는 면접, 다수 대 다수가 하는 면접 등이 있다. 이러한 면접법은 보다 깊은 정보를 얻을 수 있고, 사전에 예상할 수 없었던 자료를 얻을 수 있으며, 진행상 융통성을 발휘할 수 있다는 장점이 있다.

8) 자기평가보고서법

특정 주제나 교수-학습 영역에 대하여 자기 스스로 자신의 학습과정이나 학습결과에 대해 자세한 평가보고서를 작성 · 제출하도록 하여 평가하는 것이다. 예컨대, 어떤 교육 프로그램을 이수한 후, 그 프로그램을 이수하면서 자신의 학습과정이나 학습결과에 대한 평가보고서를 작성 · 제출하도록 함으로써 학습자로 하여금 자신의 준비도, 학습동기, 성실성, 만족도, 다른 학습자들과의 관계, 성취 수준 등을 스스로 생각하고 반성하도록 기회를 제공하는 것이다. 반면 교사에게는 교사가 시행한 관찰이나 평가가 해당 학습자에게 타당하였는지를 비교 · 분석해 볼 수 있는 기회를 제공한다. 그리고 이와 유사하게 동료 학생들이 상대방을 서로 평가하도록 하는 동료평가보고서법을 이용하여 학생들을 평가할 수도 있다.

9) 다면평가법

자기평가보고서법이나 동료평가보고서법이 더욱 확장되어 발전한 것이다. 평가자는 자기 자신, 동급 학생, 교사, 학부형 등 다양하며 그 평가방법도 상호 교환적이다. 이러한 다면평가보고서법은 자기 자신과 동료의 수행을 평가하고 스스로 반성하는 기회가 될 수 있으며, 자신들의 발전과정을 확인함으로써 학습에 대한 동기를 유발할 수 있다.

10) 연구보고서법

연구보고서법은 개별교과나 통합교과의 여러 가지 연구 주제 중에서 학생의 능력이나 흥미에 적합한 주제를 선택하고, 그 주제에 대해서 자기 나름대로 자료를 수집하고 분석 · 종합하여 연구보고서를 작성 · 제출하도록 하여 평가하는 것이다. 이는 연구의 주제나 범위에 따라서 개인적으로 할 수도 있고, 관심 있는 학생들이 함께 모여서 단체로 할 수도 있다. 이러한 연구보고서법은 흔히 프로젝트법이라고도 하며, 학생들은 연구를 수행하고 보고서를 작성하는 과정에서 연구하는 방법, 각종 정보를 수집하는 방법, 다양한 자료를 종합하고 분석하는 방법, 보고서 작성법 등을 익히게 될 것이며, 연구보고서 발표회나 학생들 간 연구보고서의 상호 교환을 통해 많은 것을 배우게 된다.

11) 포트폴리오

자신이 쓰거나 만든 작품을 지속적이고 체계적으로 모아 둔 것으로 개인별 작품집 혹은 서류철을 이용한 평가방법이라고 할 수 있다. 예컨대, 어떤 화가 지망생이 유명한 화가에게 지속적으로 지도를 받으면서 자신의 작품을 순서대로 차곡차곡 모아 둔다면 자기 자신의 변화와 발전과정을 스스로 파악할 수 있도록 하고, 그 작품집을 이용하여 자기의 스승뿐만 아니라 다른 사람들에게도 쉽게 평가받을 수 있다.

따라서 포트폴리오(Portfolio)는 그림뿐만 아니라 사진이나 시, 소설 등의 작품집을 이용하여 평가할 수 있고 글짓기한 것이나 교과 과제물, 연구보고서나 실험 · 실습의 결과보고서 등을 정리한 자료집을 이용하여 평가할 수도 있다. 특히 학생들은 자신이 제작한 포트폴리오를 통해 자기 자신의 변화과정을 알 수 있고, 자신의 강점이나 약점, 성실성 여부, 잠재 가능성 등을 스스로 인식할 수 있다. 반면, 교사들은 학생들의 과거와 현재의 상태를 쉽게 파악할 수 있을 뿐만 아니라 앞으로의 발전 방향에 대한 조언을 할 수 있다. 이 평가방법은 단편적인 영역에 대해 일회적으로 평가하지 않고 학생 개개인의 변화 · 발달 과정을 종합적으로 평가하기 위해 전체적이면서도 지속적으로 평가하는 것을 강조한다. 따라서 포트폴리오는 수행평가의 대표적인 방법 중 하나로 주목받고 있다.

참. 고. 문. 헌.

강영심, 송연주(2002). 성공지능과 전통지능의 고등학생 학업성취도에 대한 예측력 비교. 교육심리연구, 16(4), 83-103.

강인애(1995). 구성주의 학습원리와 적용. 교육공학연구, 11(1), 25-46.

강주태(1971). 지능과 성취동기 및 학업성취의 관계에 관한 연구. 서울대학교 교육대학원 석사학위논문.

강진령, 유형근(2009). 고등학생을 위한 학교상담 프로그램. 서울: 학지사.

고기정(1993). 하이퍼미디어: 새로운 학습 매체의 교육적 적용. 교육공학연구, 18(1), 147-167.

교육과학기술부(2008). Wee Project: 친한친구교실 및 학생생활지원단 운영계획. 서울: 교육과학기술부

구병두(1989). 학업성취 관련변인에 대한 meta 분석. 건국대학교 대학원 석사학위논문.

국가청소년위원회 활동복지단 상담자활팀(2006). 청소년 동반자 활동 매뉴얼(개정판). 서울: 국가청소년위원회

권기행(2003). 어머니의 양육태도와 자녀의 창의성 발달 관계 연구. 단국대학교 교육대학원 석사학위논문.

권대훈(2008). 교육평가. 서울: 학지사.

김경배, 김재건, 이홍숙(2005). 교육과정과 교육평가. 서울: 학지사.

김계현 외 6인(2000). 학교상담과 생활지도. 서울: 학지사.

김광웅(2002). 유아교육심리학. 서울: 창지사.

김남성(1997). 숨겨진 나의 보물을 찾아서. 서울: 재능교육사.

김남성(1998). 교육심리학. 서울: 교육과학사.

김대현, 김석우(2005). 교육과정 및 교육평가(개정 2판). 서울: 학지사.

김두정(2000). 교육과정 편성운영과 수준별 교육평가. 중등교육평가 직무연수 교재. 대전: 대전교육연수원.

김명숙(1998). 창의성 교육 프로그램의 유형 및 관련 변인이 창의성 향상에 미치는 효과. 성균관대학교 대학원 박사학위논문.

김명희, 이경희(1998). 다중지능의 이론과 실제. 서울: 양서원.

김미숙(1985). 5세 유아의 사려성-충동성 인지양식과 창의성과의 관계에 대한 연구. 중앙대학교 교육대학원 석사학위 청구논문.

김보선(1998). TTCT에 대한 미국인과 한국인의 반응 결과의 차이연구. 성균관대학교 대학원 석사학위논문.

김소아(2003). 영재의 선발주거와 진로 특성 요인의 탐색. 성균관대학교 대학원 석사학위논문.

김순택(1978). 목표별 수업. 서울: 교육과학사.

김아영 외 3인 역(2004). 교육심리학. 서울: 박학사.

김아영(1998). 1998년도 교육심리학의 교육 현장 적용과 과제: 동기이론의 교육 현장 적용 연구와 과제-자기 효능감 이론을 중심으로. 교육심리연구, 12(1), 105-128.

김아영, 이순묵, 조영미(2000). 고등학생의 실용지능과 묵시지능의 타당화. 교육심리연구, 14(2), 165-186.

김억환, 박은혜 역(1998). 정신의 도구: 비고츠키 유아교육. 서울: 이화여자대학교 출판부.

김원경, 우남희(2002). 아동의 창의성에 대한 심리적 관련변인연구. 아동학회지, 23(2), 1-16.

김윤경(1998). 인기, 무시, 배척 집단의 사회 기술 및 부모 양육태도에 관한 연구. 연세대학교 대학원 석사학위논문.

김은정(2001). 아동의 또래지위와 대인관계성향과의 관계. 제주대학교 교육대학원 석사학위논문.

김은하(2003). 낯선 상황에서 영아들의 애착 행동 특성. 이화여자대학교 대학원 석사학위논문.

김재은(1965). 유아지능검사. 서울: 코리안테스팅센터.

김재은, 유기섭(1979). 심리검사의 활용. 서울: 중앙적성출판사.

김정섭 외 7인(2004). 교사를 위한 교육심리학. 서울: 서현사.

김정숙(1983). 학업적 자아개념과 학습동기의 학습 성적 예언에 관한 연구. 계명대학교 교육대학원 석사학위논문.

김정휘(1972). 창의력과 지능 및 학업성적의 관계 분석. 서울대학교 교육대학원 석사학위논문.

김정희, 김현주, 정인숙(1998). 아동발달심리. 서울: 동문사.

김제한 외 3인(2002). 교육심리학. 서울: 양서원.

김종서 외 3인(1997). 교육과정과 교육평가. 서울: 교육과학사.

김종안(1999). 통합적 접근에 기초한 아동의 창의성 측정도구개발. 성균관대학교 대학원 박사학위

청구논문.

김종완(1998). 통합적 접근에 기초한 아동의 창의성 측정도구 개발. 성균관대학교 대학원 박사학위논문.

김준응(1994). 선수학습의 개선, 조직자 제시의 강화 및 완전학습 수업조건의 개별적 효과량과 종합적 효과량. 교육학연구, 32(5), 235-253.

김현주(1983). 사회극적 놀이 훈련을 통한 취학 전 아동의 창의성 증진에 관한 연구. 연세대학교 대학원 석사학위논문.

김형태(1999). 상담이론 알아보기. 한남대학교 출판부.

김혜숙(1999). 창의성 진단 측정도구의 개발 및 타당화. 교육심리연구, 13(4), 269-303.

김혜숙, 최인수(2002). 다중지능 인간지능의 새로운 이해. 서울: 김영사.

김호권(1965). 일반지능검사. 서울: 코리안테스팅센터.

김호권(1977). 평가체제와 학업성취. 정범모, 학업성취의 요인. 서울: 교육출판사.

나유미(1997). 한국영아의 어머니에 대한 애착행동 특성. 연세대학교 대학원 박사학위논문.

나일주(1999). 웹 기반 교육의 전개. 서울: 교육과학사.

나일주, 진동섭(1997). 가상교육체제 모형 탐색연구. 서울대학교 사대논총(55), 1-22.

남명호, 김성숙, 지은림(2000). 수행평가-이해와 적용. 서울: 문음사.

노명희(1995). 아동의 어머니에 대한 애착과 사회적 능력. 전남대학교 대학원 박사학위논문.

노안영(2005). 상담심리학의 이론과 실제. 서울: 학지사.

노주선, 김지혜, 조선미(2003). K-ABC 임상사례연구. 서울: 학지사.

류근란(2000). 초등학생용 창의성 검사개발 및 타당화. 순천향대학교 교육대학원 석사학위논문.

문미옥(1987). 유아의 스트레스 해소를 위한 교수 모형 탐색. 서원대학교 논문집, 20(1), 199-216.

문선모 역(1986). 현대교육심리학: 교사의 세계. 서울: 교육과학사.

문수백(1993). 한국아동의 지능사정을 위한 K-ABC지능검사의 통문화적 타당성에 관한 연구. 한국학술진흥재단.

문수백, 변창진(1997). 한국판 K-ABC. 서울: 학지사.

문수백, 변창진(2004). K-ABC 교육심리 측정도구. 서울: 학지사.

문용린, 강민수(2004). 성공지능검사에 대한 경험적 타당화 연구. 교육심리연구, 18(3), 103-119.

문천숙(1974). 학업성취에 미치는 불안의 효과. 이화여자대학교 교육대학원 석사학위논문.

박경숙(1986). KEDI-WISC. 서울: 한국교육개발원.

박권생, 손기준 역(1991). 여섯 가지 사고모. 서울: 교육과학사.

박덕규(1987). 시험에 대한 특성불안과 상태불안이 학업성취의 지각에 미치는 영향. 한양대학교 교육대학원 석사학위논문.

박병기(1999). 창의적 문제해결의 과정. 이성진, 김계현 편, 교육심리학의 새로운 쟁점과 이론. 서울: 교육과학사.

박성수(1989). 생활지도. 서울: 정민사.

박성익, 최정임 역(1992). 교수설계의 원리와 적용. 서울: 교육과학사.

박아청, 김혜숙, 김창대(1996). 청소년 발달상담. 서울: 청소년대화의 광장

박영숙, 신철지, 정광희(1999). 학교급별, 직급별, 취득자격별 교원 직무수행 기준에 관한 연구. 서울: 한국교육개발원.

박영태(1995). 수업매체의 발달과 학습환경의 변화. 동아대학교 동아교육논총, 21, 5-21.

박영태(2000). 창의성 개발을 위한 초인지-사칙연산적 사고법. 동아대학교 동아교육논총, 37, 61-86.

박영태(2001). 창의성, 인성, 그리고 창의적 인성의 의미 분석. 동아대학교 학생연구, 29, 23-50.

박영태(2002). 창의성의 별. 서울: 학지사.

박영태(2004). 사랑의 학습지도법. 서울: 학지사.

박영태(2004). 초인지-사칙연산적 사고훈련을 위한 유아의 창의적 두뇌게임. 서울: 학지사.

박영태, 하수연(2003). 초인지-사칙연산적 사고를 통한 엄마의 창의성 계발. 서울: 서현사.

박용헌(1988). 성취동기육성의 교수방법. 서울: 교육출판사.

박진재, 이은해(2002). 아동의 또래관계 증진을 위한 사회적 기술 중재 프로그램의 효과. 유아교육연구, 22(2), 83-110.

박형주(1994). 창의성과 가정환경과의 관계 연구. 전주우석대학교 교육대학원 석사학위논문.

박혜원, 곽금주, 박광배(1996). K-WPPSI: 한국웩슬러 유아지능검사. 서울: 특수교육.

박호순, 홍후조(2000). 교육과정과 교육평가. 서울: 문음사

백순근 외 12인(1999). 수행평가의 이론과 실제. 서울: 원미사.

보건복지가족부(2008a). 2009년도 지역사회 통합지원체계(CYS-Net) 운영지침.

보건복지가족부(2008b). 2009 청소년 동반자 프로그램 운영지침.

서울대 교육연구소 편(1998). 한국 교육심리검사 총람. 서울: 프레스빌.

석문주 외 7인(1999). 학습을 위한 수행평가. 서울: 교육과학사.

성태제(2005). 현대교육평가(2판). 서울: 학지사.

성태제(2009). 교육평가의 기초. 서울: 학지사.

손영수 역(1988). 지능이란 무엇인가. 서울: 전파과학사.

손향숙(1997). 자기 규제적 방략 학습과 확산적 사고 훈련이 창의성 향상에 미치는 효과. 성균관대학교 대학원 석사학위논문.

송명자(1987). 초기경험과 지적발달. 교육심리연구회, 창간호, 7-40.

송명자(1995). 발달심리학. 서울: 학지사.

송인섭 외 6인(2001). 교육과정 및 교육평가. 서울: 양서원.

송인섭 외 6인(2001). 교육심리학. 서울: 양서원.

신동로(2005). 교육과정 · 교육평가 탐구. 서울: 교육과학사.

신명희 외 3인(2002). 교육심리학의 이해. 서울: 학지사.

신명희(1993). 학습방법의 다양화 연구. 연세대학교 교육과학, 65-82.

신효성(2003). 창의성 함양을 위한 보조교재 연구. 고려대학교 대학원 석사학위논문.

심우섭(1997). 다중지능이론과 학교교육의 개선에 관한 연구. 교육학연구, 28(1), 131-144.

안영진(2001). 교육심리학. 서울: 창지사.

안현지(1999) 부모의 양육태도와 정서지능 관련 연구. 서울대학교 대학원 석사학위논문.

양연숙(2000). 영아의 타인양육 경험에 따른 어머니에 대한 애착과 정서 조절. 경희대학교 대학원 박사학위논문.

양용칠(1994). 컴퓨터 본위 수업에 있어서 통제방략의 효과에 대한 ARCS 동기적 분석. 교육학 연구, 32(5), 75-89.

유광찬(1996). 교육과정 및 교육평가. 서울: 교육과학사.

유두진(1989). 하선단서가 초등학교 아동의 학업성취도에 미치는 효과. 동아대학교 교육대학원 석사학위논문.

유병민(2001). 웹기반 원격 교육을 위한 성인 이용자 특성 분석. 평생교육학연구, 7(1), 69-88.

유정이(1996). 한국 학교상담 형성과정 연구. 서울대학교 박사학위 논문.

윤경희(1999). 가정환경과 지능발달 및 학업성취도의 관계에 대한 종단적 연구. 서울대학교 대학원 박사학위논문.

윤영섭(1988). 학업성취도 결정요인에 관한 분석 연구. 중앙대학교 교육대학원 석사학위논문.

윤정희(2002). 어머니의 양육행동과 아동의 애착 및 사회적 적응과의 관계. 숙명여자대학교 대학원 석사학위논문.

이미숙(1995). 초등학교 학습자의 지적 특성 및 정의적 특성과 학업 성취도와의 관계 분석. 동아대학교 교육대학원 석사학위논문.

이병혜(1988). 정의적 제변인과 지능의 학업 성취 예언에 관한 연구. 계명대학교 교육대학원 석사학위논문.

이상민, 오인수, 서수현(2007). 한국적 학교상담 모형개발을 위한 한국과 미국의 학교상담 비교연구. 한국심리학회지: 상담 및 심리치료, 19(3), 539-567.

이상화(1996). 인지-사회적 학습활동이 유아의 사회적 지식과 사회적 기술증진에 미치는 영향. 서울여자대학교 대학원 박사학위 청구논문.

이상희, 노성덕, 이지은(2003). 초 · 중 · 고 또래 상담 프로그램 지침서. 서울:한국청소년상담원

이성진(1983). 학업성취의 요인. 서울: 교육출판사.

이성진(1996). 교육심리학 서설. 서울: 교육과학사.

이순경(1984). 자아존중감, 인지 양식과 학업성적에 관한 분석. 동아대학교 교육대학원 석사학위논문.

이양희, 김윤영(2002). 유아용 반사회적 행동평가 척도의 타당화 연구. 아동학회지, 23(3).

이영덕(1969). 교육의 과정. 서울: 배영사.

이영재(1998). 다중지능이론이 학교교육에 주는 시사점. 한국발달장애학회 2.

이옥형(1986). 유동적 지능과 결정적 지능에 관한 연구, 발달 및 발달에 미치는 관련 변인, 고려대학교 대학원 박사학위논문.

이용남 외 7인(2002). 신교육심리학. 서울: 학지사.

이용대(1990). 여섯 가지 개념의 역사. 서울: 이론과 실천

이은해(1995). 아동발달의 평가와 측정. 서울: 교문사.

이은해, 조성연(1987). 아동의 문제해결력과 창의성 및 성격 특성간의 관계. 연세논총, 23, 333-350.

이장호(1998). 상담심리학. 서울: 박영사.

이정은(1992). 유치원과 초등학교 저학년 어린이의 일상적 스트레스. 이화여자대학교 대학원 석사학위논문.

이종인 역(1997). 성공지능. 서울: 영림카디널.

이칭찬, 황선경(2003). 교육과정과 교육평가. 서울: 동문사.

이혜승(2000). 부모의 아동기 애착이 양육행동에 미치는 영향. 숙명여자대학교 대학원 석사학위논문.

이희도 외 6인(1981). 현대수업원론. 서울: 교육과학사.

이희주(2000). 교사의 또래와의 상호작용에 따른 스캐폴딩(scaffolding)의 유형과 문제해결력의 차이 분석. 한국교원대학교 대학원 석사학위논문.

임갑빈(1993). 유아 스트레스 해소방법에 관한 기초 연구. 학생연구 2, 315-336. 서울: 숙명여자대학교.

임규혁, 임웅(2007). 교육심리학(2판). 서울: 학지사.

임선하(1996). 창의성에의 초대. 서울: 교보문고.

임승권(1993). 정신위생. 서울: 양서원.

임인재(1977). 선행학습과 일반능력 및 학습성취. 학업성취 요인. 서울: 교육출판사.

임인재(1989). 인간의 지적능력탐구의 최근동향. 교육심리연구. 서울: 배영사.

임창재(1998). 심리학의 이해. 서울: 형설출판사.

임현수(1998). 창의성 측정도구의 타당화 연구. 서울대학교 대학원 석사학위 청구논문.

장미자 (1998). 애착의 세대 간 전이 · 어머니의 내적실행모델과 영아의 애착유형. 경희대학교 대학원 박사학위논문.

장현갑, 강성군(2003). 스트레스와 정신건강. 서울: 학지사.

장휘숙(2001). 아동발달: 아동의 심리적 세계. 서울: 박영사.
전용신(1991). 고대-비네 검사실시요강. 서울: 특수교육.
전윤식 외 7인 역(2003). 교육심리학. 서울: 시그마 프레스.
전윤식(1976). Anxiety and Academic Achievement. 학생생활연구소 논문집, 12. 부산: 부산대학교.
전윤식, 강영심(1997). 복합지능과 교육. 서울: 한국적성출판사.
정문자 외 4인(2008). 해결중심단기치료. 서울: 학지사
정미진(2005). 프로젝트 수업에서 교사의 스캐폴딩 적용시점이 초등학교 아동의 학업성취에 미치는 효과. 초등교육학연구, 12(1), 115-132.
정숙경, 박영태(2003). 교육방법 및 교육공학. 부산: 동아대학교출판부.
정옥분(2002). 아동발달의 이해. 서울: 학지사.
정옥분(2004). 발달심리학. 서울: 학지사.
정원식, 이상로, 이성진(1983). 현대교육심리학. 서울: 교육출판사.
정은영(2002). 근접발달이론에 따른 교사와 또래와의 상호작용이 문제해결력과 학습태도에 미치는 효과. 한국교원대학교 교육대학원 석사학위논문.
정인성, 나일주(1989). 최신교수설계이론. 서울: 교육과학사.
정종진(1991). 동기와 학습. 서울: 성원사.
정종진(2004). 학교학습의 극대화를 위한 교육평가의 이해. 파주: 양서원.
정찬기오, 문승한(2006). 교육과정 및 교육평가 특론. 서울: 교육과학사.
정채기(2003). 교육심리학. 서울: 학문사.
정현희, 최경순(2001). 아동의 자아통제능력과 스트레스와의 관계. 대한가정학회지, 39(9), 175-188.
정혜승, 김광웅(2001). 어머니 자신의 부모 애착 및 양육행동과 자녀 애착과의 관계. 놀이치료연구, 4(1), 95-105.
정홍섭(1996). 정서지능, 일반지능 및 정서안정도와 대학생의 적응과의 관계. 부산교육학연구, 9(1).
제석봉, 유계식, 박은영 역(1994). 유능한 상담자. 서울: 학지사.
조석희(1999). 창의성 증진을 위한 교수-학습에 관한 교육심리학의 역할과 과제. 교육심리연구, 13(20), 81-105.
조성연(1985). 창의성검사의 타당화를 위한 일 연구: Torrance 창의적 사고력검사를 중심으로. 연세대학교 대학원 석사학위논문.
조성연(1988). 5세아의 창의성과 장독립성 인지양식과의 관계. 한국아동학회지, 9(1), 63-80.
조희령(2003). 창의성과 창의적 인성 및 어머니의 양육태도와의 관계. 서울대학교 대학원 석사학위논문.
진선미(1997). 교사가 지각한 교사효능감과 문답과정과의 관계. 한국교원대학교 대학원 석사학위논문.

진위교(1999). 현대 수업원리. 서울: 정민사.

채연호(1997) 한국판 WPPSI의 정보처리속성 분석. 대구가톨릭대학교 대학원 석사학위논문.

최민수(2001). 영유아 건강과 안전. 서울: 학지사.

최성윤(2000). 또래관계와 심리사회적 적응과의 관계에 대한 연구: 여고생을 중심으로. 이화여자대학교 교육대학원 석사학위논문.

최수진(2005). 또래간 스캐폴딩(scaffolding)프로그램이 아동의 학업 자아개념과 문제해결력에 미치는 효과. 초등교육학연구, 12(1). 175-194.

최인수(1998a). 창의성을 이해하기 위한 여섯 가지 질문. 한국심리학회지: 일반, 17(1), 25-47.

최인수(1998b). 창의적 성취와 관련된 제 요인들: 창의성 연구의 최근모델인 체계모델을 중심으로. 미래유아교육학회지, 5(2), 133-136.

최인수(2000a). 창의성을 이해하기 위한 체계모델(Systems model of creativity). 생활과학, 3, 441-464.

최인수(2000b). 유아의 창의성 측정도구에 관한 고찰. 유아교육연구, 20(2), 139-166.

최일호, 최인수(2001). 새로운 생각은 어떻게 가능한가: 전문분야 창의성에 대한 학습과정 모델 접근. 한국심리학회지: 일반, 20(2), 409-428.

최정욱(2000). 부모의 맞벌이 여부가 자녀의 심리사회적 적응에 미치는 영향: 애착 안정성을 매개로. 연세대학교 대학원 석사학위논문.

최종윤(1986). 지능검사의 문항 및 요인구조에 관한 추수연구. 인하대학교 대학원 석사학위논문.

통계청(2007). 2007 청소년 통계.

하광백(1989). 초등학교 학생의 지능, 창의성, 자아개념, 학습흥미와 학업성적과의 상관 연구. 경희대학교 교육대학원 석사학위논문.

하대현(2003). MI이론의 경험적 타당화 연구(III): 지능과 인지양식의 영역-특수성의 발달적 변화. 교육심리연구, 17(3), 27-52.

하대현(2005). 우리나라 지능연구의 현황과 교육적 활용. 교육심리연구, 19(1), 159-187.

하수연(2002). WBI에서 초인지 사칙연산적 사고교육과 피드백 유형이 유아의 창의성에 미치는 효과. 동아대학교 대학원 박사학위논문.

한국교육개발원(2002). 인문 · 사회 영재 판별 도구 개발연구(III)-언어 영재판별 검사도구 개발을 중심으로. 수탁연구 CR2002-44.

한국심리학회(2000). 현대심리학의 이해. 서울: 학문사.

한국인간발달학회(1995). 유아의 심리. 서울: 중앙적성출판사.

한국청소년 개발원(2004). 청소년상담론. 서울: 교육과학사.

한국행동과학연구소(1976). 기초학력 증진연구.

한기순(2000). 창의성의 영역 한정성과 영역 보편성에 관한 분석과 탐구. 영재교육연구, 10(20), 47-69.

한명희(1983). 교육철학. 서울: 배영사.

한순미(1999). 비고츠키와 교육. 서울: 교육과학사.

허경철(2000). 21세기 교육평가 어떻게 할 것인가. 한국교육과정평가원 창립 2주년 기념 세미나 자료집, 107-140

허형(1970). 불안이 학업성취에 미치는 영향에 관한 일 연구. 중앙대학교 대학원 석사학위논문.

허형(1994). 하이퍼미디어를 통한 교수-학습 체제 개발을 위한 기초 연구 문제의 탐색. 교육학 연구, 32(3), 1-22.

홍대식 역(1984). 심리학 개론. 서울: 박영사.

홍순정(1999). 지능과 창의성. 서울: 양서원

홍용희 역(1995). 어린이들의 학습에 비계설정-비고츠키와 유아교육. 서울: 창지사.

황정규(1977). 정의적 행동 특성, 사회 계층, 학교 성적의 인과 관계. 중앙대학교 대학원 석사학위논문.

황정규(2000). 학교학습과 교육평가. 서울: 교육과학사.

황정규(2009). 인간의 지능. 서울: 학지사.

황해익(2002). 유아교육평가. 파주: 양서원.

황혜정 외 4인(2002). 유아용 문제행동 진단검사의 개발 연구. 유아교육연구, 22(1), 73-88.

Ainsworth, M. D. S. (1979). Attachment as related to mother-infant interaction. In J. S. Rosenblatt, R. A. Hinde, C. Beer, & M. Busnel (Eds.), *Advances in the Study of behavior* (Vol. 9). New York: Academic Press.

Ainsworth, M. D. S., & Eichberg, C. G. (1991). Effects on infant-mother attachment of mother's unresolved loss of an attachment figure or other traumatic experiences. In P. Marris, J. Stevenson-Hindle, & C. Parkes (Eds.), *Attachment across the Life Cycle*. New York: Routledge.

Ainsworth, M. D. S., Blehar, M., Waters, E., & Walls, S. (1978). *Patterns of attachment*. Hillsdale, NJ: Erlbaum.

Alexander, B. K., & Harlow, H. F. (1965). Social behavior in juvenile rhesus monkeys subjected to different rearing conditions during the first 6 months of life. *Zoologische Jarbucher Physiologie, 60*, 167-174.

Alexander, P. A. (1992). Domain knowledge: Evolving themes and emerging concerns. *Educational Psychologist, 27*, 33-51.

Alexander, S. (1995). *Teaching and learning on the World Wide Web*. AUSWEB. Available.

Allinder, R. M. (1994). The relationship between efficacy and the instrumental practices of special education teachers and consultants. *Teacher Education and Special Education, 17*, 86-95.

Amabile, T. M. (1983). The social psychology of creativity: A Componential conceptualization. *Journal of Personality and Social Psychology, 45*(2), 357-376.

Amabile, T. M. (1988). A model of creativity and innovation in organizations. *Research in Organizational Behavior, 10*, 123-167.

Amabile, T. M. (1996). *Creativity in context: Update to the social psychology of creativity.* Boulder, CO: Westview Press.

Amabile, T. M. (1999). Motivation and Creativity. In R. J. Sternberg (Eds.), *Handbook of creativity* (pp. 297-312). Cambridge University Press.

Anastasiow, N. J. (1986). *Development and Disability: A Psychobiological Analysis for Special Educators.* Baltimore: Brookes Publishing Co.

Anderson, K. M. (1997). *Integrating open hypermedia system with the World Wide Web: Proceeding of the eighth ACM conference on Hypertext*, 157-166.

Anderson, R., Greene, M., & Loewen, P. (1988). Relationships among teachers' and students' thinking skills, sense of efficacy, and student achievement. *Alberta Journal of Educational Research, 34*(2), 148-165.

Ashby, F. G., Isen, A. M., & Turken, U. (1999). A neuropsychological theory of positive affect and its influence on cognition. *Psychological Review, 106*, 529-550.

Asher, S. R., & Coie, J. D. (1990). *Peer rejection in Childhood.* Cambridge, England: Cambridge University Press.

Ashton, P. T. (1984). Teacher efficacy: A motivational paradigm for effective teacher education. *Journal of Teacher Education, 35*(5), 28-32.

Ashton, P. T., & Webb, R. B. (1986). *Making a Difference: Teachers' sense of Efficacy and Student Achievement.* NY: Longman.

Atkinson, J. W. (1980). Motivational effects in so-called tests of ability and educational achievement. In L. J. Fyans, Jr. (Ed.), *Achievement motivation.* New York: Plenum.

Atkinson, R. L., Atkinson, R. C., & Hilgard, E. R. (1983). *Introduction to Psychology.* NY: Teacher's college of Colombia.

Ausubel, D. P. (1962). A subsumption theory of meaningful verbal learning and retention. *Journal of General Psychology, 66*, 67-75.

Ausubel, D. P. (1969). Is there a discipline of educational psychology? *Educational Psychologist, 5,* 1-9.

Ausubel, D. P. (1972). Advance organizermodel. In B. Joyce, & M. Weil (Eds.), *Models of Teaching,* 165-179. Englewood Cliffs: Prentice-Hall.

Baer, J. (1996). The effect of task-specific divergent-thinking training. *The Journal of Creativity Behavior, 30,* 183-187.

Baer, J. (1998). The case for domain specificity of creativity. *Creativity Research Journal, 11*(2). 173-177.

Baer, J. (1999). Domains of Creativity. In M. A. Runco & S. R. Pritzker (Eds.). *Encyclopedia of Creativity* (pp. 591-596). Academic Press.

Baker, S. B. (2000). *School counseling for the twenty-first century* (3rd ed.). Upper Saddle River, NJ: Macmillian Publishing Company.

Ball, S. (1977). *Motivation in Education.* New Yrok: Academic press inc.

Bandura, A. (1963). The role of imitation in personality development. *Journal of Nurwery Education, 18,* 207-215.

Bandura, A. (1977a). Self-efficacy: Toward a unifying theory of behavioral change. *Psychological Review, 84,* 181-215.

Bandura, A. (1977b). *Social Learning Theory.* Englewood Cliffs, NJ: Prentice-Hall.

Bandura, A. (1982). The self and mechanisms of agency. In J. Suls (Eds.), *Psychological perspectives on the self.* Hillsdale, NJ: Lawrence Erlbaum.

Bandura, A. (1986). Social foundations of thought and action. *A Social Cognitive Theory.* Englewood Cliffs, NJ: Prentice-Hall.

Bandura, A. (1997). *Self-efficacy: The Exercise of Control.* New York: Freeman.

Bandura, A. (Ed.). (1995). *Self-efficacy in Changing Societies.* New York: Cambridge University Press.

Bandura, A., & Wood, R. (1989). Effect of perceived controllability and performance standards of self-regulations of complex decision making. *Journal of Personality and Social Psychology, 56*(5), 805-814.

Barron, F. (1988). Putting creativity to work. In R. J. Sternberg (Ed.), *The Nature of Creativity: Contemporary Psychological Perspectives,* 70-89.

Barron, F., & Harrington, D. M. (1981). Creativity, Intelligence, and Personality. *Annual Review of Psychology, 32,* 349-376.

Bauer, P. J., & Wewerka, S. S. (1995). One- and two-year-olds recall events: Factors facilitating immediate and long-term memory in 13.5 and 16.5-month-old children. *Child Development, 64,* 1204-1223.

Bayley, N. (1969). *Bayley Scales of Infant Development.* Birth to Two years. San antonio.

Beckerman, T. M., & Good, T. L. (1981). The classroom ratio of high and low-aptitude students and its effect on achievement. *American Educational Research Journal, 18*(3).

Bee, H. (1992). *The Developing child* (6th ed.). New York: Harper & Row.

Bee, H. (2000). *The Developing child* (9th ed.). Boston: Allyn & Bacon.

Berk, L. E. (1992). *Child Development.* Boston: Allyn and Bacon.

Berliner, D. (1985). Laboratory settings and the study of teacher education. *Journal of Teacher Education, 36*(6), 2-8.

Bigge, M. L. (1964). *Learning Theories for Teachers.* New York: Harper and Row.

Binet, A. (1905). Analyse. de C. E. Spearman, the proof and measurement of association between two things and general intelligence objectively determined and measure. *L' Annee Psychologique, 11,* 623-624.

Birch, D., & Veroff, J. (1966). *Motivation: A Study of Action. Basic Concepts in Psychology.* Belmont Brooks Cole Publishing Company.

Black, M. M., & Rollins, H. A. (1982). The effects of instructional variables on young children's organizations and free recall. *Journal of Experimental Child Psychology, 31,* 1-19.

Bloom, B. S. (1968). *Learning for mastery.* Evaluation Comment, 1. Los Angeles: Center for the Study of Evaluation of Instructional Program. USA.

Bloom, B. S. (1974). Time and Learning. *American Psychologist, 29.*

Bloom, B. S. (1981). Changes in evaluation methods. B. S. Bloom, *All our children learning.* New York: McGraw-Hill.

Bloom, B. S. (Ed.). (1956). *Taxonomy of Educational Objectives: Cognitive domain.* New York: David McKay.

Bong, M. (1997). Generality of academic self-efficacy judgements: Evidence of hierarchial relations. *Journal of Educational Psychology, 89,* 696-709.

Borich, G. D., & Tombari, M. L. (1995). *Educational Psychology.* HarperCollins College Publishers.

Bork, A. (1982). Interactive learning. In R. Taylor (Ed.), *The Computer in the School.* N.Y: Teachers College Press.

Borko, H., & Livingston, C. (1989). Cognition and improvisation: Differences in mathematics instruction by expert and novice teachers. *American Educational Research Journal, 26*(4), 473-498.

Borkowski, J. G., Peck, V., Reid, M. K., & Kurt, B. (1983). Impulsivity and strategy transfer: Metamemory as mediator. *Child Development, 54*, 459-473.

Bowlby, J. (1969). *Attachment and loss* (Vol. 1). Attachment. New York: Basic Books.

Bowlby, J. (1973). *Attachment and loss* (Vol. 2). Separation, Anxiety and Depression. New York: Basic Books.

Bowlby, J. (1980). *Attachment and loss* (Vol. 3). Loss, Sadness, and Depression. New York: Basic Books.

Bowlby, J. (1988). *A Secure Base: Clinical applications of Attachment theory.* London: Routledge.

Bretherton, I. (1985). Attachment theory: Retrospect and prospect. In I. Bretherton & E. Waters (Eds.), *Growing points of attachment theory and research.* Monographs of the Society for Research in Child Development, 50, Nos. 1-2, Serial No. 209.

Bretherton, I. (1990). Open communication and internal working models: Their role in the development of attachment relationships. In R. A. Thompson (Ed.), *Socioemotional development.* Nebraska Symposium on Motivation (Vol. 36). Lincoln: University of Nebraska Press.

Briano, R., Midoro, V., & Trentin, G. (1997). Computer mediated communication and online teacher training in environmental education. *Journal of Information Technology for Teacher Education, 6*(2), 127-145.

Broman, B. L. (1989). *The Early Years in Childhood Education.* Prospect Heights, Ill.: Waveland Press.

Brophy, J. (1983). Conceptualizing student motivation. *Educational Psychologist, 18,* 200-215.

Brown, R. T. (1989). Creativity: What are we ti measure? In J. A. Glover, R. R. Ronning, & C. R. Reynolds (Eds.), *Handbook of Creativity* (pp. 3-36). NY: Plenum Press.

Bruner J. S. (1962). *The Process of Education.* Cambridge, MA: Harvard University Press.

Bruner J. S. (1963a). Needed: A theory of instruction. *Educational Leadership, 20*(May), 523-532.

Bruner J. S. (1963b). *Toward a theroy of instruction.* Harvard University Press.

Bukowski, W., & Hoza, B. (1989). Popularity and friendship: Issues in theory, measurement, and outcome. In T. J. Berndt & G. W. Lass (Eds.), *Peer relationships in*

Child Development. New York: Wiley.

Campbell, S. B. (1995). *Behavior problems in preschool children: Clinical and Developmental Issues*. NY: The Guild Press.

Carnine, D. W. (1993). Effective teaching for higher cognitive functioning. *Educational Technology*, October, 29-33.

Carr, S. (2000). Online learning's 'yellow pages' are bracing for a shakeout. *Chronicle of Higher Education, 46*(32), 57-58.

Carroll, J. B. (1963). A model of School Learning. *Teachers College Record, 64*, 723-733.

Castenell, L. A. (1983), Achievement motivation: An investigation of adolescents, achievement, Patterns. *American Educational Research Journal, 20*(4), 503-510.

Cattell, R. B. (1963). Theory of fluid and crystallized intelligence: A critical experiment. *Journal of Educational Psychology, 54,* 1-22.

Cattell, R. B. (1967). The theory of fluid and crystallized general intelligence checked at 5-6 year old level. *British Journal of Educational Psychology, 317*, 209-224.

Chance, P. (1999). *Learning and behavior* (4th ed.). Pacific Grove, CA: Book/Cole Publishing Campany.

Christensen, D. L. (1986). An Intelligent Learning System Using Cognitive Science Theory and Artificial Intelligence Methods. *The Degree of Doctor of Philosophy*. Minesota University.

Clark, C. M., & Peterson, P. L. (1986). Teachers' thought processes. In M. Wittrock (Ed.), *Handbook of Research on Teaching* (3rd ed., pp. 255-296). New York: Macmillan.

Coie, J. D., & Dodge, K. A. (1988). Multiple sources of data on social behavior and social status in school: A cross-age comparison. *Chlid Development, 59*, 815-829.

Coie, J. D., Dodge, K. A., & Coppotelli, H. (1982). Dimensions and types of social status: A-Cross age perspective. *Developmental Psychology, 18,* 557-570.

Colby, A., & Kohlberg, L. (1987). *The measurement of moral judgement*(Vol. 1),. Theoretical foundations and research validation. Cambridge: Cambridge University Press.

Cole, M., & Cole, S. (1993). *The Development of Children* (2nd ed.). NY: W. H. Freeman and Company.

Cole, M., Frankel, F., & Sharpe, D. (1971). Development of Free Recall Learning in Children. *Developmental Psychology, 4*, 109-123.

Collins, M. A., & Amabile, T. M. (1999). Motivation and Creativity. In R. J. Sternberg (Ed.),

Handbook of Creativity (pp. 297-312). Cambridge University Press.

Colombo, J., & Fagan, J. (Eds.). (1990). *Individual differences in infancy: Reliability, stability, prediction.* Hilsdale, NJ: Erlbaum.

Condry, J., & Chambers, J. (1978). Intrinsic motivation and the process of learning. In M. R. Lepper, & D. Greene (Eds.), *The hidden costs of reward: New perspectives on the psychology of human motivation.* Hillsdale, NJ: Lawrence Erlbaum.

Conger, J. J. (1977). *Adolescence and Youth*(2nd. ed.). New York: Harper & Row Publishers, Inc..

Cooper, E. (1991). A critique of six Measures for assessing creativity. In writing, B. G. (Ed.), *Journal of Creativity Behavior, 25*(3), 194-204.

Corey, S. M. (1971). The nature of instruction. In M. D. Merrill (Ed.), *Instructional Design: Beadings.* Englewood Cliffs, NJ: Prentice-Hall.

Corno, L. (1992). Encouraging students to take responsibility for learning and performance. *Elementary School Journal, 93*(1), 69-84.

Corno, L. (1994). Student volition and education: Outcomes, influences, and practices. In D. Schunk & B. J. Zimmerman (Eds.), *Self-regulation of Learning and Performance: Issues and Educational Applications.* Hillsdale, NJ: Erlbaum.

Crain, W. (2000). Theories of development. *Concepts and Applications* (4th ed.). Upper Saddle River, NJ: Prentice-Hall.

Crick, N. R. (1996). The role of overt aggression, relational aggression, and prosocial behavior in the prediction of children? Future social adjustment. *Child Development, 67*, 2317-2327.

Cronbach, L. J. (1963). *Evaluation for Course Improvement.* Teachers College Record.

Cross, D. R., & Paris, S. G. (1988). Developmental and instructional analyses of children' s metacognition and reading compehension. *Journal of Educational Psychology, 80*(2), 131-142.

Crossman, D. M. (1997). The evolution of World Wide Web as an emerging instructional technology tool. In B. H. Khan (Ed.), *Web-based instruction*, (p. 463). Enlewood Cliffs, N. J.: Education Technology Publications.

Csikszentmihalyi, M. (1966). *Creativity: Flow and the Psychology of Discovery and Invention.* New York: HarperCollins.

Csikszentmihalyi, M. (1988). Society, culture, and person: A systems view of creativity. In R.

J. Sternberg (Ed.), *The Nature of Creativity: Contemporary Psychological Perspectives* (pp. 325-339). New York: Cambridge University Press.

Csikszentmihalyi, M. (1996). *Creativity: Flow and the psychology of discovery and invention.* New York: Harper Collins.

Damon, W., & Phelps, E. (1991). Peer collaboration as a context for cognitive growth. In L. T. Landsmann (Ed.), *Culture, Schooling, and Psychological Development.* Norwood, NJ: Ablex.

Daugherty, M., & Funke, B. L. (1998). University faculty and student perceptions of Web-based instruction. *Journal of Distance Education, 13*(1), 21-39.

Davidson, J. E., & Sternberg, R. J. (1984a). The role of insight in intellectual giftedness. *Gifted Child Quarterly, 28*(2), 58-64.

Davidson, J. E., & Sternberg, R. J. (1984b). The role of insight in giftedness. In R. J. Sternberg & J. E. Davidson (Eds.), *Conceptions of Giftedness* (pp. 201-222). New York: Cambridge University Press.

Davidson, J. E., & Sternberg, R. J. (1998). Smart problem solving: How metacognition helps. In D. J. Hacker & J. Dunlosky, et al. (Eds.), *Metacognition in Educational Theory and Practice.* The educational psychology series. Mahwah, NJ: Erlbaum.

Davis, G. A. (1989). Testing for cerative potential. *Contemporary Educational Psychology, 14.* 257-274.

De Bono, E. (1993). *Serious Creativity: Using the Power of Lateral Thinking to Create New idea.* NY: Harper Business.

De Charms, R. (1968). *Personal causation.* NewYork: Academic Press.

Deci, E. L. (1975). *Intrinsic Motivation.* New York: Plenum.

Dembo, M. H. (2000). Motivation and learning strategies for college success. *A Self-Management Approach.* Mahwah, NJ: Erlbaum Associates, Inc.

Dempster, F. N. (1981). Memory span: Sources of individual and developmental differences. *Psychological Bulletin, 89,* 63-100.

Diakidoy, I. N., & Spanoudis, G. (2002). Domain specificity in creativity testing: A comparison of performance on general divergent-thinking test and personalities, content specific test. *The Journal of Creative Behavior, 36*(1), 41-61.

Dodge, K. A. (1983). Behavioral antecedents of peer social status. *Child Development, 54,* 1386-1399.

Dougan, C. P., Schiff, E., & Welch, L. (1949). Originality ratings of department store dispaly department personnel. *Journal of Applied Psychology, 33,* 31-35.

Dr. Spencer K., & Miguel K. (1977). *Multiple intelligence.* CA: Kagan Cooperative Learning.

Eberle, R. F. (1971). *Scamper: Games for imagination development.* Buffalo, N.Y.: D.O.K. Publish.

Eckerman, C. O., Whatley, J. L., & Kutz, S. L. (1975). Growth of social play with peers during the second year of life. *Developmental Psychology, 11*, 42-49.

Eggen, P., & Kauchak, D. (2001). *Educational Psychology: Windows on Classrooms* (5th ed.). Upper Saddle Rivers, New Jersey: Merrill/ Prentice-Hall.

Eisenberger, R. (1992). Learned industriousness. *Psychological Review, 99*, 248-267.

Eisenberger, R., & Armeli, S. (1997). Can salient reward increase creative performance without reducing intrinsic creative interest? *Journal of Personality and Social Psychology, 72,* 652-663.

Eisenberger, R., & Cameron, J. (1998). Reward, intrinsic motivation, and creativity: New findings. *American Psychologist, 53*(6), 673-682.

Eisenberger, R., & Rhiaces, L. (2001). Incremental effests of reward on creativity. *Journal of Personality and Social Psychology, 81*(4), 728-71.

Erikson, E. H. (1950). *Childhood and Society.* New York: Norton.

Erikson, E. H. (1968). *Identity: Youth and Crisis.* New York: Norton.

Erikson, E. H. (1982). *The Life of Cycle Completed.* New York: Norton.

Estrada, C. A., Isen, A. M., & Young, M. J. (1997). Positive affect facilitates integration of information and decreases anchoring in reasoning among physicians. *Organizational Pshchology, 72*, 117-135.

Feldhusen, J. F. (1994). Teaching and testing foor creativity. *In the International Encyclopedia of Education* (2nd ed., pp. 1178-1183). N.Y.: Pergamon Press.

Flavell, J. H. (1979). *Cognitive Development.* N. J.: Prentice-Hall.

Ford, M. E. (1986). For all practical purposes: Criteria for defining and evaluation practical intelligence. In R. J. Sternberg, & R. K Wagner (Eds.), *Practical intelligence: Nature and origins of competence in the everyday world*(183-200). New York: Cambridge University Press.

Forman, E. A., & Cazden, C. B. (1985). Exploring Vygotskian perspective in education: The cognitive value of peer interaction. In J. V. Wertsch (Ed.), *Culture, Communication, and Cognition: Vygotskian Perspectives.* N.Y.: Cambridge University Press.

Fraenkel, J. R., & Wallen, N. E. (2003). *How to Design Evaluate Research in Education* (4nd. ed.) New York: McGraw-Hill Companies.

Franco, C., & Colinvaux, D. (2000). Grasping mental models. In J. K. Gilbert & C. J. Boulter (Eds.), *Developing Models in Science Education* (pp. 93-118). Boston: Kluwer Academic Publishers.

Friend, C. L., & Cole, C. L. (1990). Learner control in computer-base instruction: A current literature review. *Educational technology*, November.

Gage, N. L., & Berliner, D. C. (1992). *Educational psychology* (4th ed.). USA: Houghton Mifflin Company.

Gagné E. (1985). *The Cognitive psychology of school learning.* Boston: Little, Brown & Company.

Gagné R. M. (1965). *The Conditions of Learning and the theory of instruction* (4th ed.). New York: Holt, Rinehart and Winston.

Gagné R. M. (1974). *Essentials of learning for instruction.* New York: Holt, Rinehart and Winston.

Gagné R. M. (1977). Analysis of objectives. In L. J. Briggs (Ed.), *Instructional design: Principles and application.* Englewood Cliffs, NJ: Educational Technology Publications.

Gagné R. M., & Briggs, L. J. (1979). *Principles of instructional design.* New York: Holt, Rinehart and Winston.

Gardner, H. (1993a). *Creating minds.* New York: Basic Books.

Gardner, H. (1993b). *Multiple intelligence: The theory in practic.* New York: Basic Books.

Gardner, H. (1999). Are there additional intelligences? The case for naturalost, spirityal, and existential intelligences. In J. Kane (Ed.), *Education, Information, and Tyransformation* (pp. 111-131). Upper saddle River, N.J.: Prentice-Hall.

Gardner, H. (2000). 지식기반 사회와 창의성 교육의 과제. 이화여자대학교 사범대학 교원교육 85주년 국제학술심포지엄 기조 강연.

Gardner, R. W. (1953). Cognitive Styles in categorizing behavior. *Journal of Personality, 22*, 214-233.

Garry, R., & Kingsley, H. L. (1970). *The nature and Conditions of Learning* (3rd ed.). Englewood Cliffs, NJ: Prentice-Hall.

Gay, l. R. (1991). *Educational evaluation and measurement: Competencies for analysis and application* (3nd. ed.). Columbus, Ohio: A Bell & Howell Company.

Getzels, J. W., & Jackson P. (1962). *Creativity and intelligence: Explorations with gifted students.* New Your: Wiley.

Gilbert, J. K., & Boulter, C. J. (1998). Learning science through models and modeling. In B. J. Fraser & K. G. Tobin (Eds.), *International Bandbook of sScience Education* (pp. 53-66). Great Britain: Kluwer Academic Publishers.

Gillies, R. M., & Ashman, A. F. (1998). Behavior and interaction of children in cooperative groups in lower and middle elementary grades. *Journal of Educational Psychology, 90,* 746-757.

Glaser, R. (1976). Components of a psychology of instruction: Toward a science of design. *Review of Educational Research, 46,* 1-24.

Goetz, E. T., Alexander, P. A., & Ash, M. B. (1992). *Educational Psychology: A Classroom Perspective.* NY: Macmillan Publishing Company.

Goleman, D. (1995). *Emotional inerlligence.* New York: Basic Books.

Good, T. L., & Brophy, J. E. (1986). *School effect, Handbook of research on teaching* (3rd ed.). Edited by Merlin C. Wittrock.

Goodman, N. (1984). *Of mind and matters.* Cambridge, MA: Harvard University Press.

Gough, H. G. (1979). A creativity scale for the Adjective Check List. *Journal of Personality and Social Psychology, 37,* 1398-1405.

Gough, H. G., & Heilbrun, A. B. (1983). *The Adjective Checklist Manual.* Plao Alto: Consulting Psychologists. Press. Inc.

Gronlund, N. E. (1988). *How to Construct Achievement Tests.* New York: Macmillan.

Guilfird, J. P. (1956). The structure of intellect. *Psychology Bulletin, 53,* 267-293.

Guilford, J. P. (1967). *The nature of human intelligence.* New York: McGraw-Hill.

Guilford, J. P. (1971). Some misconceptions regarding measurement of creative talents. *Journal of Creative Behavior, 5*(2), 77-87.

Guilford, J. P. (1988). Some changes in the structure of the intellect model. *Educatonal and Psychological Measurement, 40,* 1-4.

Gunter, M. A. (1995). *Instruction a models approach.* Mass: Needham Heights.

Gustafsson, J. E. (1988). Hierarchical models of individual differences in cognitive abilities. In R. J. Sternberg (Ed.), *Advaneds in the Psychology of Human Intelligence* (Vol. 4, pp. 35-71). Hillsdale, NJ: Lawrence Erlbaum Associates, Inc.

Halford, G. S. (1993). *Children's understanding*. Hillsdale, NJ: Lawrence Erlbaum.

Hamilton, C. E. (1995). *Continuity and discontinuity of attachment from infancy through adolescence*. Paper presented at the Biennial Meetings of the Society for Research in Child Development. Indianapolis.

Hannafin, M. J., & Hooper, S. R. (1993). Learning principles. In M. Fleming & W. H. Levie (Eds.), *Instructional message design*, 191-231.

Hansen, J. B. (1974). Effects of feedback, learner control, and cognitive abilities on state anxiety and performance in a computer-assisted. *Journal of Educational Psychology, 66*(2), 247-254.

Harmachek, D. E. (1985). *Psychology in Teaching Learning and Growth*. Allyn & Bacon. Inc. U.S.A.

Harpaz, I. (1990). Asymmetry of hemispheric functions and creativity: An empirical examination. *Journal of Creative Behavior, 24*, 161-170.

Harris, K. R. (1990). Developing self-regulated learners: The role of private speech and self-instruction. *Educational Psychologist, 25*, 35-950.

Harris, M., & Cady, M. (1988). The Dynamic process of creating hypertext literature. *Educational technology*, November.

Hartup, W. W. (1977). Peer relations: Developmental implications and interactions in same- and mixed-aged situations. *Young Children, 32*, 4-13.

Hartup, W. W. (1978). The social worlds of childhood. *American Psychologist, 34*, 944-950.

Hartup, W. W. (1983). Peer relations. In E. M. Hetherington (Ed.), *Handbook of child psychology*, Vol. 4. Socialization, personality and social development. New York: Wiley.

Hartup, W. W. (1992). Friendships and their developmental significance. In H. McGurk (Ed.), *Childhood social development: Contemporary perspectives*. Hove, England: Erlbaum.

Hayes, S. C., Rosenfarb, I., Wulfert, F., Munt, E. D., Korn, Y., & Zettle, R. D. (1985). Self-reinforcement effects: An artifact of social standard setting? *Journal of Applied Behavior Analysis, 18*, 201-214.

Hendren, G. (1989). Using sign language to accecc right brain communication: A tool for teachers. *Journal of Creative Behavior, 17*, 269.

Hennessey, B. A., & Amabile, T. M. (1998). Reward, intrinsic motication and creativity. *American Psychologists, 53*, 674-675.

Hertsgaard, L., Gunnar, M., Erickson, M. F., & Nachmias, M. (1995). Adrenocortical responses to the Strange Situation in infants with disorganized/disoriented attachment relationships. *Child Development, 66,* 1100-1106.

Hess, R. D., Kickson, W. P., Price, G. G., & Leong, D. J. (1981). Some contrasts between mothers and preschool teachers in interation with four-year-old children. In S. Kilmore (Ed.), *Advances in Early Educations and Day Care* (Vol. 2). Greensich, Conn.: JAI Press.

Hicken, S., Sullivan, H., & Klein, J. (1992). Learner control modes and incentive variations in computer-delivered instrution. *ETR & D, 40*(44), 15-26.

Hill, W. E. (1990). *Learning: A survey of psychological interpretations* (5th ed.). New York: Harper & Row.

Hiltz, S. R.(1990). Evaluating the virtual classroom. In L. Harasim (Ed.), *Online Education,* N. Y.: Praeger, pp. 133-183.

Hocevar, J. H., & Bachelor, P. (1989). A taxonomy and critique of measurement used in the study of creativity. In J. A. Glover, R. Ronning, & C. R. Reynolds (Eds.), *Handbook of Creativity.* New York: Plenum Press.

Horn, J. L. (1968). Organization of abilities and the development of intelligence, *Psychological Review, 75,* 242-259.

Horn, J. L. (1985). Remodeling old models of inteligence. In B. B. Wolman (Ed.), *Handbook of Intelligence* (pp. 267-300). New York: Wiley.

Horn, J. L., & Cattell, R. (1966). Refinement and test of the theory of fluid and crystallized general intelligence. *Journal of Educational Psychology, 57,* 253-270.

Howes, C. (1983). Patterns of friendship. *Child Development, 54,* 1041-1053.

Hudson, W. (1960). Pictorial depth perception in subcultural groups in Africa. *Jouranal of Social Psychology, 52,* 183-208.

Hunt, J. MeV. (1961). *Intelligence and experience.* New York: Ronald Press.

Inhelder, B., Sinclairk, H., & Bovet, M. (1974). *Learning and the Development of Conition.* Cambridge, Mass.: Harvard University Press.

Isaksen, S. G., Puccio, G. J., & Treffinger, D. J. (1993). An ecological approach to creativity research: Profiling for creative problem solving. *Journal of Creativiy Behavior, 27*(3), 149-170.

Jellen, H, G., & Urban, K. K. (1986). The TCT-DP: An instrument that can be applied to most age and ability groups. *Creative Child and Adult Quarterly, 3,* 138-155.

Jellen, H. G., & Urban, K. K. (1986). The TCT-DP: An instrument that can be applied to most age and ability groups. *Creative Child and Adult Quarterly, 3,* 138-155.

Jellen, H. G., & Urban, K. K. (1988). Assessing creative potential world-wide: The first crosscultural application of the test for creative thinking-drawing production (TCT-DP). *The Creative Child and Adult Quarterly, 14*(2), 151-167.

Jensen, A. R. (1980). *Bias in Mental testing Free Press*, 316-337.

Jenson, W. R., Sloane, H. N., & Young, K. R. (1988). *Applied behavior analysis in education: A structured teaching approach.* Englewood Cliffs, NJ: Prentice-Hall.

Jonassen, D. H. (1986). Hypertext principles for text and courseware design. *Educational psychologist, 21*(4), 269-292.

Jonassen, D. H. (1988). *Designing structuured hypertext and structuring access to hypertext.* Englewood Cliffs, N. J.: Educational Technology Publications.

Jonassen, D. H. (1991). Objectivism versus constructivism: Do we need a new philosophical paradigm? *Educational Technology Research and Development, 39*, 5-14.

Jonassen, D. H. (1994). Toward a constructivist design model. *Educational Technology, 34*(4), 34-37.

Jonassen, D. H., Dyer, D., Peters, K., Robbins, T., Harvey, D. K. M., & Loougher, P. (1997). Cognitive flexbility hypertexts on the Web; Engaging learners in meaning making. In B. Khan (Ed.), *Web-based instruction.* Englewood Cliffs, N. J.: Educational Technology Publications.

Kagan, J. (1965). Impulsive and reflective children : Significance of conceptual tempo. In J. D. Krumholtz (Ed.), *Learning and the Educational Process* 133-161, Chicago: Rand McNally.

Kagan, J. (1965). Individual diffenrences in the resolution of response uncertainty. *Journal of Personality and Social Psychology, 2,* 154-160.

Kagan, J., Moss, H. A., & Sigel, I. E., (1963). Psychologist significance of styles of conceptualization. In J. C. Wright & J. Kagan (Eds.), *Basic cognitive process in children.* Monographs of the Society for Research in Child Development, Serial No. 86, 73-111.

Kamii, C. (1985). Leading primary education towards excellence: Beyond worksheets and drill. *Young Children, 6,* 3-9.

Kaplan, J. S. (1991). *Beyond behavior modification* (2nd ed.). Austin, TX: Pro-Ed.

Karpov, Y. V., & Heywood, H. C. (1998). Two ways to elaborate Vygotsky? Concept of mediation. *American Psychologist, 53*(1), 27-36.

Katz, L. (1980). Mothering and teaching: Some significant distinctions. In L. G. KatzIn, (Ed.), *Current topics in early childhood education* (Vol. 3). Norwood, N. J.: Ablex.

Kaufman, A. S. (2000). Tests of inteligence. In R. J. Sternberg (Ed.), *Handbook of intelligence* (Ch. 20, pp. 445-476). New York: Cambridge University Press.

Kaufman, A. S., & Kaufman, N. L. (1983). *Kaufman Assessment Battery for Children: Imperative manual.* Circle Prnes, MN: American Guidance Service.

Keller, J. M. (1983). Motivational design of instruction. In C. M. Reigeluth (Ed.), *Instructional Design Theories and Models: An overview of their current status.* Hillsdale, NJ: Lawrence Erlbaum Associates.

Kember, D., & Smith, L. B. (1979). Is there a developmental trend from integrality to separability in perception? *Journal of Experimental Child Psychology, 26,* 498-507.

Kemler, D. G. (1982). Classification in young and retarded children: the primacy of overall similarity relations. *Child Development, 53,* 768-779.

Kershner, J. R. & Ledger, G. (1985). Effect of sex, intelligence, and style of thinking in creativity: A comparison of gifted and average IQ children. *Journal of Personality and Social Psychology, 48*(4), 1133-1246.

Khan, B. H. (1997). Web-based Instruction: What is it and why is it?. In B. H. Khan (Ed.), *Web-based instruction.* Englewood Cliffs. N. J.: Educational Technology Publishcations.

Khan. B. H. (2001). *Web-Based Traning.* Englewood Cliffs. N. J.: Educational Technology Publications.

Kil, Y. S. (1990). *An Exploration of the factors affecting the process of heuristics selection.* The University of Texas, Austin.

Kimble, G. A. (1961). *Hilgard and Marquis conditioning and learning* (2nd ed.). Englewood Cliffs, NJ: Prentice-Hall.

Kinzie, M. B. (1990). Requirements and benefits of effective interactive instruction: Learner control, self regulation, and continuing motivation. *Educational Technology Research and Development, 38*(1), 5-21.

Klineberg. O. (1963). Negro-white differences in intelligence test performance: a new look at an old problem. *American Psychologist, 18,* 198-203.

Kohlberg, L. (1963). The development of children's orientations toward a moral order: Sequence in the development of moral thought. *Human Development, 6,* 11-33.

Kohlberg, L. (1984a). *The psychology of moral development: The nature and validity of moral stages* (Vol. 2). New York: Harper & Row.

Kohlberg, L. (1984b). *Essays on moral development: The psychology of moral development* (Vol. 2). San Francisco: Harper & Row.

Kohlberg, L., & Kramer, R. (1969). Continuities and discontinuities in childhood and adult moral development. *Human Development, 12,* 93-120.

Korman, A. K. (1974). *The Psychology of Motivation. Englewood Cliffs.* New Jersey: Prentice Hall, Inc.

Krogh, S. L. (1990). *The Intergrated Early Childhood Curriculum.* New York: Mcgraw Hill.

Krogh, S. L. (1997). How children develop and why it matters. In H. Hart, D. D. Burts, & R. Charlesworth (Eds.), *Integrated curriculum and developmentally appropriate practice: Birth to age eight* (pp. 29-48). Albany: SUNY.

Kukla, A. (1978). An attributional theory of choice. *Advances in Experimental Social Psychology, 11.*

Ladd, G. W. (1983). Social networks of popular, average and rejected children in school settings. *Merrill-Palmer Quarterly, 29,* 283-307.

Laszlo, A., & Castro, K. (1995). Technology and value: Interactive learning environments for future generations. *Educational technology* (March-April), 7-13.

Layng, D. et al. (1995). Improving Behavior through multiple *Intelligence.* ERIC. ED387302.

Lepper, M. R. (1985). Microcomputers in education: Motivational and social issues. *American Psychologist. 20,* 217-231.

Levy, J. (1982). Children's think with whole brains: Myth and reality, NASSP (Eds.), Student Learning Styles and Brain Behavior. *Reston, Virginia: NASSP,* 173-184.

Livingston, C., & Borko, H. (1989). Expert-novice differences in teaching: A cognitive analysis and implications for teacher education. *Journal of Teacher Education, 42,* 36-42.

Lopez, C. L., & Harper, M. (1989). The Relationship between learner control of CAI and locus of control among hispanic students. *ETR & D* (Vol. 37), 19-28.

Lubart, T. I. (1994). Creativity. In R. J. Sternberg (Ed.), *Thinking and problem solving* (pp. 289-332). New York: Academic Press.

Lubart, T. I., & Sternberg, R. J. (1995). An investment approach to creativity: Theory and data. In S. M. Smith, T. B. Ward, & R. A. Finke (Eds.), *The creative cognition approach* (269-302). Cambridge. MA: MIT Press.

Lubart, Y. I. (1999). Creativity across cultures. In R. J. Sternberg (Ed.), *Handbook of Creativity* (pp. 339-350). Cambridge University Press.

Lyons-Ruth, K., Alpern, L., & Repacholi, B. (1993). Disorganized infant attachment classification and maternal psychosocial problems as predictors of hostile-aggressive behavior in the preschool classroom. *Child Development, 64*, 572-585.

Lyons-Ruth, K., Easterbrooks, M. A., & Cibelli, C. D. (1997). Infant attachment strategies, infant mental lag, and maternal depressive symptoms: Predictors of internalizing and externalizing problems at age 7. *Developmental Psychology, 33*, 681-692.

Mackinnon (1962). In search of human effectiveness: Identifying and developing creativity. NY.: The creative education Foundation, 1962. Mackinnon, D. W., The nature and nurture of creative talent. *American Psychologist, 17*, 484-495.

Maehr, M. L., & Meyer, H. A. (1997). Understanding motivation and schooling: Where we've been, where we are, and where we need to go. *Educational Psychology Review, 9*, 371-409.

Maehr, M. R. (1976). Continuing motivation: An analysis of a seldom considered educational outcome. *Review of Educational Research, 46*, 443-462.

Mager, R. F. (1962). *Preparing instructional objectives*. Belmont, CA: Fearon.

Main, M., & Cassidy, J. (1988). Categories of response to reunion with the parent at age 6: Predictable from infant attachment classifications and stable over a 1-month period. *Developmental Psychology, 24*, 415-426.

Main, M., & Solomon, J. (1990). Procedures for identifying infants as disorganized/disoriented during the Ainsworth Strange Situation. In. M. T. Greenberg, D. Cicchetti, & E. M. Cummings (Eds.), *Attachment in the preschool years: Theory, research, and intervention*. Chicago: University of Chicago Press.

Malone, T. W. (1981). Toward a theory of intrinsically motivationg instruction. *Cognitive Science, 4*, 333-369.

Mannarino, A. P. (1980). The development of children's friendship. In H. C. Foot, A. J. Chapman, & J. R. Smith (Eds.), *Friendship and social relaitons in children* (pp. 45-63). New York: John Wiley & Sons.

Marchionini, G. (1988). Hypermedia and learning: Freedom and Chaos. *Educational Technology*, pp. 8-12.

Martindale (1989). Personality, Situation, & Creativity. In J. A., Glover, R. R. Ronning, & C.

R. Reynolds, *Handbook of Creativity* (pp. 211-232). NY: Plenum Press.

Masters, G. N., & Wilson, M. (1991). The measurement of understanding. *Paper presented at a Workshop on Partial Credit Models.* ETS, NJ: Princeton.

Mazur, J. (1990). *Learning and Behavior* (2nd ed.). Englewood Cliffs, NJ: Prentice-Hall.

McCombs, B. L. (1998). Integrating meta-cognition, affect, and motivation in improving teacher education. In N. M. Lambert & B. L. McCombs, et al. (Eds.), *How students learn: Reforming schools through learner-centered education.* Washington, DC: American Psychological Association.

Meadow, A., Parnes, S. J., & Reese, H. (1959). Influence of brainstorming instruction and problem sequence on a creative problem solving test. *Journal of Applied Psychology, 43,* 413-416.

Mednick, S. A. (1962). The associative basic of the creative process. *Psychological Review, 69,* 220-232.

Mednick, S. A. (1976). The remote associates test. In A. M. Biondi, & J. Parnes, *Assessing Creative Growth* (pp.113-115). New York: Bearly Limited.

Meichenbaum, D. (1977). *Cognitive behavior modification: An integrative approach.* New York: Plenum.

Meltzoff, A. N. (1995). What infant memory tell us about infantile amnesia: Long-term recall and deffered imitation. *Journal of Experimental Child Psychology, 59,* 497-515.

Mercer, J. R., Gomez-Palacio, M., & Padilla, E. (1986). The development of practical intelligence in cross-cultural perspective. In R. J. Sternberg, & R, K. Wagner (Eds.), *Practical intelligence: Nature and origins of competence in the everyday world*(307-337). New York: Cambridge University Press.

Merrill, M. D, Li Zhongmin, & Jones, M. K. (1991). Instuctional Transaction Theory: An Introduction. *Educational Techonology* (June), 7-12.

Merrill, M. D. (1975). Learner control: Beyond aptitude-treatment interactions. *AV Communications Review, 23,* 217-226.

Merrill, M. D. (1994). The descriptiove component display theory. I*nstructional Design Theroy.* Educational Techonology Publications Inc., Englewood Cliffs, New Jersey 07632.

Miller, G. A. (1956). The magical number seven plus or minus two: Some limits on our capacity for processing information. *Psychological Review, 63,* 81-97.

Mischel, W., Shoda Y., & Rodriguez, M. L. (1989). Delay of Gratification in Children.

Science, 244(4907), 933-938.

Mischel, W., Shoda. Y., & Peake, P. K. (1988). The nature of adolescent competencies predicted by preschool delay of gratification. *Journal of personality and Social psychology, 54*, 687-696.

Morgan, C. T., & King, R. A. (1966). *Introduction to Psychology* (3rd ed.). New York: McGraw-Hall.

Morgan, M. (1985). Self-monitoring of attained subgoals in private study. *Journal of Educational Psychology, 77*, 623-630.

Morison, P., & Masten, A. S. (1991). Peer reputation in middle childhood as a predicator of adaptation in adolescence: A seven-year follow-up. *Child Development, 62*, 991-1007.

Morrill, W. H., Oetting, E. R., & Hurst, J. C.(1974). Dimension of counselor functioning. *Journal of Personnel and Guidance, 52*, 354-359.

Morrill, W. H., Oetting, E. R., & Hurst, J. C.(1974). Dimension of counselor functioning. *Journal of Personnel and Guidance, 52*, 354-359.

Morrison, G. R., Ross, S. M., & Baldwin, W. (1992). Learner control of context and instructional support in learning elementary school mathematic. *ETR & D, 40*(1), 5-13.

Morrison, G. S. (1978). Parent involvement in the home. *School and Community*. Columbus, Ohio: Merrill.

Mugny, G., & Doise, W. (1978). Socio-cognitive conflict and structure of individual and collective performance. *European Journal of Social Psychology, 8*, 181-192.

Mumford, M. D., & Gustafson, S. B. (1988). Creativity syndrome: Integration, application, and innovation. *Psychological Bulletin, 103*(1), 27-43.

Murphy, P. K., & Alexander, P. A. (2000). A motivated exploration of motivation terminology. *Contemporary Educational Psychology, 25*, 3-53.

Murray, H. A. (1938). *Explorations in Personality*. New York: Oxford University Press.

Mussen, P., Conger, J., Kagan, J., & Huston, A. (1984). *Child Development and Personality*. New York: Harper and Row.

Newcomb, A. F., & Bukowski, W. M. (1984). Stability and determinants of sociometric status and friendship choice: A longitudinal perspective. *Developmental Psychology, 20*, 941-952.

Newcomb, A. F., Bukowski, W. M., & Pattee, L. (1993). Children's peer relations: A meta-analystic review of popular, rejected, neglected, controversial, and average sociometric status. *Psychological Bulletin, 113*(1), 99-128.

O'Brien, S. J. (1988). Childhood stress: A creeping phenomenon. *Childhood Education. Winter*, 105-106.

Ogden, J. E., Brophy, J. E., & Evertson, C. M. (1977, April). An experimental investigation of organization and management techniques in first-grade reading groups. *Paper presented at the annual meeting of the American Educational Research association.* New York.

Oliver, R., & Oliver, H. (1996). Information acess and retrieval with hypermedia information systems. *Journal of Educational Technology, 27*, 33-44.

Ormrod, J. E. (2000). Educational Psychology. *Developing Learners.* Prentice-Hall, Inc.

Ormrod, J. E. (2003). *Educational psychology. Developing learners* (4th ed.). Upper Saddle Rivers, New Jersey: Merrill/ Prentice Hall.

Osborn, K., & Osborn, J. (1983). *Cognition in early childhood.* Athens, GA.: Education Associates.

Paivio, A. (1971). *Imagery and verbal processes.* New York: Holt.

Pajares, F. (1992). Teachers's beliefs and educational research: Cleaning up a messy construct. *Review of Educational Research, 62*(3), 307-322.

Paris, S. G., Lipson, M. Y., & Wixson, K. K. (1983). Becoming a strategic reader. *Contemporary Educational Psychology, 8*, 293-316.

Parker, J. G., & Asher, S. R. (1987). Peer relations and later personal adjustment: Are low-accepted childrent's at risk? *Psychological Bulletin, 102*, 357-389.

Parker, J. G., & Asher, S. R. (1993). Friendship and friendship quality in middle childhood: Links with peer group acceptance and feelings of loneliness and social dissatisfaction. *Developmental and Psychology, 29*, 611-621.

Parkhurst, H. B. (1999). Confusion, lack of consensus, and the definition of creativity as a construct. *The Journal of Creative Behavior, 33*. 1-21.

Parten, M. B. (1932). Social participation among preschool children. *Journal of Abnormal and Social Psychology, 27*, 243-269.

Phillips, J. L. (1975). *The origins of intellect: Piaget's theory.* San Francisco: Freeman Press.

Piaget, J. (1925). De quelques formes primitives de causalite chez l'enfant. *L'anne e Psychologique, 26*, 31-71.

Piaget, J. (1932). *The moral judgment of the child.* New York: Harcourt Brace Jovanovich.

Piaget, J. (1952). *The Orgins of Intelligence in Children.* New York: International University press.

Piaget, J. (1965). *The moral judgnent of the child.* New York: Harcourt.

Piaget, J. (1969). *The child's conception of physical causality.* Totowa, NJ: Littlefield, Adams.

Piaget, J. (1970). *Genetic epistemology.* New York: Columbia University Press.

Piaget, J. (1972). *The psychology of intelligence.* Totowa, NJ: Littlefield, Adams.

Pick, A. D., Frankel, K. G., & Hess, V. L. (1976). Children's attention: The development of selecitivity. In E. M. Hetherington (Ed.), *Review of Child Development* (Vol. 5), Chicago: University of Chicago Press.

Pintrich, P. R., & De Groot, E. V. (1990). Motivational and self-regulated learning components of classroom academic performance. *Journal of Educational Psychology, 82*, 33-40.

Plucker, J. (1998). Beward of simple conclusions: The case for content generality of creativity. *Creativity Reseatdh Journal, 11*(2), 179-182.

Plucker, J. (1999b). Is the proof in the pudding? Reanalyses of Torrance's (1958 to present) longitudinal data. *Creativity Research Journal, 12*, 103-114.

Popham, W. J. (2007). *Classroom assessment: What teachers need to know.* Boston, MA: Allyn & Bacon, Inc.

Posavac, E. J., & Carey, R. G. (1985). *Program evaluation; Methods and case studies* (2nd ed.) New Jersey: Prentice Hall Inc.

Powell. D. (1989). *Families and Early Childhood Programs.* Washington, D. C.: National Association for the Education of Young Children.

Pratt, M. W., Green, D., MacVicar, J., & Bauntrogianni, M. (1992). The Mathematical parent: Parental scaffolding, parent style, and learning outcomes in long-division mathematics homework. *Journal of Applied Developmental Psychology, 13*, 17-34.

Pressley, M., Cariglia-Bull, T., Deane, S., & Schneider, W. (1987). Short-term memory, Verbal Competence, and age as Predictors of imagery instructional effectiveness. *Journal of Experimental Child Psychology, 43*, 194-211.

Putallag, M., & Wasserman, A. (1990). Children's entry behavior. In S. R. Asher & J. D. Coie (Eds.), *Peer rejection in childhood.* New York: Cambridge University Press.

Ranies, S. C. (1997). Developmentally appropriateness: Curriculum revisited and challenged. In J. P. Isenberg & M. R. Jalongo (Eds.), *Major Trends and Issues in Early Childhood*

Education, 75-87. New York: Teachers College Press.

Ranzik, T. A. (1967). Psychometric measurement of creativity. In P. E. Vernon (Ed.), *Creativity: Selected reading.* New York: Penguin.

Reigeluth, C. M. (1999). *Instruictional-design: The Theories and models.* Lawrence Erlbaum Associates, Inc: NJ.

Reigeluth, C. M. (Ed.) (1983). *Instructional design theories and models.* Hillsdale, N. J: Lawrence Erlbaum Associates.

Riddle, M, D., Nott, M, W., & Pearce, J. M. (1995). *The WWW-* Oppertunuities for on integrated approach to teaching and research in science. Ausweb. Available.

Rimm, S., & Davis, G. A. (1976). GIFT: Aninstrument for the identification of creativity. *Journal of Creative Behavior, 10*, 178-182.

Ritchie, D. C., & Hoffman, B. (1997). Incorporating instructional design principles with the World Wide Web. In B. H. Khan (Ed.), *Web-based Instruction* pp. 135-138. Englewood Cliffs: Educational Technology Publications.

Rizzo, T. (1989). *Friendship development among children in school*. Norwood, NJ: Ablex.

Ross, J. A. (1992). Teacher efficacy and the effect of coaching on student achievement. *Canadian Journal of Education, 17*(1), 51-65.

Rotter, J. B. (1966). Generalized expectancies for internal versus external control of reinforcement. *Psychological Monographs, 80*(1, Whole No. 609).

Rouse, W. B., & Morris, N. M. (1986). On looking into the black box, Prospects and limits in the search for mental model. *Psychological Bulletin, 8*(3), 349-363.

Rubin, K. H., Bukowski, W., & Parker, J. G. (1998). Peer interactions, relationships, and groups. In W. Damon & E. Eisenberg (Eds.), *Handbook of Child Psychology* (5th ed., Vol. 3, pp. 619-700), New York: John Wiley & Sons.

Runco, M. A. (1995). *Problem Finding.* Norwood, NJ: Ablex.

Runco, M. A., Plucker, J. A., & Lim, W. (2000-2001). Development and psychometric integrity of a measure of ideational behavior. *Creativity Research Journal, 13*(3 & 4), 393-400.

Sabers, D. S., Cushing, K. S., & Berliner, D. C. (1991). Differences among teachers in a task characterized by simultaneity, multidimensionality, and immediacy. *American Educational Research Journal, 28,* 63-88.

Sagi, A., & van IJzendoorn, M. H. (1999). Cross-cultural patterns of attachment In J. Cassidy &

R. S. Phillip (Eds.), *Handbook of Attachment* (pp. 713-735). New York: Guilford Press.

Sarason, S. B., & Mandler, G. (1952). Some correlations of test anxiety. *Journal of Abnormal an Social Psychology, 47.*

Scarano, F. A. (1980). Relationships between field independence, flexibility and creativity in average and high ability sixth and seventy grades. *Dissertation Abstracts international, 41*(4), 1500-1501.

Scarr, S. (1976). An evolutionary perspective on infant intelligence. Species patterns and individual variations. In M. Lewis (Ed.), *Origins of intelligence: Infancy and early childhood.* New York: Plenum Press.

Schulman, L. (1987). Knowledge and teaching: Foundations of the new reform. *Harvard Educational Review, 57*(1), 1-22.

Schultz, T. R., Wright, K., & Schleifer, M. (1986). Assigment of moral responsibility and punishment. *Child Development, 57,* 177-184.

Schunk, D. H. (1991). Self-efficacy and academic motivation. *Educational Psychologist, 26*(3-4), 207-231.

Schunk, D. H. (1998). Goal and self-evaluative influences during children's cognitive skill learning. *American Educational Research Journal, 33*(2), 359-382.

Shaffer, D. R. (1999). *Developmental psychology: Childhood and Adolescence* (5th ed.). Washington: Brooks/Cole.

Shaffer, R. (2000). *Social and personality development* (4th ed.). Belmont. CA: Wadsworth, Thomson Learning.

Shantz, D. W. (1986). Conflict, aggression, and peer status: An Observational study. *Child Development, 57,* 1322-1332.

Sherry, L., & Wilson, B. (1997). Transformative communication as a stimulus to Web innovations. In B. H. Khan(Ed.), *Web-based instruction,* pp. 67-73. Englewood Cliffs: Educational Technology Publications.

Shin, E. C., Schalet, D. L., & Savenye, W. C. (1994). Effects of learner control, advisement, and prior knowledge on young students? learning in a hypertext environment. *ETR & D, 42*(1), 33-46.

Shoda, Y., Mischel, W., & Peake, P. K. (1990). Predicting adolescent cognitive and self-regulatory competencies from preschool delay of gratification. *Developmental Psychology, 26,* 978-986.

Shulman, L. S. (1986). Those who understand: Knowledge growth in teaching. *Educational Researcher, 15*(2), 4-14.

Simonton, D. K. (1988). Creativity, leadership, & chance. *The Nature of Creativity*, 386-426. Cambridge University Press.

Skinner, B. F. (1953). *Science and human behavior.* New York: Macmillan.

Skinner, B. F. (1968). *The Technology of Teaching.* New York: Appleton.

Slavin, R. E. (2000). *Educational psychology: Theory and practice* (6th ed.). Boston: Allyn and Bacon.

Smith, S .M., Ward, T. B., & Finke, R. A. (Eds.) (1995). *The creativity cognotion approach.* Cambridge, MA: MIT.

Snowman, J., & Biehler, R. (2003). *Psychology applied to teaching* (10th ed.). Boston: Houghton Mifflin Co.

Spencer, K., & Miguel, K. (1977). *Multiple intelligence.* CA: Kagan Cooperative Learning.

Steel, H., & Steele, M. (1998). Attachment and psychoanalysis: Time for a reunion. *Social Development, 7*(1), 92-119.

Sternberg, R. J. & Lubart, T. I. (1996). Investing in creativity. *American Psychologist, 51*(7), 677-688.

Sternberg, R. J. & Rubart, T. I. (1991). An Investment theory of creativity and its development. *Human Development, 34,* 1-34.

Sternberg, R. J. & Rubart, T. I. (1999). The concept of creativity: Prospects and paradigns. In R. J. Sternberg (Ed.), *Handbook of creativity* (pp. 3-15). Cambridge University Press.

Sternberg, R. J. (1980). Factor theories of intelligence are all right almost. *Educational Researcher, 9*, 6-13.

Sternberg, R. J. (1985). *Beyond IQ: A triarchic theory of human intelligence.* New York: Cambridge University Press.

Sternberg, R. J. (1985). Implicit theories of intelligence, creativity, and wisdom. *Journal of Personality and Social Psychology, 49,* 607-627.

Sternberg, R. J. (1988). *The triarchic mind: A new theory of human inerlligence.* NY: Viking.

Sternberg, R. J. (1988a). A three-facet model of creativity. In R. J. Sternberg (Ed.), *The Nature of Creativity* (pp. 125-147). NY.: Cambridge University Press.

Sternberg, R. J. (1988b). *The triarchic mind.* NY.: Viking.

Sternberg, R. J. (1999a). *Handbook of Creativity.* Cambridge, UK: Cambridge University Press.

Sternberg, R. J. (1999b). The theory of Successful Intelligence. *Review of General Psychology, 3,* 292-310.

Sternberg, R. J. (2000). *Handbook of human intelligence.* New York: Cambridge University Press.

Sternberg, R. J., & Horvath, J. A. (1995). A prototype view of expert teaching. *Educational Researcher, 24*(6), 9-17.

Sternberg, R. J., & Lubart, T. I. (1995). *Defying the crowd: Cultivating creativity in a culture of confirmity.* N. Y.: Free Press.

Sternberg, R. J., & Rubart, T. I. (1990, September). *The creative mind: An investment theory of creativity.* Paper presented at the meeting of the American Psychological Association, Boston.

Sternberg, R. J., & Rubart, T. I. (1992). Buy low and sell high: An investment approach to creativity. *Current Directions in Psychological Science, 1,* 1-5.

Sternberg, R. J., & Rubart, T. I. (1995). *Defying the crowd: Cultivating creativity in a culture of confirmity.* NY.: Free Press.

Sternberg, R. J., & Williams, W. M. (2002). *Educational psychology.* Boston: Allyn & Bacon.

Sternberg, R. J., Grigorenko, E. L., Farrari, M., & Clikenbeard, P. (1999). A triarchic analysis of an aptityde-treatment interaction. *Eyropean Journal of Psychological Assessment, 15,* 3-13.

Suler, J. R. (1980). Primary Process Thinking and creativity. *Psychological Bulletin, 88,* 144-165.

Suomi, S. J., & Harlow, H. F. (1978). Early experience and social development in rhesus monkeys. In M. E. Lamb (Ed.), *Social and personality development.* New York: Holt, Rinehart and Winston.

Taylor, C. W. (1988). Various approaches to and definitions of creativity, In R. J. Strernberg (Ed.), *The nature of creativity* (pp. 99-121). NY: Cambridge University Press.

Taylor, C. W., & Holland, J. (1988). Various Approaches to and Definition of Creativity. In R. J. Sternberg (Ed.), *The nature of creativity-contemporary psychological perspectives* (pp. 99-121). Cambridge: Cambridge University Press.

Tilton, J. W. (1949). *Intelligence test scores as indicative of ability to learn.* Educational and Psychological Measurement.

Torrance, E. P. (1962). *Guiding creative talent.* Englewood Cliffs. NJ : Prentice-Hall.

Torrance, E. P. (1966). *The Torrance Tests of Creative Thinking: Technical-norms manual* (research ed.). Princeton, NJ: Personnel Press.

Torrance, E. P. (1990). *The Torrance Test of Creatice Thinking: Norms-technical manual.* Bensenville, I. L.: Scholastic Testing Service, INC.

Torrance, E. P. (1998). Creativity as manifest in testing. In R. J. Sternberg (Ed.), *The nature of creativity* (pp. 43-75). NY.: Cambridge University Press.

Torrance, E. P. (1998). *Torrance Test of Creative Thinking: Norms-Technical Manual-Figural* (Streamlines) Forms A & B. Bensrnville, Illinois: Scholastic Testing Service, Inc.

Torrance, E., Reynold, Riegel, T., & Ball, O. (1977). Your style of learning and thinking, forms A and B. *Gifted Child Quarterly, 21,* 97-106.

Magazine, T. (2000). Industry report 2000: A comprehensive analysis of employer-sponsored trailing in the United States. *Training. 37*(10), 45-79.

Trentin, G. (2000). The Quality-interactivity relationship in distance education, *Educational Technology, 40*(1), 17-27.

Tschannen-Moran, M., Woolfolk Hoy, A., & Hoy, W. K. (1998). Teacher efficacy: Its meaning and measure. *Review of Educational Research, 68*(2), 202-248.

Tulving, E. (1985). How many memory systems are there? *American Psychologist, 40,* 385-398.

Turiel, E. (1998). The development of morality. In W. Damon, & N. Eisenberg (Eds.), *Handbook of Child Psychology* (5th ed., Vol. 3, pp. 863-932). New York: John Wiley & Sons.

Tyler, R. W. (1975). Specific Approaches to Curriculum Development. In Giroux, H. A., Penna, A. N., W., & Pinar, W. F. (Eds.), *Curriculum and Instruction.* California: McCutchan Publishing Corporation.

Tyler, R. W. (1975). Specific Approaches to Curriculum Development. In Giroux, H. A., Penna, A. N., W., & Pinar, W. F. (Eds.), *Curriculum and Instruction.* California: McCutchan Publishing Corporation.

Tyler, R. W. (1986). Changing concepts of educational evaluation. *International Journal of Educational Research, 10*(1), 1-113.

Urban, K. K. (1995). Creatibity-A componential approach. Post conference china meeting of the 11th world conference on gifted and talented children. *Beijing, China, August.* 5-8.

Urban, K. K., & Jellen, H. G. (1996). *Manual: Test for Creative Thinking-Drawing Production* (TCT-DP). Frankfurt: Swets Test Services.

Varah, L. J., Theune, W. S., & Parker, L.(1986). Beginning teachers: Sink or swim? *Journal of*

Teacher Education, 37(1), 30-33.

Veenman, S. (1984). Perceived problems of beginning teachers. *Review of Educational Research, 54*(2), 143-178.

Vernon, P. E. (1950) *The Structure of Human Abilities*. London: Methuen.

Vygotsky, L. S. (1962). Thought and language. In E. Hanfamnn, & G. Vokar Trans, Cambridge, MA.: MIT Press.

Vygotsky, L. S. (1978). Mind in society: The development of higher mental process. *Cambridge*. MA: Harvard University Press.

Wagner, R. K., & Sternberg. R. J. (1985). Practical intelligence in real-world pursuits: the role of tacit knowledge. *Journal of Personality and Social Psychology, 48*, 436-458.

Wallach, M. A., & Kogan, N. (1965). *Modes of thinking in young children*. New Your: Holt, Rinehart, & Winston.

Wallas (1926). *The Art of Thought*. New York: Franklin Watt.

Wartner, U. G., Grossmann, K., Fremmer-Bombik, E., & Suess, G. (1994). Attachment patterns at age six in south Germany: Predictability from infancy and implications for preschool behavior. *Child Development, 65,* 1014-1027.

Weiner, B. (1980). *Human Motivation*. Holt Rinehart and Winsten.

Welch, L. (1946). Recombination of ideas in creative thinking. *Journal of Applied Psychology, 30,* 638-643.

Weller, H. (1988). Interactivity in microcomputer based instruction: Its essential components and how it can be enhanced. *Educational technology 13*(2), 47-50.

Westerman, D. A. (1991). Expert and novice teacher decision making. *Journal of Teacher Education, 42,* 292-305.

Williams, F. (1980). *Creativity Assessment Packet*. Buffalo, New York: DOK.

Willoughby, M., Kupersmidt, J., & Bryant, D. (2001). Overt and covert dimensions of antisocial behavior in early childhood. *Journal of Abnormal Child Psychology, 29*(3), 177-187.

Witkin, H. A. (1950). Perception of the upright when the direction of the force acting on the body is changed. *Journal of Experimental Psychology, 40*, 93-106

Witkin, H. A., Dyk, R. B., Faterson, H. F., Goodenough, D. R., & Karp, S. A. (1962). *Psychological differentiation: Studies of mental development*. New York: Wiley.

Witkin, H. A., Moorek, C. A., Goodenough, D. R., & Cox, P. W. (1977). Field-dependent and field-independent cognitive styles and their educational implications. *Review of Educational Research, 47,* 1-64

Witkin, H. A., Ottman, P. K., Raskin, E., & Karp, S. A. (1971). A *manual for the embeded figures tests.* Palo Alto, California: Consulting Psychologists Press, Inc.

Wittork, M. C. (1967). Focus on Educational Psychology. *Educational Psychologist, 4,* 1-7.

Wittrock, M. C. (1992). An empowering conception of educational psychology. *Educational Psychologist, 27,* 129-141.

Wood, D., & Middletone, D. (1975). A study of assisted problem solving. *British Journal of Psychology, 66,* 181-191.

Wood, D., Bruner, J., & Ross, G. (1976). The Role of tutoring in problem sloving. *Journal of Child Psychology and Psychiatry 17*, 89-100.

Wood, D., Bruner, J., & Ross, S. (1976). The role of tutoring in problem solving. *British Journal of Psychology, 66*, 181-191.

Woodrow, H. (1954). Intelligence and improvement in school subjects. *Journal of Educational Psychology.*

Woolfolk, A. (2001). *Educational psychology* (8th ed.). Boston: Allyn & Bacon.

Woolfolk, A., Rosoff, B., & Hoy, W. (1990). Teacher's sense of efficacy and their beliefs about managing students. *Teaching and Teacher Education, 6*(2), 137-148.

Worthen, B. R., & Sanders, J. R. (1973). *Educational evaluation: Theory and practice.* CA: A Charles & Jones Publishers.

Worthen, B. R., & Sanders, J. R. (1987). *Educational evaluation: Alternative approaches and practical guidances.* White Plains, New York: Longman.

Yantis, S., & Meyer, D. (1988). Dynamics of activation in semantic and episodic memory. *Journal of Experimental Psychology: General, 117,* 130-147.

Zimmerman, B. J., Bandura, A., & Martinez-Pons, M. (1992). Self-motivation for academic attainment: The role of self-efficacy beliefs and personal goal setting. *American Educational Research Journal, 29*(3), 663-676.

찾. 아. 보. 기.

인명

내용

저자 소개

김종미 진주교육대학교 교수
박영태 동아대학교 교수
박호철 부산여자대학 교수
정영혜 부산여자대학 교수
문승한 경상대학교 교수
이정희 동의대학교 교수

교육심리학

2010년 2월 25일 1판 1쇄 발행
2012년 8월 25일 1판 3쇄 발행

지은이 • 김종미 박영태 박호철 정영혜 문승한 이정희
펴낸이 • 김 진 환
펴낸곳 • (주) 학지사
121-837 서울시 마포구 서교동 352-29 마인드월드빌딩 5층
대표전화 • 02) 330-5114 팩스 • 02) 324-2345
등록번호 • 제313-2006-000265호

홈페이지 • http://www.hakjisa.co.kr
커뮤니티 • http://cafe.naver.com/hakjisa

ISBN 978-89-6330-350-5 93370

정가 16,000원

저자와의 협약으로 인지는 생략합니다.
파본은 구입처에서 교환하여 드립니다.